Jack Kornfield

Stille finden in einer lauten Welt

GOLDMANN

Buch

Achtsamkeit heißt so viel mehr, als stillzusitzen und zu meditieren. Es meint, ganz im Hier und Jetzt zu sein, das alltägliche Leben aus einer anderen Haltung heraus zu betrachten und zu gestalten. Jack Kornfield zeigt, wie alle Bereiche des Lebens sich anbieten, ja, geradezu uns einladen, die Praxis der Achtsamkeit zu üben, sei es im Beruf, in der Kindererziehung usw. Anhand der Lebensgeschichte des Buddhas zeichnet Jack Kornfield nach, wie wir uns selbst heilen können und zur Ruhe kommen in einer Welt voller Trubel.

Autor

Jack Kornfield ist promovierter Psychologe und Psychotherapeut, war Mönch in Thailand, Burma und Indien und zählt zu den weltweit anerkannten Vermittlern von buddhistischem Gedankengut für den westlichen Alltag. Er gründete die *Insight Meditation Society* in Massachusetts und das *Spirit Rock Center* in Kalifornien, wo er heute lebt.

Weitere Informationen unter www.jackkornfield.com

Von Jack Kornfield sind außerdem bei Goldmann und Arkana erschienen

Das weise Herz (33812) · Das weise Herz, Audiobook (33937) · Meditation für Anfänger, mit CD (33733) · Nach der Erleuchtung Wäsche waschen und Kartoffeln schälen (21916) ·

Jack Kornfield

Stille finden in einer lauten Welt

Mein Weg der Achtsamkeit

Aus dem amerikanischen Englisch
von Elisabeth Liebl

GOLDMANN

Die amerikanische Originalausgabe erschien 2011 unter dem Titel
»Bringing Home the Dharma. Awakening Right Where You Are«
bei Shambala Publications, Inc., Boston, USA.

Dieses Buch wurde ursprünglich unter dem Titel
»Erleuchtung finden in einer lauten Welt.
Buddhas Botschaft für den Westen« 2013 bei Arkana,
Penguin Random House Verlagsgruppe GmbH, München, veröffentlicht.

MIX
Papier | Fördert gute Waldnutzung
FSC® C014496

Penguin Random House Verlagsgruppe FSC® N001967

3. Auflage
Vollständige Taschenbuchausgabe Dezember 2017

This translation is published by arrangement with Shambala Publications, Inc., Boston
Umschlaggestaltung: UNO Werbeagentur, München
Umschlagmotiv Fine Pic®, München
fm · Herstellung: cb
Satz: Uhl + Massopust, Aalen
Druck und Bindung: GGP Media GmbH, Pößneck
Printed in Germany
ISBN 978-3-442-22221-6

www.goldmann-verlag.de

Den Tausenden ernsthafter Dharmaschüler
im Westen gewidmet
sowie
den Mitarbeitern von Spirit Rock und
der Insight Meditation Society,
die so viele dieser Schüler begleitet haben

Inhalt

TEIL II

Den spirituellen Weg gehen

TEIL III

Die Lehren moderner Meister

TEIL IV
Der Dharma im Westen

TEIL V
Praxisübungen

Vorwort

von Daniel J. Siegel

Warum sollte einer der weltweit bekanntesten Lehrer für Achtsamkeitsmeditation und buddhistische Psychologie einen Psychiater bitten, ein Vorwort zu einem Buch zu schreiben, das einfach jedes erdenkliche Thema abdeckt, angefangen bei der Rolle der Eltern bis hin zum Wesen der Erleuchtung? Möglicherweise weil dieses Buch eine fesselnde historische und gleichzeitig zutiefst persönliche Erkundung der Natur des Geistes ist und weil es viele Gedanken enthält, die für unsere Zeit wichtig sind.

Der Dharma ist die Natur der Dinge, auch die Natur unseres geistigen Lebens und der Welt, in der wir leben. In diesem Buch macht Jack Kornfield uns bekannt mit der buddhistischen Sicht des Geistes und der Emotionen und zeigt uns, dass es möglich ist, uns selbst zu verwandeln. Außerdem werden wir mit Jack Kornfields weisen und gütigen Augen sehen, wie er selbst fast ein halbes Jahrhundert lang nach dieser Verwandlung strebte und wie dieses Streben seine Erfahrung prägte. Humorvoll und tiefsinnig schildert er, wie es war, den Buddhismus in den Westen zu bringen, und erzählt dabei faszinierende Geschichten von den Meistern, die diesen historischen Transfer von Wissen und Weisheit in den letzten hundert Jahren ins Werk gesetzt haben.

Ich lernte Jack kennen, als er eine Tagung mit einer Reihe von Achtsamkeitslehrern und Huston Smith, dem bekannten

Religionswissenschaftler und profunden Kenner der Weltreligionen, organisierte. Ich bin Wissenschaftler. Damals hatte ich von den Dingen, die Jack auf der Konferenz präsentierte, wenig Ahnung. Auch seine Bücher und Vorträge kannte ich nicht. Und doch verstanden wir uns bei dieser Tagung auf Anhieb und entdeckten viele Gemeinsamkeiten.

Während ich Jack und den anderen Lehrern so zuhörte, spürte ich, wie aufrichtig sie für den Wunsch lebten, unseren Geist im Kern zu verstehen, um Leid in Klarheit zu verwandeln. Dieses Streben entsprach in vielerlei Hinsicht dem Eid, den ich als Arzt geleistet hatte. Erstaunt nahm ich zur Kenntnis, dass es im Buddhismus viel um die Wissenschaft des Geistes und der Heilung ging und weniger um Religion im klassischen Sinne. Ich lernte den Buddhismus als gedankliches System kennen, das zur Linderung und zum Verständnis psychischen Leids beiträgt. »Es ist schon merkwürdig«, dachte ich als Psychiater, »dass etwas, was aus dem Bereich religiöser Praxis kommt, im Grunde mehr Ähnlichkeit mit den Ansätzen hat, wie wir sie bei der Schaffung einer gesunden Persönlichkeitsstruktur verfolgen.« Und so begann die Beziehung zu Jack Kornfield, aus der mittlerweile eine tiefe Freundschaft geworden ist. Doch auch beruflich geht unsere Arbeit in die gleiche Richtung, denn beide lehren wir, wie sich Wissenschaft und Spiritualität verbinden lassen, wie der achtsame Geist mit dem weisen Herzen verknüpft werden kann.

Unsere Zusammenarbeit hat mich gelehrt, dass »Erwachen« bedeutet, sich darin zu üben, Geist, Gehirn und menschliche Beziehungen für das weite Feld der Möglichkeiten zu öffnen. Statt in eingeschliffenen Denk- und Gefühlsmustern stecken zu bleiben, uns von unseren Erwartungen und unserer gefilterten Wahrnehmung konditionieren zu lassen, können wir unseren Geist für mehr Weite und Kreativität öffnen. Dieses »Aufmachen« schenkt uns ein Gefühl von Vitalität und Klarheit, das Grundlage jedes Wohlbefindens ist.

Eine Reihe von sorgfältig durchgeführten wissenschaftlichen Forschungsprojekten konnte zeigen, dass unsere Aufmerksamkeit die neuronalen Aktivitäten im Gehirn lenkt, was wiederum die Architektur des Gehirns beeinflusst. Anders ausgedrückt: Der Geist kann das Gehirn verändern. Doch wenn das Gehirn dazu neigt, sich auf alte Muster zu versteifen, schaltet der Geist auf Autopilot. Dann laufen wir Gefahr, ein abgestumpftes Leben zu führen, in dem das Chaos regiert.

Ein anschauliches Beispiel dafür ist die Isolation, die viele Menschen in unserer modernen Gesellschaft erfahren, in der sie zwar von Massen von Menschen umgeben, letztlich aber doch allein sind. Die Vorstellung jedoch, dass unser Selbst abgetrennt ist von seiner Umgebung, macht uns anfällig für allerlei Probleme: Auf individueller Ebene leidet unser Körper unter der Erfahrung der Einsamkeit. In Beziehungen fühlen wir uns allein, auch wenn wir mit anderen zusammen sind. Doch auch unsere Beziehung zur Erde leidet. Wenn wir weiter ausschließlich die Anhäufung materieller Güter bei maximalem Energieverbrauch im Sinn haben, als spielten wir ein Spiel, bei dem der gewinnt, der am Ende die meisten Spielsteine hat, setzen wir die Gesundheit des Planeten aufs Spiel. Wenn »Ich« nicht Teil des größeren »Wir« der Menschheit wird, riskieren wir, das Leben auf unserer Erde zu vernichten. Das Selbst sollte nicht als Hauptwort im Singular, sondern vielmehr als Verb im

Plural angesehen werden, das alle Teile zu einem großen Ganzen verbindet. Dies ist das Herzstück der Ganzheitlichkeit, das Herzstück des Erwachens.

Die Kraft der geistigen Achtsamkeit kann uns helfen, unseren Lebensweg ganzheitlicher zu gestalten. Methoden der Kontemplation lehren uns, unsere Beziehungen zu anderen Menschen auf Mitgefühl und Güte aufzubauen. Und wenn wir vom »Ich« zum »Wir« denken lernen, keimt für unsere Erde neue Hoffnung auf: Vielleicht können wir unsere kostbare, zerbrechliche Heimat ja doch noch retten. Diese Kraft, dieses Versprechen stecken im Pfad des geistigen Erwachens und der ganzheitlichen Lebensführung.

Wie Ihr persönlicher Hintergrund auch aussehen mag, dieses Buch öffnet Ihnen die Pforten zu einer spannenden Entdeckungsreise zu den funkelnden Weisheitsjuwelen einer Tradition, die sowohl ein säkulares als auch ein spirituelles Verständnis unseres Lebens ermöglicht. Wir sollten Jack Kornfield dankbar sein, dass er uns auf diese spannende Reise mitnimmt und die transformative Kraft von Achtsamkeit und Meditation allen Menschen zugänglich macht.

Einführung

Befreie dein Herz.
Zieh durch die Welt wie der Mond durch die Schar der Sterne.

Buddha

Was im Leben wirklich zählt, ist einfach. Sind Sie frei, sind Sie liebevoll? Lassen Sie Ihre Gaben der Welt zuteilwerden, die diese Gaben bitter nötig hat? Der Weg des Buddha zeigt uns, dass wir ebendies vermögen: Wir können jeden Bereich unseres Daseins mit Freiheit und Mitgefühl leben.

Die meisten Menschen denken fälschlicherweise, dass der Buddha uns nur gelehrt habe, still in Meditation zu sitzen. Dieser Irrtum spiegelt die grundsätzliche Zersplitterung unserer Gesellschaft wider: Der Körper gehört ins Fitnessstudio, die Arbeit ins Büro, geheilt wird im Krankenhaus, Spaß hat man im Urlaub, und die Beziehung zum Heiligen beschränkt sich auf den sonntäglichen Kirchgang. Das Erwachen aber geschieht auf allen Ebenen. Nur darum geht es in diesem Buch.

Alle Bereiche Ihres Lebens bieten Gelegenheit zur Praxis. Sie sind der Ort, an dem Sie Freiheit und Mitgefühl finden werden. Ob Politik oder Elternschaft, ob Meditation oder Schule, ob Sex und Drogen oder Kunst und Dichtung – jeder Aspekt Ihres Lebens ist heilig. Genau dieses Leben, Ihre Arbeit, Ihre Familie, Ihr Umfeld sind der Ort, an dem sich Ihr Erwachen abspielt. Im Zen spricht man davon, dass »kein Teil weggelassen« wird.

Das war die Botschaft des Buddha an alle Menschen, die er traf. 45 Jahre lang wanderte der Buddha über die staubigen Straßen und durch die kühlen Wälder Indiens. Dabei lernte er Bauern kennen, Mütter, Kaufleute und Politiker, Priester und Gelehrte, Flickschuster und Gärtner, Barbiere und Weber, Handwerker und Könige. Und das, was er zu sagen hatte, hätte klarer nicht sein können. Ein erwachtes Leben umfasst sämtliche Aspekte unseres Daseins als Mensch.

Buddha formuliert dies so:

Beim Sitzen, Stehen, Gehen und Liegen;
durch rechte Rede, rechtes Handeln, rechte Lebensführung;
innen und außen,
mit Körper, Gefühlen, Geist und Beziehung;
allein oder mit anderen;
im Gefängnis, in der Hütte, auf dem Bauernhof, im Palast;
in Zeiten des Krieges und des Friedens;
in kranken und gesunden Tagen.

Diese Worte machen uns Mut und adeln unseren Alltag. Sie zeigen uns, dass unser ganz normales Leben die vollkommenen Voraussetzungen bietet, zu Freiheit und Mitgefühl zu erwachen. Erleuchtung und Befreiung sind nichts, was nur im Himalaja oder in irgendwelchen alten Klöstern erlangt werden könnte. Beide sind dort, wo Sie im Moment gerade sind. Daher ist dieser Schritt auch Ihnen möglich! Es gibt einen Weg, weise und voller Güte durch die Welt zu gehen, sich selbst und anderen Segen und Glück zu schenken, ob es nun gut läuft oder schlecht.

Auf dem Weg zu dieser Freiheit müssen Sie lernen, den Geist ruhig werden zu lassen und das Herz zu öffnen. Ebendies ist Sinn und Zweck der Meditation, zu deren verschiedenen Formen Sie in diesem Buch praktische Anleitungen finden. Sobald Sie damit vertraut sind, ist der nächste Schritt der, Mitgefühl und Weisheit aus der Meditation in die Welt zu tragen. Und so habe ich auch ein paar Ideen einfließen lassen, die Sie inspirieren sollen, Ihrem Leben eine spirituelle Dimension zu geben: als Mutter bzw. Vater, als politisch engagierter Mensch, als aktives Mitglied Ihrer Gemeinde. Die einzelnen Kapitel stellen die Summe meiner 25-jährigen Tätigkeit als Autor dar. Sie sollen Ihnen helfen, den Horizont Ihrer Weisheit zu erweitern. Sie erhalten neben der Einweihung in diese Praxis allgemeine und spezielle Anweisungen, wie Sie Herz und Körper, Geist und Handeln gleichzeitig auf den Pfad des Erwachens führen.

Der Inhalt dieses Buches liegt mir sehr am Herzen, denn ich habe diese Dinge 40 Jahre lang praktiziert. Ich habe dabei an Toleranz, an Güte und Verständnis, an Freude und Freiheit gewonnen. Und nicht nur auf dem Sitzkissen, sondern auch beim Bäcker, auf der Autobahn, im Büro und zu Hause. Sie können das auch. Das ist keine Einbildung. Ich bin heute noch manchmal ungeschickt, gedankenlos und dumm. Aber ich habe gelernt, mich voller Mitgefühl vor dem zu verneigen, was Oscar Wilde die »befleckte Glorie« unseres Menschseins nannte. Und darüber zu lächeln wie der Buddha.

Als die wunderbare Lehre von der Befreiung in immer fernere Regionen gelangte, passten die Schüler des Buddha, dem Rat des Meisters folgend, sie an Zeit und Umstände an. In China und Japan entstanden so das Ch'an beziehungsweise das

Zen. In Indonesien und Afghanistan, Tibet und der Mongolei erblühte der Mahayana- beziehungsweise Vajrayana-Buddhismus. Nun kristallisiert sich allmählich der Buddhismus des Westens heraus. Es ist eine große Ehre, an dieser Schöpfung beteiligt zu sein.

Lesen Sie dieses Buch. Denken Sie über das Gelesene nach. Üben Sie sich darin und setzen Sie es um, sodass Sie die Lehre verkörpern. Auf diese Weise wird Ihr Herz weise und Ihr Leben ein Lied auf die Freiheit.

So möge es sein.

Jack Kornfield
Spirit Rock Center
2011

TEIL I

Werden, wer wir sind

1
Die befreiende Praxis der Achtsamkeit

Mythen aller Zeiten und Kulturen berichten von der Suche des Menschen nach einem Elixier, das ihn immun gegen das Leiden macht. Aus buddhistischer Sicht ist dieses Elixier ein achtsamer Geist. Doch wie wirkt Achtsamkeit? Lassen Sie mich das anhand der Begebenheiten erläutern, die als Vorlage für den Film *Gorillas im Nebel* aus dem Jahr 1988 dienten. Die Hauptakteurin dieses Films ist die mutige Verhaltensforscherin Dian Fossey, der es gelungen war, sich mit einer Gruppe Berggorillas anzufreunden. Fossey war nach Afrika gegangen, um den Spuren ihres Mentors George Schaller, eines renommierten Primatenforschers, zu folgen. Das Beobachtungsmaterial, das George Schaller aus der Wildnis zurückbrachte, bot einen bislang nicht gekannten tiefen wissenschaftlichen Einblick in das Leben der Gorillas. Als seine Kollegen wissen wollten, welche Methode er benutzt hatte, um derart bemerkenswerte Einzelheiten über Gruppenstruktur, familiäre Beziehungen und Verhaltensweisen der Gorillas herauszufinden, schrieb Schaller seine Erfolge einem einzigen Umstand zu: Er hatte kein Gewehr getragen.

Hatten sich frühere Biologengenerationen auf das Territorium dieser mächtigen Tiere begeben, dann stets in der Annahme, dass Gorillas gefährlich seien. Und so machten sich diese Wissenschaftler mit einer feindseligen Grundhaltung – und mit langen Gewehren bewaffnet – an ihre Feldforschungen. Die Gorillas spürten die Gefahr, die von diesen Männern ausging, und hielten sich in sicherer Entfernung. Im Gegensatz zu ihnen betrat Schaller – und später seine Schülerin Dian Fossey – das Revier dieser Tiere unbewaffnet. Jede ihrer Bewegungen war langsam, achtsam und von Respekt für diese Geschöpfe erfüllt. Die Berggorillas spürten diesen Unterschied und erlaubten den Forschern nach einiger Zeit, sich ihnen zuzugesellen und ihr Leben zu studieren. Stunde um Stunde saß Fossey reglos und geduldig da, bis sie verstanden hatte, was sie sah. Ganz so, wie ein kluger Mann, der Afroamerikaner George Washington Carver, einmal gesagt hat: »Alles wird dir sein Geheimnis preisgeben, wenn du es nur genügend liebst.«

Achtsamkeit ist ebendiese Art von Aufmerksamkeit. Sie ist ein offenes Gewahrsein, das sich jeglicher Wertung enthält und daher voller Respekt ist. Leider fehlt es uns häufig an dieser Aufmerksamkeit. Stattdessen reagieren wir nur. Wir beurteilen die Dinge danach, ob wir sie mögen oder nicht oder ob wir sie ignorieren können. Oder wir messen unsere Erfahrung an unseren Erwartungen. Wir bewerten uns selbst und unsere Mitmenschen ständig in Form einer Flut von kritischen Kommentaren. Teilnehmer, die zu uns kommen, um ihr erstes Seminar über Achtsamkeitsmeditation zu machen, erleben meist eine böse Überraschung. Statt wie erhofft innere Ruhe und Frieden zu finden, kommt in der ersten Sitzung ein bislang nicht wahrgenommener Strom gedanklicher Wertungen ans Tageslicht. Viele empfinden ihre erste Stunde Achtsamkeitsmeditation einfach nur als langweilig und mögen das Gefühl der Langeweile nicht. Wir hören, dass irgendwo eine Tür zugeschlagen wird, und wünschen uns, dass es ruhig ist. Die Knie tun uns weh, und wir würden den Schmerz gern loswerden. Wir hätten gern ein besseres Kissen. Wir spüren unseren Atem nicht und sind frustriert. Wir merken, dass unser Geist einfach nicht aufhören will, neue Pläne zu schmieden, und fühlen uns als Versager. Dann plötzlich fällt uns jemand ein, über den wir uns geärgert haben, und wir werden zornig. Und wenn wir merken, wie groß das Ausmaß unserer gedanklichen Wertungen ist, sind wir unglaublich stolz auf uns, weil wir es gemerkt haben.

Doch wie George Schaller können wir dieses ganze Waffenarsenal gedanklicher Wertungen ablegen. Wir können stattdessen achtsam werden und uns vor unserer Erfahrung verneigen, ohne etwas zu erwarten oder sie zu werten. »Achtsamkeit«, so sagte der Buddha, »ist das Allheilmittel.«

Peter, ein Computergrafiker mittleren Alters, war zu einem Meditationskurs gekommen, weil er Hilfe bei der Bewältigung seiner Probleme suchte. Seine Agentur war vor kurzem pleitegegangen, in seiner Ehe kriselte es, und seine Mutter war krank. Doch die Meditation wurde für ihn schnell zum Höllentrip. Die Wut und die Frustration, die seine augenblickliche Situation bestimmten, brachen sich in der Stille Bahn und belegten seinen Geist mit Beschlag. Er versuchte, in seinen Atem hineinzuspüren und ein wenig ruhiger zu werden, doch das war ein hoffnungsloses Unterfangen. Seine Achtsamkeit auf den Körper verflüchtigte sich mit derselben Geschwindigkeit wie ein Tropfen Wasser in einer heißen Bratpfanne. Doch es sollte noch schlimmer kommen. Eine zappelige Frau neben ihm fing an, laut und häufig zu husten. Je weiter dieser erste Meditationstag voranschritt, desto mehr zappelte, hampelte und hustete sie. Peter, der sich mit aller Kraft bemühte, sich auf seine Probleme zu konzentrieren, war deswegen ebenso frustriert wie zornig. Als diese Frau nicht mehr aufhören wollte zu husten, war er auf dem Siedepunkt. Er wandte sich an meine Co-Trainerin und gute Freundin Debra Chamberlin-Taylor. Im Gespräch mit ihr meinte er, Meditation bringe doch offensichtlich gar nichts, er wolle lieber wieder abreisen. Debra bat Peter, die Augen zu schließen und achtsam seinen augenblicklichen körperlichen Zustand zu registrieren. Peter erlebte Schmerz und Spannung. Mit Debras Hilfe lernte er, dass Schmerz und Spannung erträglicher wurden, wenn er ihnen mit mehr Akzeptanz und Sanftheit begegnete. Er atmete, entspannte sich ein bisschen und erkannte, dass Achtsamkeit das einzige Heilmittel war, das er brauchte – Achtsamkeit, um seinen Schmerz direkt zu verstehen.

Die nächste Meditationsanweisung für Peter war einfach: Während du sitzt, bleibe mit deiner Achtsamkeit sanft bei deinem Körper und registriere alles, was geschieht. Er saß erst ein paar Minuten da, als seine zappelige Nachbarin wieder ein ausgedehntes Hustenkonzert begann. Jedes Mal, wenn sie hustete, spürte Peter, wie seine Muskeln sich verkrampften und sein Atem aussetzte. Nun war seine Neugier geweckt, er wollte den Reaktionsmustern seines Körpers nachspüren. Er begann darauf zu achten, wie sich jedes Mal, wenn er sie husten hörte, in ihm alles zusammenzog und eine Woge von Zorn ihn überflutete, die wieder abebbte, sobald er sich zwischen den Hustenanfällen in Entspannung üben konnte. Nach Ende der Meditationssitzung stand er auf, um in den Speisesaal zu gehen. Als er dort ankam, sah er, dass die Teilnehmerin, mit der er solche Probleme hatte, ausgerechnet vor ihm in der Schlange stand. Sofort spürte er, wie sich sein Magen zusammenzog und seine Atmung aussetzte – nur aufgrund ihres Anblicks! Und wieder entspannte er sich. Nach dem Essen kehrte er zum Meditationsraum zurück und schaute auf der Liste nach, um welche Zeit seine Einzelbesprechung mit seiner Meditationsunterweiserin angesetzt war. Weiter unten auf der Liste stand auch der Name der zappeligen Frau. Sich immer noch in Achtsamkeit übend stellte er zu seiner Überraschung fest, dass es schon genügte, den Namen dieser Frau zu lesen – und sein Körper zeigte die übliche Reaktion: Der Magen verkrampfte sich, seine Atmung blockierte! Wieder entspannte sich Peter. Er merkte, dass sein Körper sich in einen Spiegel verwandelt hatte und seine Achtsamkeit ihm zeigte, wo er anhaftete und wo er loslassen konnte.

Je weiter der Meditationskurs voranschritt, desto präziser arbeitete seine Achtsamkeit. Er fand heraus, dass seine ängstlichen oder zornigen Gedanken über seine geschäftlichen und häuslichen Probleme bei ihm dieselben krampfartigen Reaktionen auslösten wie die Hustenanfälle der Frau. Peter hatte immer versucht, alles unter Kontrolle zu haben. Nun, da sich zeigte, dass er sein Leben nicht im Griff hatte, legten sich Wut, Selbstvorwürfe und seine negativen Gedanken über sich selbst wie feste Schlingen um ihn, die ihn fesselten. Bei jeder Reaktion konnte er die Schlingen gleichsam spüren. Dann hielt er achtsam inne und versuchte, sie ein wenig zu lockern. Er begann, Vertrauen in die Praxis der Achtsamkeit zu entwickeln.

Als der Kurs zu Ende ging, war er seiner unruhigen Nachbarin regelrecht dankbar. Am liebsten hätte er sich bei ihr für diese Belehrung bedankt. Durch die Praxis der Achtsamkeit fand Peter Linderung für seine Leiden. Und er entdeckte auch den wohltuenden Nutzen von Neugier und Offenheit, Eigenschaften, für die ein Zenmeister den mittlerweile berühmt gewordenen Begriff »Anfängergeist« geprägt hat. Mit den Worten von Suzuki Roshi sind wir »mit Respekt und Anteilnahme aufmerksam, nicht um die Umwelt zu manipulieren, sondern um herauszufinden, was wahr ist. Wenn wir erkennen, was wahr ist, so wird unser Herz frei«.

Achtsamkeit als furchtlose Präsenz

> *Die Kunst des Lebens besteht weder darin, sich sorglos treiben zu lassen, noch darin, ängstlich an allem anzuhaften. Lebenskunst heißt, jedem Augenblick gegenüber sensibel zu sein, ihn als neu und einzigartig zu betrachten, während der Geist offen und empfänglich bleibt.*
>
> Alan Watts

Uns achtsam unseren Sorgen und Ängsten zuzuwenden – oder denen anderer Menschen – verlangt Mut und ist daher alles andere als leicht. Mary zum Beispiel fürchtete sich davor, sich ihre angestaute Wut anzusehen, weil sie meinte, das würde sie umbringen. Johns Sohn hatte Mukoviszidose, und so standen seinem Vater ständig beängstigende Bilder von einem Leben im

Rollstuhl, ja vom frühen Tod seines Sohnes vor Augen. Perry hatte Angst davor, sich mit seiner ewigen Untreue und seinen sexuellen Vorlieben auseinanderzusetzen. Ron konnte den Gedanken an die Gräuel nicht ertragen, die er im Bosnienkrieg erlebt hatte. Angela war sicher, dass sie nun, nachdem ihre Krebserkrankung wieder aufgeflammt war, zum Tode verurteilt war. Konda hingegen fand eine Freude und Kreativität in sich, die sie nie auszudrücken gewagt hatte.

Geduldig und mutig lernten all diese Menschen, fest verankert auf der Erde zu sitzen und sich dem Zittern und der Anspannung in ihrem Körper zu stellen, ohne davor wegzulaufen. Sie lernten die Sturmflut der Gefühle – Angst, Trauer, Sehnsucht, Zorn – über sich hinwegfluten zu lassen und sie dann langsam und achtsam loszulassen. Sie lernten, die endlosen Geschichten des Geistes, die ständig nur um Angst und Werturteile kreisten, mithilfe ihrer Achtsamkeit an sich vorüberziehen zu lassen, den Geist auf diese Weise zu stabilisieren und ihn in die Gegenwart zurückzuführen.

Als der Buddha den Weg in die Freiheit suchte, lernte auch er, mit Achtsamkeit seine Ängste zu überwinden. Und so spricht er in einer seiner Belehrungen auch über die Überwindung der Furcht. Dort heißt es unter anderem:

> *Müsste ich nicht, um Angst und Furcht zu verstehen, bei Neumond, wenn kein Licht mehr scheint, die grauenerregendsten Orte aufsuchen, auf Gräbern und im dichten Wald meditieren? Und wenn dann ein wildes Tier käme oder der Wind die Blätter bewegte, würde ich dann nicht denken: »Sicher kommen jetzt Angst und Furcht!«? Da ich aber*

> *entschlossen wäre, den Würgegriff der Angst und der Furcht zu durchbrechen, würde ich bleiben, wie ich bin, sitzend oder stehend, liegend oder gehend. Ich bliebe in dieser Stellung, bis ich Angst und Furcht überwunden hätte, bis ich frei von ihrem Zugriff wäre …*
> *Und so wie ich gedacht habe, habe ich gehandelt. Ich stellte mich der Furcht und der Angst und erlangte so die vollkommene Freiheit.*

In der traditionellen Ausbildung, die man in Ajahn Chahs Waldkloster durchlief, verbrachten wir die Nacht draußen im Wald und meditierten über den Tod. Geschichten von Mönchen, die Begegnungen mit Tigern oder anderen wilden Tieren hatten, hielten uns wach. Auch gab es dort nicht wenige Schlangen, vor allem Kobras. In Ajahn Buddhadasas Waldkloster lehrte man uns, mit dem Gehstock auf den Boden zu klopfen, damit die Schlangen gewarnt waren und das Weite suchen konnten. In einem anderen Kloster übte ich regelmäßig Sitzmeditation auf dem Friedhof. Alle paar Wochen wurde ein Leichnam verbrannt. Nach dem Anstecken des Scheiterhaufens und der Gesänge verschwanden die meisten Menschen. Zurück blieben nur die Mönche, die den Scheiterhaufen im Wald bewachten. Am Ende saß nur noch ein Mönch da. Er blieb bis zum Morgengrauen und meditierte über den Tod. Natürlich praktizierte nicht jeder diese Übung, doch war ich ein junger Mann und wollte mich beweisen, daher suchte ich die Herausforderung.

Aber bald stellte sich heraus, dass es weit einfacher war, im dunklen Wald in der Nähe von Tigern und Schlangen zu sitzen, als meine inneren Dämonen zu akzeptieren. Meine Unsicherheit, Einsamkeit, Schuldgefühle und Langeweile erhoben das Haupt, sobald ich mich auf mein Sitzkissen niederließ. Von meinen alten emotionalen Wunden gar nicht zu reden. Mit ihnen meine Zeit in der Sitzmeditation zu teilen erforderte mehr Mut, als auf dem Friedhof zu meditieren. Allmählich lernte ich, ihnen mit Achtsamkeit zu begegnen. Ich schlug also eine Lichtung in die finsteren Wälder meines Herzens.

Achtsamkeit und Erfahrung schließen sich gegenseitig nicht aus. Vielmehr erhebt die Achtsamkeit die Erfahrung zum Lehrer. Einer meiner Schüler, der unter schwerem Asthma litt, lernte, seinen Atem mit wachem Gewahrsein zu verfolgen. Er machte sich die Anspannung seines Körpers bewusst und übte Geduld, bis sich die Muskeln in Kehle und Brustkorb wieder entspannt hatten. Auf diese Weise gelang es ihm, die Intensität der Anfälle abzuschwächen. Ein anderer Freund, der sich wegen einer Krebserkrankung in Behandlung begab, benutzte die Achtsamkeit dazu, seine Angst vor Schmerzen zu überwinden. Während der Chemotherapie stellte er sich vor, dass liebende Güte seinen Körper durchdrang. Einem Politiker verhalf die Achtsamkeit zu einer gelasseneren Haltung im Umgang mit seinen Gegnern. Eine alleinerziehende Mutter von zwei Kindern im Vorschulalter, die sich von dieser Aufgabe überfordert fühlte, lernte, ihre innere Spannung besser einzuschätzen. So erkannte sie, wann der Punkt eintrat, an dem sie sich überfordert fühlte. Schon konnte sie mit ihren Jungs besser umgehen und hatte mehr Raum in ihrem Alltag. Jeder dieser Praktizierenden lernte, dem Raum der Achtsamkeit zu vertrauen. Sie gewöhnten sich daran, sie als Mittel zur Bewältigung ihrer Probleme zu nutzen. Und wie der Buddha im Wald fanden sie in der Achtsamkeit Heilung und Befreiung.

Vier Grundlagen des achtsamen Wandels

Nur ein unschuldiger, verletzlicher
Geist ist fähig zu lernen.
Krishnamurti

Im Westen werden die vier Grundlagen des achtsamen Wandels Erkennen, Akzeptieren, Erforschen und Nicht-Identifizieren genannt. Der Zendichter sagt uns, dass der Regen gleichermaßen auf alle Dinge fällt. Der Regen der Achtsamkeit aber nährt uns Menschen, wie das kostbare Himmelsnass die Pflanzen zum Wachsen bringt. Auf diese Weise können wir unsere Probleme umwandeln.

Erkennen

Erkennen ist der erste Schritt der Achtsamkeitspraxis. Wenn wir in unserem Leben nicht weiterkommen, müssen wir die Bereitschaft aufbringen, uns mit dem auseinanderzusetzen, was ist. So als würde uns jemand freundlich fragen: »Hey, was ist denn jetzt eigentlich los?« Antworten wir darauf nur abweisend: »Gar nichts!«? Oder halten wir kurz inne, um die Beschaffenheit unserer Erfahrung zu prüfen, hier und jetzt?

Das Erkennen öffnet uns einen Ausweg aus dem Kopf-inden-Sand-Stecken, das unsere Freiheit untergräbt. Der Diabetiker, der die Krankheit seines Körpers nicht wahrhaben will, ist nicht frei. Die stressgeplagte Managerin, die sich Illusionen darüber macht, was ihr Lebensstil von ihr fordert, ist nicht frei. Doch auch der überkritische Junge, der Maler werden möchte, sich dies aber nicht zutraut, kann nicht von Freiheit reden. Auch eine Gesellschaft, die leugnet, dass einige ihrer Mitglieder unter Armut und Ungerechtigkeit leiden, hat einen Teil ihrer Freiheit verloren. Wenn wir unsere Unzufriedenheit, unsere Wut, unseren Schmerz, unseren Ehrgeiz leugnen, ist Leid unvermeidlich. Wenn wir unsere Werte, Überzeugungen, Sehnsüchte und unsere tiefinnere Güte leugnen, werden wir unweigerlich Leid erfahren.

Wann immer wir aber erkennen, was ist, stellt sich eine kraftvolle Offenheit ein. »Ob Einsicht, Liebe und Verständnis aufkeimen, hängt nicht von irgendwelchen Traditionen ab«, merkt die Zenlehrerin Toni Packer an. »Es geschieht vielmehr ganz von selbst, wenn ein menschliches Wesen beginnt, Fragen zu stellen, sich zu wundern, zuzuhören und hinzusehen, ohne sich in Ängste zu verrennen. Wenn die Sorge um unser eigenes Wohl nachlässt, wenn wir in diesem Schwebezustand verharren, öffnen sich Himmel und Erde.«

Das Erkennen lädt die Achtsamkeit sozusagen als Ehrengast an unsere Tafel. Wir benennen unsere Erfahrung und erweisen ihr damit innerlich unsere Referenz: »Ah, Kummer. Und jetzt Erregung. Hmm, ja, Konflikte und allerhand Spannungen. Ach, da kommt der Schmerz, und jetzt, ja, jetzt kommt der innere Kritiker.« Dies zu erkennen eröffnet uns den Weg aus Unwissenheit und Verblendung ins Licht der Freiheit.

»Wir können im Dunkeln eine Lampe entzünden«, sagte der Buddha. Wir können sehen, was ist.

Akzeptieren

Akzeptieren ist der nächste Schritt zur Wandlung. Akzeptanz erlaubt uns, uns gleichsam in die Faktenlage hinein zu entspannen. Das ist wichtig, denn mit dem Erkennen kommt leicht eine subtile Form der Abneigung auf, ein bestimmter Widerwille, der Wunsch, es wäre alles anders. Akzeptieren heißt nicht, dass wir nichts tun müssen, um unsere Lage zu verbessern. Doch für den Moment liegen die Dinge nun einmal so und nicht anders. Im Zen heißt es dazu: »Wenn du begreifst, sind die Dinge so, wie sie sind. Begreifst du es nicht, sind die Dinge immer noch so, wie sie sind.«

Akzeptanz heißt nicht Passivität. Vielmehr tun wir einen weiteren mutigen Schritt im Prozess der Wandlung. »Leben ist Schwierigkeit«, heißt es in dem Film *Alexis Sorbas*. »Nur der Tod ist es nicht. Leben heißt, den Gürtel festschnallen und ausschauen nach Schwierigkeit.« Wenn wir etwas akzeptieren, ist dies eine bewusste Bewegung des Herzens, das sich zur Gänze dem zuwendet, was es vorfindet: »Auch du gehörst dazu.« Als Menschen müssen wir mit der Wirklichkeit unseres Leidens beginnen. Als Gesellschaft müssen wir uns mit dem kollektiven Leid von Ungerechtigkeit, Rassismus, Gier und Hass beschäftigen. Wir können die Welt nur verändern, wenn wir uns selbst verändern. C. G. Jung stellte einmal die Frage, ob der Feind, der geliebt werden müsse, nicht wir selbst seien.

Wenn wir uns Problemen in einer Haltung der Achtung und

des Respekts nähern, können wir auf einmal mit ihnen umgehen. In meinem Bekanntenkreis hatte ich einmal einen Mann, der seinen Hund sehr liebte. Und so begann er irgendwann, ihm täglich Lebertran zu geben, weil das für Hunde gut sein sollte. Jeden Tag klemmte er den Kopf des sich wehrenden Tieres zwischen die Knie, zwang ihm die Kiefer auf und schüttete ihm das Zeug in den Rachen. Eines Tages machte sich der Hund gewaltsam los, und der Lebertran ergoss sich auf den Boden. Zur großen Überraschung meines Bekannten kam der Hund und leckte den Lebertran auf. Erst in diesem Augenblick wurde dem Mann klar, dass der Hund sich nicht gegen den Lebertran gewehrt hatte, sondern gegen den Mangel an Respekt bei der Verabreichung. Ein wenig Achtung aber bewirkt oft ganz erstaunliche Veränderungen.

Erforschen

Erforschen ist der dritte Schritt auf die Achtsamkeit zu, der sich darüber hinaus ganz natürlich aus den ersten beiden ergibt. Der Zenmeister Thich Nhat Hanh nennt dies »tief blicken«. Zuerst erkennen wir das Problem und akzeptieren es in seiner Beschaffenheit. Dann aber müssen wir es eingehend untersuchen. Wenn wir auf der Stelle treten, liegt das gewöhnlich daran, dass wir das Wesen unserer Erfahrung nicht gründlich genug erforscht haben.

In der buddhistischen Praxis konzentrieren wir uns dabei auf die vier Bereiche, die bei der Erlangung von Einsicht und Befreiung am wichtigsten sind. Sie werden auch die vier Grundlagen der Achtsamkeit genannt: Körper, Gefühle, Geist und Dharma – die grundlegenden Bereiche unserer Erfahrung.

Im Folgenden werde ich Ihnen erläutern, wie wir mit diesen Bereichen arbeiten können, wenn wir in einer schwierigen Situation stecken. Wir fangen mit der Erforschung des Körpers an: Wo ist das Problem angesiedelt? Manchmal verspüren wir Hitze, dann wieder eine bestimmte Anspannung, Härte oder ein Zittern. Oder wir bemerken eine Art Pochen, ein Gefühl der Taubheit. Mitunter machen sich auch Farben oder Formen bemerkbar. Würden wir diese Empfindung in unserem Körper am liebsten übergehen, oder können wir ihr mit Achtsamkeit begegnen? Was passiert, wenn wir diese Empfindungen achtsam einfach sein lassen? Öffnen sie sich? Gibt es andere Ebenen? Gibt es einen zentralen Punkt? Werden sie stärker? Wandern sie? Dehnen sie sich aus, wiederholen sie sich, verändern sie sich, lösen sie sich auf?

Die zweite Grundlage der Achtsamkeit ist es, sich bewusst zu machen, welche Gefühle mit dem Problem verbunden sind. Ist das Gefühl angenehm, unangenehm oder neutral? Können wir diesem Gefühl mit Achtsamkeit begegnen? Gibt es andere Gefühle, die daraus entstehen? Häufig entdecken wir einen ganzen Komplex von emotionalen Reaktionen.

So verspürt ein Mann, wenn er an seine Scheidung denkt, möglicherweise Trauer, Zorn, Eifersucht, Angst und Einsamkeit. Eine Frau, die ihrem drogensüchtigen Neffen nicht helfen konnte, muss vielleicht mit Gefühlen der Wehmut, Aggression, Schuld, Zuneigung, Leere und Minderwertigkeit fertigwerden. Wir begegnen jedem dieser Gefühle mit Achtsamkeit, sodass wir es benennen und akzeptieren können. Wir erforschen, ob sich etwas angenehm oder unangenehm, eng oder entspannt, nervös oder traurig anfühlt. Wir nehmen zur Kenntnis, wo im

Körper sich unser Gefühl bemerkbar macht und was geschieht, wenn wir achtsam bei ihm bleiben.

Dann richten wir den Blick auf unseren Geist. Wir fragen uns, welche Gedanken und Bilder mit diesem Problem verbunden sind. Wir machen uns bewusst, welche Geschichten wir uns diesbezüglich ausdenken, welche Wertungen wir darauf anwenden. Wenn wir genauer hinsehen, bemerken wir häufig, dass wir mitunter recht starre Standpunkte vertreten, unsere gewohnten Denkmuster eben, die vielleicht schon längst ihre Berechtigung verloren haben. Wenn wir erkennen, dass es sich bei alldem nur um Geschichten handelt, lockert sich der Würgegriff um unseren Geist, und wir hängen nicht mehr länger an ihnen.

Die vierte Grundlage der Achtsamkeit ist der Dharma. Dies ist ein sehr wichtiger Begriff, der viele Bedeutungen hat. So versteht man unter Dharma manchmal die Lehren und den Pfad des Buddhismus. Doch manchmal meint man damit auch nur »Wahrheit« und somit »unsere Wahrnehmungs- und Erfahrungsmuster«. Wenn wir uns also mit Achtsamkeit dem Dharma nähern, heißt das, dass wir uns die Prinzipien und Gesetze ansehen, nach denen unsere Wirklichkeit strukturiert ist. Ist die Erfahrung tatsächlich so, wie sie uns erscheint? Ist sie wirklich fest und unwandelbar? Oder ist sie nicht vielmehr in steter Veränderung begriffen, beweglich, sich ständig neu organisierend? Verengt oder erweitert das Wahrgenommene den Raum in unserem Bewusstsein? Haben wir es unter Kontrolle, oder entfaltet es vielmehr ein Eigenleben? Wir merken, ob wir uns das Problem selbst geschaffen haben. Wir erforschen, ob wir daran anhaften, damit kämpfen oder ihm am liebsten keine

Aufmerksamkeit schenken würden. Wir erkunden, ob unsere Beziehung zu unserem Problem uns Glück oder Leid verursacht. Und schließlich machen wir uns klar, in welchem Maße wir uns damit identifizieren. Damit aber kommen wir zum letzten Punkt in den Grundlagen der Achtsamkeit, der Nicht-Identifikation.

Nicht-Identifizieren

Nicht-Identifizieren heißt, dass wir aufhören, eine Erfahrung mit »Ich« oder »Mein« zu etikettieren. Wir erkennen, dass diese Identifikation Abhängigkeiten schafft, Ängste und ein Gefühl der mangelnden Authentizität. Wenn wir uns in Nicht-Identifikation üben, nehmen wir uns jeden Geisteszustand, jede Erfahrung, jede Geschichte vor und fragen uns: »Bin das wirklich ich?« Sehr schnell bemerken wir, dass das, was wir für unsere Identität gehalten haben, nur einen augenblickshaften Charakter hat. Dann können wir wirklich loslassen und im Gewahrsein ruhen. Dies ist das Ziel der Übung in den vier Grundlagen der Achtsamkeit.

David, ein praktizierender Buddhist, den ich seit Jahren kenne, sah sich selbst stets als Versager. Er hatte viele Enttäuschungen hinter sich. Nach einigen Jahren buddhistischer Meditation war David auch von seiner Meditation enttäuscht. Er war zwar ein wenig ruhiger geworden, aber das war's auch schon. Sein Geist war immer noch übervoll mit Werturteilen und Selbstvorwürfen, dem Erbe seiner durchaus schmerzhaften Vergangenheit. David identifizierte sich vollkommen mit seinen Gedanken und seinen schwierigen Erfahrungen, daher brachte ihm auch die Praxis des Mitgefühls für sich selbst kaum Linderung. Eines Tages aber hörte er während eines zehntägigen Retreats zum Thema Achtsamkeit von der Nicht-Identifikation. Die Geschichten über all die Menschen, die sich ihren Dämonen stellten und dadurch Befreiung fanden, inspirierten ihn sehr. Ihm fiel die Erzählung über den Buddha ein, der sich, bevor er in derselben Nacht Erleuchtung fand, erst den Armeen Maras stellen musste. Mara steht in der buddhistischen Mythologie für alle Hindernisse, die dem Praktizierenden auf dem Pfad begegnen können. David beschloss also, eine ganze Nacht lang wach zu bleiben und den Kampf mit den eigenen Dämonen aufzunehmen. Stundenlang versuchte er, achtsam beim Atem und beim Körper zu bleiben.

Zwischen den einzelnen Abschnitten der Sitzmeditation praktizierte er Gehmeditation. Bei jeder Sitzung kämpfte er gegen die vertrauten Wellen der Müdigkeit, des Schmerzes in Rücken und Beinen und gegen die Flut seiner kritischen Gedanken. Irgendwann merkte er, dass die sich wandelnden Erfahrungen ein gemeinsames Element hatten: das Gewahrsein.

Mitten in der Nacht kam es zu einem Aha-Erlebnis. Er merkte, dass das Gewahrsein von diesen Erfahrungen nicht beeinflusst wurde, dass es offen und unberührt blieb wie der Raum selbst. All seine Kämpfe, die schmerzlichen Gefühle und Gedanken kamen und gingen, ohne eine Spur im Gewahrsein zu hinterlassen.

Das Gewahrsein wurde seine Zuflucht. David beschloss, seine Einsicht zu testen. Der Meditationsraum war leer, also rollte er sich auf dem Boden zusammen. Das Gewahrsein nahm es zur Kenntnis. Er stand auf, schrie, lachte und stieß Laute von allen möglichen Tieren aus, die ihm gerade in den Sinn kamen. Das Gewahrsein nahm es erneut zur Kenntnis. Er lief im Raum herum, legte sich hin, ging hinaus in den Wald, nahm einen Stein und schleuderte ihn in die Weite. Er hüpfte auf und ab, lachte wieder, kam zurück und setzte sich nochmals auf sein Sitzkissen. Das Gewahrsein nahm all das zur Kenntnis. Als er dies entdeckt hatte, fühlte er sich frei. Er sah zu, wie die Sonne über den Hügeln aufging. Dann legte er sich zum Schlafen nieder. Als er wieder erwachte, war sein Tag voller Freude. Sogar als seine Zweifel wiederkehrten, nahm das Gewahrsein sie einfach nur zur Kenntnis. Wie der Regen auf die tausend Dinge gleichermaßen fällt, so öffnete sich sein Gewahrsein unterschiedslos für alles.

Es wäre zu schön, wäre die Geschichte hier schon zu Ende. Doch im Laufe des Retreats kamen David weitere Zweifel. Erneut verfiel er in Selbstvorwürfe und Depressionen. Doch immerhin sah er nun, dass er Zweifel hatte – mehr nicht. Selbstvorwürfe – mehr nicht. Depressionen – mehr nicht. Er hielt all das nicht mehr für seine einzige, seine wahre Identität. Das Gewahrsein nahm auch dies zur Kenntnis. Es blieb unberührt und frei.

Im Buddhismus betrachtet man die Nicht-Identifikation als Hort des Erwachens, als Ende der Anhaftung, als wahren Frieden, als Nirwana. Ohne Identifikation können wir sorgsam leben. Wir lassen uns von den Ängsten und Illusionen unseres kleinen Selbst nicht mehr länger fesseln. Wir erkennen die verborgene Schönheit in unserer Erfahrung. Achtsamkeit und furchtlose Präsenz sind uns Schutz. Wenn wir der Welt im Bemühen um Erkennen, Akzeptanz, Erforschung und Nicht-

Identifikation entgegentreten, entdecken wir, dass Freiheit möglich ist, wo immer wir auch sind. Wie der Regen auf alle Dinge gleichermaßen fällt, um sie zu nähren.

2

Die Kunst des Erwachens

Der Weg der Meditation

Es gibt eine schöne Geschichte über den Buddha, wie er nach seiner Erleuchtung durch Indien zog. Dabei traf er auf ein paar Männer, die schnell merkten, dass von diesem wohlgestalten jungen Prinzen im Mönchsgewand etwas Außergewöhnliches ausging. Und so blieben sie stehen und fragten ihn: »Bist du ein Gott?« »Nein«, antwortete er. »Bist du etwa ein Engel?« Und wieder sagte er: »Nein.« »Oder ein Zauberer, ein Beherrscher der magischen Künste?« Doch der Buddha verneinte auch dies. »Bist du ein Mensch?« Als er einmal mehr mit Nein antwortete, waren die Männer verwirrt. »Aber was bist du denn dann?« Und er: »Ich bin erwacht.« Das Sanskritwort Buddha bedeutet nämlich »der Erwachte«. Und alles, was er je lehrte, dreht sich darum, wie man zum Erwachen gelangt.

Meditation ist also die Kunst des Erwachens. Meistern wir diese Kunst, eröffnen sich uns neue Möglichkeiten, mit unseren Schwierigkeiten umzugehen und Freude und Weisheit in unser Leben zu bringen. Durch die verschiedenen meditativen Techniken erwachen wir zu unseren höchsten spirituellen und menschlichen Fähigkeiten. Der Schlüssel zu dieser Kunst ist die Stabilität unserer Aufmerksamkeit. Wenn wir uns darum bemühen, unsere Aufmerksamkeit zu 100 Prozent zu nutzen und ein dankbares und liebevolles Herz zu entwickeln, dann wachsen unsere spirituellen Fähigkeiten ganz von selbst.

Viele Menschen aber müssen erst einmal heil und ganz werden, während sie still in der Meditation sitzen. Um diesen Heilprozess anzustoßen, brauchen wir die grundlegende Fähigkeit, ruhig zu sitzen und zu meditieren. Wir müssen also zunächst einmal unsere Aufmerksamkeit systematisch aufpäppeln, damit wir sie wirklich voll und ganz nutzen können. Sonst treiben wir auf unseren Gedanken herum wie ein führerloses Boot auf dem Meer. Um also ein gewisses Konzentrationsvermögen zu entwickeln, müssen wir uns für ein Gebet oder eine meditative Praxis entscheiden und uns voller Eifer und Beständigkeit darin üben, ganz egal, was passiert. Für die meisten Menschen stellt schon dies ein gewisses Problem dar. Die meisten hätten gerne, dass ihr spirituelles Leben sofort Erfolge zeitigt – und zwar möglichst spektakuläre. Doch ist große Kunst denn je von einem Tag auf den anderen entstanden? Jede tiefgreifende Praxis zeigt umso mehr Wirkung, je intensiver wir uns ihr widmen.

Denken Sie doch nur an die anderen Künste. Musik zum Beispiel. Wie lange dauert es, bis man wirklich Klavier spielen kann? Stellen Sie sich vor, Sie nehmen monate- oder jahrelang einmal wöchentlich eine Klavierstunde und üben jeden Tag fleißig. Anfangs kämpft fast jeder mit Tasten und Noten und damit, was diese Punkte auf den Linien überhaupt heißen sollen. Nach ein paar Wochen, manchmal auch erst nach ein paar Monaten können wir einfache Melodien spielen. Nach einem Jahr oder zwei meistern wir vielleicht eine bestimmte Musikform ganz ordentlich. Doch wenn wir wirklich die Kunst des

Klavierspielens beherrschen wollen, sodass wir alleine oder mit anderen spielen können, vielleicht sogar in einer Band oder im Orchester, müssen wir uns dieser Disziplin lange Jahre voller Eifer widmen. Dasselbe gilt für jede Kunst, die man erlernen will, sei es nun das Programmieren von Software, das Tennisspiel, die Architektur, die Ölmalerei oder etwas anderes. Wir müssen dieses Vorhaben mit aller Ausdauer und von ganzem Herzen betreiben und eine gewisse Zeit dafür einplanen – da ist unsere Lehre, dann folgen die Gesellenjahre und schließlich irgendwann die Meisterschaft. Dasselbe gilt für die spirituellen Künste, tendenziell vielleicht sogar noch mehr, denn hier lernen wir, uns selbst und unser Leben zu meistern. Wir üben uns in der menschlichsten aller Künste, darin nämlich, wie wir uns mit unserem wahren Selbst verbinden können.

Was also passiert, wenn wir in unseren vollen Stundenplan regelmäßig eine Meditationssitzung einplanen? Wie sieht unsere erste Meditationserfahrung aus? Für gewöhnlich läuft sie für die meisten Menschen gleich ab, ob wir nun beten oder rezitieren, visualisieren oder auf andere Weise meditieren: Wir machen Bekanntschaft mit unserem zersplitterten, zerstreuten Geist. In der buddhistischen Psychologie wird der untrainierte Geist mit einem wild gewordenen Affen verglichen, der wie irr von Gedanke zu Gedanke schießt, von der Erinnerung zur Sinneswahrnehmung, vom Bild zum Geräusch, vom Plan zum Selbstvorwurf.

Die ersten Schritte auf dem meditativen Pfad könnte man wohl am ehesten mit dem Welpentraining in der Hundeschule vergleichen. Sie setzen den jungen Hund hin und sagen: »Sitz!« Hört der Hund auf Sie? Natürlich nicht. Er steht wieder auf und rennt davon. Also holen Sie den Hund wieder her und sagen: »Sitz!« Und wieder rennt Ihr Hundebaby weg. Manchmal springt es an Ihnen hoch, versteckt sich unter dem Sofa, pinkelt in die Ecke oder stellt sonst etwas an. Unser Geist ist ganz ähnlich gestrickt, nur dass er weit mehr anstellt als so ein Hundebaby. Wenn wir unseren Geist – oder einen Welpen – schulen wollen, müssen wir geduldig immer wieder von vorn anfangen.

Wenn wir eine spirituelle Disziplin aufnehmen, dürfen wir uns auf ein Gutteil Frustration gefasst machen. Nichts von dem, was unsere Kultur uns je vermittelt hat, hat uns gezeigt, wie wir unseren Geist ruhig halten. Die meisten Menschen versuchen, wenn sie Schwierigkeiten haben, sich zu konzentrieren, ganz starr an ihrem Atem festzuhalten oder am Mantra beziehungsweise Gebet. Doch das macht sie immer noch wütender und angespannter. Würden Sie so Ihren jungen Hund trainieren? Hilft es wirklich, wenn Sie das Tier schlagen? Wenn Sie Ihr Hundebaby oder Ihren Geist trainieren wollen, ist Zwang fehl am Platz. Sie heben den Welpen einfach wieder auf und setzen ihn hin. Wieder und wieder lenken Sie Ihre Aufmerksamkeit zurück ins Hier und Jetzt.

Einer der wesentlichen Schritte bei der Kunst der Achtsamkeit ist es, ein tiefgreifendes Interesse an der spirituellen Praxis zu entwickeln. Ob wir in der Meditation zu Stabilität gelangen, hängt ganz entscheidend davon ab, ob sie uns interessiert. Gerade der Anfänger aber empfindet viele Meditationstechniken als langweilig und platt. Es gibt da eine schöne Geschichte von einem Zenschüler, der sich bei seinem Meister beschwerte, es sei so unendlich fade, dauernd seinem Atem zu folgen. Der

Zenmeister packte ihn am Kragen, hielt seinen Kopf unter Wasser, und der Schüler kämpfte, um sich von seinem Griff freizumachen. Als er den jungen Mann wieder losließ, fragte der Zenmeister, ob er den Atem unter Wasser auch langweilig gefunden habe. Die Aufmerksamkeit auf den Atem zu richten ist wohl die am meisten verbreitete Meditationstechnik überhaupt. Sie wird in zahlreichen Traditionen eingesetzt. Atemmeditation kann den Geist beruhigen, den Körper öffnen und die Konzentration stärken. Außerdem ist der Atem ein Objekt, das uns zu jeder Tages- und Nachtzeit zur Verfügung steht. Wenn wir gelernt haben, den Atem für unsere Meditation zu nutzen, kann er unser Gewahrsein ein Leben lang stützen.

Doch auch wenn wir ein hohes Interesse an unserer Praxis haben und uns sehnlichst wünschen, unsere Aufmerksamkeit zu stabilisieren, bleiben Ablenkungen nicht aus. Die Ablenkung ist die natürliche Bewegung des Geistes, der nur allzu oft undurchdringlich ist wie aufgewühltes, vom Schlamm getrübtes Wasser. Wann immer ein interessantes Bild, eine aufregende Erinnerung vorübertreibt, reagieren wir gewohnheitsmäßig, lassen uns mitreißen, verlieren uns ganz darin. Wenn unangenehme Gefühle oder Bilder aufsteigen, zieht sich alles in uns zusammen. Wir spannen uns an, um ihnen aus dem Weg zu gehen. Oder wir lenken uns ab, ohne es überhaupt zu merken. Wir bekommen die Macht dieser Gewohnheit zu spüren: Verlangen, Ablenkung, Furcht, Reaktion. Viele von uns sind so sehr an diese Muster gewohnt, dass unser Geist rebelliert, wenn wir nur einen ungewohnten Moment der Ruhe schaffen. Und so haben wir stets mit Ruhelosigkeit, Hektik und Eile zu kämpfen, mit Plänen für die Zukunft, aufwühlenden Emotionen und so weiter. All das drängt sich immer wieder ins Feld unserer Aufmerksamkeit. Das Herzstück der Meditation ist die Arbeit mit diesen Ablenkungen. In gewissem Sinne lernen wir, unser Kanu ruhig im wilden Wasser zu halten, auch wenn die Wellen uns erschüttern. Wir warten, bis sie sich wieder legen. Wir kehren immer und immer wieder zu diesem einen Augenblick der Gegenwart zurück, ganz ruhig und gesammelt.

Wenn Sie anfangen, sich in Meditation zu üben, werden Sie schnell feststellen, dass bestimmte äußere Bedingungen die Konzentration fördern. So ist es zum Beispiel wichtig, für die eigene Praxis einen Ort zu finden, an dem Sie nicht gestört werden und der Sie Ihrerseits nicht ablenkt. Legen Sie eine Zeit fest, die zu Ihrem Alltag und Ihrem Temperament passt. Probieren Sie aus, ob die stillen Aspekte Ihres Innenlebens besser am Morgen oder am Abend zum Tragen kommen. Vielleicht lesen Sie vor der Praxis gerne in einem inspirierenden Buch? Oder Sie machen ein paar Dehnübungen oder ein bisschen Yoga? Für manche Menschen ist es hilfreich, in einer Gruppe zu üben oder sich regelmäßig in Kursen oder Seminaren von der Welt zurückzuziehen. Probieren Sie verschiedene äußere Bedingungen durch, um herauszufinden, was Ihnen am meisten hilft. Dann können Sie diese als regelmäßiges Element in Ihr Leben einbauen. Förderliche Umstände zu schaffen ist klug, denn sie sind die fruchtbare Erde, aus der Ihr spirituelles Herz Nahrung bezieht.

Wenn wir uns also der Kunst der Achtsamkeit widmen, merken wir nach Wochen und Monaten, wie unsere Konzentration langsam stabiler wird. Machen wir weiter, so merken wir, wie sie uns das Leben näherbringt. So, als würden wir eine Linse scharf stellen. Wenn Sie Wasser aus einem Teich entnehmen und in ein Glas schütten, wirkt es ganz klar und ruhig. Doch schon ein einfaches Mikroskop zeigt, dass es darin vor Bewegung und Organismen nur so wimmelt. Ähnlich ist das mit der Konzentration: Je mehr wir uns konzentrieren, desto klarer erkennen wir, dass jeder Atemzug im Körper zahlreiche Empfindungen mit sich bringt: Vibration, Bewegung, ein Kitzeln, ein Fließen. Die stabile Kraft unserer Konzentration zeigt uns, wie jeder Bereich unseres Lebens im Fluss ist, ständigen Veränderungen unterworfen – sogar während wir noch hinspüren.

Wenn wir lernen, uns in die Gegenwart hinein zu entspannen, atmet der Atem sich selbst, entfaltet sich ein Strom von Empfindungen im Körper, der sich bewegt, der sich öffnet. Ein Gefühl der Leichtigkeit stellt sich ein, der Offenheit. Wie geübte Tänzer erlauben wir dem Atem und dem Körper, ungehindert zu fließen, und genießen das Gefühl des Weit-Werdens.

Allmählich werden wir geschickter. Wir verstehen, dass auch die Konzentration ihren Rhythmus hat. Manchmal setzen wir uns hin, und schwupp, schon ist sie da. Dann wieder scheint in Körper und Geist alles drunter und drüber zu gehen. Und wir lernen, auch in den wilden Wassern zurechtzukommen. Wenn der Geist angespannt ist, lernen wir, wie wir weich werden und uns entspannen können, wie wir die Aufmerksamkeit öffnen. Ist der Geist hingegen schläfrig und schlapp, bringen wir mehr Energie in unsere Konzentration. Der Buddha verglich diesen Prozess mit dem Stimmen einer Laute. Wir horchen achtsam hin, und wenn wir merken, dass unser Tonus nicht mehr stimmt, können wir unsere Saiten anziehen oder lockern, um die Balance wiederherzustellen.

Wenn wir auf diese Weise lernen, uns zu konzentrieren, haben wir meist das Gefühl, ständig von vorn anfangen zu müssen, weil wir dauernd abschweifen. Aber schweifen wir denn wirklich ab? Was tatsächlich geschieht, ist doch, dass ein Gefühl, ein Gedanke, ein Zweifel sich in unseren Geist schiebt. Haben wir dies erst erkannt, können wir loslassen und uns wieder in den nächsten Augenblick hinein entspannen. Das können wir wieder und wieder tun. Wenn unser Interesse geweckt ist, wenn sich unser Gewahrsein vertieft, öffnen sich auch neue Ebenen der Meditation. Plötzlich tun sich uns Momente tiefen Friedens auf, wir fühlen eine enorme Kraft. Wie ein gewaltiges Schiff, das unerschütterlich seinem Kurs folgt. Und im nächsten Moment sind wir dann vielleicht schon wieder woanders. Doch wir lernen, unserem Kurs immer mehr zu vertrauen. Dann verstärkt sich auch unsere geistige Stabilität.

Wir dürfen bei alldem nur nicht vergessen, dass wir – wenn wir einen Welpen trainieren, um im Beispiel zu bleiben – ihn am Ende doch zum Freund haben wollen. Auch unseren Geist und Körper sollten wir als lieben Freund betrachten. Wenn der Geist abschweift, ist auch dies Teil der Meditation. Wir sehen einfach zu, wie er sich bewegt. Der Geist bringt Wellen hervor. Unser Atem ist eine Welle, die Empfindungen unseres Körpers sind eine Welle. Wir müssen gegen diese Wellen nicht ankämpfen. Wir können einfach nur feststellen: »Hier ist der Wellenkamm.« Oder: »Jetzt kommt eine Welle mit Erinnerungen an die Zeit, als ich drei Jahre alt war.« Und: »Hier ist eine Welle von Projekten für die Zukunft.« Und dann verbinden wir uns wieder mit der Welle des Atems. Es braucht Freundlichkeit und liebevolles Verständnis, um die Konzentration zu vertiefen. Wir können nicht längere Zeit präsent bleiben, wenn wir nicht lernen, wie wir weich werden, uns in unseren Körper sinken lassen und zur Ruhe kommen. Jede andere Form der Konzentration wird, vor allem wenn sie willentlich erzwungen ist, sich bald wieder in Luft auflösen. Unsere Aufgabe aber ist es, das Hundebaby so zu erziehen, dass es uns ein Leben lang freundschaftlich zugetan bleibt.

Die Haltung, mit der wir die Meditation angehen, unterstützt uns dabei vielleicht mehr als alles andere. Wir brauchen eine Art Beständigkeit und Hingabe, die jedoch auf grundlegender Freundlichkeit fußt. Wir müssen bereit sein, uns wieder und immer wieder mit dem zu verbinden, was ist, ohne unseren Humor und unsere Leichtigkeit einzubüßen. Wir wollen schließlich nicht, dass unser Welpentraining in Stress ausartet.

Die Wüstenväter, frühchristliche Mönche, die ein zurückgezogenes Leben in der Wüste führten, erzählten sich gerne die folgende Geschichte. Sie handelt von einem Novizen, dem sein Meister befohlen hatte, jedem, der ihn beleidigte, Geld zu geben, und dies drei ganze Jahre lang. Als er diese drei Jahre hinter sich gebracht hatte, sagte der Meister zu ihm: »Nun kannst du nach Alexandria gehen, um die wahre Weisheit zu suchen.« Als der junge Mann nach Alexandria kam, fand er am Stadttor einen weisen Mann vor. Dessen Art zu lehren war es, jeden zu beleidigen, der vorüberkam. Natürlich beschimpfte er auch den Novizen, der in lautes Gelächter ausbrach. »Wieso lachst du, wo ich dich beleidigt habe?«, fragte der Weise. »Nun«, antwortete der Jüngling, »ich habe drei Jahre lang jedem, der mich beleidigte, Geld gegeben. Und jetzt kriege ich von dir all das umsonst.« »Tritt ein«, sagte der weise Mann. »Die Stadt ist dein.«

Die Praxis der Meditation lehrt uns, jeden Augenblick mit Weisheit, Leichtigkeit und Humor zu erleben. Wir öffnen uns, wir lassen los. Mit Kampf hat das nichts zu tun. Dann verspüren wir auch in Zeiten der Frustration und der Schwierigkeiten eine innere Stärke, die etwas mit unserem Blick auf die Dinge zu tun hat. Wir atmen ein: »Wahnsinn, das ist ja wirklich eine spannende Erfahrung. Ich atme gleich noch mal ein. Meine Güte, das war aber jetzt unangenehm.« Wir atmen aus: »Ah!« Der Pfad, den wir in dieser Weise beschreiten, ist außergewöhnlich. Er zeigt uns, wie wir unser Herz und unseren Geist schulen können, damit beide offen, beständig und wach durchs Leben gehen.

3
Ein Geist wie der Himmel so weit
Im Gewahrsein ruhen

Meditation wird zur lebendigen Erfahrung, weil wir lernen, unsere gewohnheitsmäßige Verstrickung in die Geschichten, Konflikte, Projekte und Sorgen, mithilfe derer wir unser Selbst konstruieren, loszulassen und immer tiefer im Gewahrsein zu verweilen. Im Gewahrsein zu verweilen heißt, die sich von Augenblick zu Augenblick verändernden Umstände in der Meditation zu registrieren – Freude und Schmerz, Lob und Tadel, Ideen, Vorstellungen und Erwartungen, die sich einstellen. Durch Nicht-Identifikation mit unseren Gedanken und Emotionen ruhen wir im Gewahrsein selbst, jenseits aller Umstände, und erfahren das, was mein Lehrer Ajahn Chah als »jai pongsai« bezeichnete – die natürliche Leichtigkeit des Herzens. Das achtsame Verweilen stärkt unser Samadhi (Konzentration), was den Geist stabilisiert und klärt, sodass Prajña, die Weisheit, aufblitzen kann, die die Dinge so sieht, wie sie sind.

Diese weise Aufmerksamkeit können wir uns von Anfang an zunutze machen. Wenn wir uns zum ersten Mal zur Meditation hinsetzen, ist es am besten, einfach festzustellen, in welcher Verfassung unser Körper und unser Geist sind. Um der Aufmerksamkeit eine Grundlage zu geben, riet der Buddha seinen Schülern »zu beobachten, ob Körper und Geist abgelenkt oder stabil sind, zornig oder friedlich, freudig erregt oder besorgt, angespannt oder locker, gefesselt oder frei«. Wir beobachten, was ist, also atmen wir ein paar Mal tief ein und aus und entspannen uns. Wir schaffen Raum für das, was wir vorfinden.

Von dieser grundlegenden Stufe der Akzeptanz ausgehend lernen wir, die Kraft der Aufmerksamkeit geschickt und flexibel anzuwenden. Weise Aufmerksamkeit – Achtsamkeit – ist wie ein Vergrößerungsglas. Und meist ist es nützlich, unsere Praxis durch ein Mehr an Aufmerksamkeit zu stabilisieren. Wir achten auf unseren Atem, konzentrieren uns auf ihn, auf eine Empfindung, auf die Bewegung von Gefühlen und Gedanken. Mit der Zeit vertieft sich unsere Aufmerksamkeit so sehr, dass Subjekt und Objekt verschwinden. Wir werden zum Atem, zum Kribbeln in den Füßen, zur Trauer, zur Freude. Wir fühlen, wie wir mit jedem Atemzug geboren werden und mit ihm sterben. Mit jeder Erfahrung. Wir sind nicht länger in unser gewöhnliches Selbst verstrickt, unsere Ängste und Befürchtungen fallen weg. Unsere gesamte Erfahrung der Welt zeigt, dass sie vergänglich, nicht fassbar und frei von Eigennatur ist. Weisheit entsteht.

Manchmal aber geschieht es, dass das starke Gerichtetsein der Konzentration ein unnötiges Gefühl von Enge und Anspannung schafft. Dann müssen wir ein wenig lockerlassen und dürfen die Linse der Aufmerksamkeit nicht ganz so scharf stellen. Oder wir gehen achtsam über die Straße und stellen fest, dass es nicht sinnvoll ist, uns nur auf unsere Fußsohlen oder auf den Atem zu konzentrieren. Wir bekommen nicht mit, wie die Ampeln umschalten, wie die Menschen aussehen, die uns begegnen, wie das Morgenlicht wirkt. Also lassen wir den

Fokus unserer Aufmerksamkeit ein wenig weiter werden. Auf dem Meditationskissen sitzend richten wir die Linse der Konzentration auf die Energie unseres gesamten Körpers. Beim Gehen spüren wir den Rhythmus der Bewegung und nehmen unsere Umgebung wahr. Die Aufmerksamkeit sitzt sozusagen »auf unserer Schulter« und registriert unser Atmen, den Schmerz in den Beinen, den Gedanken ans Abendessen, das Gefühl der Trauer, die Auslage im Schaufenster, an dem wir gerade vorübergehen. Die weise Aufmerksamkeit nimmt eine Haltung freundlichen Interesses an. Sie nimmt zur Kenntnis, was kommt – Langeweile oder Neid, Pläne oder Aufregung, Gewinn oder Verlust, Vergnügen oder Schmerz – und verneigt sich sachte davor. In jedem Augenblick lassen wir erneut die Illusion los, dass wir etwas erreichen müssten. Wir ruhen stattdessen in der zeitlosen Gegenwart und betrachten mit offenem Gewahrsein, was vorüberzieht. Wir lassen los, und unsere angeborene innere Freiheit und Weisheit erwacht. Nichts, was wir haben müssten. Nichts, was wir sein müssten. Ajahn Chah nannte dies »in dem Einen ruhen, das erkennt«.

Doch manchmal ist auch diese mittlere Ebene der Aufmerksamkeit für unsere Zwecke nicht ausreichend. Wir verstricken uns in gewohnheitsmäßige Denkmuster, in schmerzhafte Situationen, in körperlichen oder seelischen Schmerz. Um uns herum ist alles laut und chaotisch. Wir sitzen da, mit engem Herzen, Körper und Geist angespannt. Mit freundlichem Interesse hat das nichts mehr zu tun. Unsere Absicht ist es, »geneigt zur Kenntnis zu nehmen«, doch unsere Bemühungen haben einen angestrengten, zwanghaften Beigeschmack.

Das ist der Moment, den Fokus unserer Aufmerksamkeit

ganz weit zu öffnen, sodass unser Gewahrsein weit wie der Raum oder der Himmel wird. Oder wie der Buddha im Majjhima Nikaya sagt: »Entwickle einen Geist, der so offen ist wie der Raum, in dem angenehme und unangenehme Erfahrungen entstehen und vergehen können, ohne Konflikte oder Leid hervorzurufen. Verweile in diesem Geist wie im weiten Himmel.«

Wenn wir in Meditation sitzen oder gehen, lassen wir den Bereich unserer Aufmerksamkeit so weit werden wie den Raum. Wir lassen alle Erfahrungen zu, ohne Grenzen, ohne innen oder außen. Wir lassen unser gewohntes Orientierungsraster, das den Geist als »in unserem Kopf« verortet, los und spüren, wie der Geist in seinem Gewahrsein offen, grenzenlos und weit ist. Wir lassen zu, dass unser Gewahrsein ein Bewusstsein erlebt, das nicht an der vereinzelten Erfahrung des Sehens, Hörens oder Empfindens klebt, sondern das von diesen Bedingungen völlig unabhängig ist – das Unbedingte. Ajahn Jumnien aus der Tradition der thailändischen Waldmönche spricht hier von Maha Vipassana. Wir ruhen im reinen, zeitlosen und ungeborenen Gewahrsein. Der Meditierende erlebt dies nicht als Ideal, als abgehobene Erfahrung, denn dieses Gewahrsein ist immer zugänglich, immer präsent, absolut befreiend: Es ist der Ort, an dem sich das weise Herz ausruht.

In vollkommener Versenkung, »geneigt« zur Kenntnis nehmend oder offen wie der weite Raum – welche dieser Linsen ist nun die beste für uns? Darauf gibt es nur eine Antwort: jede. Die Achtsamkeit ist ein sehr anpassungsfähiges Instrument, daher ist es wichtig, sich nicht ausschließlich auf eine einzige Form der Achtsamkeitspraxis zu fixieren und diese als die »beste« zu betrachten. Bedauerlicherweise gibt es spirituelle Traditionen, die genau das tun. Das Selbst loslassen und ganz im Atem oder einer anderen Erfahrung aufzugehen, heißt es dann, sei die optimale Form der Ausrichtung. Wieder andere gehen davon aus, dass wirkliches Erwachen nur entsteht, wenn wir den Geist als offenes, grenzenloses Gewahrsein wahrnehmen. Und wieder andere halten die mittlere Ebene – das einfache Zur-Kenntnis-Nehmen, was ist, den Geschmack des »Nichts-von-heilig« – für die höchste Stufe des Achtsamkeitstrainings. Doch die wahre Natur des Gewahrseins kann nicht begrenzt werden. Das Bewusstsein ist zugleich weit und eng, alltäglich und universell. Und unsere Praxis wird zu verschiedenen Zeiten verschiedene Ansätze nötig machen.

Jede Form genuinen Gewahrseins ist befreiend. Jeder Augenblick, in dem wir unsere Verstrickungen und Identifikationen loslassen, ist selbstlos und frei. Und jede Form der Achtsamkeitsübung hat einen dunklen Zwilling, wenn wir nämlich an einem bestimmten Ergebnis oder an der Praxis selbst anhaften. Treiben wir die Öffnung des Gewahrseins zu weit, werden wir vielleicht abgehoben und können uns nicht mehr konzentrieren. Lassen wir uns zu sehr in die Versenkung gleiten, verschließen wir uns vor der Welt und blenden andere Erfahrungen aus. Gehen wir ganz im Registrieren des gewöhnlichen Alltagsbewusstseins auf, schaffen wir uns vielleicht eine neue, falsche Vorstellung vom Selbst als »Zeuge«. Diese dunklen Zwillinge sind äußerst subtile Formen meditativer Anhaftung. Auch sie sollten wir als das sehen, was sie sind, und dann loslassen. Und lernen, die verschiedenen Formen der Achtsamkeit so einzusetzen, dass sie uns bei der Entwicklung des Gewahrseins helfen.

Je besser Sie die Macht der weisen Aufmerksamkeit nutzen können, desto stärker wird Ihr Vertrauen in die Grundlage dieser Achtsamkeit. Sie werden lernen, sich zu entspannen und loszulassen. Sobald Sie sich irgendwo verheddern, ist die Achtsamkeit schon da, ein Gewahrsein ohne Widerstände, das nicht urteilt. Ob der Aufnahmewinkel der Linse nun größer oder kleiner wird, ob Sie heranzoomen oder in die Weite fokussieren, die Achtsamkeit wird Ihnen die unfassbare Natur des Universums näherbringen. Sie versetzt Herz und Geist wieder in ihren Urzustand von natürlicher Freiheit und Klarheit.

Die Konzentration mag uns dabei etwas vertrauter erscheinen und das natürliche Zur-Kenntnis-Nehmen der Dinge ebenfalls. Der Weitwinkel hingegen, bei dem wir die Linse der Aufmerksamkeit weit werden lassen wie den Himmel, ist uns gemeinhin eher fremd. Lassen Sie mich Ihnen daher erklären, wie wir mit dem Gewahrsein als Raum arbeiten können. Am leichtesten können wir uns für den Raumaspekt des Gewahrseins öffnen, wenn wir über Geräusche meditieren. Wir hören, was um uns herum vorgeht. Der Strom der Geräusche fließt ganz natürlich an uns vorüber, und da wir ohnehin kaum etwas dagegen tun können, ist ihm zuzuhören eine der besten Übungen, wie unser Geist in diesen ausgeglichenen Zustand der aufmerksamen Offenheit eintreten kann. Geräusche als Grundlage der Meditation über den Raumaspekt des Geistes zu nehmen, habe ich vor über 25 Jahren von meinem Kollegen Joseph Goldstein gelernt. Sich der Geräusche im Raum bewusst zu werden ist ohnehin ein guter Einstieg in die Praxis, da so die Meditationssitzung ganz von selbst die Qualität lockerer Wachheit und des Loslassens in den Raum hinein annimmt.

Aber wir können damit auch eine Sitzung beschließen, in der wir unsere Konzentration geschult haben.

Setzen Sie sich bequem und locker hin. Lassen Sie Ihren Körper zur Ruhe kommen. Der Atem fließt ganz natürlich. Schließen Sie die Augen. Atmen Sie ein paar Mal tief ein und aus. Lassen Sie beim Ausatmen sachte los. Lassen Sie sich selbst zur Ruhe kommen.

Nun richten Sie Ihre Aufmerksamkeit weg vom Atem. Werden Sie sich der Geräusche um Sie herum bewusst. Nehmen Sie die lauten und leisen Töne wahr, die fernen und nahen. Hören Sie einfach zu. Registrieren Sie, wie alle Geräusche entstehen und vergehen, in ihrem eigenen Rhythmus, ohne eine Spur zu hinterlassen. Hören Sie ihnen offen und entspannt zu.

Während Sie zuhören, machen Sie sich klar, dass Ihr Geist keineswegs auf Ihren Kopf beschränkt ist. Lassen Sie dieses Gefühl in sich aufsteigen. Ihr Geist wird weiter und weiter, so weit wie der Himmel – offen und klar wie der Raum. Es gibt kein Innen oder Außen. Lassen Sie Ihr Gewahrsein sich in alle Richtungen ausdehnen.

Somit ereignen sich jetzt alle Geräusche, die Sie hören, im offenen Raum Ihres Geistes. Entspannen Sie sich in diese Offenheit hinein und hören Sie. Lassen Sie die Geräusche kommen und gehen, ob sie nun weit entfernt oder nah sind. Sie sind wie Wolken am Himmel Ihres eigenen Gewahrseins. Das Spiel der Geräusche zieht über den Himmel. Sie entstehen und vergehen ohne jedes Hindernis.

Wenn Sie eine Weile in diesem offenen Gewahrsein geruht haben, registrieren Sie, wie auch Ihre Gedanken in diesem offenen Raum entstehen und vergehen gleich den Geräuschen.

Lassen Sie Gedanken und Bilder kommen und gehen, ohne ihnen Widerstand entgegenzusetzen. Ob die Gedanken, Bilder, Worte und Gefühle nun angenehm oder unangenehm sind, sie bewegen sich ungehindert im offenen Raum des Geistes. Probleme, Möglichkeiten, Freuden und Sorgen kommen und gehen wie die Wolken am offenen Himmel des Geistes.

Nach einer gewissen Zeit lassen Sie das Gewahrsein sich auch auf den Körper ausdehnen. Spüren Sie, wie die Empfindungen des Atems und des Körpers ebenfalls im weiten Raum des Gewahrseins aufscheinen und sich wandeln. Der Atem atmet sich, er bewegt sich wie ein Windhauch durch den Körper. Wenn Sie genau hinspüren, werden Sie merken, dass der Körper sich nicht fest anfühlt. Er wird als Landkarte von Weichheit und Festigkeit erfahren, als Feld, in dem es Kribbeln, Druck, Wärme und Kälte gibt. All diese Empfindungen schweben im raumgleichen Gewahrsein des Geistes.

Lassen Sie Ihren Atem darüber hinwegstreichen wie ein lindes Lüftchen. Verweilen Sie in dieser Offenheit. Lassen Sie die Empfindungen kommen und gehen. Lassen Sie Gedanken und Bilder, Gefühle und Geräusche dahinziehen wie die Wolken im klaren, offenen Raum Ihres Gewahrseins.

Dann richten Sie Ihre Aufmerksamkeit auf das Gewahrsein selbst. Erkennen Sie, dass der offene Raum des Gewahrseins klar ist, durchscheinend, zeitlos und ohne Einschränkungen – er ist offen für alles, ohne sich davon begrenzen zu lassen.

Der Buddha sagt: »O Hochgeborener, erinnere dich des reinen, offenen Himmels deiner wahren Natur. Kehre dahin zurück. Vertraue ihm. Er ist deine Heimat.«

4

Unser Potenzial verwirklichen

Die Entwicklung von Liebe und Mitgefühl

Lass deinen liebevollen Geist mit Weisheit zuerst ein Viertel der Welt durchdringen, dann das zweite Viertel, das dritte und das letzte. Erfülle die ganze weite Welt, oben, unten, rundherum. Durchdringe die Welt mit Gedanken voller Liebe, frei von böser Absicht, erhabener, überströmender, grenzenloser Liebe.

Buddha

Wenn wir nicht all unseren Schwierigkeiten zum Trotz Glück erfahren können, wozu ist dann unsere spirituelle Praxis gut?

Maha Ghosananda

Wer ist arm, der geliebt wird?

Oscar Wilde

Wir tragen in uns die außergewöhnliche Begabung für Liebe, Freude und grenzenlose Freiheit. In der buddhistischen Psychologie ist dies gleichbedeutend mit geistiger Gesundheit. Dipa Ma Barua, die ich im Kapitel 15 noch näher vorstellen werde, wies all diese Qualitäten in Vollendung auf.

Als ich ihr Schüler war, war sie Großmutter und Hausfrau, aber auch eine der am höchsten vollendeten Praktizierenden der Theravada-Tradition. Ihre enorme Hingabe und das Strahlende ihres Geistes bewirkten, dass sie für viele zur hochverehrten Lehrerin wurde.

In den späten Siebzigerjahren besuchte ich Dipa Ma in Kalkutta. Vorher hatte ich einen Monat lang im indischen Bodhgaya meditiert. Da es Schwierigkeiten mit meinem Flugticket gab, blieb mir nur ein halber Tag mit ihr. Es war sehr heiß, um die 40 Grad Celsius. Die Luft in Kalkutta war zum Schneiden dick. Ich erwies Dipa Ma meinen Respekt, danach verbrachten wir ein paar Stunden im innigen Zwiegespräch. Denn obwohl ich seit fünf Jahren sehr erfolgreich als Lehrer tätig war, ging es mir zu jener Zeit nicht besonders gut. Ich hatte starke Rückenschmerzen, eine Beziehung war gerade zu Ende gegangen, und bevor ich nach Indien kommen konnte, hatte ich monatelang mehr als 60 Stunden pro Woche gearbeitet. Angesichts all dieser Mühen sagte ich zu ihr, dass ich mittlerweile an meiner Fähigkeit, die Lehren zu verkörpern, zweifle. Sie sah, wie wenig gefestigt ich war, doch sie bat mich, trotz alledem am Ball zu bleiben. Als ich gehen musste, verabschiedete mich Dipa Ma wie unter Bengalen üblich mit einer festen Umarmung. Sie habe einen besonderen Segen für mich. Sie war so klein, dass ich, als ich niederkniete, um ihren Segen zu empfangen, gerade so groß war wie sie.

Dipa Ma strich mit ihren Händen sanft über meinen Kopf und meinen ganzen Körper. Sie blies ihre Atemluft auf meinen Scheitel und rezitierte dabei Gebete der liebenden Güte. Anfangs fühlte sich das Ganze an wie ein sehr langes Gebet, doch als sie ihren Segen immer weiter über mich verströmte, merkte ich allmählich, wie es mir mit jeder Minute besser ging. Nach zehn langen Minuten war mein Körper offen. Alles kribbelte. Ich lachte von einem Ohr zum anderen. »Geh und leite ein tolles Retreat für all diese Leute«, sagte sie. »Geh mit Mamas Segen.« Ich fühlte mich, als hätte mich eine liebende Großmutter mit ihren besten Wünschen fortgeschickt. Dazu kamen noch die besonderen yogischen Kräfte der Verwirklichten. Ich war selig.

Ich ging hinaus in die glutheißen Straßen Kalkuttas und nahm ein Taxi zum Dum Dum Airport (der Flughafen heißt wirklich so). Es dauerte zwei Stunden, bis wir dort ankamen. Der Fahrer drückte den ganzen Weg über auf die Hupe, während er sich zwischen Rikschas, Abgasen und anderen Autos durchschlängelte. Am Flughafen ließ ich die ermüdenden Kontrollen der indischen Beamten über mich ergehen und stand stundenlang herum, während die Herren meine Sachen durchsahen und mich in die Mangel nahmen, bevor sie endlich ihren Stempel in meinen Pass drückten. Endlich saß ich im Flugzeug und kam drei Stunden später in Bangkok an. Auch dort war es heiß und extrem überfüllt. Am Flughafen lange Schlangen und noch mehr Zollbeamte. Schließlich dauerte es eineinhalb Stunden, bis ich endlich mein Hotel in Bangkok erreicht hatte.

Doch in der ganzen Zeit hatte ich nicht einmal aufgehört zu lächeln. Ob beim Zoll, im Taxi, im Flughafen, im Stau – auf meinem Gesicht war dieses unglaublich breite Grinsen, das einfach nicht abgehen wollte. Ich legte mich lächelnd schlafen und wachte lächelnd wieder auf. Ich lächelte tagelang ohne Unterbrechung. Dipa Mas Segen gab mir noch Monate danach Kraft.

Dipa Ma und andere buddhistische Lehrer zeigen sehr deutlich das psychologische Potenzial des erwachten Herzens. In *Transformations of Consciousness* berichtet der Harvard-Psychologe Jack Engler von einer Studie, die an Dipa Ma und anderen fortgeschrittenen Meditierenden durchgeführt wurde. Engler stellte ein Maß an seelischer Gesundheit und allgemeinem Wohlbefinden fest, das alles, was bislang von den Wissenschaftlern untersucht worden war, übertraf. Engler nahm die persönliche Lebensgeschichte jedes Einzelnen auf und unterzog sie einer Unmenge von Tests, unter anderem Rorschach und TAT (*Thematic Apperception Test*). Beide messen sowohl persönliche als auch apperzeptive Elemente. Dipa Mas Testprotokolle bestätigten, dass sie einen außergewöhnlich licht- und liebevollen Geist hatte, der vollkommen friedlich und von störenden Gefühlen wie Zorn, Angst oder Gier sowie Konflikten frei war. Auch war sie vollkommen offen, was ihr Innenleben anging. Engler berichtet: »Die Tests zeigten eine Ebene der kognitiv-emotionalen Transformation und Integration, welche ein hohes Niveau innerer Befreiung signalisierte. Dipa Ma interpretierte die Testergebnisse spontan vor dem Hintergrund ihrer spirituellen Geschichte. Ihr Bericht spiegelte die Lehren des Dharma wider und zeigte zur selben Zeit ein klares Verständnis der Tests. Dies war eine außergewöhnliche Leistung, die keiner der Forscher jemals hatte feststellen können.«

Dipa Ma führt uns vor, was möglich ist, wenn wir zu unserer Buddhanatur zurückkehren. Doch wollen wir hier nicht vergessen, dass dieses Leuchten des Herzens keineswegs nur Meditationsmeistern und fortgeschrittenen Meditierenden eigen ist. Meine Kollegin Sharon Salzberg erzählte mir folgende

Geschichte, die sich auf einem Liebende-Güte-Retreat in Oakland, Kalifornien, zugetragen hatte.

»Wann immer ich liebende Güte in einem urbanen Umfeld lehre«, so Sharon, »bitte ich die Schüler, die Gehmeditation doch draußen auf der Straße durchzuführen. Ich schlage ihnen vor, sie sollen die Menschen voller Achtsamkeit und Zuwendung ansehen und ihnen alles Gute wünschen, indem sie die Zeilen des traditionellen Liebende-Güte-Gebets rezitieren: ›Mögest du glücklich sein. Mögest du in Frieden leben.‹ Und ich sage ihnen, dass die Kraft ihrer Zielsetzung nicht geschmälert wird, wenn sie keine Liebe *fühlten*. An diesem Tag fand das Retreat in der City der Stadt Oakland statt. Da wir genau gegenüber dem Bahnhof praktizierten, beschlossen einige, ihre Übungen dort am Bahnsteig zu machen.

Ein Zug kam an, und eine der Frauen sah einen Mann herausspringen, den sie zum Objekt ihrer Liebende-Güte-Meditation machen wollte. Im Stillen begann sie nun, für ihn das Gebet zu rezitieren. Mehr oder weniger gleichzeitig fing sie an, sich selbst zu kritisieren: ›Bestimmt mache ich das nicht richtig. Ich fühle mich so distanziert. Ich spüre keine Wärme in mir aufkommen.‹ Nichtsdestotrotz erneuerte sie ihren Entschluss, alle Wesen mit Güte und nicht im Geist der Fremdheit zu betrachten, und rezitierte: ›Mögest du glücklich sein. Mögest du in Frieden leben.‹ Dann sah sie den Mann an. Er trug eine Krawatte und sah nervös aus. Sofort begann sie, ihn zu bewerten: ›Er sieht so steif aus.‹ Dann verurteilte sie sich dafür: ›Da will ich liebende Güte aussenden, und stattdessen setze ich den Betreffenden herab.‹ Trotzdem fuhr sie mit der Rezitation fort und versuchte, ihre Energie mit ihrer Zielsetzung in Einklang zu bringen: in dieser Welt eine Kraft der Liebe zu sein. In dem Augenblick kam der Mann zu ihr herüber und sagte: ›Wissen Sie, ich habe so etwas Verrücktes noch nie getan, doch ich hätte gerne, dass Sie für mich beten. Ich muss eine sehr schwierige Lebenssituation meistern. Irgendwie scheinen Sie wirklich ein Mensch mit Herz zu sein. Bitte: Ich möchte nur wissen, dass Sie für mich beten.‹«

Die vier Unermesslichen

Den »Buchhaltern« in den Urtagen des Buddhismus machte es offenkundig Spaß, die höchsten Möglichkeiten des menschlichen Herzens zu katalogisieren. So gibt es vier Arten des edlen Herzens, fünf spirituelle Kräfte, fünf Ränge, acht Formen des Satori, zehn Bilder vom Ochsenhüten, zehn Bodhisattva-Stufen und 37 Faktoren der Erleuchtung. Doch die wertvollste Beschreibung dessen, was wir im Westen unter optimaler geistiger Gesundheit verstehen, sind ganz sicher die vier unermesslichen Qualitäten oder Tugenden, auch kurz die vier Unermesslichen genannt.

Diese vier unermesslichen Qualitäten sind liebende Güte, Mitgefühl, Freude und Gleichmut bzw. innerer Friede. Sie gelten als besonders wertvoll, weil sie die natürliche Grundlage menschlichen Glücks darstellen. Sie sind einfach und unmittelbar und beschreiben die Qualitäten eines offenen Herzens. Schon wenn wir sie nennen hören – Liebe, Mitgefühl, Freude und Frieden –, berührt uns dies. Treffen wir auf einen Menschen, der über diese Qualitäten verfügt, öffnet sich unser

Herz. Stellen sich diese Qualitäten in uns selbst ein, werden wir im tiefsten Inneren verwandelt.

Liebe ist unsere wahre Natur, doch liegt sie meist unter einer schützenden Angstschicht verborgen. Buddhistische Methoden helfen, das Gold unter der Tonschicht freizulegen und uns zu unserer natürlichen Güte zurückzuführen. Obwohl diese Liebe uns also eigen ist, gibt es im Buddhismus besondere Übungswege, um sie zu stärken. Diese Übungen öffnen uns für Liebe, Mitgefühl, Freude und Frieden. Sie umfassen Affirmationen, Visualisierungen und die zugehörigen Gefühle. Sie wurden von Millionen Praktizierenden angewandt, die damit ihr Herz umgewandelt haben.

Wenn die Unermesslichen entwickelt werden, sorgt ihr komplementärer Charakter dafür, dass ihre Wirkung immer ausgeglichen ist. Diese Balance gilt in der buddhistischen Psychologie als wesentlich. Da Liebe, Mitgefühl und Freude zu starker Anhaftung führen können, muss ihre Wärme durch Gleichmut ausgeglichen werden. Gleichmut für sich wiederum führt zum Abkoppeln von der Welt. Diese Coolness muss mit Liebe, Mitgefühl und Freude ausgeglichen werden. Zusammen stehen diese unermesslichen Qualitäten für höchste geistige Harmonie.

Innerer Friede sorgt dafür, dass diese Qualitäten in den Fluss kommen. Wenn das Bewusstsein offen und friedlich ist, ruhen wir in Gleichmut. Wenn unser friedliches Herz anderen Wesen begegnet, füllt es sich mit Liebe. Wenn diese Liebe mit Schmerz konfrontiert wird, wandelt sie sich ganz automatisch zu Mitgefühl. Trifft sich diese Liebe mit dem offenen Herzen jedoch mit Glück, dann wird Freude daraus. Auf diese Weise verbinden die vier unermesslichen Qualitäten auf spontane Weise die ganze Welt.

Liebe erwecken

Liebende Güte ist die erste der unermesslichen Qualitäten, die geübt wird. Zu Beginn der Praxis bittet man den Schüler, er solle sich selbst visualisieren und dann für sich vier oder fünf Zeilen der traditionellen Gebete wiederholen: »Möge ich Sicherheit und Gesundheit erfahren. Möge ich glücklich sein.« Bei dieser Rezitation sollen die Schüler darauf achten, wie sich das Gefühl von liebender Güte im Körper und im Herzen bemerkbar macht.

Das Gefühl liebender Güte entwickelt sich, wenn wir diese Gebete über Tage, Wochen und Monate hinweg mehrere tausend Mal wiederholen. Zu Anfang ist es vielleicht noch schwierig, sich selbst zu lieben: Bei vielen Menschen löst dies Scham oder Gefühle der Wertlosigkeit aus. Und doch ist es eine besonders machtvolle Praxis, denn was wir an uns selbst nicht lieben, können wir auch an anderen nicht akzeptieren. In buddhistischen Lehren heißt es: »Du kannst das ganze Universum erforschen und wirst niemanden finden, der mehr der Liebe wert ist als du selbst.«

Nach zahllosen Wiederholungen stellt sich allmählich eine starke Liebe für uns selbst ein. Dann wird die Praxis der liebenden Güte langsam auf andere Wesen ausgedehnt. Man geht dabei nach »Stufen« vor. Zunächst visualisieren wir unsere Wohltäter und schenken ihnen Liebe, dann die von uns geliebten Menschen, unsere Freunde, neutrale Menschen, schwierige Menschen, Feinde. Dann lassen wir die liebende Güte noch weiter werden, bis sie alle Menschen, Tiere, Erd-, Wasser-, Feuer- und Luftwesen umfasst, ob groß oder klein, jung oder alt, sichtbar oder unsichtbar, bis schließlich alle Wesen in allen Himmelsrichtungen angesprochen sind. In jedem Schritt dieses Prozesses lassen wir das Feld unserer liebenden Güte weiter werden. Wenn wir Schwierigkeiten haben, zur nächsten Stufe weiterzugehen, versuchen wir, unsere negativen Gefühle loszulassen und zu vergeben. Wir erklären unsere Absicht, liebende Güte zu empfinden, bis sich das Hindernis aufgelöst hat.

Ruby praktizierte seit 15 Jahren buddhistische Meditation. Heute strahlt sie Glück und Freude aus, obwohl ihr Leben nicht gerade leicht war. Vor einigen Jahren kam Ruby zu mir und wollte wissen, was für sie sinnvolle Schritte zur Entwicklung ihrer Praxis sein könnten. Sie arbeitete in der Verwaltung der Universität und sorgte außerdem noch für ihre Mutter und zwei Nichten. Lange Retreats waren ihr also nicht möglich.

Da Ruby sich so intensiv um andere kümmerte, schlug ich ihr vor, dass sie ein Jahr lang liebende Güte nur für sich selbst praktizieren sollte. Anfangs kam ihr die Idee noch merkwürdig vor: »Ich soll mir ein Jahr lang wünschen, glücklich zu sein? Ist das nicht schrecklich selbstsüchtig? Ich weiß nicht, ob ich das zustande bringe.« Doch sie beschloss, es wenigstens zu versuchen. In der Morgenmeditation und im Laufe des Tages wünschte Ruby sich selbst alles Gute, ob sie nun arbeitete, Auto fuhr oder einkaufen ging. Manchmal fiel ihr diese Meditation schwer, aber sie blieb dabei. Im Laufe dieses Jahres wurde Ruby immer heiterer und fröhlicher. Dann schlug ich vor, sie solle ein einwöchiges Retreat zur Praxis der liebenden Güte mitmachen.

Nach zwei Tagen des Widerstands stellte sich bei Ruby eine konzentrierte Stille ein. Durch ihre Praxis hatte Ruby gelernt, über ihre Widerstände nicht hinwegzugehen, sondern all ihre Erfahrungen zuzulassen und sie voller Liebe sein zu lassen. Während sie so vorging, vertiefte sich das Gefühl liebender Güte. Während der nächsten Tage erlebte Ruby, wie ein Strom lichtvoller Energie ihren Körper füllte und sich in einen grenzenlosen Ozean der Liebe verwandelte. Sie war unglaublich glücklich. »Ich habe mich geöffnet«, rief sie eines Morgens aus. »Ich bin nichts und gleichzeitig die ganze Welt. Ich bin der Holzapfelbaum und der Frosch am Bach und der müde Koch am Abend und die Dreckspritzer auf meinen Schuhen und die Sterne. Wenn mein Geist über Zukunft und Vergangenheit nachdenkt, erzählt er sich nur Geschichten. In der liebenden Güte gibt es weder Vergangenheit noch Zukunft, nur Stille und Liebe.«

Ruby hatte ihr Abschlussexamen abgelegt. Nun war Liebe keine Übung mehr, keine Praxis. Sie war ihr Leben. Liebe war es, die Ruby dazu bewegte, ihrer Mutter während ihrer langen Krankheit beizustehen. Jetzt meint Ruby, sie übe die Praxis der liebenden Güte nicht mehr bewusst, ob nun für sich selbst oder für andere, denn: »Es kommt einfach. Wir sind nicht getrennt. Wir sind letztlich Liebe.«

Die Erfahrung, auf diese Weise liebende Güte zu üben, eröffnet völlig neue Perspektiven. Wenn wir unsere Aufmerksamkeit von den Wohltätern und Freunden auf neutrale Menschen richten, tut sich eine völlig neue Kategorie der Liebe auf. Für die Praxisübung heißt es, sollten wir uns auf »neutrale« Menschen konzentrieren, die wir zwar regelmäßig sehen, denen wir aber keine große Aufmerksamkeit schenken. Wir können zum Beispiel an den Schalterbeamten der Bank denken oder eine Kellnerin. Bei einem längeren Retreat machte ich diese Übung mit einem Gärtner vor Ort. Ich brachte mehrere Tage und Nächte damit zu, mir diesen Mann vorzustellen und ihm in der Meditation alles Gute zu wünschen. Später traf ich ihn einmal unerwartet draußen. Obwohl ich nicht einmal seinen Namen wusste, freute ich mich, ihn zu sehen, und sagte still bei mir: »Oh, mein geliebter neutraler Mensch!« Dann erst wurde mir klar, wie viele »neutrale« Menschen ich regelmäßig ignorierte. Als ich sie in meine Praxis einschloss, merkte ich, wie sich die Liebe um mich herum vertiefte.

Im nächsten Schritt dehnen wir unsere liebende Güte auf schwierige Menschen bzw. Feinde aus. Wir fangen also keineswegs mit diesen an. Erst wenn unser Herz offen ist und wir bereits starke liebende Güte entwickelt haben, bringen wir Menschen ins Spiel, die wir nicht mögen, weil wir denken, dass sie falsch an uns gehandelt haben, Menschen also, die wir für unsere Feinde halten. Wenn wir dies tun, zieht das Herz sich erst einmal zusammen oder macht ganz »zu«: »Nach dem, was du mir angetan hast, werde ich dich nie mögen. Und ich verzeihe dir nicht.« Das ist der Hass, der sich in uns erhebt. Wir verlieren dabei die Freude des offenen Herzens. Wenn wir dies miterleben, erfahren wir, wie viel uns der Hass kostet. Und uns wird klar, dass diese Kosten zu hoch sind – für uns höchstpersönlich. Schließlich denken wir: »Gut, ich verzeihe dir. Ich schließe dich sogar in meine liebende Güte ein. Zu Anfang nur ein kleines bisschen, gerade so viel, dass mein Herz offen bleibt.« Wenn wir diese Praxis oft wiederholen, lernen wir dabei, unser Herz auch in schwierigen Situationen zu öffnen. Wenn wir uns so in liebender Güte üben, werden wir am Ende wie Dipa Ma, die alle Menschen, denen sie begegnet, in ihre Liebe hüllt.

Meine Kollegin Sylvia Boorstein, ebenfalls eine buddhistische Lehrerin, erzählt die Geschichte von Phil, einem New Yorker, der sich jahrelang in der Praxis der liebenden Güte übte. Eines Abends traf er in einer schmalen, dunklen Seitenstraße im Vergnügungsviertel SoHo auf einen verstrubbelten, bärtigen Mann mit schmutzig blondem Haar. Dieser richtete eine Pistole auf Phil und verlangte sein Geld. Phil trug mehr als 600 Dollar bei sich. Diese händigte er dem Mann aus. Doch der Mann ließ die Pistole vor Phils Nase auf und ab tanzen und wollte mehr. Phil, der Zeit gewinnen wollte, gab ihm seine Kreditkarten, dann seine gesamte Brieftasche. Der Mann sah aus, als stünde er unter Drogen. Mit schwerer Zunge lallte er: »Ich knall dich ab, Mann.« Phil sagte: »Nein, warte. Hier ist meine Uhr. Es ist wirklich eine sehr teure Uhr.« Damit reichte er dem Mann die Uhr. Dieser wedelte mit der Pistole und sagte nochmals: »Ich knall dich ab, Mann.« Irgendwie schaffte Phil es, ihn voll liebender Güte anzusehen. Dann sagte er: »Du musst mich nicht abknallen. Du hast einen Superjob gemacht. Du hast fast 700 Dollar erbeutet, ein paar Kreditkarten und eine sehr teure Uhr. Du musst mich nicht erschießen. Du hast deine Sache gut gemacht.« Verwirrt sah ihn der andere an und ließ langsam die Pistole sinken. »Ich habe es gut gemacht?«, fragte er ungläubig nach. »Ja, wirklich super. Geh und erzähl deinen Freunden, dass du es toll hingekriegt hast.« Verwirrt schüttelte der Straßenräuber den Kopf und ging davon, wobei er leise vor sich hin sagte: »Ich habe es gut gemacht.«

Wenn jemand unsere innere Güte sieht, ist dies ein Segen. Den anderen mit den Augen der Liebe zu sehen wird in fast jeder Kultur als wichtig erachtet. Ein alter chassidischer Rabbi fragte seine Schüler einmal, wie sie wüssten, dass die Nacht zu Ende und der Morgen angebrochen sei, da dies die Zeit für bestimmte Gebete ist. Ein Schüler meinte: »Vielleicht, wenn man ein Tier in der Ferne sieht und sagen kann, ob es ein Schaf oder ein Hund war?« »Nein«, antwortete der Rabbi. »Oder wenn man klar die Linien in der eigenen Hand erkennen kann?« Doch auch hier verneinte der Rabbi. »Vielleicht, wenn wir einen Baum aus der Ferne sehen und sagen können, ob es ein Birn- oder ein Feigenbaum ist?« Einmal mehr antwortete der Rabbi mit Nein. »Woran merken wir es dann?«, wollten die Schüler wissen. »Wenn du ins Gesicht eines Menschen siehst und erkennst, dass er dein Bruder oder deine Schwester ist. Vorher herrscht immer noch finsterste Nacht.«

Natürliche Freude

Als der Harvard-Psychologe Jack Engler seine Untersuchungen mit Dipa Ma machte, stellte er ihr eine Frage, die, auch wenn sie ein völliges Missverständnis der buddhistischen Lehren darstellt, sehr häufig gestellt wird: »Das hört sich alles ziemlich trist an«, meinte er: »Sich von Gier, Hass und Unwissenheit befreien. Was soll denn daran Spaß machen?« Dipa Ma brach in lautes Gelächter aus. »Ach, das haben Sie aber gründlich missverstanden! Gerade das tägliche Leben ist doch eintönig. Wir sehen alles immer durch dieselbe Brille. Sobald Gier, Hass und Täuschung überwunden sind, sehen Sie Tag für Tag alles neu. Jeder Augenblick ist frisch. Vorher war das Leben trist. Danach ist jeder Moment voller Lust und Würze.«

Wenn Liebe auf Schmerz trifft, wird daraus Mitgefühl. Wenn sie mit Glück zusammentrifft, wird Freude daraus. Freude ist der vollkommene Ausdruck des befreiten, erwachten Herzens. Der Dalai Lama fungierte erst vor kurzem als einer der Podiumsgäste bei einer großen Konferenz von Wissenschaftlern in Washington. Er traf dort mit Physikern, Neurologen, Kognitionswissenschaftlern und anderen buddhistischen Lehrern (mich eingeschlossen) zusammen, um die neuesten Erkenntnisse über Meditation und Neurobiologie zu diskutieren. Bei diesem Anlass wurde er von einem Fernsehreporter interviewt, der wissen wollte, wie denn Glück und Meditation zusammenhängen: »Ihr Buch *Die Regeln des Glücks* stand lange Zeit auf der Bestsellerliste der *New York Times*. Außerdem sprechen Sie häufig über Glück. Würden Sie unseren Lesern erzählen, was der glücklichste Moment Ihres Lebens war?« Der Dalai Lama dachte einen Moment nach, dann lächelte er und antwortete: »Ich glaube, das ist jetzt.«

Wenn wir ganz in der Gegenwart leben, entsteht Freude ohne Grund. Dies ist das grundsätzliche Glücklichsein des Bewusstseins, das nicht auf bestimmten Voraussetzungen fußt. Kinder wissen das. Maurice Sendak, der Autor von *Wo die wilden Kerle wohnen*, erzählte in einem Interview von einem Jungen, der ihm einmal geschrieben hatte: »Er schickte mir eine reizende Karte mit einer Zeichnung darauf, die mir wirklich gefiel. Ich beantworte alle Briefe, die Kinder mir schreiben, manchmal allerdings nur kurz. Über diese Karte allerdings habe ich eine Zeit lang nachgedacht. Ich schickte ihm eine Karte mit einer Zeichnung von einem der wilden Kerle. Darunter schrieb ich: ›Lieber Jim, deine Karte hat mir gut gefallen.‹ Kurz darauf kam ein Brief von Jims Mutter. ›Ihre Karte hat Jim so gut gefallen, dass er sie aufgegessen hat.‹ Das war eines der schönsten Komplimente, die man mir je gemacht hat. Es war ihm egal, dass dies eine Originalzeichnung von mir war. Er sah sie, sie gefiel ihm, und er aß sie.«

Freude entsteht manchmal spontan aus der Meditation heraus. Schüler berichten von Zittern und Wellen von Kühle. Sie lachen Tränen und verspüren bebende Ekstase, fließende Freude, Freude wie reines türkisfarbenes Wasser, ein Kribbeln im Körper, Dankbarkeit, spielerisches Entzücken und die Ekstase der Stille. Sie beschreiben, wie die Freude ihren Körper, ihr Herz und ihren Geist füllt. Freude über die Schönheit der Welt, Freude über das Glück anderer.

Doch es kommt immer wieder vor, dass Menschen dem Buddhismus eine pessimistische Weltsicht unterstellen. Natürlich geht es in den Vier edlen Wahrheiten um das Leiden und seine Ursachen. Und natürlich gibt es in einigen buddhistischen Ländern sehr grimmige Meditationslehrer. Ich selbst, der ich aus dem Westen komme, fand diese immer besonders Vertrauen erweckend. Ich war so wild entschlossen, ein anderer zu werden und ganz besondere Verwirklichungen zu erlangen, dass ich nur in die strengsten Retreats und in die berüchtigtsten Klöster wollte. Dort wurde dann 18 Stunden pro Tag meditiert. Wir saßen unbeweglich und setzten uns mit unseren Schmerzen auseinander. In diesen Klöstern lernte ich viele wichtige Lektionen.

Irgendwie war meine Suche so ernst, dass ich die strahlende Qualität der buddhistischen Kulturen um mich herum völlig übersah. Thai, Laoten, Tibeter, Birmaner und Nepali sind heitere Menschen, die viel lachen. Das glückliche Lächeln der Kinder ist hinreißend. Auch die Erwachsenen arbeiten, spielen und beten mit derselben Unbekümmertheit. Wir Menschen aus dem Westen aber übersahen in unserer Ernsthaftigkeit, welche Orgie an Farben so ein Kloster ist mit all seinen Statuen, Bildern und wundersamen Geschichten von Engeln, Devas, Bodhisattvas und Buddhas. Wir achteten erst gar nicht auf das Leben der Menschen dort, die sich um ihre Tempel scharen, auf die Zyklen der Rituale, Tänze, Feste und Feierlichkeiten. In unserem Eifer entging uns, wie viele unserer größten Lehrer – Ajahn Chah, Maha Ghosananda, Ananda Maitreya, der 16. Karmapa, Anagarika Munindra – ein wunderbar ansteckendes Lachen besaßen, das von ihrer inneren Freude kündete.

Als ich in die Vereinigten Staaten zurückkehrte und dort zu lehren begann, neigten meine Kollegen und ich stets dazu, Buddhas Lehren über das Leiden und die Notwendigkeit des Erwachens herauszustreichen. Wir waren jung, und die Konzentration auf das Leiden verlieh unseren Retreats eine gewisse Ernsthaftigkeit. Dabei ist Leiden ja gerade nicht das Ziel, sondern der Ausgangspunkt des Pfades. Heute halte ich Retreatteilnehmer auch immer wieder dazu an, sich der ihnen angeborenen Freude bewusst zu werden. Ich ermuntere sie, von Anfang an den Augenblicken der Freude besondere Beachtung zu schenken, damit sie sich vertiefen und sich weit in Körper und Geist hinein ausdehnen können. Viele von uns sind es gewohnt, auf Freude und Glück mit Angst zu reagieren, dabei ist Freude für das Erwachen unabdingbar. Der persische Mystiker Rumi meint dazu: »Wenn du in den Garten gehst, siehst du die Blumen an oder die Dornen? Nimm dir mehr Zeit für Rosen und Jasmin.« André Gide, der französische Romancier, mahnt uns: »Denken Sie stets daran: Freude ist seltener, schwieriger und schöner als Trauer. Sobald Ihnen dies klar geworden ist, wird es zur moralischen Pflicht, sich der Freude zu öffnen.«

Psychologen, die mit Exiltibetern gearbeitet haben, haben sich über die unglaubliche Widerstandsfähigkeit und die Fähigkeit zur Freude Gedanken gemacht, die dieses Volk prägen, obwohl viele Exiltibeter traumatische Erfahrungen gemacht haben. Am erstaunlichsten ist dabei immer wieder die Reaktion von Mönchen und Nonnen, die im Gefängnis der Folter ausgesetzt waren. Eine Studie der Fakultät für Psychologie an der Universität Harvard zeigt, dass diese nur wenige oder keine Anzeichen von Traumen zeigen. Stattdessen lassen sich noch tieferes Mitgefühl und mehr Freude feststellen. Ihre regelmäßige Praxis von liebender Güte, Mitgefühl und Weisheit ließ die Gefangenen für ihre Feinde beten. Ein alter Lama berichtet, dass während der 20 Jahre im Gefängnis seine einzige Sorge war, dass er sein Herz verschließen und so sein Mitgefühl verlieren würde. Wenn wir je nach Musterbeispielen geistiger Gesundheit suchen, dann wären diese Mönche und Nonnen wohl die Ersten, die wir zu Rate ziehen müssten.

Debra Chamberlin-Taylor, die ebenfalls Buddhismuslehrerin ist, erzählte mir einmal die Geschichte von einer Frau, die an einer Langzeit-Selbsthilfegruppe für Menschen mit nicht weißer Hautfarbe teilnahm. Diese Frau hatte eine Kindheit hinter sich, in der sie mit Armut, Trauma und Missbrauch konfrontiert gewesen war. Ein Elternteil war gestorben, sie war erkrankt, hatte sich aus einer schlimmen Ehe befreit und hatte als alleinerziehende Mutter von zwei Kindern viel zu kämpfen. Dazu kamen noch die üblichen Probleme mit Rassismus. Sie berichtete in der Gruppe, wie sie sich mühevoll Bildung angeeignet und gelernt hatte, für das, was sie glaubte, einzustehen. Und sie beschrieb, wie sie sich radikalisiert hatte, als sie auf lokaler und nationaler Ebene versucht hatte, gegen rassistische Ungerechtigkeit zu kämpfen. Beim letzten Treffen meinte die Frau: »Nun, nach Jahren des Unglücks und des Kampfes, werde ich etwas wirklich Radikales tun: Ich werde glücklich sein!«

Wir können zu Mitgefühl und liebender Güte erwachen, aber natürlich auch zur Freude. Freude ist ein untrennbarer Bestandteil des Bewusstseins. Wir können sie in uns finden, aber natürlich auch in anderen. Auf einem unserer längeren Frühjahrsretreats kam eine junge Frau namens Lorna zu mir. Sie hatte Probleme mit einem großen Mann, der bei der Meditation neben ihr saß. Er bewegte sich einfach zu oft. Bud war ein Ex-Marinesoldat, unter dessen T-Shirt zahllose Tattoos sichtbar waren. Er roch nach Tabak. Seine gesamte Energie machte ihr Angst. Lorna versuchte, ihn zu verstehen. Sie setzte auf ihre Liebende-Güte-Praxis und merkte bald, dass Bud ihr nur ihr schlechtes Verhältnis zu Männern ins Gedächtnis rief. Bald merkte sie, dass vieles von dem, was sie störte, allein in ihrer Vorstellung existierte. Aber es war ihr immer noch unheimlich, mit jemandem wie Bud zu sprechen. In der letzten

Retreatwoche kam Lorna zu mir und grinste über das ganze Gesicht. »Ich habe keine Angst mehr vor ihm.« Sie erzählte, sie sei nach dem Frühstück an dem Bach unterhalb des Speisesaals spazieren gegangen. Dort traf sie auf den ehemaligen Marinesoldaten, der um jede Blüte am Bachufer die Hände legte, um so ihren Duft besser riechen zu können. Am letzten Tag des Retreats sah ich Lorna in angeregter Unterhaltung mit Bud bei den Blumen stehen.

Auch Freude lässt sich üben. Zu Anfang stellen wir uns einen Menschen vor, den wir lieben. Wir vergegenwärtigen uns einen Augenblick, da dieser Mensch glücklich ist, und versuchen, sein Glück nachzuvollziehen. Wir rezitieren: »Mögen dein Glück und deine Freude zunehmen. Mögen die Ursachen für dein Glück sich vermehren.« Dieses Gebet wiederholen wir so oft wie möglich, ob wir nun Widerstände spüren oder müde sind, ob wir uns mit anderen vergleichen oder Eifersucht uns quält. Wir wiederholen es so lange, bis die Freude in uns richtig stark geworden ist. Dann dehnen wir die Übung auf alle Menschen aus, die wir lieben, bis wir die Freude an ihrem Glück richtig intensiv spüren können. Im nächsten Schritt wenden wir uns uns selbst zu. Wir schließen unsere Freude und unser Glück in unsere guten Wünsche mit ein. Dann können wir die Praxis auf alle Kategorien von Lebewesen ausdehnen. Wenn wir uns auf die Freude am Glück der anderen konzentrieren, bauen wir die unermessliche Qualität der Mitfreude auf. Freude heiligt alles, was wir tun. Martin Luther King jr. sagte dazu: »Wenn ein Mensch Straßen kehrt, um sich seinen Lebensunterhalt zu verdienen, sollte er dies tun, wie Michelangelo ein Bild malte, Beethoven komponierte und Shakespeare seine Stücke schrieb.«

Wir können diese Praxis stärken, indem wir uns auf Dankbarkeit konzentrieren. Buddhistische Mönche beginnen jeden Tag mit einem Dankgebet für die Segnungen ihres Lebens. Auch die Ältesten der amerikanischen Indianerstämme sprechen zu Beginn ihrer Zeremonien Dankgebete an Mutter Erde und Vater Himmel, an die vier Himmelsrichtungen und an die Brüder und Schwestern im Reich der Tiere, Pflanzen und Mineralien, die die Erde mit uns teilen und unser Leben mittragen.

Dankbarkeit ist die liebevolle Anerkennung all dessen, was uns hilft, stützt und trägt, eine Verbeugung vor allem, was uns zum Segen gereicht, ob klein oder groß. Dankbarkeit ist Vertrauen ins Leben selbst. Sie lässt uns spüren, dass jene Kraft, welche den Grashalm dazu bringt, sogar noch aus der kleinsten Ritze im Großstadtpflaster zu sprießen, auch in uns lebt. In Tibet danken Mönche und Nonnen sogar für das Leid, das ihnen gegeben wurde: »Ich bitte um so viel Leid, dass in mir höchstmögliches Mitgefühl und Weisheit heranwachsen.« Dankbarkeit kennt keinen Neid, kein Vergleichen. Sie öffnet sich voller Staunen den Geschenken, die Regen und Sonnenschein uns bringen, der Obhut, die allem Leben zuteilwird.

Wenn Dankbarkeit größer wird, wird sie zu Freude. Wir haben den Mut, uns an unserem Glück und dem anderer zu freuen. In der Freude haben wir auch keine Scheu vor dem Genuss. Wir glauben auch nicht, dass wir den Leidenden dieser Welt etwas wegnehmen, wenn wir das Glück, das uns zuteilwurde, genießen. Freude macht das Herz fröhlich. Wir können uns freuen an Menschen, die wir lieben, an Momenten der Güte, am Sonnenschein, an den Bäumen, ja am Atem, der unsere

Lunge füllt. Wie ein unschuldiges Kind freuen wir uns am Leben selbst, am Lebendigsein.

Die Welt, in der wir leben, ist ein Tempel, erhellt vom geheimnisvollen Licht der allerersten Sterne. Statt der Erbsünde feiern wir die ursprüngliche Güte. Die heilige Teresa von Ávila schreibt dazu: »Gott will nicht, dass die Seele Mühsal und Plage erduldet. Er wünscht, dass sie sich ergötzt am Duft der Blumen. [...] Die Seele erfährt genug Labsal im eigenen Garten.« Wann immer Augen sich treffen, Bäume treiben, Avocados sprießen und Mandarinen duften, legt sich Segen auf unsere Seele. Das ist wahre geistige Gesundheit.

Freiheit hier und jetzt

Die vier unermesslichen Qualitäten sind die Frucht geistiger Entwicklung. Wenn sie im Einklang stehen, ruhen Freude, Mitgefühl und liebende Güte in unerschütterlichem Frieden. Wahrer Friede hat nichts mit Gleichgültigkeit oder Emotionslosigkeit zu tun. Er ist das stille Auge im Herzen des Sturms, die lebendige Realität der Gegenwart. Diese dynamische Stille ist es, die Dipa Ma das krönende Stadium buddhistischen Trainings nennt, »in dem Bewusstheit eine Symphonie aus liebender Güte ist, die im stillen Ozean des Gleichmuts gespielt wird«.

Nun sind wir wieder an dem Punkt angekommen, von dem wir ausgegangen sind, und sehen ihn, wie T. S. Eliot schrieb, »als sähen wir ihn zum ersten Mal«. Wir ruhen in der Gegenwart, wo immer wir auch sein mögen. Dies ist der Sitz des Erwachens. Wir sind wirklich lebendig, fähig, uns um andere zu kümmern, zu arbeiten, zu lieben, ins Leben einzutauchen mit offenem Herzen. Wir sehen, wie das Leben sich seinen Gesetzen gemäß entfaltet, sehen die Ursachen des Leides und die Wahlmöglichkeit der Freiheit. Wir tun, was wir können, um das Leiden zu vermindern, und währenddessen sind wir frei. Dies ist die zentrale Botschaft der buddhistischen Psychologie: Du bist frei. Diese Freiheit ist die Natur unseres Herzens und unseres Geistes.

Je nach Temperament, Körper und Kultur spiegelt jeder von uns seine Freiheit auf besondere Weise wider. Es gibt Menschen, die ihre Freiheit durch Stille ausdrücken, andere durch Freude. Die einen empfinden sie als inneren Frieden, die anderen als dienstbare Liebe. Ein freies, erwachtes Bewusstsein wird als facettenreicher Kristall erlebt. Eine Facette ist Friede, die andere Liebe, eine Stärke, die andere Klarheit, eine Dankbarkeit, die andere Integrität, Mitgefühl, Mut, Kreativität, Heiterkeit oder Fülle. Jede dieser Qualitäten kann unser gesamtes Bewusstsein ausfüllen und Körper, Herz und Geist durchglühen. Das ist keineswegs eine simple Metapher, sondern steht für die Realität unserer erwachten Erfahrung. Wir werden von diesen Qualitäten erleuchtet, seien es nun eine oder deren viele.

Haben wir die Freiheit endlich gefunden, werden uns sogar Kummer und Leid zu Segnungen des Lebens. Sie sind unsere Lehrer. Der Dalai Lama sagt: »Wenn wir zu einer bestimmten Zeit unseres Lebens mit einer wirklichen Tragödie konfrontiert sind, was jedem von uns passieren kann, können wir auf zwei verschiedene Arten reagieren. Wir können die Hoffnung verlieren, uns entmutigen lassen, in Alkohol, Drogen und endlose Depression abgleiten. Oder wir wecken uns selbst auf und entdecken die Energie, die in uns schlummert. Dann können wir mit der uns angeborenen Klarheit und dem uns innewohnenden Mitgefühl handeln.« Dass nicht alles glattläuft, ist Teil des Lebens. Freude und Leid, Geburt und Tod sind der Tanz des Daseins, über dem wir unser erwachtes Bewusstsein leuchten lassen.

Diese Sichtweise heißt traditionell »Die Güte in allem finden«. Dass der Mensch dazu fähig ist, beweist folgendes Gebet, das von einer Gefangenen im Konzentrationslager Ravensbrück geschrieben und neben dem Körper eines toten Kindes gefunden wurde: »Oh Herr, gedenke nicht nur der Männer und Frauen, die guten Willens sind, sondern auch derer, die Böses tun. Doch gedenke nicht einzig des Leids, das sie uns zugefügt haben. Sei eingedenk auch der Früchte, die dieses Leid uns geschenkt hat: unsere Kameradschaft, unseren Zusammenhalt, unsere Demut, unseren Mut, unsere Großzügigkeit. An die Großzügigkeit des Herzens, die in alldem erwächst. Und wenn der Tag Deines Urteils kommt, mögen diese Früchte den Tätern Deine Vergebung wirken.«

Ajahn Buddhadasa, der Buddhismuslehrer aus Thailand, meinte, dass die Fähigkeit, überall Güte zu sehen, uns erst erlaube, als Diener des Friedens zu wirken. Der Begriff Buddhadasa bedeutet »Diener des Erwachens«, »Diener des Friedens«. Er nannte sein Kloster den »Garten des Friedens«. Inmitten von uralten Wäldern, wunderschönen Teichen, Bambushainen und Steinskulpturen bot Ajahn Buddhadasa der Welt die Lehre von liebender Güte, Mitgefühl und Frieden an. Trotz Aufruhr, Waffenstillstand, Modernisierung und einfachsten Lebensbedingungen kamen Jahr für Jahr Zehntausende, um seine Botschaft vom Frieden zu hören. Wenn wir erwachen, werden auch wir zu Dienern des Friedens und nehmen unseren Platz in diesem Garten ein.

Dies ist der Höhepunkt der Psychologie des weisen Herzens. Wir sind die Schönheit, die wir unser Leben lang gesucht haben. Wir sind das Bewusstsein, das sich selbst erkennt. Leer und raumgleich, mitfühlend und freudvoll. Unser innerer Friede, unser Gleichmut können die Welt um uns verwandeln. Die buddhistische Psychologie hilft uns zu erkennen, dass Freiheit und Freude unsere ursprüngliche Natur sind. »O Edelgeborener, vergiss niemals die lichthafte Natur deines eigenen Geistes. Vertraue auf sie. Sie ist deine Heimat.«

5

Unser Herz – Bannmeile des Friedens

Dharma und Politik

Buddhistische Praktizierende fragen mich immer wieder, wie man Achtsamkeit und liebende Güte in diesen hektischen Zeiten praktisch anwenden kann. Tatsächlich braucht unsere moderne Welt eine spirituelle Perspektive. Und die buddhistische Lehre ist sozusagen die richtige Medizin. Die Grundpfeiler von Freigebigkeit, Tugendhaftigkeit, liebender Güte und Weisheit sind nicht an eine bestimme Tradition gebunden. Die Vorzüge des Dharma können die Anhänger der Linken ebenso nutzen wie Konservative, Grüne oder freie Demokraten, Iraker ebenso wie Israelis. Der Dharma steht allen offen, denn er wurde gelehrt, um alle zum Erwachen zu führen.

Aber wo können wir als Praktizierende ansetzen? Wie finden wir in einer komplexen politischen Welt einen Weg zum Frieden? Zuerst einmal sollten wir eine Bannmeile des Friedens in unserem eigenen Herzen errichten. Statt in die Töne von Bitterkeit und Zynismus der Welt einzufallen, konzentrieren wir uns darauf, diese Eigenschaften in uns selbst zur Ruhe zu bringen. Wir setzen uns mit unserem eigenen Leiden auseinander, mit unserer eigenen Angst und wandeln beides in Mitgefühl um. Erst dann können wir der äußeren Welt wirklich helfen. Albert Camus schreibt: »Wir alle tragen das Exil in uns, unsere

Verbrechen, unsere Schandtaten. Unsere Aufgabe ist es nun, all dies nicht auf die Welt loszulassen, sondern es in unser Selbst zu verwandeln.«

Dharmapraktizierende, die sich politisch engagieren wollen, sollten als Erstes ihren Geist beruhigen und ihr Herz öffnen. Meditieren Sie, schalten Sie die Nachrichtensendung aus, legen Sie Mozart auf, gehen Sie im Wald spazieren, in den Bergen, und finden Sie Ruhe zuallererst für sich selbst. Werden Sie zu einem Vorbild in Sachen Frieden und lassen Sie das Einfühlungsvermögen und das Mitgefühl, die aus der Erkenntnis der Verbundenheit aller Lebewesen entstehen, sich tatsächlich auf alle anderen Wesen ausdehnen. Wenn wir mit uns selbst nicht im Frieden sind, wie können wir da eine harmonische Welt schaffen? Wenn unser Geist nicht friedvoll ist, wie können wir erwarten, dass unser Handeln friedlich ist?

Auf Terrorismus und das daraus entstehende Gefühl der Unsicherheit können wir mit Furcht reagieren – und eine angstbestimmte Welt der Mauern und Zäune schaffen, eine Festung –, oder wir können, die Lehren Buddhas anwendend, einen ruhigen Geist bewahren und aus der Furchtlosigkeit unseres Herzens heraus das Richtige tun. Der Zenmeister Thich Nhat Hanh schrieb über die Boatpeople, die in den Siebzigerjahren aus Vietnam flohen: »Wenn die überfüllten Boote vom Sturm geschüttelt oder von Piraten angegriffen wurden, wäre alles verloren gewesen, wenn die Menschen sich der Panik überlassen hätten. Blieb hingegen jeder ruhig, dann genügte das oft schon. Das ist ein schönes Beispiel dafür, was für das Überleben aller von Bedeutung ist.«

Durch unsere Praxis lernen wir, wie wir unser Herz in eine

Bannmeile des Friedens umwandeln können. Ist unser Geist ruhig, unser Herz weit offen, spüren wir die ganz reale Vernetztheit von allem. Innen und Außen sind nicht getrennt. Wir alle sind in gewissem Maße Boatpeople. Sobald wir dies erkennen, können wir das Prinzip von Liebe und Achtsamkeit auf alle Bereiche ausdehnen. Die Lehre des Buddha besagt, dass das Leben sich nicht in Schubladen stecken lässt. Unsere Beziehungen zu anderen Menschen, Prinzipien wie rechte Rede, rechtes Handeln, rechte Lebensführung sind Teil des achtfachen Pfades. Sie sind die Bausteine, auf denen das Erwachen beruht. Vor diesem Hintergrund wird uns klar, was einst Gandhi sagte: »Wer meint, Spiritualität habe nichts mit Politik zu tun, weiß nicht, was Spiritualität wirklich heißt.«

Wenn wir dies begriffen haben, ist es unsere Aufgabe herauszufinden, was die Welt wirklich braucht. Wie entsteht Frieden? Aus welchen Bedingungen ergibt er sich? Der Buddha lehrte, dass Frieden sowohl für das Individuum wie auch für das Kollektiv möglich ist, jedoch müssten dazu bestimmte Ursachen und Bedingungen erfüllt sein. Innerer Frieden beruht auf Achtsamkeit, Mitgefühl und Respekt. Für den äußeren Frieden gilt nichts anderes. Eine Abordnung von Regierungsbeamten fragte einst den Buddha nach den Grundlagen einer »weisen Gesellschaft«. Und dieser antwortete: Wenn eine Gemeinschaft ihre Entscheidungen gemeinsam und harmonisch trifft, wenn sie ihre Ältesten ehrt und die klugen Verhaltensweisen, die diese im Laufe der Jahre entwickelt haben, wenn sie ihren verwundbarsten Mitgliedern – Frauen und Kindern – Schutz gewährt, wenn sie die Umwelt respektiert und ihre Bürger und Nachbarn achtet, dann kann man mit Fug und Recht erwarten, dass sie sich weiterentwickelt und nicht untergeht. Eine weise Gesellschaft gründet nach Ansicht des Buddha also nicht auf Gier, Hass und Verblendung, sondern auf Freigebigkeit, Respekt, Achtsamkeit und Mitgefühl.

In der politischen Landschaft der Moderne sehen wir uns mit Propaganda aus allen möglichen politischen Richtungen konfrontiert. Das stumpft unsere Sinne ab und überlagert häufig unser inneres Wertesystem. Welcher politischen Richtung wir auch anhängen mögen, wir müssen uns mit verstörenden Bildern auseinandersetzen, die Wut, Frustration und Ungeduld auslösen, manchmal sogar Gewalt. Wenn wir nun innehalten, durchatmen, meditieren, werden wir darunter unsere Furcht spüren. Und darunter wiederum unsere liebevolle Zuwendung und unsere Zusammengehörigkeit. Wenn unser Handeln diesem tiefen Gefühl der Verbundenheit entspringt, wird es unweigerlich zu positiven Resultaten führen und den Frieden fördern. Ist unser Herz still, sehen wir mit klarem Blick, wie unsere Gesellschaft mit ihren schwächsten Mitgliedern umspringt. Wie geht sie mit den Armen, Alten, den Kindern und Jugendlichen um? Fördert dieser Umgang Gier, Hass, Angst und Unwissenheit? Was können wir auf nationaler und internationaler Ebene für mehr Freigebigkeit und Respekt tun, was, um Rassismus und Ausbeutung zu beenden und Gewalt zu vermindern? Was halten wir, die den Dharma praktizieren, für richtig? Wir müssen uns ehrlich eingestehen, wie es in unserer Gesellschaft aussieht. Dann können wir für das eintreten, was wahr und weise ist.

Gerade unser Land hat Größe mitunter mit Macht verwechselt. Doch wahre Größe hat nichts mit Macht zu tun, sondern mit Integrität. Wenn wir eine Gesellschaft anstreben, die von Mitgefühl und Gerechtigkeit bestimmt ist – und das ist wohl die Aufgabe jedes Landes –, dann sollte unser Handeln von Respekt für alle Lebewesen getragen sein. Unter dieser Voraussetzung wird unweigerlich Friede das Resultat sein.

Sobald wir einen klaren Blick auf die Gesellschaft getan haben, können wir uns langfristig ein Ziel setzen und auf die Verwirklichung unserer Vision einer weisen, mitfühlenden Gesellschaft hinarbeiten. So handelt ein Bodhisattva. Das ist, als würden wir den Kompass unseres Herzens ausrichten. Denn unsere Ziele drücken unsere innersten Werte aus. Wenn wir solche langfristigen, auf die Errichtung einer weisen Gesellschaft gerichteten Ziele verfolgen, wird es bedeutungslos, wer die nächste Wahl gewinnt oder welche Regierung gerade an der Macht ist. Das langfristige Ziel wird Teil unserer Praxis. Thomas Merton meinte einmal: »Lassen wir uns nicht von der Hoffnung auf Ergebnisse leiten. Konzentrieren wir uns lieber auf den Wert unseres Handelns, auf die Richtigkeit und Wahrheit unseres Tuns.« Mit einem klaren Ziel und der Entschlossenheit, dieses zu verfolgen, stellen wir uns dem Leiden der Welt, ohne davor zurückzuscheuen. Wir folgen dem, was wir für wahr und richtig halten, wie viel Zeit und Energie die Umsetzung auch in Anspruch nimmt. Es ist ein mutiger Akt des Herzens, wenn wir uns selbst treu bleiben und nach unseren Werten leben.

Ein inspirierendes Beispiel für das eben Gesagte ist der buddhistische Mönch A. T. Ariyaratne, der Gandhi Sri Lankas. In Sri Lanka tobte 17 Jahre lang ein schrecklicher Bürgerkrieg. An einem bestimmten Punkt aber wurde durch die Vermittlung Norwegens ein Friedensvertrag geschlossen. Gleich nach Unterzeichnung rief Ariyaratne die Anhänger seiner Sarvodaya-Bewegung zusammen. Sarvodaya versucht, die buddhistischen Prinzipien rechter Lebensführung, rechten Handelns, rechten Verstehens und rechten Mitgefühls praktisch umzusetzen. In einem Drittel der Dörfer Sri Lankas graben diese Menschen Brunnen, bauen Schulen und lehren Meditation. Sie sehen ihr Engagement als Form spiritueller Praxis. Zu der einberufenen Versammlung kamen über 650000 Menschen, die Ariyaratnes Zukunftsvision für Sri Lanka hören wollten. Und er stellte einen Friedensplan für die nächsten 500 Jahre vor: »Der Buddha lehrt, dass wir Ursachen und Bedingungen erkennen müssen. Die leidvolle Situation, in der wir uns jetzt befinden, wurde in 500 Jahren geschaffen.« Ari meinte damit die Auswirkungen von 400 Jahren Kolonialherrschaft, von 500 Jahren Kämpfen zwischen Hindus, Muslimen und Buddhisten und mehreren Jahrhunderten ökonomischer Ungleichheit. Und er fuhr fort: »Es wird vermutlich 500 Jahre dauern, diese Ursachen der aktuellen Situation wieder zu beseitigen.« Dann stellte Ariyaratne seine Lösungen vor. Er hatte nämlich einen Plan zur Erholung des Landes ausgearbeitet.

Dieser sieht vor, dass es zunächst einen fünfjährigen absoluten Waffenstillstand gibt. In den nächsten zehn Jahren sollten Schulen und Straßen entstehen. 25 Jahre sah er dafür vor, dass die einzelnen Volksgruppen die Sprache und Kultur der anderen lernten. 50 Jahre würde es seiner Ansicht nach dauern, bis die wirtschaftlichen Ungleichgewichte im Land austariert wären und die Insel wieder als Ganzes zusammenstehen könne. Außerdem solle alle 100 Jahre ein Ältestenrat zusammenkommen und beraten, ob der Plan die erwünschten Ergebnisse bringe. Das ist ein gutes Beispiel für das heilige Ziel eines »Ältesten«, eine echte Langzeit-Vision.

Wenn wir also eine von Weisheit und Mitgefühl getragene Vision für die Vereinigten Staaten entwickeln wollen, dann sollten wir folgende Punkte bedenken: In der reichsten Nation der Welt muss die gesundheitliche Versorgung ihrer Kinder gesichert sein. Die produktivste Nation der Welt muss Wege finden, um den Handel gerecht zu gestalten. Eine kreative Gesellschaft muss außerdem Wege finden, Wachstum und Umweltschutz zu kombinieren, um eine nachhaltige Entwicklung für künftige Generationen zu ermöglichen. Eine demokratische Nation sollte außerdem den Stimmen aller Bürger Gehör schenken. Und dann denselben Geist des Respekts und der Zusammenarbeit auf die internationale Ebene ausdehnen. Wie gesagt: Wir sitzen alle im selben Boot.

Ein klarer Blick auf die gesellschaftlichen Verhältnisse zeigt uns also, dass wir etwas tun müssen. Wenn unsere Vision Kraft haben soll, müssen wir jetzt damit anfangen. Wir müssen die Samen legen, wie lange es auch immer dauern mag, bis die Gesellschaft und wir selbst davon profitieren. In unserem Meditationszentrum in Spirit Rock zum Beispiel bietet Sylvia Boorstein einen Kurs an: »Bürgerschaftliches Engagement als spirituelle Praxis«. Er ermuntert die Teilnehmer dazu, sich die Frage zu stellen: Was kann ich als Bodhisattva, Weisheitshalter, und als Mitglied dieser Gesellschaft tun, um der Welt in diesen schwierigen Zeiten etwas zu geben? Daraus entsteht ein vielseitiges Engagement: Zum Beispiel könnte man helfen, dass die Menschen sich in die Wählerlisten eintragen, damit jeder

Bürger Amerikas eine Stimme bekommt. Man kann sich auf regionaler Ebene engagieren, um für mehr Bildung oder soziale Fürsorge einzutreten. Wir können mit Kindern arbeiten, Verantwortung und Integrität in der Unternehmenspolitik anmahnen, uns gegen Rassismus, Armut und Ungerechtigkeit einsetzen. Jeder Mensch muss hier seinen eigenen Weg finden, um seine Vision und seine Energie in die Gesellschaft einzubringen und den Menschen in seiner Umgebung zu helfen. Wenn wir dies nicht tun, wird die gewünschte Veränderung nie eintreten. Dann wird unsere Vision niemals Wirklichkeit.

Die Lehre des Buddha von Mitgefühl und Weisheit schenkt uns eine tiefgreifende Erkenntnis, die uns zum Handeln ermutigt. Sie sollten nicht daran zweifeln, dass Ihr rechtes Handeln Früchte tragen und Ihr Leben zur Keimzelle positiver Veränderungen werden kann. Wie sagte doch Gandhi: »Ich bin nur ein durchschnittlicher Mensch mit durchschnittlichen Fähigkeiten. Und ich habe nicht den leisesten Zweifel, dass jeder Mann und jede Frau erreichen kann, was ich erreicht habe, wenn er oder sie dieselben Anstrengungen auf sich nimmt und sich wie ich von Hoffnung und Glauben leiten lässt.«

6

Kinder lernen, was sie leben

Achtsame Elternschaft

Ja, wir haben ein Umweltproblem. Auch soziale beziehungsweise politische Probleme. Und das Problem, wie wir heute als Eltern agieren sollen. Ursache dafür ist der Verlust unserer Verbundenheit mit der Natur, mit der Gemeinschaft der Menschen und mit anderen Lebewesen, der Verlust von Werten, hinter denen unser Herz stehen kann. Diese Orientierungslosigkeit wirkt sich natürlich auch auf die Elternschaft aus.

An manchen Tagen fällt mir das Einkaufen im Supermarkt schwer. Ich sehe einen Zweijährigen, der neben Vater oder Mutter hergeht und zufällig etwas umstößt. Und schon bekommt das Kind eine Ohrfeige und eine ordentliche Standpauke dazu: »Tu das ja nie wieder!« Das arme Kind weiß überhaupt nicht, was es so Schlimmes angestellt hat. »Was wollen die von mir?«, fragt es sich vermutlich. »Ich lerne doch gerade erst laufen. Es war ein Unfall.« Das Kind lernt in diesem Augenblick zwei Dinge. Erstens: Ich bin böse. Zweitens: Ärgert dich etwas, dann hau zu.

Auch diese Eltern lieben ihre Kinder. Sie wissen nur nicht, wie sie es anstellen sollen, gute Eltern zu sein. Meistens sind sie müde. Sie haben drei Kinder, finanzielle Schwierigkeiten, eine schreckliche Ehe. Sie haben vielleicht schlecht geschlafen. All diese Probleme schaden ihrem Umgang mit den Kindern.

Doch auch ohne Zeuge solcher Szenen zu werden, kann man am Verhalten der Kinder ablesen, wie ihre Eltern mit ihnen umgehen. Ich habe gelegentlich sozusagen als »Praktikant« in der Grundschule ausgeholfen. Die Hälfte der Kinder lebt mit einem alleinerziehenden Elternteil. Nicht selten habe ich Kinder gesehen, die unter den familiären Problemen ihrer Eltern litten. Oder solche, die tagein, tagaus vor den Fernseher gesetzt wurden und nur Fastfood zu essen bekamen. Ihr Schmerz, ihre Ängste, ihre Verwirrung und Selbstzweifel sind nahezu greifbar.

Auf der anderen Seite gibt es die Kinder, die von einer Nachhilfestunde in die nächste geschoben werden. Dies ist eine der typischen Verhaltensweisen der sogenannten »Hubschrauber-Eltern«, die ständig über ihren Kindern kreisen. Sie bauen einen unglaublichen Erfolgsdruck auf, noch bevor die Kinder in den Kindergarten kommen. Und so kommt es vor, dass schon Achtjährige zum Psychologen müssen, weil sie unter Stress, Erschöpfung und enormen Ängsten leiden. Denn es könnte ja sein, dass sie es nicht auf die Eliteuniversität schaffen.

Doch natürlich darf man Eltern im Supermarkt oder auf dem Spielplatz auf solche Verhaltensweisen nicht einfach ansprechen. Man darf nicht einmal zu den Eltern der Spielkameraden der eigenen Kinder ein Wort darüber verlieren. Das ist ein absolutes Tabu, als wären Kinder der kostbarste Besitz ihrer Eltern. Dabei leiden die Eltern genauso unter Stress, Schuldgefühlen, krankhafter Sorge und vor allem unter der Angst, etwas falsch zu machen.

Der Verlust der Gemeinschaft

Die postindustrielle Gesellschaft hat dafür gesorgt, dass wir unsere Kinder ohne Nachbarn, ohne den klugen Rat alter Leute, ja überhaupt ohne jede erkennbare Gemeinschaft erziehen müssen. Die Großeltern leben häufig nicht am selben Ort, oder sie sind in der Arbeit – wie die meisten Eltern.

Statt sich also an die »Ältesten« ihrer Gemeinschaft zu wenden, lesen moderne Eltern Ratgeber von »Experten« und richten sich nach deren teils aberwitzigen Ratschlägen. In den Zwanzigerjahren des 20. Jahrhunderts zum Beispiel vertrat ein einflussreicher Zweig der Kinderpsychologie die Meinung, man dürfe sein Kind nicht berühren. Einige Jahrzehnte später wurde es in den USA Mode, Babys alle vier Stunden mit der Flasche zu füttern (und ihnen nicht die Brust zu geben). Außerdem hieß es, man solle ein schreiendes Baby nicht in den Arm nehmen, damit es »sich ausschreien« könne.

In anderen Kulturen käme niemand auf die Idee, dass Babys einfach grundlos schreien, und man erachtet es dort als durchaus sinnvoll, das Kind in den Arm zu nehmen, ihm die Brust zu geben und es zu trösten. Und so haben in den letzten Jahren die »Experten« eine Kehrtwendung vollzogen und versuchen nun, unsere Kultur wieder für die Bedürfnisse der Kinder zu sensibilisieren.

Wenn man Kinder auf diese Weise achtet, profitiert am Ende die Gesellschaft als Ganzes. So gibt es beispielsweise in Westafrika einen Stamm, der den Tag als Geburtstag sieht, an dem die Mutter zum ersten Mal an ihr künftiges Kind dachte. An diesem Tag geht die Mutter hinaus in die Natur, setzt sich unter einen Baum und lauscht dem Lied ihres Kindes. Wenn sie es schließlich vernimmt, kehrt sie ins Dorf zurück und teilt dies dem Mann mit, den sie als Vater des Kindes ausersehen hat. Während die beiden sich dann lieben, singen sie dieses Lied. So laden sie das Kind ein, zu ihnen zu kommen. Sobald die Mutter schwanger ist, singt sie dem Kind in ihrem Bauch dieses Lied vor. Sie bringt es auch den Hebammen bei, und die singen es bei der Geburt. Auch die Menschen in ihrem Dorf lernen das Lied, damit sie es, wann immer das Kind weint oder sich wehtut, in den Arm nehmen und mit diesem Lied beruhigen können. Wenn der junge Mann oder das Mädchen dann einen Initiationsritus durchläuft, erklingt sein Lied. Noch einmal bei der Hochzeit und ein letztes Mal auf dem Sterbebett.

Ist das nicht ein wunderschöner Weg, anderen Menschen zu lauschen und sie zu trösten? Jeder kennt des anderen Lied. In diesem Geist wollen wir Eltern voller Achtsamkeit sein. Horchen Sie auf das Lied Ihres Kindes und singen Sie es, wann immer es angebracht ist. Wenn das Kind weint, sollten wir uns fragen, warum es das Tränenlied singt und warum es leidet.

Kinder, die innen leer sind

Wenn wir allerdings unserer Kultur Gehör schenken, die uns lehrt, unsere Instinkte zu unterdrücken und unserer Intuition zu misstrauen, wachsen Kinder heran, die vom Fernseher erzogen werden statt von Erwachsenen. Ein durchschnittliches Kind in den USA sieht – dank der Beihilfe moderner Medien –

Zehntausende von Morden, bevor es erwachsen wird. Von den Millionen Werbespots gar nicht zu reden. Damit erziehen wir unsere Kinder zu Gewalt und Materialismus. Wir geben der Generation nach uns ein Patentrezept für genau die Gier und den Hass, die wir durch unsere spirituelle Praxis entwurzeln wollen. Doch wenn man sich vergegenwärtigt, dass in den USA die Kindersterblichkeit unter allen Industrieländern am höchsten ist und dass Millionen Kinder sogenannte »Schlüsselkinder« sind, wird wohl klar, dass wir uns nicht mehr groß um das Wohl der Kleinen scheren. Immer mehr Kinder wachsen vor dem Fernseher auf. Auf diese Weise wird die nächste Generation vernetzt mit Twitter und Facebook, Fernsehserien und (meist mehr als brutalen) Videospielen. Mit anderen Menschen jedoch nicht. Es wird mehr Kriege und Morde geben als geglückte Ehen. Ein mehr als fragwürdiges Experiment, dem wir unsere Kinder da aussetzen. Wenn man Kinder nicht in den Arm nimmt, solange sie klein sind, wenn man sie nicht schützt und respektiert, wenn man ihnen nicht zuhört und ihnen keine Lieder vorsingt, wachsen sie auf in einem Klima der inneren Leere. Sie wissen nicht, was Liebe wirklich bedeutet, und können sich auf Nähe nicht einlassen.

Als der Dalai Lama auf einer Konferenz mit einigen westlichen Psychologen sprach, sagte er, er könne nicht verstehen, wieso es in unserer Kultur so viel Selbsthass und Minderwertigkeitsgefühle gebe. Er war darüber so erstaunt, dass er reihum die Anwesenden fragte: »Verspüren Sie mitunter Selbsthass und Gefühle der Minderwertigkeit?« »Haben Sie manchmal solche Gefühle?« Ausnahmslos jeder bejahte die Frage. Der Dalai Lama konnte es buchstäblich nicht fassen. Ebenso erstaunt war er, dass die Menschen in unserer Kultur ihre Eltern nicht achten und ehren, sondern sich über ihre problematische Kindheit beklagen.

Aus den Zeiten des Buddha hingegen kennen wir Geschichten über Kinder und ihre höchst glückliche Kindheit. Der Buddha selbst wurde von seiner Tante mütterlicherseits erzogen, nachdem seine eigene Mutter verstorben war. Er bekam alle Liebe, alle Achtung, alle Fürsorge und Aufmerksamkeit, die jedes Kind braucht. Als er sein Heim verließ, um als Yogi zu praktizieren, hatte er so viel innere Stärke, dass er sich sechs Jahre lang strengster Askese unterziehen konnte. Er probierte jede einzelne asketische Disziplin aus, weil er Ängste, Verlangen und Zorn überwinden wollte. Er wollte Körper und Geist vollends meistern. Dabei wäre er fast zu Tode gekommen, doch er gewann den Kampf gegen sich selbst nicht.

Von all diesen Härten erschöpft, setzte er sich nieder. Ein Bild aus seiner Kindheit stieg vor seinem inneren Auge auf. Dieses Bild führte ihn direkt auf den Pfad zur Erleuchtung. Er erinnerte sich an einen Tag, an dem er unter dem Rosenapfelbaum im Garten seines Vaters saß. Es war im Frühling zur Zeit des Pflugfestes. Er erinnerte sich, wie er dort einen Zustand tiefen inneren Friedens erlebt hatte, voller Konzentration und Glückseligkeit. Da erkannte er, dass die asketische Kasteiung ihn in die falsche Richtung geführt hatte. Die Grundlage eines jeden spirituellen Lebens war es, sich wohlzufühlen – und nicht, sich in einen Kampf bis aufs Äußerste mit Körper, Herz und Geist zu verstricken. Aus dieser tiefen Einsicht heraus entwickelte er den Mittleren Weg zwischen Selbstkasteiung und Selbstverweichlichung. Also nahm er wieder Nahrung zu sich und begann, für sich Sorge zu tragen. Seine Kräfte kehrten wieder, ebenso seine liebevolle Güte. Schließlich fand er gar Erleuchtung.

Diese Kindheitserinnerung diente dem Buddha also dazu, den richtigen Weg zur Erleuchtung zu finden. Leider haben viele Menschen keine vergleichbaren Erfahrungen, auf die sie sich stützen könnten. Daher bringen wir die ersten Jahre der Praxis meist damit zu, uns mit unserem Kummer, unserem Schmerz und unseren Sorgen auseinanderzusetzen. Für den Westen allerdings kann ich sagen, dass unser Schmerz aus dieser inneren Leere kommt, aus dem Loch in unserer Seele, das sich danach sehnt, wieder Verbundenheit zu spüren, Nähe und Liebe. Diese Leere kennen wir alle, zumindest in dem Maße, in dem es unserer Kindheit an Wohlbefinden fehlte. Doch für die nächste Generation wird diese Erfahrung noch intensiver werden, wenn wir keinen Weg finden, unsere Achtsamkeit in unser Elternsein einzubringen.

Das Elterndasein als Praxis

Elternsein ist ein Werk der Liebe, ein Weg des Dienens und der Hingabe. Wie die spirituelle Übung des Buddha und der Bodhisattvas erfordert es Geduld, Verständnis und eine enorme Opferbereitschaft. Auf diesem Weg verbinden wir uns mit dem Geheimnis des Lebens, ja mit uns selbst. Kleine Kinder kennen dieses Geheimnis noch. Als meine Tochter Caroline sieben war, sah ich, wie ihr Glaube an dieses Geheimnis allmählich schwand. In jenem Jahr verkündete sie zu Weihnachten: »Ich glaube nicht mehr an den Weihnachtsmann. Meine Freunde haben mir alles erzählt. Außerdem würde er sowieso nie durch unseren Kamin passen. Er ist einfach viel zu dick.«

In diesem Alter begann sie nach und nach, das Mysterium der Dinge gegen konkrete Erklärungen auszutauschen. Bis dahin hatte sie an eine mythische, zeitlose Welt geglaubt, in der Rentiere fliegen konnten und der Weihnachtsmann auf dem Dach landete. Als sie aber älter wurde, zückte sie mit einem Mal das Maßband und vermaß unseren Kamin. Jahre später allerdings, lange nachdem sie erklärt hatte, sie sei »zu alt«, um an den Weihnachtsmann zu glauben, kamen neue Mysterien. Wer Kinder im Teenageralter hat, wird nur allzu deutlich daran erinnert, dass kein Mensch das Geheimnis des Sex je begriffen hat. Natürlich fragen die Kinder nie direkt danach, aber plötzlich liegt es irgendwie in der Luft. Unsere Teenies kämpfen also mit Liebe und Sex und Hormonen und Verlegenheit – und wir mit ihnen. Fragt der Papa seinen Teenie-Sohn: »Was habt ihr denn heute in der Schule gemacht?« »Ach, wir hatten Sexualkunde.« »Und, was hat man euch erzählt?« »Na ja, zuerst kam der Pfarrer und erklärte uns, warum wir es nicht tun sollten. Dann kam ein Doktor und beschrieb, wie wir es nicht tun sollten. Und schließlich kam der Direktor und sagte uns, wo wir es nicht tun sollten.«

Kinder geben uns jede Menge Gelegenheit zum Erwachen, das heißt: mit dem Geist des Anfängers unser Leben zu betrachten, uns selbst und das Geheimnis, das uns umgibt. Stellen Sie sich vor, was der Buddha heute über Kindererziehung sagen würde. Aus seinen Belehrungen erfahren wir, wie wir achtsam ein- und ausatmen. Wie wir uns beim Aufstehen des

Aufstehens gewahr sind. Wie wir achtsam sind, wenn wir uns bücken, strecken, vor- oder zurückgehen. Wie wir uns beim Essen des Essens gewahr werden. Wie wir achtsam sitzen oder auf die Toilette gehen. Wie wir merken, wenn unser Geist angespannt ist, ängstlich oder übererregt. Wie wir wach sind und loslassen, wenn der Geist ausgeglichen ist, voller Gleichmut und Verständnis und Frieden. Wie wir unser Gewahrsein weiter vertiefen, indem wir uns eine ganze Nacht lang in Sitzmeditation üben, über die Krankheiten unseres Körpers meditieren, über das Alter. Indem wir Liebe und Mitgefühl für das Leiden aller Wesen entwickeln und ihnen mit Weisheit und Anteilnahme begegnen.

Angenommen, der Buddha hätte die Kindererziehung als Beispiel genommen, so wären seine Belehrungen sehr ähnlich ausgefallen. Er hätte uns beigebracht, wie wir Achtsamkeit im Hinblick auf den Körper unseres Kindes entwickeln, so wie wir es mit unserem eigenen tun. Achtsam registrieren, wie sie gehen, essen und die Toilette benutzen. Statt die ganze Nacht lang in Meditation versunken zu sitzen, bleiben wir nachts auf, um auf unser krankes Kind zu achten. Wir können achtsam sein, wenn es Angst hat. Wir können es mit liebender Güte und Mitgefühl trösten, wenn es weint. Wir können Geduld und Hingabe praktizieren. Wir können uns unsere Reaktionen bewusst machen, unsere Anhaftung. Und wir können lernen loszulassen, während sie langsam erwachsen werden – immer und immer wieder. Auf diese Weise tragen wir großzügig dazu bei, dass die nächste Generation in einem Garten mit einem Rosenapfelbaum aufwächst. Denn Freigebigkeit und Achtsamkeit sind der Pfad zum Erwachen.

Bewusst Eltern sein

Neben der Praxis der Achtsamkeit können Eltern, die ihre Rolle ganz bewusst ausüben wollen, sich auf vier Grundpfeiler stützen: aufmerksames Zuhören, Respekt, Integrität und liebende Güte. Mit aufmerksamem Zuhören meine ich, dass Sie auf das Tao Ihrer Kinder hören, auf den Rhythmus des Lebens, ein intuitives Gewahrsein für Ihre Kinder entwickeln, Ihren Instinkten vertrauen, wenn es um Ihren Sohn oder Ihre Tochter geht. Dazu weiß ich wieder eine schöne Geschichte: Ein fünfjähriger Junge sah zusammen mit seinem Vater jeden Abend die Nachrichten, die zu der Zeit hauptsächlich vom Golfkrieg beherrscht waren. Der Junge stellte seinem Vater unaufhörlich Fragen wie: »Wie groß ist dieser Krieg? Wie hat er angefangen? Was ist Krieg überhaupt?« Der Vater versuchte, ihm zu erklären, weshalb Länder Krieg führen, warum manche Menschen denken, dass Kriege notwendig sind, während andere Krieg grundsätzlich für falsch halten. Doch der Junge stellte jeden Abend dieselben Fragen. Irgendwann aber wurde dem Vater bewusst, was der Junge eigentlich wissen wollte. Und so sagte er zu ihm: »Du musst keine Angst haben. Wir sind hier vollkommen sicher. Unser Haus wird nicht bombardiert werden. Wir sind sicher, und wir werden tun, was wir können, damit es anderen Familien genauso geht.« Das war die eigentliche Antwort gewesen, nach der der Junge gesucht hatte, und seine Fragen blieben von da an aus.

Was hier wirksam geworden ist, ist das Prinzip des aufmerksamen Zuhörens. Hören wir wirklich, was unsere Kinder uns sagen wollen? Das ist gemeint, wenn davon die Rede ist, auf das Tao zu hören. Wie lange sollen wir das Kind stillen? Wie lange sollen wir unsere Teenies ausgehen lassen? Um diese Fragen zu beantworten, sollten wir lernen, dem Rhythmus des Lebens zu lauschen. Wie wir lernen können, achtsam ein- und auszuatmen, so können wir lernen zu spüren, wie sehr unsere Kinder sich wünschen zu wachsen. Wie wir in der Meditation lernen loszulassen, so können wir auch Vertrauen in unsere Kinder entwickeln, damit sie lernen, sich selbst zu vertrauen.

Nicht selten stellt es uns vor Probleme, dass unsere Kinder abhängig und unabhängig in einem sind. Doch statt ihnen zuzuhören, drängen wir sie vorschnell in eine bestimmte Richtung. Peggy O'Mara, die Herausgeberin von *Mothering*, einem sehr schönen Magazin über das Elternsein, schreibt in einem ihrer Artikel über die Abhängigkeit der Kinder von ihren Eltern:

> *Unsere Kultur lehnt Abhängigkeit ab, ja jede Reaktion, die in irgendeiner Form als Schwäche gedeutet werden könnte. Dies tritt nirgends klarer hervor als in der Art, mit der wir unsere Kinder über ihre Grenzen hinaustreiben und ihnen gnadenlose Terminpläne auferlegen. Äußere Standards sind wichtiger als die innere Erfahrung. Wir entwöhnen unsere Kinder so früh als möglich, statt darauf zu vertrauen, dass sie den richtigen Zeitpunkt selbst bestimmen können. Wir bestehen darauf, dass sie am Tisch sitzen bleiben, bis sie den Teller leer gegessen haben, statt darauf zu vertrauen, dass sie, wenn sie regelmäßig gesunde Nahrung vorgesetzt bekommen, schon selbst entdecken, was sie brauchen. Wir*

setzen sie schon früh aufs Töpfchen, statt darauf zu vertrauen, dass sie das lernen werden, wenn sie dazu bereit sind.

Doch es liegt in der Natur des Kindes, abhängig zu sein, und es liegt in der Natur der Abhängigkeit, dass die Beteiligten irgendwann darüber hinauswachsen. Abhängigkeit, Unsicherheit, Schwäche sind für ein Kind natürliche Erfahrungen. Im Grunde kennen wir diese Erfahrungen ja alle, doch für ein Kind, vor allem, wenn es noch klein ist, ist dies der Normalzustand. Und das Kind wächst aus dieser Abhängigkeit irgendwann heraus. Das ist eine normale Entwicklung. Zuerst krabbeln wir, dann lernen wir laufen. Zuerst babbeln wir, dann lernen wir sprechen. Zuerst sind wir pubertierende Teenager, dann leben wir unsere erwachsene Sexualität. Wir sind Menschen, daher entwickeln wir uns von der Schwäche zur Stärke, von der Unsicherheit zur Beherrschung unserer Fähigkeiten. Übersehen wir aber, dass vor dem Stadium der Beherrschung die Stufen des Lernens liegen, bringen wir unseren Kindern nur bei, ihre Unsicherheit und Schwäche abzulehnen. Damit aber bereiten wir ihnen den Weg zu einem Leben voller Konflikte, denn sie werden stets ihre innere Wirklichkeit an äußeren Standards messen und damit lernen, ihrer inneren Erfahrung zu misstrauen, wenn sie den Anforderungen von außen nicht genügt. Die kindliche Abhängigkeit nicht zu akzeptieren ist, als lehnten wir den Winter ab, weil er eben noch nicht der Frühling ist. Doch aus dem Stadium der Abhängigkeit wird sich die Blüte der Unabhängigkeit erheben, wenn es an der Zeit ist.

Wir sollten daher lernen, Abhängigkeit und Unabhängigkeit gleichermaßen zu schätzen und ihnen mit Geduld und Achtsamkeit zu begegnen. Das ist sowohl für das Elternsein wichtig als auch für unsere spirituelle Praxis. Hier bietet die buddhistische Sicht der Dinge einen reifen Blick auf die entsprechende Dynamik, da sie nicht von Abhängigkeit oder Unabhängigkeit spricht, sondern von wechselseitiger Abhängigkeit oder Vernetztheit. Wenn wir unseren Kindern beibringen, dass sie Teil des gesamten Netzes von Leben sind, lernen sie, ihren Platz in diesem Netz zu schätzen, egal, in welchem Stadium ihrer Entwicklung sie sich befinden. Sie lernen, ihrem Körper zu vertrauen, ihren Instinkten, Gefühlen und ihrem Geist. Doch vor dem Hintergrund der wechselseitigen Vernetztheit lernen sie auch, den Gefühlen und Verbindungen zu anderen zu trauen, sich auf Gemeinsamkeit einzulassen. Unglücklicherweise für alle Kinder, ganz besonders aber für Mädchen, steht unsere ehrgeizige Gesellschaft diesen Werten skeptisch gegenüber. Die weibliche Weisheit, die unsere Mädchen mit sich tragen, wird häufig abgewertet. So leidet das Selbstbewusstsein der Mädchen ebenso wie ihre Vision von der Welt.

Damit sind wir beim zweiten Grundpfeiler bewusster Elternschaft, dem Respekt. Alle Wesen auf der Erde – Tiere, Pflanzen, Kollegen, Liebende, Kinder – verdienen unseren Respekt, ja sie blühen auf, wenn sie mit Achtung behandelt werden. Auch hierzu eine kleine Geschichte: Eine Familie geht zum Mittagessen ins Restaurant. Die Kellnerin nimmt zuerst die Bestellungen der Erwachsenen auf und wendet sich dann dem siebenjährigen Jungen zu. »Was willst du denn?«, fragt sie. Der Junge blickt schüchtern über den Tisch und sagt dann:

»Ich hätte gern ein Hotdog.« »Nein«, mischt sich die Mutter ein. »Kommt gar nicht in Frage. Bringen Sie ihm Hackbraten mit Kartoffelpüree und Karotten.« Die Kellnerin steckt ihren Block ein. Bevor sie den Tisch verlässt, sagt sie zu dem Jungen: »Willst du Ketchup oder Senf auf dein Hotdog?« »Ketchup«, antwortet er. »Wird gemacht«, meint sie, und weg ist sie. Erstauntes Schweigen am Tisch. Dann sieht der Junge seine Eltern an und sagt: »Wisst ihr was? Ich glaube, sie hält mich für eine richtige Person.«

Ich habe viel über Respekt in traditionellen Kulturen gelernt, als ich mit meiner Familie längere Zeit in Thailand und Bali verbrachte. Meine Tochter Caroline lernte zwei Monate lang bei einem großartigen Lehrer balinesischen Tanz. Als wir abreisten, schlug er uns vor, eine Abschiedsvorstellung an seiner Schule zu geben, die gleichzeitig sein Wohnhaus war. Als wir dort ankamen, hatten sie gerade angefangen, eine kleine Bühne aufzubauen. Die Musiker stellten ihre Instrumente auf, und man holte Caroline, um sie umzuziehen. Das Umziehen dauerte für eine Sechsjährige, deren Aufmerksamkeitsspanne auf etwa fünf Minuten beschränkt ist, unglaublich lange. Zuerst kleidete man sie in einen seidenen Sarong, dann drapierte man eine wundervolle Kette um ihre Taille. Man wickelte eine bestickte Schärpe um ihre Brust – sage und schreibe fünfzehn Lagen. Sie bekam goldene Armbänder und Ketten. Ihr Haar wurde frisiert und mit goldenen Blumen geschmückt. Schließlich schminkte man sie auch noch. In der Zwischenzeit saß ich da und wurde immer ungeduldiger. Der stolze Vater wollte schließlich Fotos machen. Und draußen wurde es langsam dunkel. »Wann ist denn endlich Schluss mit dieser Anzieherei?

Sollte nicht endlich die Vorstellung beginnen?« 30 Minuten, 45 Minuten. Am Ende kam die Frau des Lehrers und nahm ihre eigene goldene Halskette ab, um sie Caroline um den Hals zu legen. Meine Tochter war hingerissen.

Als ich meine Ungeduld endlich bezähmt hatte, wurde mir klar, wie schön es war, was man hier für sie tat. In Bali wird eine Tänzerin geachtet, ob sie nun 6 oder 26 Jahre alt ist. Sie gilt als Künstlerin, die nicht für ihr Publikum tanzt, sondern für die Götter. Dieser unglaubliche Respekt, der meiner Tochter da zuteilwurde, beflügelte sie. Sie tanzte wunderbar. Stellen Sie sich einmal vor, wie Sie sich gefühlt hätten, wenn man Ihnen als Kind ein solches Maß an Achtung entgegengebracht hätte. Wir müssen lernen, uns selbst ebenso zu achten wie andere Wesen. Wir müssen unsere Kinder achten, indem wir ihren Körper, ihre Gefühle, ihren Geist achten. Kinder mögen vielleicht in ihren aktuellen Möglichkeiten eingeschränkt sein, im Geist aber sind sie es nicht.

Andererseits ist es auch ein Ausdruck von Achtung, wenn wir den Kindern die Grenzen setzen, die sie in ihrem Alter brauchen. Als Eltern können wir dies auf respektvolle Weise tun, mit einem mitfühlenden Nein und einer Erklärung, weshalb etwas nicht erlaubt ist.

Mitunter haben Erwachsene als Kinder nicht viel Achtung erfahren. Dann müssen sie diese innere Leere mit Therapien und spiritueller Praxis angehen, um das Loch aufzufüllen. Denn möglicherweise müssen wir erst lernen, uns selbst zu achten, bevor wir unsere Kinder mit Respekt behandeln und ihnen Selbstachtung beibringen können. Kinder merken, wie sie behandelt werden. Doch sie merken auch, wie wir mit uns selbst umspringen, mit unserem Körper und unseren Gefühlen. Sind wir also fähig zu weinen, andere Menschen zu berühren, Trauer oder Zorn zu zeigen?

Damit wären wir schon beim nächsten Grundpfeiler bewusster Elternschaft, der Integrität. Kinder lernen am lebenden Beispiel. Sie lernen von dem, was wir sind und was wir tun. Sie beobachten uns, und wir machen ihnen gleichsam das Leben vor. Sie lernen daraus, wie wir leben, wie wir über andere reden, wie wir Menschen auf der Straße behandeln. Dazu noch eine Geschichte: Ein alter Seemann gab das Rauchen auf, als er merkte, dass sein Papagei einen hartnäckigen Husten hatte. Er machte sich Sorgen, dass der Pfeifenrauch möglicherweise der Gesundheit des Papageis schadete. Also brachte er den Papagei zum Tierarzt. Nach einer gründlichen Untersuchung kam dieser zu dem Schluss, dass der Papagei selbst nicht krank war. Er imitierte nur die Hustengeräusche seines Pfeife rauchenden Besitzers.

Auf genau dieselbe Weise lernen Kinder. Wir lehren sie, indem wir ihnen bestimmte Dinge vorleben. Gehen wir locker durchs Leben, oder stehen wir ständig unter Anspannung? Sind wir ungeduldig? Können wir vergeben? Seine Schüler fragten den großen tibetischen Meditationsmeister Kalu Rinpoche einmal: »In welchem Alter sollen wir unseren Kindern Meditation beibringen?« Darauf antwortete er nur: »Woher wollt ihr denn wissen, dass ihr ihnen das überhaupt beibringen müsst? Macht euch über solche Dinge keine Gedanken. Was eure Kinder wissen müssen, lernen sie, indem sie euch zuschauen. Ihr müsst ihnen spirituelle Praxis nicht beibringen, solange ihr sie selbst übt.«

Die Familientherapeutin Dorothy Law Nolte hat zu diesem Thema ein Gedicht verfasst:

Kinder lernen, was sie leben

Wenn Kinder Kritik erleben, lernen sie zu verurteilen.
Wenn Kinder Feindseligkeit erleben, lernen sie zu kämpfen.
Wenn Kinder Spott erleben, lernen sie Schüchternheit.
Wenn Kinder Scham erleben, lernen sie Schuldgefühle.
Wenn Kinder Ermutigung erleben, lernen sie
Selbstvertrauen.
Wenn Kinder Toleranz erleben, lernen sie Geduld.
Wenn Kinder Lob erfahren, lernen sie,
Dinge und Menschen zu schätzen.
Wenn Kinder Akzeptanz erfahren, lernen sie zu lieben.
Wenn Kinder Bestätigung erfahren,
lernen sie, sich selbst zu mögen.
Wenn Kinder Ehrlichkeit erleben,
lernen sie, aufrichtig zu sein.
Wenn Kinder Sicherheit erleben, lernen sie,
an sich selbst und ihr Umfeld zu glauben.
Wenn Kinder Freundlichkeit erleben, lernen sie,
dass die Welt ein wunderbarer Ort zum Leben ist.

Wollen wir unsere Kinder in diesem Geist der Achtung und Integrität aufwachsen lassen, müssen wir zunächst einmal einen (oder mehrere) Gänge herunterschalten. Wir müssen uns Zeit nehmen für unsere Kinder, an ihrem Schulleben teilnehmen. Wenn Sie kinderlos sind, können Sie sich mit dem Nachbarskind anfreunden oder Flüchtlingskindern helfen. Oft denken wir, dass wir mehr arbeiten sollten, damit wir mehr Geld verdienen. Der soziale Druck, zu arbeiten und Geld zu verdienen, ist enorm. Darauf sollten wir nicht hereinfallen. Nehmen wir uns Zeit, unsere Kinder ins Erwachsensein zu begleiten, mit ihnen zu spielen, ihnen vorzulesen. Lassen wir zu, dass sie uns zeigen, wie wir den Geist der Kindheit in uns wiedererwecken können.

Denn der letzte Grundpfeiler achtsamer Elternschaft ist liebende Güte. In buddhistischen Texten wird als Beispiel für die innere Haltung liebender Güte immer wieder das Bild der Mutter herangezogen, die »ihr geliebtes Kind hält und schützt«. Entwickeln Sie also liebende Güte für sich selbst, für Ihre Kinder und für alle Wesen auf der Welt.

Viele Menschen versuchen, ihre Kinder mit Disziplin zu erziehen, indem sie sie tadeln, beschämen oder gar schlagen. Daher stellen wir in der Sitzmeditation immer wieder fest, wie viel Schmerz wir in uns tragen, weil wir uns ständig Selbstvorwürfe machen. Wann immer wir uns mit unserem Geist beschäftigen, merken wir, wie häufig wir uns verurteilen, uns schämen. Wir sind unglaublich streng zu uns selbst. Dabei wurden wir nicht so geboren. Wir haben diese Haltung von unseren Eltern, unseren Lehrern übernommen. Wie oft haben wir zu hören bekommen, dass wir nicht zeichnen können? Und wir hören auf, diese wunderschönen Zeichnungen zu machen, die jedes Kind spontan macht. Die meisten von uns haben seit der dritten Klasse nicht mehr gezeichnet. Ist das nicht traurig: Statt mit liebender Güte behandelt zu werden, bekommen die meisten Kinder nur Vorwürfe und lernen, sich zu schämen.

Wir leben in einer Gesellschaft, die vielfach vergessen hat, wie man Kinder liebt und unterstützt. In einer Gesellschaft, die die grundlegenden Werte der Elternschaft preisgegeben hat. Die Weisheit traditioneller Kulturen sagt uns: Wir brauchen nicht mehr Kita-Plätze oder mehr Geld, sondern wir müssen als Eltern mehr Respekt, mehr Fürsorge und Liebe zeigen. Wir wollen doch alle lieben und geliebt werden. Wir wollen ja die Frau sein, die unter dem Baum auf das Lied ihres Kindes lauscht. Oder der Vater, der das Lied singt, während er die Frau liebt. Wir wollen verbunden sein, in der Gemeinschaft leben, uns gegenseitig berühren, uns im Arm halten. Wir wollen, dass das Kind, das in jedem von uns lebt, geachtet und geehrt wird.

Die Elternschaft gibt uns die Chance, uns selbst mit unserer Liebe zu überraschen. Schließlich kennen wir alle die Geschichten von Müttern und Vätern, die für die Rettung ihrer Kinder Unmenschliches geleistet haben. So habe ich in der Zeitung von einer querschnittsgelähmten Mutter gelesen, deren jüngste Tochter in einen Swimmingpool fiel. Die Mutter fuhr mit dem Rollstuhl ins Becken und bekam ihre Tochter irgendwie zu fassen. Sie zog sie zu sich heran und hielt sie so mehrere Stunden lang, bis jemand kam, um die beiden herauszuholen.

Kinder wecken diese Liebe in uns. Sie zeigen uns, dass im Leben allein die Liebe wirklich zählt. Oder, wie Mutter Teresa meinte: »Wir können im Leben keine großen Taten vollbringen. Wir vollbringen nur kleine Taten aus übergroßer Liebe.« Durch unsere Rolle als Eltern, die wir für unsere und andere Kinder ausüben können, durch die Unterstützung, die wir anderen Eltern und den Schulen zuteilwerden lassen, können wir diese Liebe wiederherstellen. Der Buddha sagte einst, dass wir die Liebe unserer Eltern und unserer Vorfahren nur vergelten können, indem wir den Dharma – die Lehre von Achtung, Integrität, Achtsamkeit, Wahrheit und liebender Güte – zu unseren Eltern, unseren Kindern und in unser Leben bringen.

Wenn wir wirklich eine menschenwürdige Gesellschaft aufbauen wollen, müssen wir hungernde Kinder speisen, frierende Kinder kleiden und allen Kindern mit Achtung, Integrität und liebender Güte begegnen. Wir müssen jedes Kind so behandeln, als wäre es der Buddha selbst. Oder, wie Ralph Waldo Emerson sagt:

Die Welt ein klein bisschen besser zu machen,
durch ein gesundes Kind,
einen kleinen Garten,
verbesserte soziale Umstände,
zu wissen, dass auch nur ein einziges
Leben leichter atmen konnte,
weil man selbst gelebt hat,
das ist wahrer Erfolg.

7

Die Kunst der Vergebung

Traditionell beginnt die Arbeit des Herzens mit Vergebung. Nur wo Vergebung ist, kann Heilung stattfinden. Doch zunächst einmal müssen wir uns ein korrektes Verständnis davon erarbeiten, was Vergebung eigentlich ist. Dann können wir lernen, sie zu praktizieren, indem wir uns und anderen vergeben.

Vergebung heißt, dass wir vergangenes Leid loslassen und damit all den Schmerz, all den Hass, den wir mit uns herumschleppen. Durch Vergebung erweisen wir unserem Herzen die größte Ehre. Wenn wir uns irgendwo verloren haben, bringt Vergebung uns wieder zurück auf das Fundament der Liebe. Ist unser Herz von Vergebung erfüllt, kommt es erst gar nicht dazu, dass in uns der Wunsch entsteht, jemanden zu verletzen. Wenn wir vergeben, ob im Kleinen zu Hause oder im Großen auf internationaler Ebene, befreien wir uns von den Schatten der Vergangenheit.

Sich eine Welt ohne Vergebung vorzustellen ist schwierig. Ohne Vergebung wäre die Welt gleich der Hölle. Ohne Vergebung führen wir ein Leben in Ketten, denn wir tragen ständig das Leid der Vergangenheit mit uns herum, das wir immer wieder aufkochen, ohne uns je davon losmachen zu können.

Ein Gespräch zwischen zwei ehemaligen Kriegsgefangenen:

»Hast du deinen Häschern vergeben?«

»Nein, das werde ich niemals tun!«

»Nun, dann sitzt du immer noch in ihrem Gefängnis, oder?«

Zunächst beginnen wir mit der Arbeit der Vergebung bei uns selbst. Möglicherweise leiden wir ja immer noch unter früheren schmerzlichen Erfahrungen. Den Menschen hingegen, die dafür die Verantwortung tragen, geht es gut. Doch Hass ist schmerzhaft. Ohne Vergebung schreiben wir nur die Illusion fort, dass Hass unseren Schmerz und den anderer Menschen lindern kann. Doch im Prozess der Vergebung lassen wir los, und unser Herz findet Erleichterung.

Sogar in den Regionen, die Schauplatz der großen Konflikte der jüngeren Vergangenheit waren, wie Bosnien, Kambodscha, Ruanda, Nordirland oder Südafrika, haben die Menschen Wege zur Versöhnung gefunden. Das gilt auch für die USA. Dies ist letztlich die einzige Chance zur Heilung.

Das kann manchmal heißen, wir müssen den Mut finden, das Unverzeihliche zu vergeben und bewusst unser Herz aus den Klauen der schrecklichen Taten anderer zu befreien.

Wir müssen einen Weg finden, uns von der Vergangenheit zu verabschieden, ganz egal, wie unsere Traumen aussehen mögen. Die Vergangenheit ist vorüber: Vergebung heißt, dass wir die Hoffnung auf eine bessere Vergangenheit aufgeben.

Vergebung hat ihre eigenen Gesetze:

Vergebung ist weder schwach noch naiv. Vergebung erfordert Mut und Klarheit. Mit Naivität hat das nichts zu tun. Denn es ist falsch, wenn Menschen denken, Vergebung heiße, einfach alles zu vergessen, ein für alle Mal. Das wäre Vergebung ohne Weisheit.

Vergebung geschieht nicht von heute auf morgen. Große Ungerechtigkeit zu vergeben erfordert Zeit, erfordert einen langen Prozess der Aufarbeitung von Trauer, Wut, Kummer, Verlust und Schmerz. Echte Vergebung geht nicht einfach oberflächlich über das Geschehene hinweg. Wir versuchen dabei nicht, unseren Schmerz zu unterdrücken oder zu ignorieren. Das wäre falsch. Vergebung sollte nicht übereilt werden. Wir müssen diesen Prozess in unserem Herzen stets wiederholen, den Verrat, die Trauer zulassen. Erst dann reift in uns mit der Zeit die Freiheit, tatsächlich zu verzeihen.

Vergebung vergisst nicht und macht nichts ungeschehen. Vergebung braucht einen weisen Blick. Sie akzeptiert, was ungerecht, schmerzhaft und falsch war. Sie erkennt das Leid der Vergangenheit mutig an. Sie begreift die Umstände, unter denen das Unrecht geschah. Deshalb wohnt der Vergebung eine ganz eigene Stärke inne. Wenn wir vergeben haben, können wir einen mutigen Entschluss fassen: »Nie wieder werde ich zulassen, dass solche Dinge geschehen.« Wir können uns dafür einsetzen, dass uns und anderen dergleichen nicht mehr widerfährt.

Vergebung heißt nicht, dass wir mit jenen, die uns Kummer bereitet haben, weiter in Verbindung stehen müssen. In einigen Fällen ist es wohl das Beste, jeden Kontakt zu einem Menschen, der uns Leid zugefügt hat, abzubrechen. Mitunter kommt es vor, dass jemand, der uns verletzt oder verraten hat, dies wiedergutmachen möchte. Doch selbst dann sind wir nicht verpflichtet, uns möglichen unangenehmen Erlebnissen auszusetzen. Denn Vergebung heißt letztlich nur eines: Niemanden aus unserem Herzen zu verbannen.

Uns selbst vergeben

Natürlich ist es für uns von zentraler Bedeutung, dass wir uns selbst vergeben können. Denn wir haben genauso gelitten wie der andere. Wenn wir einen ehrlichen Blick auf unser Leben werfen, sehen wir, welche Sorgen und Ängste zu falschem Handeln unsererseits geführt haben. Dann können wir uns wirklich verzeihen. Wir können den Schmerz, den wir verursacht haben, voller Mitgefühl aushalten. Ohne diese Gnade uns selbst gegenüber werden wir unser Leben im Exil verbringen.

Wir alle waren verblendet, wir alle haben gelitten. Zu diesem Thema erzählt Pema Chödrön eine schöne Geschichte:

> Eine junge Frau berichtete ihr in einem Brief von einer Reise in den Nahen Osten. Dort fanden sie und ihre Freundin sich eines Tages von einer wütenden Menge umzingelt, die sie mit Steinen bewarf, nur weil sie Amerikanerinnen waren.
>
> Natürlich hatte die junge Frau Angst, doch was dann geschah, erstaunte sie. Sie identifizierte sich mit all jenen Menschen, die im Lauf der Geschichte zur Zielscheibe von Hass geworden waren. Plötzlich verstand sie, wie es

war, von allen verachtet zu werden: wegen Rassen- oder Religionszugehörigkeit, wegen sexueller Vorlieben oder des eigenen Geschlechts. Irgendetwas in ihr ging auf, und sie fühlte sich plötzlich eins mit Millionen unterdrückter Menschen, die sie aus einer völlig neuen Perspektive sah. Das galt auch für jene, die sie jetzt ihren Zorn spüren ließen. Dieses tiefe Gefühl der Verbundenheit, die Erkenntnis, dass alle Menschen eine große Familie sind, zeigt, dass das Herz des großen Mitgefühls erwacht ist.

Alan Wallace, ein führender westlicher Lehrer des tibetischen Buddhismus, hat diesen Gedanken so formuliert:

> *Sie müssen sich das etwa so vorstellen: Sie gehen die Straße entlang und sind mit Lebensmitteln bepackt. Plötzlich läuft jemand frontal in Sie hinein. Sie und Ihre Einkäufe stürzen zu Boden. Sie stehen auf, und gerade, als Sie losbrüllen wollen: »Sie Idiot, können Sie nicht aufpassen? Sind Sie denn blind?«, sehen Sie, dass der andere wirklich blind ist. Auch er sitzt inmitten seiner zerbrochenen Eier und zerquetschten Tomaten. In der nächsten Sekunde verfliegt Ihr Ärger und macht einer liebevollen Fürsorge Platz: »Ist Ihnen etwas passiert? Kann ich Ihnen helfen?« Ebendas ist unsere Situation. Wenn uns klar wird, dass die Quelle aller Disharmonie und allen Unglücks in der Welt die Unwissenheit ist, gelingt es uns, das Tor zu Weisheit und Mitgefühl aufzustoßen.*

Im Tempel der Vergebung

Ganz egal, was geschieht, wir können stets in die Größe unseres Herzens zurückkehren.

Kennen wir nicht alle Geschichten über die Macht der Vergebung? Wann immer wir eine dieser Geschichten hören, sollten wir uns daran erinnern, dass wir selbst auch vergeben können.

Roberto De Vicenzo beispielsweise ist ein berühmter Golfer aus Argentinien. Er gewann viele Turniere und lächelte gerne und häufig in die Kameras. Eines Tages war er mit seinem Gewinnerscheck auf dem Weg zum Parkplatz, als ihn eine junge Frau ansprach. Sie gratulierte ihm zu seinem Sieg und erzählte ihm dann, dass ihr Kind krank sei und im Sterben liege.

De Vicenzo ließ sich von ihrer Geschichte rühren. Er nahm seinen Füller heraus und indossierte den Scheck an die junge Frau, damit sie ihn einlösen konnte. »Machen Sie Ihrem Baby noch ein paar schöne Tage«, meinte er und überreichte ihr sein Preisgeld.

In der Woche darauf aß er in einem Countryclub zu Abend, als ein Beauftragter der Vereinigung der Profigolfer an seinem Tisch auftauchte. »Man hat Sie letzte Woche auf dem Parkplatz gesehen, als Sie nach Ihrem Turniersieg mit einer jungen Frau sprachen«, meinte er. De Vicenzo nickte. »Nun«, meinte der Mann, »leider ist die junge Frau eine Betrügerin. Sie ist nicht verheiratet. Sie hat kein krankes Baby. Sie hat Sie einfach übers Ohr gehauen, mein Freund.«

»Also gibt es gar kein sterbendes Baby?«, fragte De Vicenzo.

»Ja, genau.«

»Das ist die beste Neuigkeit, die ich diese Woche gehört habe«, gab De Vicenzo zurück.

Wenn wir vergeben oder wenn uns vergeben wird, wird unser Herz frei, sogar unter den schlimmsten Umständen. Auf Hawaii gab es für Menschen, die ein Tabu gebrochen oder ein Verbrechen begangen hatten, trotzdem immer einen Weg zurück in die Gemeinschaft. Ganz egal, was solch ein Mensch angestellt hatte: Wenn er schwimmend eine Bucht durchquerte und sich im »Tempel der Zuflucht« in die Hände der Priester begab, konnte er sich entsühnen. Dann wurde ihm vergeben, und er erhielt die Erlaubnis heimzukehren, ohne dass ihm jemand etwas anhaben konnte.

Der Tempel der Vergebung gemahnt uns an die uns innewohnende Güte. Wenn wir doch nur in der Lage wären, wieder solche Tempel zu errichten statt ein Gefängnis nach dem anderen!

In unseren Herzen aber ist uns dies möglich. Ganz egal, unter welchen extremen Umständen wir gelebt haben mögen, die Wandlung unseres Herzens ist immer möglich.

Als ich eines Tages im Zug von Washington nach Philadelphia unterwegs war, lernte ich einen Afroamerikaner kennen, der in Indien für das US-Außenministerium gearbeitet hatte. Nun leitete er eine Resozialisierungsmaßnahme für jugendliche Straftäter im Columbia-Distrikt. Die meisten Jugendlichen, mit denen er arbeitete, waren Gangmitglieder, die einen Mord begangen hatten.

Ein Vierzehnjähriger hatte während einer Mutprobe einen unschuldigen Teenager erschossen. Beim Prozess saß die Mutter des Opfers teilnahmslos unter den Zuschauern. Als der

Vierzehnjährige wegen Mordes verurteilt wurde, kam plötzlich Leben in sie. Sie stand langsam auf, sah dem Jungen in die Augen und sagte: »Ich werde dich töten.« Dann brachte man den Jungen weg. Er bekam Jugendarrest.

Sechs Monate später besuchte die Dame den jugendlichen Mörder. Bevor er ihren Sohn erschossen hatte, hatte er auf der Straße gelebt. Er hatte in den sechs Monaten nur diese eine Besucherin. Die beiden unterhielten sich eine Weile, am Ende ließ sie dem Jungen Geld für Zigaretten da. Dann begann sie, ihn regelmäßig zu besuchen. Sie brachte ihm etwas zu essen und kleine Geschenke. Am Ende seines dreijährigen Aufenthalts in der Jugendstrafanstalt fragte sie ihn, was er denn nach seiner Entlassung machen wolle. Er hatte keine Ahnung. Da bot sie ihm an, sie könne ihm einen Job im Unternehmen eines Freundes besorgen. Auf ihr Nachfragen sagte er außerdem, dass er nicht wisse, wo er nach der Entlassung bleiben solle. So bot sie ihm für den Übergang das Zimmer in ihrer Wohnung an, das nun leer stand.

Er lebte dort acht Monate, aß, was sie ihm vorsetzte, und arbeitete in dem Job, den sie ihm besorgt hatte. Eines Abends bat sie ihn ins Wohnzimmer. Sie wolle mit ihm reden. Sie setzte sich ihm gegenüber auf einen Stuhl und sah ihn an. Dann begann sie zu sprechen.

»Erinnerst du dich noch an den Tag im Gerichtssaal, an dem ich dir versprach, dass ich dich töten würde?«

»Ja, sicher, Ma'am«, antwortete er.

»Nun, genau das habe ich getan«, fuhr sie fort. »Ich wollte nicht, dass der Junge, der meinen Sohn grundlos umgebracht hatte, weiter auf dieser Erde leben sollte. Ich wollte, dass er stirbt. Aus diesem Grund fing ich an, dich zu besuchen und dir das ein oder andere mitzubringen. Deshalb habe ich dir den Job besorgt und dich in dieses Haus geholt. Ich wollte dich ändern. Und tatsächlich bist du ein anderer geworden. Daher möchte ich dich jetzt fragen: Da mein Sohn tot ist und der Killer auch tot ist, willst du hierbleiben? Ich habe genug Platz, und wenn du möchtest, adoptiere ich dich.« So wurde sie die Mutter des Jungen, der ihren Sohn getötet hatte. Die Mutter, die er nie gehabt hatte.

Vermutlich ist Ihre eigene Geschichte weniger dramatisch. Und doch haben wir alle Schmerz erfahren.

Jeder von uns muss dort anfangen, wo er steht. Ob in großen oder kleinen Dingen, innerhalb unserer Familie oder unserer Gemeinde – überall können wir uns jene Güte und Freiheit erobern, die uns ermöglicht, immer wieder zu vergeben.

TEIL II

Den spirituellen Weg gehen

8
Spirituelle Initiation
Das Klostergelübde – Riten der Ganzheitlichkeit und Hingabe

In diesem Kapitel möchte ich Ihnen erzählen, wie sich der Eintritt in ein buddhistisches Kloster vollzieht, ein Weg, den viele Menschen – Mönche und Nonnen – seit Jahrhunderten beschreiten. Diesen Initiationsritus haben bis vor kurzem fast alle jungen Männer und nicht wenige Frauen in Südostasien durchlaufen. Als ehemaliger buddhistischer Mönch war mir die große Ehre zuteilgeworden, in den Sechzigerjahren an dieser Vorbereitung aufs Klosterleben teilzunehmen. Als ich damit begann, war ich 23 Jahre alt.

Ich legte am Dartmouth College meinen Abschluss in Asiatischen Studien ab und ging dann zum Friedenscorps, wo man als junger Mensch mehrere Monate freiwillig Aufbauhilfe in einem Land seiner Wahl leisten kann. Ich wollte natürlich in ein buddhistisches Land. Ich war ein junger Mann mit einer sehr schmerzhaften Familiengeschichte und suchte nach einem Lehrer, der mir helfen konnte, meinen eigenen Geist besser zu verstehen. Ich hatte Geschichten über die alten Zenmeister gelesen, und als das Friedenscorps mich in das Flusstal des Mekong schickte, an die Grenze zwischen Thailand und Laos, begann ich, mich nach einem Ort umzusehen, an dem ich lernen konnte. Dieser Wunsch nach einem klassischen buddhistischen Geistestraining führte mich in einige der strengsten buddhistischen Waldklöster in jener Region. Als ich diese Tempel besuchte, lernte ich eine Reihe weiser Ältester kennen, die »zu wissen« schienen. Irgendetwas hatten sie an sich, was ich suchte – eine Art Wissen um die Geheimnisse von Leben und Tod. Mir war klar, dass ich einen Initiationsritus würde durchlaufen müssen, eine höchst schwierige und anstrengende Ausbildung, in der ich beginnen würde zu begreifen, was diese Menschen wussten.

Doch zuerst möchte ich noch ein paar Worte über den Begriff der Initiation als solcher sagen. Wenn wir zu unserer angeborenen spirituellen Natur erwachen wollen, zu diesem inneren Gefühl des Wissens, dann müssen wir unsere Identität ändern. Wir erleben eine Wiedergeburt, die Entdeckung unseres todlosen Geistes. In der buddhistischen Tradition nennen wir das: zu unserer wahren Natur erwachen. Wenn wir schwere Zeiten erleben, dann ist sie es, die unser Überleben sichert.

Diese innere Sicherheit entsteht nur, wenn wir uns von unserem gewöhnlichen, begrenzten Selbstgefühl – dem »Körper der Angst« – wegbewegen und das innere Wissen tief in uns entdecken. Das kann ganz plötzlich geschehen, durch intensive Meditation zum Beispiel oder durch ein Ritual, eine Initiation, eine Zeremonie. Oder die Entdeckung stellt sich langsam, stufenweise durch regelmäßige Praxis ein. Der Buddha verglich diesen Prozess mit den Tiefen des Ozeans. Ganz hinunter gelangt man nur Schritt für Schritt. Auf die gleiche Weise gewinnt unser Herz an Tiefe, an Weisheit, Mitgefühl und Vertrauen.

Der japanische Zenmeister Katagiri Roshi wurde einst von einem seiner Schüler gefragt, wie man denn die tiefe Wärme entwickeln könne, die er ausstrahlte: »Ebendas möchte ich von Ihnen lernen. Wie geht das?« Und Katagiri Roshi antwortete: »Wenn die Menschen mich heute sehen, sehen sie die Jahre nicht, die ich einfach nur an der Seite meines Lehrers verbracht habe.« Er erzählte, wie er Jahr um Jahr praktiziert habe, einfach gelebt und immer wieder dieselben Dharmabelehrungen gehört habe. Wie er Morgen für Morgen im kalten, zugigen Tempel zugebracht und die Rituale durchgeführt habe. Dies ist die langsame Art der Initiation, bei der der Schüler die Rituale der Aufmerksamkeit und des Respekts ausführt und wie ein Laib Brot im Ofen durchgebacken wird, reift, sich wandelt.

Die zweite bekannte Form der Initiation geht abrupter und radikaler vonstatten. Sie kann durch machtvolle Initiationsriten ausgelöst werden. Viele junge Menschen heute brauchen dies. Wenn unsere Kultur uns nichts bietet, was uns den Weg ins Mann- oder Frausein ebnet, dann geht die Initiation eben ohne Führung vonstatten, auf der Straße, mit schnellen Autos, Drogen, Messern und Schusswaffen.

Solche spontanen Initiationserlebnisse stellen sich mitunter auch bei Menschen ein, die nicht gezielt danach streben. Dann ist vielleicht ein herber Verlust dafür verantwortlich, ein Unfall, eine Nahtoderfahrung. Oder man begegnet auf Reisen Erfahrungen, die einen urplötzlich reifen lassen, wenn wir zum Beispiel in Ländern der Dritten Welt unterwegs und mit Gefahr, Krankheit und Problemen konfrontiert sind. Die Initiation ist ein Prozess, bei dem der Einzelne durch einen Felsspalt gleitet, der so eng ist, dass er nichts mitnehmen kann. Um diese Begegnung mit dem wahren Wissen zu erleben, ist gewöhnlich eine punktuelle Begegnung mit dem Tod erforderlich.

In der buddhistischen Tradition dient die Initiation dazu, unsere Buddhanatur erwachen zu lassen, das große, furchtlose Herz des Buddha in uns. Dies ist einer der Gründe, weshalb Buddhisten sich verbeugen, wenn sie einem Meister oder spirituellen Lehrer begegnen. Damit erweisen sie nicht nur der Person Ehre, sondern auch der Übertragungslinie der Furchtlosigkeit, die ihnen in seiner Gestalt entgegentritt.

Wer die Initiation in einem buddhistischen Kloster sucht, braucht einen Mentor, einen Lehrer oder Führer. In Thailand geht man in diesem Falle von Waldkloster zu Waldkloster, um herauszufinden, ob man sich dem jeweiligen spirituellen Meister auch tatsächlich anvertrauen würde. Wenn Sie dann beschließen, dass dieser Mann Ihr Lehrer werden soll, dann verbeugen Sie sich vor ihm, bleiben bei ihm, hören seine Belehrungen, befolgen seinen Rat und dienen ihm. Wenn er vom Almosensammeln zurückkommt, richten Sie ihm seinen Platz her, bringen ihm Wasser und so weiter. Mit diesem Respekt, den Sie Ihrem Lehrer bezeugen, stellen Sie sich in eine Reihe mit ihm und seinen Lehrern. Sie zeigen, dass Sie für das, was er Ihnen beibringen kann, offen sind.

Haben Sie sich einem bestimmten Lehrer anvertraut und der Gemeinde der Schüler, die mit ihm praktizieren, dann geben Sie sich aus ganzem Herzen hin. Doch keineswegs blinden Auges. Denn Sie wissen ja beide, dass diese Hingabe einem bestimmten Zweck dient. Mein Lehrer Ajahn Chah sagte immer: »Ich verlange meinen Schülern einiges ab. Sie wissen nie, wann sie etwas zu essen bekommen und wie viel. Sie sitzen die ganze Nacht in Meditation. Es ist kalt, und sie haben nur diese dünnen Baumwollgewänder. Es ist hier anstrengend, langweilig und einsam. Außerdem müssen sie furchterregende Dinge tun wie nachts ganz allein im Wald sitzen. Doch all das hat den Zweck, sie zur inneren Freiheit zu führen, zu etwas, das größer ist als die Wahrheit, die sie bislang kennen.«

Das Ordinierungsritual in dem von Ajahn Chah geführten Kloster, für das ich mich entschieden hatte, besteht in dieser Form schon seit 2500 Jahren. Die Mönche der buddhistischen und jainistischen Tradition gehören zu den ältesten Orden der Welt.

In Thailand, Laos oder Kambodscha, wo ich gearbeitet habe, treten junge Männer – und gelegentlich auch Frauen – generell im Alter von 19 oder 20 Jahren in den Orden ein. Solange man die Ausbildung zum Mönch nicht durchlaufen hat, gilt man in diesen Ländern als unreif und nicht bereit, in dieser Gesellschaft zu leben. Die jungen Menschen gehen ins Kloster, um sich selbst besser kennenzulernen und damit ihr Geist heranreift. Bis vor kurzem verbrachte jeder junge Mann (und so manche junge Frau) grundsätzlich ein Jahr im Kloster. Die hektischen Zeiten haben dafür gesorgt, dass diese Periode heute wesentlich kürzer ausfällt, doch verbringen immer noch Hunderttausende junger Leute eine gewisse Zeit im Kloster.

Der äußere Ablauf der Ordination folgt der Lebensgeschichte des Buddha. Wenn ein junger Mann oder eine junge Frau ordiniert wird, richten Familie und Dorfgemeinschaft zunächst ein rituelles Fest aus. Es beginnt mit Feierlichkeiten und Festessen für alle. Mehrere Priester bringen Opfergaben dar und sprechen Segenswünsche. Der zu Ordinierende legt seine gewöhnlichen Kleider ab und wird fürstlich in weiße Seide gekleidet. Man legt ihm oder ihr Schmuck und Juwelen an. Dann zieht man gemeinsam ins Kloster. Wenn die Herkunftsfamilie sich das leisten kann, reitet der oder die zu Ordinierende auf einem Elefanten.

Doch ob Elefant, Ochsenkarren oder Fahrrad – wenn die Prozession vor dem Kloster angekommen ist, wird der Abschied Siddharthas, des Buddha, von seiner Familie nachgestellt. Siddhartha, der Prinz aus dem Hause der Shakya, verzichtet auf sein Königreich und alle Freuden, die mit diesem weltlichen Leben einhergehen, weil er innere Freiheit und das Erwachen sucht. Er gibt die Sicherheiten seines Herzens auf. Wenn der zu Ordinierende am Klostertor ankommt, wird ihm das Haupthaar geschoren. Dann lässt er seine seidenen Kleider und seinen Schmuck dort zurück. Das Tor ist der Eingang in den Wald, in dem die Mönche leben. Dort holen die Waldältesten, der Abt und die älteren Mönche, den Neuankömmling ab.

Manchmal wird das Tor von gewaltigen dämonischen Gestalten bewacht. Diese stehen für die Kräfte, die man hinter sich lassen muss, wenn man das Reich des Geistes betreten will. Im Zen hat diese Begegnung mit den Dämonen einen formellen Charakter angenommen. Das Ritual heißt Tanga-ryo. Dabei sitzt der Neuankömmling einige Tage vor den Klostertoren, auch wenn es bitterkalt ist. Er beweist dadurch die Ernsthaftigkeit seines Verlangens nach Belehrung und Ausbildung. Hat er drei oder mehr Tage dort verbracht, wird das Tor geöffnet. Dann tritt ein Mönch heraus und sagt: »Komm herein. Was bringt dich her?«

In den Waldklöstern wird der, der um Aufnahme bittet, in einen einfachen weißen Sarong gekleidet. Die 20 ältesten Mönche empfangen ihn am Tor. Sie nehmen ihn aus den Armen seiner Familie in Empfang und bringen ihn in den Wald. Sehr bald merkt man, dass dies kein gewöhnlicher Ort ist. Dort herrschen Ruhe und Frieden. Es zeigt sich eine tiefe Verbundenheit mit der Natur. Die Ältesten führen den Neuankömmling tief in den Wald hinein auf heiligen Boden, der Sima genannt wird. Dort steht mitunter ein kleiner Tempel. Manchmal aber ist es auch nur ein Kreis von Steinen oder eine von einem Bächlein umflossene Lichtung. Damit dieser Sima wirklich geheiligt ist, muss einer der Ältesten an jedem Punkt Gebete sprechen. Man markiert dazu Stellen von der Größe eines knappen Quadratmeters. Der Älteste setzt sich hin und spricht Gebete und Segenswünsche. Dies wird auf dem angrenzenden Stück Erde wiederholt, bis das gesamte Terrain gesegnet ist. Von diesem Moment an dürfen nur voll ordinierte Mitglieder des Mönchsordens den Ort betreten. In einem traditionellen Waldkloster ist der geweihte Boden nun ein Ort des Friedens, der Zuflucht, der Vergebung und der Wahrheit. Und das spürt man auch.

Der Neuankömmling wird an diesen Ort geführt, dann setzen sich alle um ihn herum und singen gemeinsam. Der Neuankömmling verbeugt sich, dann richten die anderen achtungsvoll das Wort an ihn. Der Buddha nannte die Ordination eine »Einladung, sich den Söhnen und Töchtern der Familie der Edlen anzuschließen«. Man wird so respektvoll begrüßt, als wäre man von höchstem Adel. Traditionell hatte der Adel im alten Indien eine enorme Bedeutung. Doch natürlich hing die Zugehörigkeit zu dieser Schicht davon ab, welcher Rasse, Klasse oder Kaste man angehörte. Der Buddha stellte dieses Prinzip radikal auf den Kopf und sagte: »Ob jemand zu den Edlen gehört, hängt nicht davon ab, ob er zur Priesterklasse gehört, zur Kriegerklasse, zur Klasse der Händler, zur Klasse der Tagelöhner oder zu den Unberührbaren.« Der Buddha war gegen eine Gesellschaft, die in Kasten oder Klassen aufgeteilt war. Diese Einteilung erschien ihm absurd. »Der einzig echte Adel dieser Welt ist der Adel des Herzens und des Geistes, den ein Mensch in seinem Leben ausdrückt. Abwesenheit von Gier, Abwesenheit von Hass, Abwesenheit von Verblendung, ein weises, liebendes Herz – das ist es, was wahren Adel ausmacht.«

Wenn der Neuankömmling also ins Waldkloster kommt, wird er von den Ältesten so respektvoll angesprochen wie ein Adliger, denn damit erweisen sie seinem edlen Entschluss ihre Ehrerbietung. Dann nimmt er Zuflucht in den Weg, den sie ihm zeigen werden, indem er sich dreimal vor ihnen verbeugt. Die erste Verbeugung bezeugt die Absicht, der Inspiration durch den Buddha zu folgen. Die zweite Verbeugung gilt dem Dharma, der Wahrheit der Lehre, die sich in der Praxis ausdrückt. Mit der dritten Verbeugung verneigt sich der Neuankömmling vor dem Sangha, der Gemeinschaft der Praktizierenden, die seit Generationen die Praxis des erwachten Herzens gepflegt und an ihre Nachfolger weitergegeben haben.

Doch die Ältesten nehmen den Neuankömmling nicht einfach so auf. Nachdem er ihnen durch die Verbeugung Ehrerbietung bezeugt hat, stellen sie ihm einige Fragen: »Bist du frei von Schulden? Bist du frei von Krankheiten? Bist du frei von Verpflichtungen? Bist du weggelaufen? Kommst du aus eigenem Antrieb? Warum kommst du? Was bringt dich hierher, in diesen heiligen Wald, um zu praktizieren?«

Wenn die Antworten des Neuankömmlings auf die Ernsthaftigkeit seines Anliegens schließen lassen, erhält er Belehrungen und bekommt seine Meditationspraxis zugewiesen. Er lernt über die großen Zyklen von Leben und Sterben, von der Möglichkeit, das Nirwana zu finden, die zeitlose und todlose Freiheit im Herzen der Dinge. Und man erklärt ihm noch einmal ausdrücklich, dass sein Vorhaben kein Spaziergang sein wird.

Ich weiß noch, wie mein Lehrer Ajahn Chah, als ich in seinem Kloster ankam, meinte: »Ich hoffe, du hast keine Angst vor dem Leiden.« Ich fragte: »Was meinst du damit? Ich bin hierhergekommen, um zu meditieren, um inneren Frieden und Glück zu finden.« Darauf erläuterte er: »Es gibt zwei Arten des Leidens. Das Leid, vor dem wir wegrennen, weil wir uns der Wahrheit des Lebens nicht stellen wollen. Und das Leid, das wir durchleben, wenn wir bereit sind, vor den Problemen der Welt nicht mehr wegzulaufen. Nur die zweite Art führt dich zur Freiheit.«

Mit der Verbeugung drückt der Neuankömmling aus, dass er sich mit Körper, Rede und Geist den Ältesten anschließt. Man verbeugt sich während der Zeremonie immer wieder. Wer ein Teil dieser Gemeinschaft wird, sollte sein Leben dem Ziel widmen, Mitgefühl, Wahrheitsliebe und Befreiung erlangen zu wollen. Wenn der Neuankömmling dieses Gelübde abgelegt hat, erhält er einen neuen Namen in der Gelehrtensprache Pali. Durch den Beitritt wird er in der Gemeinschaft sozusagen neu geboren. Die Achtung vor dem inneren Adel, der Buddhanatur, des Neuaufgenommenen drückt sich in seinem Namen aus, der beispielsweise bedeuten kann: »Strahlende Tugend«, »Der nach dem Frieden strebt«, »Geburt der Geduld« oder »Hüter der Weisheit«.

Dann erhält der Neuaufgenommene unter dem Baumdach des Waldklosters zum ersten Mal Meditationsanweisungen. Bei dieser Meditation erforscht er das Geheimnis von Leben und Tod, denn er setzt sich in der Meditation mit der Frage auseinander: »Wer bin ich?« Der frischgebackene Mönch lernt, die wahre Natur seines Körpers zu untersuchen. Er erkennt, dass dieser aus Erde, Wasser, Feuer und Luft besteht. Oder aus den verschiedenen Körperteilen: Haut, Haaren, Nägeln, Zähnen, Lymphe, Blut, Herz, Lunge, Nieren und so weiter. Auf diese Weise dringt er immer tiefer in die wahre Beschaffenheit seines Körpers vor.

Dann erklären die Ältesten des Klosters dem Neuankömmling, welchen Grundsätzen sein Leben als Mönch gehorchen wird. Zunächst einmal ist da der Grundsatz der Würde. Der Mönch lernt, alles mit Achtung und Würde zu behandeln. Dies ist besonders schön. Er erhält ein zusammengeflicktes Mönchsgewand und eine Schale. Man zeigt ihm, wie er seine Robe sorgsam faltet und seine Schale achtsam verwendet. Dazu gehören Rezitationen, die ihn Tag für Tag an den wahren Zweck seiner »Besitztümer« erinnern: »Ich trage diese Schale voller Respekt für alles, was mir gegeben wird. Ich nehme Nahrung mit der größten Achtung entgegen. Ich trage diese Robe voller Respekt für ein Leben, das ganz dem Erwachen gewidmet ist.« Alles, was der Mönch tut, dient dem Erwecken von Achtsamkeit, Gewahrsein und Mitgefühl.

Danach weisen die Ältesten den frischgebackenen Mönch in die Methoden ein, mit denen er sein Herz beruhigen kann. Denn wenn er tatsächlich über eine Frage wie: »Wer bin ich?« meditieren möchte, muss in seinem Herzen Frieden herrschen, damit die Frage auch bis auf den tiefsten Grund seines Seins fallen kann. Sie erhalten Atemübungen, die Ihre Konzentration stärken, und werden in die Praxis der Gehmeditation eingewiesen, die die Achtsamkeit während des Tages aufrechterhält. Denn von dem Tag des Eintritts ins Kloster an ist Ihr Leben der Verwirklichung vollkommener Achtsamkeit gewidmet. Das äußere Leben ist von Achtung geprägt, das innere von Achtsamkeit. So wird der Neuankömmling in die Gemeinschaft aufgenommen.

Nach der Ordinationszeremonie beginnt das Alltagsleben als Mönch. Sie stehen vor dem Morgengrauen auf und rezitieren mit anderen Mönchen Sutren, die an das Prinzip der Vergänglichkeit und des Todes erinnern. Sie fangen an, über den Wandel zu meditieren. Achtsame Sitz- und Gehmeditation wechseln sich ab mit Kontemplation der Natur aller Erscheinungen, ihrem Kommen und Gehen. Sie lernen, achtsam zu sein, ohne sich in den Erscheinungen zu verfangen. Sie üben sich darin, dem Strom der Gedanken und Gefühle zu folgen, Vergänglichkeit zu erkennen, die sich ständig wandelnde Demonstration von Körper und Geist zu erkennen und inmitten all dieser Dinge Gleichmut zu finden. Die Belehrungen zeigen Ihnen, dass Sie nie etwas wirklich lang besitzen. Natürlich können Sie Dinge oder Menschen lieben, doch diese gehören Ihnen nicht. Ihre Kinder, Ihre Sachen, Ihre Ideen, nicht einmal Ihr Körper sind Ihr Besitz. Sie lernen, wie Sie durch Entsagung Befreiung und Mitgefühl finden. Dabei rezitiert man die Worte des Buddha: »›Er hat mich getäuscht, mich in den Staub geworfen, mich beraubt!‹ Wer solche Gedanken hegt, setzt den Zyklus des Hasses fort. Bedenke, dass auch du sterben wirst. Da du dies weißt, wie kannst du deine Zeit mit Streit vergeuden?«

So lernt der Mönch, nach den Prinzipien der Würde, der Achtung und der Entsagung zu leben. Er hat nur eine Robe, die aus den Flicken abgelegter Kleidungsstücke zusammengesetzt ist. Er isst nur einmal täglich und auch da nur das, was ihm freiwillig gegeben wird. Diese Übungen in Hingabe lassen das Vertrauen im Neuankömmling reifen. Er lernt, dem Mysterium des Lebens mit Geduld, Glaube und Mitgefühl zu begegnen.

Die Mönche gehen jeden Morgen mit ihrer Bettelschale auf Almosengang. Aber man darf sich das nicht so vorstellen wie die Bettler, die auf der Straße sitzen. Für mich war der Almosengang eine der schönsten Erfahrungen in meinem Leben. Wenn die Sonne aufgeht, zieht man durch grüne Reisfelder in kleine Dörfer mit Straßen aus gestampftem Lehm. Wer ein Almosen geben will, wartet schon auf den Mönch, der sich vor dem Gebenden verneigt, bevor er die Gabe in Empfang nimmt. Auch das ärmste Dorf gibt ein wenig von seinen Nahrungsmitteln, weil es so Verdienste erwirbt. Es ist, als würden die Menschen sagen: »Wir sind arm, aber wir ehren das, wofür du stehst, daher geben wir von dem Wenigen, was wir besitzen, damit dein Geist bei unserem Dorf ist, bei unserer Gemeinschaft und unserer Gesellschaft.«

Die Almosenrunden verlaufen in vollkommener Stille. Wenn Sie also etwas bekommen, können Sie nicht einfach sagen: »Danke für die Mango, die Sie mir geschenkt haben.« Oder: »Danke für den Fisch heute Morgen, er sieht wirklich gut aus.« Alles, was Sie zu geben haben, ist die vollkommene Aufrichtigkeit Ihres Herzens. Wenn Sie Nahrung entgegennehmen, so tun Sie es, um Ihre Praxis zu unterstützen. Wenn die Dorfbewohner Ihr Leben als Mönch mittragen und von dem Wenigen geben, das sie besitzen, müssen Sie es annehmen. Die unglaubliche Großzügigkeit der Menschen verstärkt die Motivation der Mönche enorm.

Wie man mit dem Gegebenen umzugehen hat, ist ein wichtiger Teil des Lebens als Mönch. So darf der Mönch eine Gabe nicht über Nacht behalten. Er darf auch nichts essen, was er nicht am Morgen von einem Nicht-Mönch erhalten hat. Das heißt, dass die Mönche sich nicht wie Eremiten von der Welt zurückziehen und in den Bergen leben können. Sie müssen dort leben, wo die Menschen ihnen geben können. So entsteht eine innige Verbindung zwischen dem Kloster und seiner Umgebung. Sie müssen etwas tun, was den Menschen so viel wert ist, dass sie für Ihren Lebensunterhalt sorgen möchten. Ihre Präsenz, Ihre Meditation, Ihre Würde müssen so lebendig sein, dass die Menschen Ihnen etwas geben wollen, wenn Sie sich zeigen. Ansonsten bleibt Ihre Schale leer! So entsteht ein wechselseitiges Geben und Nehmen zwischen Kloster und Gemeinschaft zu beidseitigem Nutzen.

Das Leben im Kloster verstärkt Ihre Hingabe. Morgens um 3.30 Uhr beginnen die Rezitationen. Nach zwei Stunden ist man fertig, abends wird noch einmal rezitiert. Sie hören immer und immer wieder dieselben Dharmabelehrungen. Mindestens einmal die Woche verbringen Sie die ganze Nacht in Sitzmeditation. Am Morgen ziehen Sie noch vor Sonnenaufgang barfuß zum Almosengang los. Bevor Sie etwas zu essen bekommen, haben Sie also fünf, zehn oder mehr Kilometer zurückgelegt.

Wenn Sie durch Ihre Praxis ein gutes Fundament geschaffen haben, stellen die Ältesten des Klosters Ihnen Aufgaben, die Sie enger in Kontakt mit dem Tod bringen. Zu diesem Zeitpunkt haben Sie bereits regelmäßig darüber meditiert, dass das Leben kurz und der Tod gewiss ist. Sie haben sich in Visualisierungsübungen vorgestellt, wie Ihr Körper verfällt. Sie haben über die Bewegungen des Bewusstseins im Prozess von Tod und Wiedergeburt nachgedacht. Nun geht Ihre Meditation weiter. Möglicherweise erhalten Sie wie ich die Aufgabe, die ganze Nacht auf dem Friedhof zu meditieren. Die Menschen aus dem Dorf tragen einen Verstorbenen zum Bestattungsplatz. Dort wird er verbrannt, und Sie bleiben die ganze Nacht über bei ihm. Dabei meditieren Sie über Ihren Körper und die Tatsache, dass jeder Mensch, den Sie kennen, sterben wird.

»Ohne ein gewisses Verständnis für den Tod«, lehrt Ajahn Chah, »ist das Leben sehr verwirrend.« In seinem Kloster wurde die traditionelle Methode der Meditation auf dem Bestattungsplatz von einer anderen begleitet. Wann immer ein Mönch starb, kam er nicht auf den Bestattungsplatz, sondern wurde in der Buddhahalle aufgebahrt, damit die anderen Mönche seinen Leichnam kontemplieren konnten. Dort blieb er zehn Tage lang liegen und zersetzte sich wie alles andere Fleisch in der Sonne. Wir aber saßen dabei, meditierten und rezitierten vor dem Leichnam. Auf diese Weise wurde unsere Meditation über den Tod anschaulicher.

Zu Anfang wird in Ajahn Chahs Kloster viel Wert auf Sitz- und Gehmeditation gelegt. Häufig sitzen die Mönche die ganze Nacht lang meditierend in der Buddhahalle. Haben Sie auf diese Weise innerhalb der Mönchsgemeinschaft praktiziert, erhalten Sie als Nächstes vielleicht die Aufgabe, einige Monate lang in vollkommener Einsamkeit zu meditieren. Zu diesem

Zweck ziehen die Mönche sich in Höhlen zurück oder an abgeschiedene Orte mitten im Dschungel – weit entfernt vom allerletzten Dorf, das man nur durch einen langen Spaziergang erreichen kann. In einigen Retreatzentren gibt es abgelegene Hütten für die intensive Einzelmeditation. Ich zum Beispiel meditierte ein Jahr und drei Monate lang in Zurückgezogenheit. Ich verließ mein Zimmer nie, meditierte fünfzehn bis achtzehn Stunden am Tag, indem ich regelmäßig eine Stunde Sitz- und eine Stunde Gehmeditation machte. Jeden zweiten Tag hatte ich ein fünfzehnminütiges Gespräch mit meinem Lehrer. Sie müssen nicht sehr lange in Einsamkeit meditieren, bevor aller Stolz, den Sie hatten, in sich zusammenfällt. Es ist eine demütigende Erfahrung. Ihr Geist spielt vollkommen verrückt. Alles, was Sie je erlebt oder getan haben, kehrt zurück. Jede Stimmung, jede Angst, jede Sehnsucht, Einsamkeit, Schmerz, Liebe, Schöpferkraft und Langeweile treten verschärft hervor.

Allmählich aber kommt es zu visionären Zuständen. Das Energiesystem öffnet sich, man erfährt den eigenen Körper als Licht. Dann kommt die Ekstase, die Versenkung von Samadhi. Weitere meditative Techniken führen Sie immer tiefer in einen Zustand von Leerheit und Stille. Während dieses meditativen Prozesses zeigt der Lehrer Ihnen, wie Sie diese Kräfte nutzen können, um sich zu wandeln. Schließlich erfahren Sie, wie Sie im Archetyp der Buddhaschaft verweilen können – mit großem Mitgefühl, Leerheit, alles umfassend, von nichts begrenzt.

Ihre Weisheit und Ihre spirituelle Reife vertiefen sich durch diese Formen der Praxis, die vom Mönchsleben unterstützt werden. Zu diesem gehören regelmäßige Treffen des Mönchsrates, bei denen Konflikte gelöst, die Gelübde erneuert und den anderen tiefer Respekt bezeugt wird. Dieses Leben der Hingabe, das sich Tag für Tag gleicht und von einer Gemeinschaft erfahrener Mönche geleitet wird, schafft ein tiefes Vertrauen in sich selbst und den Grund allen Seins.

Während des klösterlichen Lebens leitet man Sie an, alle Erfahrungen in der Weite des Herzens zu machen, das von liebender Güte für sich und alle Wesen erfüllt ist. Alle Mitglieder der Gemeinschaft erhalten Meditationsübungen, die ihnen helfen, liebende Güte, Mitgefühl und Vergebung zu entwickeln. Diese beziehen sich zunächst auf einen selbst. So rezitiert man beispielsweise: »Möge es mir gut gehen, möge ich die Leichtigkeit von Körper und Geist erfahren, möge ich von Mitgefühl und Vergebung erfüllt sein.« Sie lernen, Vergebung und liebende Güte zuerst auf sich selbst zu richten, denn liebende Güte ist die Grundlage für jede Form der Achtung. Dann, allmählich, beginnen Sie, diese Praxis auf andere auszudehnen: auf die Mitglieder Ihrer Gemeinschaft, die Dorfbewohner, die Wesen in den Wäldern, die ganze Welt. Wenn Sie diese Wunschgebete tausendmal rezitieren, spüren Sie die Barrieren in Ihrem Herzen, die Ihre Offenheit begrenzen. Dann hören Sie die Geschichte von Angulimala, dem Massenmörder, der zum Mönch wurde und dabei Vergebung und Heilung erfuhr. Sie üben sich darin zu erkennen, dass in jedem von uns die Quelle von Leid und Freiheit liegt. Und zu sehen, dass Konflikte, Angst, Hass und Anhaftung – die Drangsal des Herzens – durch Achtung und Großzügigkeit aufgelöst werden können.

Und schließlich geht es darum, dass Sie, wie der Buddha, in der Sitzmeditation ein unerschütterliches Wissen in sich entdecken. In Ihrer Meditation werden Sie zum Yogi, der wie der

Buddha unbewegt unter dem Bodhibaum sitzt und die Weisheit der Todlosigkeit sucht. Mitunter stellt Ihnen der Lehrer eine Frage: »Was ist dein wahres Selbst?« Oder: »Was war deine wahre Natur, bevor du geboren wurdest?« Um Ihre wahre Natur zu entdecken, meditieren Sie über Sicht- und Hörbares, Schmeck-, Riech- und Fühlbares sowie über Gedanken und Gefühle. Bis Sie erkennen, wie flüchtig all diese Wahrnehmungen sind. Wenn Sie dann die Identifikation mit den Sinnen aufgeben, zeigt man Ihnen, wie Sie in immer tiefere Stufen der meditativen Versenkung eintreten. In dieser Stille finden Sie das, was über Ihr gewöhnliches »kleines Selbst« hinausgeht, über Ihre gewöhnliche Identität. Ihre Aufgabe ist es, zu erwachen, zu dem »Einen zu werden, das erkennt«, in der zeitlosen, unbedingten Erfahrung zu ruhen.

Oder, wie Ajahn Chah sagt:

Wenn du im ursprünglichen Herzen, im ursprünglichen Geist ruhst, scheint dieser wie helles, klares Wasser. Das ist der Buddha. Doch was ist der Buddha? Wenn wir mit den Augen der Weisheit sehen, erkennen wir, dass der Buddha zeitlos ist, ungeboren, unangetastet von jedem Körper oder Bild und jeder Geschichte. Der Buddha ist der Grund der Dinge, die Wahrheit des unbewegten Geistes. Daher hat der Buddha nicht in Indien die Erleuchtung gefunden. In gewisser Weise wurde er nie erleuchtet, nie geboren und ist nie gestorben. Wenn wir in Buddha, Dharma und Sangha Zuflucht nehmen, stehen uns alle Dinge der Erde offen. Sie werden in jedem Augenblick unsere Lehrer und zeigen uns die eine wahre Natur des Lebens.

Über Monate und Jahre praktiziert man auf diese Weise, abwechselnd in Gemeinschaft und in vollkommener Einsamkeit. Sie lernen, Weisheit, Furchtlosigkeit und Mitgefühl zu entwickeln. Sie setzen sich mit dem Tod auseinander und mit den Rhythmen der Natur. Immer und in jedem Moment angeleitet von den Ältesten. Nach einer gewissen Zeit der Praxis, wenn Sie diese Lehren verinnerlicht haben, bleiben Sie vielleicht im Kloster, um andere zu unterrichten. Oder Sie entdecken, dass Sie wieder zurück in die Welt wollen, um Ihre erlangte Reife dort zu leben.

Wenn Mönche das Kloster verlassen, werden sie wieder von den Ältesten im heiligen Bezirk verabschiedet. Dort werden ihre Gelübde rituell gelöst. Sie geben ihr Mönchsgewand zurück und erhalten neue Kleider. Sie verbeugen sich dreimal, nehmen erneut Zuflucht (zu Buddha, Dharma und Sangha) und geloben, die fünf Regeln des Nicht-Schadens zu beachten, den Verhaltenskanon für buddhistische Laienpraktizierende.

Nach ihrer Zeit im Kloster kehren die meisten jungen Männer und Frauen, die gleichsam ihre »Grundausbildung« bei den Ältesten absolviert haben, in ihre Dörfer zurück. Jetzt gelten sie als »reif«, als Männer und Frauen, die den Initiationsritus hinter sich gebracht haben. Äußerlich betrachtet haben sie die Formen und Rituale der buddhistischen Gemeinschaft gelernt. Doch diese Formen haben einen Zweck, der auf die innere Haltung abzielt. Sie sollen unerschütterliche Tugend und Respekt erzeugen, Furchtlosigkeit im Angesicht des Todes verleihen und den Menschen Eigenständigkeit, Weisheit und tiefes Mitgefühl schenken. Diese Eigenschaften machen aus den Menschen, die das Kloster verlassen, reife Männer oder Frauen.

Vielleicht hat der Bericht über die Ordinierung junger Männer und Frauen in Südostasien bei Ihnen eine Saite zum Schwingen gebracht. Möglicherweise spüren auch Sie, dass solche Initiationsriten gebraucht werden. Das soll nun nicht heißen, dass Sie auch nach Thailand ins Kloster gehen müssen, um diese außerordentliche Erfahrung zu machen. Denn schon wenn Sie darüber lesen, wird diese Sehnsucht nach Ganzheitlichkeit und Integrität wach, die jeder von uns hat. Denn das Erwachen durch Initiation ist eine universelle Erfahrung. In unserer Zeit sollten wir diese Riten erneut zum Leben erwecken. Wir sollten ältere Menschen ehren. Wir sollten Wege finden, unsere jungen Menschen und die ganze Gemeinschaft an das Heilige des Lebens zu erinnern, daran, wer wir wirklich sind.

Dabei sollten wir nicht vergessen, dass Initiationserfahrungen mannigfaltige Gestalt annehmen können. Ich kenne eine Frau, die drei Kinder unter fünf Jahren hat. Das ist eine Form von Retreat, die mindestens genauso intensiv wirkt wie die nächtliche Meditation auf dem Friedhof. Ehe und Familie sind eine ganz eigene Art der Initiation. Wie der Dichter Gary Snyder schreibt:

> *Jeder von uns ist Schüler des einen Lehrers, mit dem alle großen Meister gearbeitet haben – der Wirklichkeit. Die Wirklichkeit sagt: Werde mit deinem 24-Stunden-Tag fertig. Und zwar ohne Selbstmitleid. Es ist ebenso hart, frühmorgens seine Kinder zusammenzutreiben und sie die Straße hinunter zum Schulbus zu bringen, wie an einem eiskalten Morgen in der Buddhahalle zu sitzen und Sutras zu rezitieren. Das eine ist keineswegs besser als das andere. Und bei-*

des kann ganz schön langweilig sein. Beide haben diese exquisite Qualität der Wiederholung. Wiederholung, Rituale und das gute Resultat, das sie zeitigen, können vielerlei Formen annehmen: Zündkerzen austauschen, rinnende Nasen putzen, zum Meeting gehen, das Haus aufräumen, Geschirr spülen, den Ölstand überprüfen. Glauben Sie nur nicht, dass solche Verpflichtungen Sie von den wirklich wichtigen Dingen abhalten. All diese kleinen Aufgaben sind keineswegs die Schwierigkeiten, die wir irgendwie abstellen müssen, damit wir unsere Praxis meistern können, die uns auf dem Pfad voranschreiten lässt. Sie SIND unser Pfad.

Was die Initiation, sei es nun eine Eheschließung, die Geburt eines Kindes oder der Eintritt ins Kloster, so kostbar macht, ist, dass sie in einem heiligen Kontext stattfindet. Die Schwierigkeiten, die man überwindet, werden ganz bewusst so genutzt, dass wir dadurch zur Freiheit finden. Diejenigen, die diesen Pfad vor uns gegangen sind, mussten ebenfalls Probleme meistern. Ohne das bewusste Erleben ist die Initiation unvollständig, und Sie wissen nicht, was Sie gelernt haben. Sie haben einfach nur gelitten. Doch eine wahre Initiation ist gewollt und wird bewusst vollzogen. In traditionell buddhistischen Gesellschaften wird sie immer und immer durchgeführt – durch Gebete, Disziplin, Meditation, Hingabe, Rituale, lebenslange Praxis, die uns die Ältesten vorleben. Die Ältesten sind da, um uns in die Methoden einzuweihen, die Generationen vor uns gewandelt haben. Sie zeigen jedem Praktizierenden einen Weg, sein kleines Ich hinter sich zu lassen, seine kleinen Sorgen, die Vergangenheit. Einen Weg, zu dem zu erwachen, »das weiß«, dem Ältesten in uns.

Zu diesem Wissen in uns selbst zu erwachen ist Ziel und Zweck des spirituellen Lebens. Der Gesellschaft, in der wir leben, die Energie von Weisheit, Furchtlosigkeit und Mitgefühl zu geben ist das Geschenk, das unser spirituelles Leben der Welt macht.

9
Gefahren, Versprechungen und spirituelle Notfälle auf dem Pfad

In diesem Kapitel möchte ich Sie mit den Schwierigkeiten bekannt machen, die bei intensiver Meditation auftreten können, vor allem, wenn Sie eine tief wirksame Praxis gewissenhaft ausführen oder ein langes Retreat machen. Verstehen Sie mich nicht falsch: Solch eine Praxis zu üben ist eine der aufregendsten, wunderbarsten und schwierigsten Herausforderungen, der wir uns als Menschen stellen können. Eine Reise, in deren Verlauf wir die entlegensten Reiche unseres Bewusstseins erkunden, zu den tausend Facetten unser selbst erwachen und Herz und Geist mit dem Universum verbinden können.

Doch diese Reise ist keineswegs einfach oder bequem. Der tibetische Meditationsmeister Chögyam Trungpa hat sich mehrfach dazu geäußert. Bei einem Vortrag im kalifornischen Berkeley saß er in einer großen Halle vor einer Menge Menschen, die alle bezahlt hatten, um ihn sehen zu können. Er begann seinen Vortrag mit einer Frage: »Wie viele von Ihnen haben bereits eine spirituelle Praxis begonnen?« Eine Reihe von Leuten hob die Hand. »Gut«, sagte er. »Euch rate ich, wieder heimzugehen.« Er fuhr fort: »Es ist nämlich viel schwieriger, als es anfangs scheint. Denn wenn man erst einmal damit angefangen hat, kann man nicht mehr einfach so aufhören. Also rate ich euch: Fangt nicht an. Fangt erst gar nicht an. Wenn ihr es aber doch tut, dann solltet ihr es auch zu Ende bringen.«

Ganz egal, welche Form der Meditation wir praktizieren, wir werden früher oder später mit Hindernissen zu kämpfen haben. Die ersten Probleme kommen, wenn wir anfangen, uns nicht weiter abzulenken, sondern das Licht der meditativen Aufmerksamkeit auf unsere innere Erfahrung zu richten. Denn jetzt begegnet uns alles, was wir für uns noch nicht gelöst haben, unsere unerfüllten Sehnsüchte, Ängste, Verletzungen, unsere Liebe. Wir werden ruhiger und verletzlicher und müssen uns unserer Sterblichkeit stellen, dem Mysterium von Leben und Tod. Alle spirituellen Traditionen widmen diesen Problemen eine gewisse Aufmerksamkeit, denn meist entfaltet sich der Pfad von dort aus. So spricht Johannes vom Kreuz, ein großer christlicher Mystiker, in seinem Werk *Die dunkle Nacht* von der Einsamkeit, der Angst und dem Zweifel, die jene überfallen, die zunächst ins Licht erwacht sind. Euagrios, ein christlicher Mönch, der im 4. Jahrhundert in der Wüste lebte, schrieb über die Dämonen, die jene heimsuchen, welche als Einsiedler leben und sich in einer meditativen Praxis üben. Er nennt den Dämon des Stolzes, die Dämonen der Furcht, der Lust und den Dämon des Mittags (der Schlafdämon).

In buddhistischen Traditionen gibt es ähnliche Beschreibungen der meditativen Hindernisse. Im Zen heißt es zum Beispiel, der Meditierende würde in der Meditation Makyo erleben (»teuflische und störende Illusionen«). Diese Halluzinationen treten sozusagen über die Sinnestore ein, sie werden gesehen, gehört, gerochen, geschmeckt und so weiter. Obwohl es im Zen immer wieder heißt, das Leben sei ein Traum, handelt es sich bei den Makyo sozusagen um eine Illusion der Illusion, die das Leben noch einmal überlagert.

Wie aber können wir mit den Fallstricken auf dem Pfad arbeiten und ein Verständnis für sie entwickeln? Zu den grundlegenden Lehren des Buddhismus gehört, wie man gewöhnliche Hindernisse überwindet, wie körperlichen Schmerz und Ruhelosigkeit. Erst danach wird erklärt, wie extremere Hindernisse wie lustvolle und furchterregende Visionen und Geisteszustände überwunden werden. Oder die Probleme, die Menschen haben, die sich einer intensiveren spirituellen Praxis widmen.

In der buddhistischen Tradition übt man sich in Gewahrsein und Konzentration. Beides bringt uns in die Gegenwart. Dies ist die erste Aufgabe der spirituellen Praxis: Sie soll den hektischen Geist beruhigen und stabilisieren. Der gegenwärtige Augenblick ist die Pforte ins Reich des Geistes, denn die Vergangenheit ist nichts weiter als Erinnerung, die Zukunft aber noch ein Traum. Der gegenwärtige Moment aber öffnet uns das Tor zu jenen Bereichen des Bewusstseins, die über die Alltagserfahrung hinausgehen. Ganz da zu sein erfordert einen steten Geist, Aufmerksamkeit und Konzentration. Das ist so ähnlich wie auf den Schildern, die in Las Vegas Besucher in die Casinos locken: »Um zu gewinnen, müssen Sie erst mal da sein.« Um erwachen zu können, müssen Sie da sein.

Zu diesem Zweck macht man eine bestimmte Übung: Man folgt dem Atem, macht eine Visualisierungsübung, übt sich in liebender Güte – all diese Methoden helfen uns, unsere Aufmerksamkeit zu erhöhen, uns zu konzentrieren. Und dann geht der Ärger erst richtig los. In der Meditation schärft sich unser Gewahrsein – und mit diesem geschärften Gewahrsein stellen sich verschiedene körperliche Probleme ein. Es gibt unterschiedliche Formen von Schmerz, die wir erfahren. Zunächst einmal Schmerz, der uns signalisiert, dass wir etwas tun, was dem Körper nicht guttut. In diesem Fall müssen Sie eine Methode finden, wie Sie sitzen können, ohne sich zu überfordern. Natürlich ist es möglich, dass Sie Schmerz empfinden, weil die Sitzhaltung für Sie neu ist. Eine aufrechte Sitzhaltung, die Sie gut einhalten können, müssen Sie allmählich entwickeln. Erlauben Sie Ihren Knien, Ihrem Rücken, Ihrem ganzen Körper, sich daran zu gewöhnen, sodass Sie still sitzen können. Lassen Sie die Energie Ihres Körpers lebendig werden, ohne allzu viel herumzuruckeln. So bringen Sie Körper und Geist zusammen zur Ruhe.

Die interessanteste Form des Schmerzes ist zweifellos jene, die aus unseren verschiedenen Spannungsmustern entsteht. Jeder von uns hat Verspannungen in einzelnen Körperregionen: Kiefer, Hals, Schultern … Damit ist jener Teil des Körpers gemeint, der sich anspannt, wenn wir Stress erleben. In der Stille der Meditation werden uns diese Spannungen bewusst. Lösen sie sich auf, können sie Schmerz und Zittern mit sich bringen, gelegentlich auch verstörende Bilder aus der Vergangenheit. Das können traumatische Bilder von Unfällen oder Operationen sein, aber auch von Situationen, in denen wir unseren Zorn hinunterschlucken mussten. Vergangene emotionale Verletzungen tauchen im Bewusstsein auf, manchmal gar Erinnerungen an frühere Leben. All dies geschieht, während der Körper sich öffnet.

Die meisten Menschen, die etwa einen Tag lang sitzen, erleben diese Art von Schmerzen. Eine der ersten Aufgaben des Meditierenden ist es daher, ruhig und bequem zu sitzen und gelassen bei der Erfahrung der körperlichen Öffnung zu verweilen. Wir üben unsere Achtsamkeit und unser Mitgefühl, um den Schmerz furchtlos und voll Würde zu halten, so, wie wir ein weinendes Kind halten würden. Dann gehen wir dieser Erfahrung weiter nach und finden heraus, aus welchen Elementen sich der Schmerz zusammensetzt: Pochen, Brennen, Stechen, Spannung und so weiter. Wenn wir den Schmerz erst einmal klar erspüren, können wir auch unsere Reaktion darauf beobachten. Wir spüren achtsam nach, wo wir uns anspannen, wo Ängste, Ablehnung oder Verlangen auftauchen. Wir erkennen, welche Geschichten unser Geist uns rund um den Schmerz erzählt und wie er ihn damit verstärkt. Und wir lernen, all dies im weiten Raum unserer Achtsamkeit zu belassen, wo sich auch der stärkste Schmerz auflöst, sich wandelt oder vergeht, weil wir unseren Frieden mit ihm schließen. Der Schmerz ist zwar eine intensive Erfahrung, doch eine, mit der wir arbeiten können.

Wenn wir auf diese Weise unsere Konzentration schulen, öffnet sich nicht nur der Körper. Wir schließen auch Bekanntschaft mit neuen Geisteszuständen. Wenn wir anfangen, den Geist zu beruhigen, ist er wie ein Fisch auf dem Trockenen. Er zappelt und schlägt um sich. Wir geben ihm eine ganz einfache Aufgabe: »Geist, bitte folge dem Atem.« Hört er auf uns? Vielleicht zwei Sekunden lang. Den Geist zu stabilisieren ist ein recht mühseliger Job, denn wir müssen unsere Gewohnheit ablegen, uns dauernd in der Vergangenheit oder in der Zukunft zu verlieren. Wir müssen gewillt sein, in der Gegenwart zu verweilen, bei ebenjenen Erfahrungen, vor denen wir gewöhnlich weglaufen.

Die fünf Hindernisse

Während wir versuchen, unseren Geist zu beruhigen, tauchen allerlei Schwierigkeiten auf. Die fünf häufigsten hat der Buddha unter dem Begriff »Die fünf Hindernisse« zusammengefasst. Jeder Meditierende kennt sie. Wie man am besten mit ihnen umgeht, geht aus einer Geschichte über den großen Weisheitslehrer Gurdjieff hervor. In Gurdjieffs Gemeinschaft lebte ein alter Mann, mit dem sozusagen nicht gut Kirschen essen war. Er war streitsüchtig, unausstehlich, lautstark und roch nicht gut. Kurz gesagt: eine schwierige Persönlichkeit. Nach monatelangen Konflikten mit den anderen Mitgliedern der Gemeinschaft gab der alte Mann auf. Er kehrte nach Paris zurück, wo er vorher gelebt hatte. Als Gurdjieff davon hörte, war er außer sich. Er reiste nach Paris und suchte den alten Mann auf mit der Absicht, ihn zu überreden, in die Gemeinschaft zurückzukehren. Da dieser sich weigerte, bot er ihm eine beträchtliche Monatsrente an. Wohlgemerkt: Alle Welt bezahlte, um mit Gurdjieff leben zu können, der alte Mann aber *bekam dafür Geld.* Als die anderen Schüler dies erfuhren, waren sie ihrerseits nun ziemlich aufgebracht. Sie beklagten sich bei Gurdjieff über die Sonderbehandlung des Alten. Doch er erklärte ihnen: »Dieser Mann ist für uns wie der Sauerteig fürs Brot. Ohne ihn würdet ihr nie die wahre Bedeutung der Geduld, des Mitgefühls und der liebenden Güte erkennen. Ihr würdet nie lernen, wie man Ärger und Reizbarkeit hinter sich lässt. Also habe ich ihn zurückgeholt. Ihr bezahlt mich, um euch etwas beizubringen. Nun, ich bezahle ihn, weil er mir dabei hilft.«

Hindernissen mit Geduld und Mitgefühl zu begegnen heißt, dass wir ihnen erlauben, da zu sein, und sie voller Achtsamkeit beobachten. Wir nutzen sie als Gelegenheit, direkt mit Zorn, Angst und Verlangen zu arbeiten. Wir können lernen, mit solchen Emotionen umzugehen, ohne uns vollständig damit zu identifizieren, ohne uns darin zu verfangen und ohne ihnen Widerstand entgegenzusetzen. Dazu braucht es ein wenig Übung.

Um mit diesen allgemeinen Hindernissen arbeiten zu können, müssen wir sie erst einmal erkennen. Das erste ist das Verlangen, das zweite sein Gegenstück, die Abneigung – Widerstände, Urteile, Zorn und Angst. All dies sind Geisteszustände, in denen wir unsere Erfahrungen ablehnen. Das dritte Hindernis ist Dumpfheit, Mattigkeit und Lethargie (ebenfalls eine Form der Ablehnung eigener Erfahrung). Das vierte Hindernis ist wiederum das Gegenstück dazu, nämlich Aufgeregtheit und Ruhelosigkeit. Das fünfte aber ist der Zweifel, die kleine Stimme in unserem Hinterkopf, die sagt: »Diese Atemübung ist todlangweilig. Wozu soll das überhaupt gut sein?« Oder: »Ich kann das nicht. Das ist viel zu schwierig. Ich bin heute einfach zu unruhig, das ist kein richtiger Tag zum Meditieren. Am besten verschiebe ich es auf morgen. Vielleicht sollte ich überhaupt etwas Unterhaltsameres machen, zum Beispiel Sufi-Tanz.«

Um mit den Hindernissen zu arbeiten, müssen wir sie eingehend erkunden, sie beobachten und in unsere Meditationspraxis aufnehmen. Wenn sich Verlangen einstellt, dann sehen wir dem verlangenden Geist voller Achtsamkeit zu. Wir erkennen ihn, wenn er auftaucht, sagen uns: »Dies ist Verlangen« und spüren, was es damit auf sich hat. Wenn wir das Verlangen in den Mittelpunkt unserer Betrachtung rücken lassen, beobachten wir jenen Teil unseres Geistes, der nie zufrieden ist, der sich immer sagt: »Wenn ich nur statt dem, was ich habe, etwas anderes hätte, dann wäre ich wirklich glücklich. Hätte ich nur eine andere Beziehung, einen anderen Job, ein bequemeres Kissen. Wäre es nur leiser, kühler, wärmer. Hätte ich nur einen wärmeren Schal um die Schultern gelegt, hätte ich letzte Nacht nur mehr geschlafen, dann würde meine Meditation gut verlaufen.«

Der achtsame Weg, mit Verlangen umzugehen, ist nicht, es zu verurteilen, sondern unsere Aufmerksamkeit auf das Verlangen zu richten, es in Körper und Geist zu erfahren, dabei zu verweilen und es liebevoll zu benennen: »Verlangen ... Verlangen.« So lernen wir, das Verlangen zu erfahren, ohne uns davon gefangen nehmen zu lassen. Dann entscheiden wir wieder selbst, welchem Impuls wir nachgeben, welchen Weg wir gehen. Das Verlangen ist in der modernen Welt weit verbreitet. Achtsamkeit schenkt uns ein grundlegendes Verständnis für diese Leidenschaft und damit Freiheit.

Derselbe achtsame Weg wird beschritten, wenn es um den Umgang mit Abneigung, Ärger oder Angst geht. Möglicherweise müssen wir uns der Furcht hundertmal stellen, bevor wir mit ihr wirklich vertraut werden. Wir sitzen unerschütterlich und sagen uns jedes Mal, wenn Angst aufkommt: »Angst ... Angst.« Wir registrieren das Zittern, die plötzliche Kälte, den stockenden Atem und all die Geschichten, die unser Geist uns erzählt. Und irgendwann werden wir Angst empfinden und einfach nur sagen: »Oh ja, Angst. Da bist du ja. Ich kenne dich.« Unsere Beziehung zur Angst verändert sich. Wir können sie als unpersönlichen Zustand sehen wie eine Sendung im Radio, die anfängt und wieder aufhört. Dann können wir eine weise Beziehung zur Angst aufbauen und unsere Freiheit genießen.

So auf dem Papier hört sich die Sache ganz einfach an, doch das ist nicht immer der Fall. Ich hielt einmal ein Retreat ab, an dem mehrere Therapeuten teilnahmen, die die sogenannte Urschreitherapie praktizierten. Sie soll eine gewisse Katharsis bewirken, indem man alle Spannungen herausschreit, um die Psyche zu reinigen. Normalerweise übten sie diese Praxis jeden Morgen, was im Retreat nicht möglich war. Und so kamen sie eines Tages zu mir und meinten: »Diese Achtsamkeitsgeschichte funktioniert nicht.« »Wieso?«, fragte ich. »Nun, bei der Meditation steigt Ärger auf, all diese Energie. Wir brauchen eine Möglichkeit, diese auszudrücken. Könnten wir nicht morgens den Meditationsraum eine Stunde für unsere Schreitherapie haben, um die angestaute Energie abzubauen? Wenn wir sie zurückhalten, vergiftet sie unseren Körper.« Ich schlug ihnen vor, sie sollten doch einfach in der Meditation still dabeibleiben und davon ausgehen, dass es sie nicht umbringen würde, wenn sie die aufkommenden Energien einfach beobachteten. Ich bat sie, einfach sitzen zu bleiben und zu sehen, was passieren würde. Schließlich wollten sie doch etwas Neues lernen. Sie akzeptierten. Nach ein paar Tagen kamen sie wieder zu mir und meinten: »Das ist total erstaunlich. Das Gefühl wandelt sich!« Und schon hatten sie einen weiteren Schritt Richtung Befreiung getan.

Ärger, Angst, Verlangen – diese Zustände werden zur Quelle der Weisheit, wenn sie akzeptiert und erlebt (statt verdrängt) werden. Wenn wir sie in vollem Gewahrsein erleben, erkennen wir, dass sie unter gewissen Umständen und Bedingungen entstehen und Geist und Körper auf eine ganz bestimmte Weise beeinflussen. Wenn wir ihnen mit Achtsamkeit begegnen, statt uns von ihnen umgarnen zu lassen, können wir sie beobachten wie ein Gewitter, das vorübergeht. Eine gewisse Zeit sind sie da, dann vergehen sie von selbst.

Wenn wir achtsam und geschickt mit den Hindernissen arbeiten, werden wir feststellen, dass kein Geisteszustand, kein Gefühl, keine Empfindung länger als 15 bis 30 Sekunden andauert. Dann folgt unweigerlich etwas Neues. Doch um dies zu erkennen, müssen wir wirklich genau hinsehen. Vielleicht sind wir wütend, dann benennen wir dieses Gefühl: »Wut ... Wut« und beobachten geduldig, was passiert. Und schon wird aus der Wut Groll. Der Groll bleibt einen Augenblick bestehen, dann wird Selbstmitleid daraus. Wir beobachten das Selbstmitleid, das sich nach einigen Sekunden in Trauer verwandelt oder in Verzweiflung. Wir beobachten die Verzweiflung, die einem Selbstvorwurf Platz macht, der wiederum in Wut umschlägt. Wenn wir genau hinsehen, merken wir, dass unser Geist sich ständig wandelt. Achtsamkeit lehrt uns, dass alles vergänglich ist und in steter Bewegung. Es ist unnötig, sich mit all diesen emotionalen und geistigen Zuständen zu identifizieren.

Kommt Schläfrigkeit oder Ruhelosigkeit auf, können wir sie ebenfalls mit dem Auge der Achtsamkeit betrachten und einem Herz voller Sanftheit, statt sie ständig zu verurteilen. Manchmal ist unser Körper ganz einfach müde. In einem Kloster, das ich besucht habe, hieß es einmal, Schläfrigkeit sei das »Nirwana des armen Mannes«. Wichtig ist, dass wir diese Geisteszustände aufkommen lassen, dass wir die Schläfrigkeit erkennen und ihre wahre Natur entdecken. Wenn unsere Schläfrigkeit eine Form von Widerstand gegen unsere augenblickliche Erfahrung ist, bleiben wir einfach sitzen und sagen uns: »Warum möchte ich jetzt am liebsten einschlafen? Was geht da vor?« Zu dieser Erfahrung sollten Sie erwachen.

Ruhelosigkeit und Langeweile werden ebenso behandelt. Wenn Sie unruhig sind, sagen Sie sich: »Ruhelosigkeit ... Ruhelosigkeit.« Spüren Sie dieses Gefühl. Keine Angst. Gerade wenn es sehr stark ist, sollten Sie sich ihm ganz hingeben. Sagen Sie: »Gut, dann bin ich eben der erste Meditierende, der an Ruhelosigkeit stirbt.« So können Sie sich ganz diesem Gefühl überlassen. Schauen Sie, was passiert. Sobald Sie aufhören, ihm Widerstand entgegenzusetzen, hat es seine Macht verloren.

Und schließlich können Sie auch Ihren Zweifeln mit Achtsamkeit begegnen. Gedanken wie: »Das klappt doch nie!« oder: »Ich kann das nicht!« sind Ausdruck des zweifelnden Geistes. Benennen Sie den Zweifel. Lassen Sie ihn kommen und gehen, ohne Sorge und ohne sich damit zu identifizieren. Durch systematische Übung im Umgang mit den Hindernissen finden Sie einen Weg, eine weise Beziehung zu ihnen aufzubauen. Sie können sie erleben, ohne daran festzuhalten.

Gegengifte

In der buddhistischen Meditation gibt es noch einen zweiten Weg, mit den Hindernissen zu arbeiten, vor allem, wenn sie besonders stark sind. Es gibt sozusagen ganz spezifische »Gegengifte« dafür. Verlangen wird schwächer, wenn wir über Vergänglichkeit und Tod nachdenken. Wut lässt nach, wenn wir über liebende Güte und Mitgefühl meditieren. Schläfrigkeit begegnen wir, indem wir neue Energie tanken, zum Beispiel, indem wir unsere Sitzhaltung verändern, unsere Visualisierung wechseln oder wieder Mut fassen. Ruhelosigkeit lässt sich abschwächen, wenn wir mehr Konzentration erzeugen. Es gibt dazu spezielle Techniken, die dem Geist einen stabilen Fokus erlauben, ihn aber doch entspannt bleiben lassen. Der Kampf gegen den Zweifel hingegen wird vom Glauben geführt, von der Inspiration, die wir erhalten, wenn wir weise Worte lesen oder mit einem weisen Menschen sprechen. Alles, was uns inspiriert, ist ein gutes Gegenmittel gegen den Zweifel.

Wenn Sie mit den Hindernissen auf Ihrem Weg nicht arbeiten können, kommt unweigerlich der Moment, an dem diese sich unüberwindbar vor Ihnen aufzutürmen scheinen, sodass Sie Ihre Praxis am liebsten aufgeben würden. Daher ist es so wichtig, einen Lehrer zu haben und ein systematisches Geistestraining aufzunehmen: Der Geist und die Kräfte, mit denen wir auf diese Weise in Kontakt kommen, können sehr viel Verwirrung stiften.

In buddhistischen Texten heißt es stets, die Wurzeln des menschlichen Leidens seien »Gier, Hass und Unwissenheit«.

Diese drei sind für all den Ärger verantwortlich. Die Hindernisse entstehen aus diesen Wurzeln. Anfangs macht uns das noch nicht viel aus. Wir sagen uns: »Ach, Verlangen und Abneigung, Unwissenheit und mangelnde geistige Klarheit – das ist ja weiter nicht schlimm. Damit werde ich spielend fertig.« Doch nach einer gewissen Zeit der meditativen Praxis kommen wir dahinter, dass mit »Verlangen« wirklich alle unsere Anhaftungen gemeint sind. Dass unsere Gier eine machtvolle und ursprüngliche Kraft ist, dass der Hass in unserem Herzen Verwüstungen anrichtet wie Hunnenkönig Attila oder Hitler. Und diese machtvollen Kräfte sind im Geist jedes Menschen angelegt. Gier ist ein tief verwurzelter Hunger, der die ganze Welt antreibt. Unwissenheit ist eine grundlegende Form der Täuschung über die Beschaffenheit der Welt.

All diesen Geisteszuständen ist eine enorme Kraft eigen. Sie können Kriege auslösen und Gewalt hervorbringen. Sie schaffen in einem Land Hunger und Armut, im anderen Reichtum und Überfluss. Diese Kräfte schaffen, was in der buddhistischen Lehre als »Samsara« bezeichnet wird, den unaufhörlichen Zyklus von Unwissenheit und Leid, der uns durch zahllose Geburten und Tode treibt, bis wir endlich daraus erwachen. Wenn wir uns darin üben, aufmerksam im gegenwärtigen Augenblick zu leben, werden wir den Samen von Hass, Gier und Verblendung begegnen. Und das ist alles andere als einfach. Manchmal scheint uns das alles zu viel zu werden, zu schwierig. Doch genau an diesem Punkt müssen wir ansetzen. Thomas Merton meinte einmal: »Wahre Liebe und echtes Gebet lernen wir in jener Stunde, in der ein Gebet unmöglich erscheint und das Herz sich zu Stein wandelt.« Wenn Sie sich

Ihren Hindernissen ehrlich stellen, wenn Sie bei ihnen verweilen, dann wird sich Ihr Herz öffnen. Herz, Körper und Geist öffnen sich unweigerlich, wenn wir aufhören, vor unserer Langeweile, unserer Angst, unserer Wut und unserem Schmerz wegzulaufen.

Im Buddhismus wurden daher verschiedene Techniken entwickelt, um systematisch mit diesen schwierigen Energien zu arbeiten. Im Folgenden möchte ich Sie mit fünf dieser Methoden bekannt machen.

1. Lassen Sie los.

Wenn starke Gefühle von Verlangen, Angst oder Wut Sie überkommen, lassen Sie einfach los. Wenn Sie das nicht können, dann lassen Sie sie zu. Möglicherweise drückt »zulassen« das Gemeinte ohnehin besser aus. Wenn wir an »loslassen« denken, stellen wir uns doch meist vor, dass wir etwas »loswerden«, aber das geht nicht. Wenn wir das versuchen, verstärken wir Verlangen, Angst oder Wut noch. Wir sagen uns quasi: »Ich mag das nicht, also werde ich dafür sorgen, dass es aufhört.« Das aber ist, als wollten Sie Ihren eigenen Arm loswerden. Statt loszulassen, können wir zulassen. Das heißt: Wir lassen es so, wie es ist, weil wir es sehen, wie es ist. Wir haben einen klaren Blick. Angst, Wut, Freude, Liebe, Depressionen, Hass, Eifersucht sind da. Also lassen wir sie auch da. Da ist Verlegenheit. Also lassen wir sie zu. Da sind Selbstvorwürfe. Und wir lassen sie. Dann kommt Selbstmitleid, dann Freude. Das sind einfach nur verschiedene Geisteszustände. Sie sind für den menschlichen Geist einfach normal. Unsere Aufgabe ist es, sie zu lassen, wie sie sind, damit auf weise und mitfühlende Art umzugehen.

2. Wenn wir nicht loslassen können, dann können wir die Probleme auf eine andere Ebene bringen.
Wir nehmen die Energie aus unseren Schwierigkeiten und wandeln sie äußerlich oder innerlich um. In der Arbeit mit unserer Wut zum Beispiel heißt »äußerliche Umwandlung«, dass wir hinausgehen und Holz hacken, um diese Energie sinnvoll zu nutzen. Innerlich können wir daran arbeiten, die Energie im Körper an eine andere Stelle zu lenken, wo sie sozusagen besser aufgehoben ist. So lässt sich die Energie der Lust und der sexuellen Obsession ins Herz lenken, wo sie zur Energie der Liebe wird, zum Wunsch nach einer mitfühlenden, fürsorglichen Verbindung zu anderen Menschen. Die innere Transformation ist schwieriger als die äußere.

3. Ein anderer Weg für den Umgang mit Hindernissen ist es, sie schlicht wegzuschieben.
Das ist in manchen Situationen wichtig, auch wenn diese Methode natürlich enormes Fingerspitzengefühl erfordert. Stellen Sie sich eine Chirurgin vor, die gerade in den schönsten Ehestreit verwickelt ist, als ihr Beeper sich meldet. Sie muss augenblicklich in den OP – eine Notfalloperation am Herzen. Sicherlich kein geeigneter Ort, um dauernd an den Streit mit ihrem Mann zu denken. In solch einer Situation ist es tatsächlich das Beste, das Problem erst einmal auszublenden und sich auf die Operation zu konzentrieren. Später, wenn die Umstände sich geändert haben, kann sie mit ihrem Mann gemeinsam eine Lösung finden.

Dies gilt auch für unsere Praxis. Mitunter ist es besser, schwierige Energien erst einmal auf Eis zu legen und eine bessere Gelegenheit abzuwarten, um sich mit ihnen auseinanderzusetzen. Vielleicht können wir uns ja vornehmen, später über unser Problem nachzudenken. Oder mit unserem Lehrer zu sprechen beziehungsweise mit einem Therapeuten. Auf jeden Fall sollten wir etwas finden, was uns hilft, damit auf kluge Weise umzugehen – statt auf dem Sitzkissen ewig darüber nachzugrübeln.

4. Leben Sie das Hindernis in Ihrer Vorstellung voll aus.
Diese Methode und die unter Punkt 5 beschriebene (das Hindernis achtsam in der Außenwelt ausleben) sind vergleichsweise schwierig. Es handelt sich dabei um eine eher »tantrische« Herangehensweise. Wenn Sie hier nicht weise zu Werke gehen, geben Sie möglicherweise mit dieser Technik dem Hindernis mehr Nahrung. Bei dieser Methode geben Sie sich die Erlaubnis, die entsprechende Energie in der Fantasie voll auszuagieren, mit allen Konsequenzen. Wenn Sie wütend sind, können Sie sich beispielsweise vorstellen, wie Sie jemanden zusammenschlagen oder gar niederschießen. Wenn Sie Gelüste auf etwas verspüren, stellen Sie sich vor, dass Sie bekommen, was Sie wollen – und zwar bis zum Exzess, ob es sich nun um Sex, Essen, Liebe oder was auch immer handelt. Schwelgen Sie so richtig darin. Stellen Sie sich vor, wie das wäre. Und wie fühlt es sich danach an? Wenn Sie diese Gefühle bis zum Äußersten treiben, spüren Sie danach möglicherweise, wie es ist, von ihnen befreit zu sein.

5. Leben Sie Ihren Geisteszustand einfach aus.
Dies ist zwar eine tantrische Herangehensweise, doch in gewisser Weise ist es ohnehin genau das, was wir immer tun, ohne

es zu merken. Im Tantra aber nutzen wir die Gelegenheit zum bewussten Ausagieren in vollem Gewahrsein. Wenn wir ein starkes Verlangen hegen, wenn uns eine tiefsitzende Emotion umtreibt, geben wir dem nach – solange wir dadurch niemand anderem schaden. Einer meiner indischen Lehrer hatte ein schier unersättliches Verlangen nach Süßigkeiten. Schließlich ging er in den Laden in seinem Dorf und kaufte zwei Pfund seiner Lieblingsleckereien, die er dann mit vollkommener Achtsamkeit verzehrte. Bis er sich erbrach. Danach gelüstete es ihn sehr viel weniger nach Süßem.

Als ich mich mit meiner Wut auseinandersetzen musste, sagte mein Lehrer Ajahn Chah mir, ich solle einfach wütend sein. Er hieß mich, während der heißen Jahreszeit all meine Kleider anzuziehen und wutschäumend dazusitzen – den lieben langen Tag. Ich sollte die Macht des Feuers spüren, der Aggression, der Selbstgerechtigkeit, bis ich mit dieser kraftvollen Energie total vertraut war. Später lernte ich dann, sie achtsam auszudrücken, sodass ich keinen Schaden anrichtete. Durch diese Übung legte ich einen Gutteil meiner Angst vor der Wut ab.

Mithilfe der Achtsamkeit können wir lernen, mit den Energien und Geisteszuständen, die wir auf dem Pfad zu spüren bekommen, umzugehen. Allerdings kann diese Praxis leicht oberflächlich werden, wenn wir nicht aufpassen. Dann gewöhnen wir uns einfach an den äußeren Ausdruck, ohne wirklich nach innerem Wandel zu streben. Statt uns den Abgründen unserer Verletzlichkeit, Angst und Menschlichkeit zu stellen, benutzen wir unsere Praxis dazu, alle Ecken und Kanten zu glätten und der Wirklichkeit aus dem Weg zu gehen, ein weiterer, durchaus verbreiteter Fallstrick.

Über dieses Thema gibt es ein wunderbares Buch von Chögyam Trungpa: *Spirituellen Materialismus durchschneiden.* Wenn wir Anhaftung an hehre Ideale entwickeln, wird unsere Praxis zu einem Abklatsch ihrer selbst, wir imitieren die äußere Form der Meditation, nur um uns vor der ewig sich wandelnden Welt in Sicherheit zu bringen.

Wenn unsere Praxis heranreift, müssen wir uns bewusst machen, auf welche Weise wir bislang versucht haben, uns zu verstecken – sofern wir zu mehr Freiheit gelangen wollen. Wer nach einer gewissen Zeit der Praxis keinen Blick in diese Ecke seiner selbst tut, läuft Gefahr, stehen zu bleiben. Es gibt aufrichtige Meditierende, die immer leichte Depressionen haben, weil ihr Wachstumsprozess zum Stillstand gekommen ist. Äußerlich aber befolgen sie die Anweisungen genau und geben vor, die Praxis würde sie innerlich erfüllen. Um diese Knoten zu lösen, ist eine kompromisslose Ehrlichkeit erforderlich. Erst dann geht die spirituelle Öffnung weiter.

Wenn wir den Blick dann voller Achtsamkeit auf unser menschliches Dasein richten, wird unser verstärkter Klarblick uns helfen, jene Identifizierungsmuster herauszufinden, die wir für unsere Persönlichkeit halten. Das Gewahrsein zeigt uns, wie wir aus Gedanken und Gefühlen, aus unserer Beziehung zu Anhaftungen, Ängsten, ja zum Leben selbst, unsere Persönlichkeit konstruieren. Jeder Mensch erkennt an diesem Punkt seine Persönlichkeit, seine Neurosen, ganz klar. Die westliche Psychologie hat Entwicklungsachsen definiert, die helfen, Persönlichkeitsprofile zu beschreiben: introvertiert versus extrovertiert, schüchtern oder neugierig, Denk- oder Fühltypus. Der Theravada-Buddhismus hingegen beschreibt die Persönlichkeitsprofile noch nicht entwickelter Menschen anhand der drei Wurzeln des Leidens: Gier, Hass und Verblendung. Wir sollten uns der unterentwickelten Aspekte unseres Persönlichkeitsstils bewusst werden, damit wir unsere Praxis nicht entsprechend missbrauchen. Anders ausgedrückt: Menschen, die zu Gier neigen, entwickeln eine Gier nach spirituellen Erfahrungen, spirituellem Wissen, spirituellen Freunden, weil sie den neurotischen Aspekt ihrer Anhaftung nicht durchblicken. Menschen, die zu Abneigung tendieren und ihre Erfahrungen gewöhnlich ablehnen, suchen in ihrer Praxis vielleicht nach Gründen, Samsara abzulehnen, und versuchen, sich durch ihre Praxis vom Leben abzugrenzen. Die Lehren ihrer Meister benutzen sie, um sich von anderen abzugrenzen. Wer aber zu einer getäuschten Sicht der Dinge neigt, läuft Gefahr, im Zweifel stecken zu bleiben. Oder er verfällt ins Gegenteil, in blinden Glauben – das bringt zwar kurzfristig Erleichterung, dient jedoch nicht dem Erwachen.

Doch letztendlich geht es nicht darum, die Persönlichkeit loszuwerden, sondern sie so klar wie möglich zu erkennen. Es ist einer der spirituellen Fallstricke, wenn wir unsere Ängste und Neurosen verurteilen. Daher sollten wir uns klarmachen, dass jeder unerleuchtete (unbewusste) Persönlichkeitsstil nützliche Qualitäten für die Entwicklung des Gewahrseins mitbringt. Gier kann zu Wertschätzung werden, Hass zu Klarheit, Zweifel und Unwissenheit können sich zu einer offenen Geisteshaltung auswachsen. Wenn wir den Pfad beschreiten, lernen wir, unsere Persönlichkeit zu nutzen, statt uns mit ihr zu identifizieren.

Tiefer gehen

Wir haben jetzt also einige der gängigsten Schwierigkeiten kennengelernt, mit denen wir uns als Meditierende auseinandersetzen müssen. Achtsamkeit und liebende Güte sind die Instrumente, mit deren Hilfe wir mit Schmerz, den fünf Hindernissen und den Persönlichkeitsmustern umgehen lernen. Das heißt nicht, dass diese Probleme plötzlich verschwinden. Beileibe nicht, sie begleiten uns ja schon so lange Zeit. Wenn man also eine Gruppe fortgeschrittener Schüler befragt, welche Schwierigkeiten sie bei der Meditation haben, fallen unweigerlich Stichworte wie Faulheit, Angst, Gier, Wut, Verblendung, Selbstvorwürfe – das ganze alte Zeug eben. Das scheint sich nicht zu ändern, ob man es nun mit Meditationseinsteigern zu tun hat oder mit erfahrenen Praktizierenden. Doch wenn Sie mit Ihrer Praxis schon weiter sind, können Sie mit all diesen Hindernissen weiser umgehen. Es kann lange dauern, bevor diese aufhören, ein Problem zu sein, doch nach einer gewissen Zeit werden Herz und Geist ruhiger. Und Sie können achtsam auf alles reagieren, was sich im gegenwärtigen Moment zeigt. Dann ist der Augenblick gekommen, in der Praxis weiterzugehen.

Tugend als Grundlage

Wenn Sie auf diesem Pfad fortschreiten wollen, brauchen Sie ein tragfähiges Fundament: Tugend. Darunter versteht man im Buddhismus eine bestimmte ethische Grundhaltung, nämlich den tiefen Wunsch, keinem Wesen Schaden zufügen zu wollen. Diese Art der Tugend wird dann zu unserem Schutzengel auf dem Pfad. Sie führt uns und schützt uns sowie alles, womit wir zu tun haben, vor widrigen Einflüssen. In ihrer einfachsten Form drückt sich diese Tugend aus in den fünf buddhistischen Grundregeln: 1) Nicht töten. 2) Nicht stehlen. 3) Keine falsche oder verletzende Rede führen. 4) Kein sexuelles Fehlverhalten, das anderen Wesen schadet oder Leid verursacht. 5) Keine Rauschmittel zu sich nehmen, welche das Gewahrsein verloren gehen lassen.

Diese fünf Grundregeln helfen uns, unser Leben in Harmonie mit unserer Umwelt zu bringen. Ohne sie müssen wir damit rechnen, dass unser Geist erfüllt bleibt von Konflikten, Schuldgefühlen, Reue und Problemen. Einige bedeutende spirituelle Lehrer des Westens gerieten in Schwierigkeiten, weil sie es versäumten, ihre Lehre auf eine gesicherte ethische Grundlage zu stellen. Ihre Praxis ließ sie hochmütig und aufgeblasen werden. Aus ihrer verletzenden Rede entstanden alle möglichen Probleme, ihr Fehlverhalten in sexueller Hinsicht und in Bezug auf den Umgang mit Rauschmitteln richtete teils enormen Schaden an. Den fünf Grundregeln zu folgen erlaubt uns, das Herz zu stabilisieren. Wenn wir uns darauf einlassen, uns und anderen keinen Schaden zuzufügen, entwickeln wir eine von Ehrfurcht getragene Beziehung zum Leben.

Die buddhistischen Verhaltensregeln sind Grundlage für unser Streben nach Geistesruhe. Sie sorgen dafür, dass wir in Harmonie mit der Welt der Pflanzen und Tiere leben, mit unserer Erde. Sie werden zum Fundament, auf dem wir uns von den starken Kräften der Gier, des Hasses und der Verblendung lossagen. Fast immer, wenn wir bereit sind, eine der fünf Grundregeln zu brechen, ist unser Geist von einer dieser schädlichen Kräfte erfüllt. Daher fungieren diese Regeln auch als Schutzmechanismus und als Quelle der Bewusstheit. Wann immer wir in schwere Wasser geraten, sind sie der Kompass, der uns auf Kurs hält.

Das Streben nach Glück und Bequemlichkeit ablegen

Wenn das Fundament der Tugend gelegt ist, bleibt uns ein nächster Schritt zur Vertiefung unserer Praxis: das Streben nach Glück und Vergnügen abzulegen. Zu Beginn unserer spirituellen Praxis geht es uns ja häufig in erster Linie darum, den Geist zu beruhigen und unser Wohlergehen zu fördern. Wir üben Yoga, um das körperliche Wohlbefinden zu steigern. Wir machen ein paar Atemübungen, beten vor dem Essen, halten Händchen mit anderen Leuten und bemühen uns um ein einfacheres, ethischeres Leben. Die Entwicklung von Tugend und liebender Güte, ethische Lebensführung, Achtsamkeit auf den Körper, Geistesruhe – all das führt dazu, dass wir uns wohler fühlen und mehr Harmonie verspüren. Das sind ganz wichtige Vorteile, die uns zu Beginn der Praxis auf dem Weg halten.

Doch für die nächsten Schritte brauchen wir eine andere Art der Motivation: das Bestreben, die größtmögliche Freiheit zu finden, deren ein menschliches Wesen fähig ist. Auf dieser Ebene der Praxis geht es längst nicht mehr um Komfortzonen und Wohlbefinden. In diesem Fall brauchen wir den Mut, Freude und Schmerz gleichermaßen zu akzeptieren. Das, was in *Alexis Sorbas* »die ganze Katastrophe« genannt wird. Es geht darum, sich in Herz und Geist Licht und Schatten gleichermaßen anzusehen.

Wir haben also Tugend entwickelt. Wir haben gelernt, den Geist zu beruhigen und unserer Unruhe, Angst und Gier nicht mehr die Zügel zu überlassen. Wir haben gelernt, aufmerksam zu sein und im gegenwärtigen Augenblick zu leben. Gibt es denn da noch etwas, worauf wir achten sollen?

Konzentration und ihre Nebenwirkungen

Auf der nächsten »Stufe« passiert meist Folgendes: Wir lassen uns intensiver auf unsere Meditationspraxis ein. Unsere Konzentration vertieft sich. Der Geist beginnt, stabiler beim Meditationsobjekt zu verweilen – beim Atem, der Visualisierung, dem Gebet, dem Licht oder worauf immer wir uns auch konzentrieren. Diese Stabilität des Geistes wird zum Tor zu anderen spirituellen Reichen. Wenn unsere Konzentration sich vertieft, kommt es zu allerlei spirituellen Erfahrungen. Einige davon sind quasi Nebenwirkungen der Meditation. Je besser wir sie begreifen, desto unwahrscheinlicher ist es, dass wir daran kleben bleiben oder sie mit dem Ziel der meditativen Erfahrung verwechseln. Welche Erfahrungen also tauchen auf, wenn wir stärkere Konzentration entwickeln?

Einer der ersten Zustände, die sich einstellen, ist Ekstase, häufig auch Verzückung genannt. Ekstase stellt sich häufig bei langen und intensiven Retreats ein, manche Menschen erleben sie allerdings auch in der täglichen Praxis. Ekstase heißt nicht unbedingt, dass sich auch Weisheit entwickelt. Aber an einem bestimmten Punkt in der Praxis stellt sie sich unweigerlich ein.

Es gibt viele Formen der Ekstase: ein angenehmes Körpergefühl, Wellen von Wonne, Leichtigkeit, Weite, ein energiegeladenes Pulsieren, das bis zu Lustgefühlen geht und mitunter so intensiv ist, dass es schmerzt. Auch Prickeln oder Kitzeln können dazugehören. Manchmal fühlt es sich an, als würden ganze Schwärme von Ameisen oder Käfern über einen laufen. Dann wieder empfindet man starke Hitze, als stünde die gesamte Wirbelsäule in Flammen. Oder ein Frösteln, das meist ganz sachte beginnt und sich zu intensivem Kälteerleben entwickelt.

Meist sind diese körperlichen Empfindungen auch von einem Farberleben begleitet. Intensive Töne von Blau, Grün und Lila stellen sich ein. Wenn sich die Konzentration verstärkt, werden daraus Goldtöne oder weißes Licht, das immer durchdringender wird. In der Meditation fühlt sich das mitunter so an, als würden Sie direkt in den zentralen Scheinwerfer einer herankommenden Lokomotive blicken. Oder als würde der Himmel von einer strahlend weißen Sonne erleuchtet. Gelegentlich scheint sich auch unser Körper in Licht aufzulösen.

Die Körperwahrnehmung kann sich verändern. Wir erleben ihn als sehr lang oder sehr kurz. Vielleicht fühlen Sie sich schwer wie ein Stein, oder als würde ein schweres Rad über Sie hinwegrollen. Andere Menschen entwickeln das Gefühl zu schweben. Dann blinzelt man meist, um festzustellen, ob man jetzt tatsächlich noch auf dem Boden sitzt.

Solche Erfahrungen treten auch während der Gehmeditation auf. Manchmal konzentriert man sich beim Gehen so sehr auf die Schritte, dass man den Eindruck hat, der ganze Raum würde um einen herumwirbeln, als wäre man auf einem Schiff im Sturm. Sie setzen Ihre Sohle auf die Erde und meinen plötzlich, der Boden bewege sich unter Ihren Füßen, als wären Sie betrunken. Manchmal scheint sich auch der Raum in Funken sprühendes Licht aufzulösen.

Ihr Körpergefühl macht die verrücktesten Kapriolen. Wie bereits erwähnt, können Sie sich dabei riesig groß oder winzig klein fühlen. Oder es entsteht der Eindruck, als säße die Nase (wo der Atem am leichtesten fühlbar ist) im Herzen oder außerhalb des Körpers. Als atmeten Sie einen Meter weg vom Körper. Oder als säße der Kopf verkehrt auf dem Rumpf. Manchmal kommt es zu plötzlichen Energieentladungen im Körper, die ziemlich furchterregend sein können. Diese kommen meist in unterschiedlicher Form daher. Manchmal als lokale, unwillkürliche Bewegungen, so als löse sich ein Knoten. Dann wieder als tage- oder wochenlang andauernde kleinere Bewegungen. Ich erlebte in meiner Zeit als Mönch wochenlanges intensives Zittern, begleitet von anderen unwillkürlichen Bewegungen. Ich versuchte, diese Bewegungen zu stoppen, doch es ging einfach nicht. Der Körper zittert, schüttelt sich, verdreht sich ganz spontan oder bekommt einfach mal Schlagseite. Diese tiefgreifende Freisetzung von Energie, in der sich Anspannung abbaut, kann Monate und Jahre andauern. Das ist wie eine Form therapeutischer Körperarbeit, die da abläuft, während wir in Ruhe auf unserem Meditationskissen sitzen und die Energien im Körper langsam ihre Balance finden. Häufig geht dies auch mit Erlebnissen einher, bei denen sich das Gehör sozusagen »entspannt« und der Betreffende innere Klänge hört – Glocken, einzelne Klänge, besonders hohe Töne, Stimmen, »Sphärenklänge« oder Chöre.

Die Sinne öffnen sich allmählich, die Wahrnehmung verfeinert sich. Plötzlich hören, riechen oder sehen Sie besser als im Alltag. Ich weiß noch, wie ich während eines langen Retreats einmal vor die Tür der Meditationshalle trat und plötzlich mein sonst eher schwach entwickelter Geruchssinn ansprang, als wäre ich ein Spürhund. Ich ging draußen spazieren und nahm bei jedem Schritt andere Gerüche wahr – Kochdünste, den Staub auf dem Boden, den Dünger im Beet, die neue Farbe an einem Gebäude, an dem ich vorüberkam, ein Streichholz, das in der Ferne angezündet wurde. Für mich war es eine unglaubliche Erfahrung, die Welt so mithilfe des Geruchssinns zu durchqueren. Ich sah oder hörte viel weniger als sonst, weil die Geruchswahrnehmung so stark war. Das kann auch mit dem Gehör passieren. Auch die Augen können uns plötzlich, innen oder außen, Dinge zeigen, von denen wir vorher nichts wussten. Vielleicht gewinnen Sie Einblick in frühere Leben, sehen Tempel oder andere Szenen aus anderen Kulturen, die Sie nie kennengelernt haben – neben den Farb- und Lichterlebnissen. Dann haben Sie sozusagen das kollektive Unbewusste angezapft, das Archiv der menschlichen Erfahrung. Auch hellseherische Momente sind möglich, in denen Sie in Visionen über den gegenwärtigen Augenblick hinausblicken, manchmal weit in die Zukunft.

Auch auf emotionaler Ebene entspannen Sie sich. Wenn sich die Praxis vertieft, erleben wir starke emotionale Zustände – Verzweiflung, Entzücken, Ekstase, tiefe Trauer und alle möglichen Ängste. Auch Sorgen, Reue, Schuldgefühle kommen auf. Oder Zukunftsängste. Wenn sich unser emotionales Archiv öffnet, was nicht selten mit enormen Stimmungsschwankungen verbunden ist, ist es gut, einen erfahrenen Lehrer an der Seite zu haben, der uns wieder ins Gleichgewicht bringen kann.

Diese Vielfalt ungewohnter Erfahrungen ist der ganz normale Hindernislauf spiritueller Entwicklungen. Schwierig wird es meist erst, wenn die Menschen sich davon ins Bockshorn jagen lassen, wenn sie ihrem Erleben Widerstand entgegensetzen oder es verurteilen: »Mein Körper scheint sich aufzulösen. Das ist grauenhaft. Es kribbelt dauernd auf meiner Haut, dann brennt wieder alles. Am Ende friere ich. Die Umgebungsgeräusche stören mich mehr als sonst, und auch die inneren Klänge gehen mir auf die Nerven.« Häufig lösen diese Erfahrungen Abneigung, Anspannung und Angst aus. Doch wenn wir uns dagegen wehren, sitzen wir plötzlich in der Falle und kommen nicht mehr los. Angst und falsches Verständnis sorgen dafür, dass wir lange Zeit mit ihnen zu kämpfen haben.

Manche Menschen können sich auf dieses Erleben aber auch problemlos einlassen und haben sogar ihre Freude daran. Dann stellt sich mitunter das andere Extrem ein: Sie entwickeln eine starke Anhaftung an diese Erfahrungen, die doch gleichwohl nur Nebenwirkungen der Praxis sind. Doch natürlich ist die Wahrnehmung von Licht und das Gefühl des Entzückens eine schöne Erfahrung. Daher scheint sie manchmal so wichtig. Wir halten sie für eine bedeutsame Offenbarung. Und schon hängen wir am Haken und möchten diese Erfahrungen wiederholen.

Wenn Sie einmal ein derartiges Erlebnis gehabt haben, versuchen Sie vielleicht, es in der nächsten Sitzung zu reproduzieren. Sie setzen sich genauso hin wie beim letzten Mal, atmen genauso … Und wenn sich kein Entzücken einstellt, probieren

Sie es eben beim nächsten Mal. Und so immer und immer wieder. Selbst wenn Sie damit Erfolg haben, entwickeln Sie sich nicht weiter. Es liegt eine gewisse Gefahr darin, diese besonderen Erfahrungen wiederholen zu wollen. Denn diese Anhaftung sorgt dafür, dass Sie sich für andere Erfahrungen nicht öffnen können. Dann aber wird Ihre Meditation nicht weiter vertieft.

Mit der Zeit erkennen Sie, dass die Meditation eine ganze Reihe ungewohnter Erfahrungen mit sich bringt, ob nun innere Ruhe, Ekstase, das Erlebnis inneren Lichts oder andere Phänomene. Diese Erfahrungen können zwar für sich genommen positiv sein, doch sie sind trotzdem nur »Abfallprodukte« auf dem Pfad. Man nennt sie daher auch die »Trübungen der Erkenntnis«. Sie zeigen zwar, dass sich in unserer Meditation etwas tut, doch wenn sie auftreten, neigen wir dazu, uns mit ihnen zu identifizieren und an ihnen anzuhaften. Dann bleiben wir an diesem Punkt stehen, und die wahre Befreiung bleibt uns verschlossen.

Wenn wir also über den »klebrigen« Punkt der angenehmen Meditationserfahrungen hinausgelangen wollen, muss sich etwas radikal ändern. Wir müssen einsehen, dass Freiheit nur aus der Tatsache entsteht, dass wir uns ganz auf den gegenwärtigen Moment einlassen können, wie schön oder schmerzhaft er auch immer sein mag. Der wahre Pfad ist das Loslassen, ist das Zulassen, dass das Erwachen uns für jeden Augenblick öffnet, ohne dass Anhaftung aufkommt. Wenn wir dem Augenblick mit weiser, achtsamer Aufmerksamkeit begegnen, werden wir feststellen, dass unsere Erfahrung drei Wege nehmen kann: Sie löst sich auf. Sie bleibt gleich. Sie verstärkt sich. Welcher Fall eintritt, kann uns eigentlich egal sein! Unsere Aufgabe ist es, die Erfahrung der Welt der Erscheinungen sich in all ihrem Reichtum entfalten zu lassen – sehen, hören, riechen, schmecken, berühren, denken, achtsam verweilen und die Freiheit, die im Zentrum von alldem steht.

Wenn wir gelernt haben, auch den »Trübungen der Erkenntnis« mit Achtsamkeit zu begegnen, stellt sich eine tiefere Ebene der Erfahrung und Einsicht ein, mit denen neue Schwierigkeiten einhergehen. Im Folgenden möchte ich einige dieser Probleme anführen, die zwar nicht immer, aber doch bei vielen Praktizierenden auftauchen. Mancher Meditierende erlebt sie auch schon früher. Es handelt sich um eine Art der energetischen Erfahrung, die auch als »Erwachen der Kundalini« bekannt ist. Das bedeutet, dass die Energiezentren des Körpers, die Chakren, sich öffnen und mit ihnen die Energiekanäle, die Nadis. Diese Öffnung folgt zwar häufig einem bestimmten Muster, aber auch dies kann unterschiedliche Formen annehmen.

Mitunter kommt es vor, dass der Meditierende, wenn seine Konzentration steigt, erlebt, dass im Körper ein brennendes Gefühl entsteht oder dass sich an der Wirbelsäule Empfindungen von Wärme, Vibration oder Kribbeln einstellen. Manchmal hat man das Gefühl, dass sich diese Energie durch den Körper bewegt, dass Wärme oder ein Pulsieren durch blockierte Energiekanäle fegt und sie frei macht. Gelegentlich kommt es dabei auch zu den unwillkürlichen Bewegungen beziehungsweise den ekstatischen Erlebnissen, von denen bereits die Rede war. Diese energetische Öffnung der Wirbelsäule und des ganzen Körpers kann Stunden dauern oder Monate oder Jahre. Sie sind Teil des ganzen Prozesses der psychophysischen Öffnung und Reinigung.

Die innere Energie bewegt sich, die verschiedenen Chakren öffnen sich, wobei es zu unterschiedlichen Empfindungen kommen kann. Bei den unteren Chakren kann dieser Prozess zu einem Gefühl von Geerdetsein führen, er kann aber auch ein Freisetzen von Ängsten bewirken, was nicht selten zu Übelkeit und Erbrechen führt. Öffnet sich das Sexualchakra, entstehen Wellen intensiver Lust und Ekstase. Dazu kommen Visionen von allen möglichen Formen sexueller Begegnung. Bei der Öffnung des Chakras unterhalb des Brustbeins wird aggressive Energie frei, wir entwickeln ein Gefühl enormer Kraft.

Öffnet sich das Herzchakra, entstehen tiefes Mitgefühl und Liebe. Dem geht jedoch häufig ein intensives Gefühl von Trauer und auch körperlichem Schmerz voran, weil die meisten Menschen in der Herzgegend Anspannung empfinden. Mir ist schon oft passiert, dass Schüler (vorzugsweise Ärzte und Krankenschwestern) während eines Retreats zu mir kamen und meinten, sie hätten einen Herzanfall, und ich solle doch den Notarzt rufen. Wenn ich dann nachhake, stellt sich meist heraus, dass sich das Herzzentrum gerade öffnet. Ich schicke sie meist mit einem Scherz auf ihr Kissen zurück: »Gibt es einen besseren Ort zum Sterben als ein Retreatzentrum? Aber bislang ist bei uns noch niemand gestorben. Die Öffnung des Herzens ist schon ein wenig Schmerz wert. Also setz dich hin und meditier weiter.«

Die Öffnung des Halszentrums kann mit dem Hervorbringen von Lauten einhergehen: Keimsilben, Vokale, Lieder. Dazu kommen Hustenanfälle, Spannungen im Kehlkopf, tagelange

Schluckbeschwerden und manchmal das Gefühl, man müsse jetzt einfach losschreien.

Die Öffnung von Stirn- und Kronenchakra führt zu mitunter machtvollen Visionen, vermehrter Einsicht, ja einer nahezu hellsichtigen Klarheit. Damit verbunden ist meist das Gefühl, in vollkommener Harmonie in der Mitte des Universums zu verweilen. Der Scheitel scheint sich zu öffnen wie eine Lotosblüte, die strahlendes Gewahrsein durch Zeit und Raum schickt. Doch wenn sich die Energiezentren in unserem Kopf öffnen, kommt es auch zu Empfindungen von Druck im Kopf, zu lang anhaltenden Kopfschmerzen und Ohrengeräuschen. Nicht selten brennen und tränen dabei unsere Augen.

Auch starke Energien werden frei, die durch den Wirbelsäulenkanal und die Chakren pulsieren. Mitunter führt das mehrere Nächte hintereinander zu Schlaflosigkeit. Der ganze Körper vibriert. Das kann Tage dauern oder auch Monate.

Spirituelle Notfälle

Wenn der Prozess der Öffnung intensiv verläuft und sich nicht bremsen lässt, selbst wenn der Schüler nicht meditiert, ist dies ein sogenannter *spiritueller Notfall.* Dieser Begriff wurde von Christina und Stanislav Grof geprägt, den Pionieren der Transpersonalen Psychologie. Dies sind spirituelle Erfahrungen, die für einen gewissen Zeitraum unser Leben bestimmen. In unserer Kultur stößt man damit meist auf wenig Verständnis, die meisten Betroffenen empfinden sie daher zumindest als verwirrend, wenn nicht erschreckend. Wenn sich Ekstase, Zittern, Lichterfahrungen oder innere Stimmen massiv bemerkbar machen, ist dies mitunter schwer einzuschätzen, vor allem, wenn man wenig darüber weiß. Die Betroffenen haben nicht selten das Gefühl, den Verstand und den Bezug zur Wirklichkeit zu verlieren. Konsultiert man dann einen Arzt, dann verschreibt dieser meist Beruhigungsmittel und Psychopharmaka. Nicht wenige Menschen werden gar in die Psychiatrie eingewiesen.

Spirituelle Notfälle können nicht nur durch intensive Praxis entstehen, sondern auch durch einschneidende Lebenserfahrungen, zum Beispiel beim Tod eines geliebten Menschen, bei Scheidungen, Geburten, transzendenten sexuellen Erfahrungen, Drogenkonsum oder Nahtoderlebnissen.

Doch wo die Ursache auch liegen mag, wichtig ist in diesem Augenblick, dass der Betroffene wieder in die Normalität zurückkehrt. Wenn ein Praktizierender aus berufenem Munde hört, dass diese veränderte Wirklichkeitserfahrung ganz normal ist und nach einer Zeit wieder vergeht, verschwindet meist auch die damit verbundene Angst. Dann wird der Prozess gewöhnlich als recht aufschlussreich erlebt.

Diese Erfahrungen können sehr stark werden, vor allem, wenn der Praktizierende enorme Anstrengungen auf sich genommen hat. So lernte ich einmal einen jungen übereifrigen Schüler der Kampfkünste kennen, der in unserem Zentrum in Massachusetts ein dreimonatiges Retreat machte. Wir empfehlen den Meditierenden immer, bei der Praxis die Balance zu wahren. Er aber setzte sich 24 Stunden lang unbeweglich hin. Er meditierte buchstäblich Tag und Nacht und erhob sich nicht, obwohl er starke Schmerzen bekam und ihm dabei immer heißer wurde. Dann aber überrollte die Wahrnehmung der körperlichen Empfindungen sein Gewahrsein. Eine unbändige Energie erfüllte ihn plötzlich, er rannte hinaus in den Speisesaal und begann herumzuschreien und seine klassischen Karateübungen zu machen – dreimal so schnell wie üblich. Niemand durfte ihm zu nahe kommen. Er schrie, er würde von jedem Menschen in seiner Nähe mehrere vergangene Leben sehen. Offensichtlich war er in einen sehr schwierigen Bewusstseinszustand eingetreten, weil er Körper und Geist gnadenlos über diese Grenze getrieben hatte. Er konnte nicht stillstehen oder gar sich konzentrieren. Seine Erregung schien von einer starken Furcht gespeist. Etwas Manisches war an ihm, als habe er vorübergehend den Verstand verloren.

Wir schickten ihn zum Laufen. Da er Sportler war, musste er 15 bis 20 Kilometer pro Tag laufen. Außerdem stellten wir seine Ernährung um. Während sich alle anderen vegetarisch ernährten, versorgten wir ihn mit Hackbraten und Hamburgern. Außerdem hießen wir ihn, lange Bäder und heiße Duschen zu nehmen. Wir ließen ihn lange Spaziergänge machen und im Garten arbeiten. Auf diese Weise versuchten wir, ihn wieder mehr zu erden. Natürlich ließen wir ihn nicht eine Minute allein. Nach etwa drei Tagen kam er wieder zu sich. Seine energetische Erfahrung, diese ungeheure geistige Öffnung, war echt gewesen, doch beides hatte sich nicht auf natürliche Weise eingestellt. Daher konnte er sie auch nicht integrieren oder davon in irgendeiner Weise profitieren.

In bestimmten Stadien der meditativen Entwicklung kann es zu Geisteszuständen kommen, die fast psychotisch wirken. Wir haben in unserem spirituellen Zentrum über die Jahre hinweg Tausende von Menschen kommen und gehen sehen. Von all unseren Besuchern erlitten etwa zwölf einen psychotischen

Zusammenbruch. Der Großteil dieser Leute war bereits zuvor wegen psychischer Störungen in Behandlung gewesen. Wenn Menschen mit psychischen Erkrankungen anfangen zu meditieren, durchleben sie mitunter ihre Krise von Neuem. In der Meditation kommt unweigerlich das auf, wovor wir am meisten Angst haben. Viele dieser Menschen sind fähig, ihre erlebten Traumen in der Sicherheit des Retreats erfolgreich zu bearbeiten. Die Meditation gibt ihnen genügend Sicherheit, sodass sie sich den düsteren Orten der Furcht erneut nähern können, um zu erkennen, dass auch sie nur Erscheinungen unseres Geistes sind. Bei anderen hingegen erweckt die Meditation ihre Psychose zum Leben.

Wir Lehrer kümmern uns sofort darum, wenn auditive oder visuelle Halluzinationen einen Schüler zu überwältigen drohen. Während man normale Schüler ermutigt, in der Meditation fortzufahren, können andauernde innere Stimmen, die der Schüler als vollkommen real betrachtet, ein Anzeichen für Schwierigkeiten sein. Wenn ein Schüler dann noch aufhört zu essen oder nicht mehr schlafen kann, wenn er von Angst, Verfolgungswahn und Besessenheit umgetrieben wird, ist äußerste Vorsicht geboten. Kommen zu Visionen und Obsessionen auch noch Schlaf- und Nahrungsmangel, reagieren wir sofort. Wir bitten den Schüler, die Meditationspraxis zu unterbrechen und stattdessen Übungen durchzuführen, die ihn erden. Wie wir es mit dem jungen Schüler der Kampfkünste gemacht haben, greifen wir dabei auf Gehen, Laufen, körperliche Arbeit und den Kontakt mit anderen Menschen zurück, um dem Betroffenen zu helfen, seine Energie freizusetzen und sich zu stabilisieren. Er erhält schwere Sachen zu essen sowie Massagen, Akupunktur und andere Behandlungen, die ihn auf den Boden bringen. In dieser Situation ist es vor allem wichtig, dass der Betroffene ausreichend Schlaf und Nahrung bekommt.

Menschen, die in eine »spirituelle Notlage« geraten, haben meist eine persönliche Geschichte, die von schweren Traumen geprägt ist, welche den Vorgang einleiten oder verschlimmern können. Daher empfehlen wir in diesem Fall körperorientierte Traumaarbeit, wie zum Beispiel Peter Levine sie entwickelt hat. In ein paar sehr schweren Fällen haben wir einen Psychiater gerufen, um den Schüler zu untersuchen. Meist wurde dann ein Beruhigungsmittel oder ein Mittel gegen Psychosen verschrieben, um den Betroffenen erst einmal zu stabilisieren. Es kommt gelegentlich vor, dass ein Meditierender für ein paar Tage in die Klinik muss, weil wir im Meditationszentrum nicht die Möglichkeiten haben, ihm die bestmögliche Pflege angedeihen zu lassen.

In der jahrhundertealten Zengeschichte »Die Höhle des Tigers« beschreibt Zenmeister Hakuin seinen eigenen spirituellen Notfall. Hakuin praktizierte lange und intensiv, bis ihn endlich tiefe Freude überkam und er das Erwachen fand. Er ging zu seinem Lehrer, und dieser bestätigte ihm, dass er den Geschmack der Erleuchtung kennengelernt habe. Doch nur wenige Monate später waren die Freude und das Gefühl der Harmonie verschwunden. Hakuins Geist raste. Er hatte eiskalte Füße, während sein Mund zu brennen schien. Ihm stand der kalte Schweiß auf der Stirn, während er unzählige Stimmen vernahm. Tag und Nacht flossen seine Tränen. Er suchte Meditationsmeister und Heiler auf, doch niemand konnte ihm helfen. Schließlich geriet er an einen taoistischen Einsiedler, der ihm zwei Übungen auftrug: eine Atemübung, um die Energie vom Kopf in den Körper zu ziehen, und eine Visualisierungsübung, die darin bestand, diese Energie im Körper zu verteilen. Hakuin erlangte sein inneres Gleichgewicht wieder und wurde ein großer Lehrer. Geschichten wie die über Hakuin oder den heiligen Johannes vom Kreuz zeigen, dass es immer schon spirituelle Notfälle gab. Tatsächlich sind sie bei Praktizierenden aller Länder und aller Kulturen bekannt.

Transzendenz und die Auflösung des Selbst

Spirituelle Notfälle treten nur bei einem verschwindend geringen Prozentsatz von Menschen auf, die ein Retreat beginnen. Daher dürfen sie auch nicht verwechselt werden mit dem Prozess der inneren Dekonstruktion, der in schwierigen Phasen der Meditation stattfindet. Die Transzendenz, die Auflösung des Selbst, kennt verschiedene Stadien, die sich in der buddhistischen Praxis beim Fortgeschrittenen ganz natürlich einstellen. Sie beginnen, wenn der Geist sich stabilisiert hat und eine so starke Konzentration entwickelt hat, dass er die Anfangshindernisse überwinden kann. Dann erreicht man einen stabilen Geisteszustand, den man »Zugangs-Konzentration« nennt, weil er Zugang zu tieferen Schichten der Einsicht ermöglicht.

Von diesem Punkt aus kann man das Bewusstsein direkt in die verschiedenen Stadien der Versenkung versetzen bis hin zum kosmischen Bewusstsein. Diese Jhana- (Pali) oder Dhyanastufen (Sanskrit) der Meditation beginnen, wo der Geist sich so vollkommen ins Meditationsobjekt versenkt, sei es nun der Atem, ein Mantra oder das Gefühl der Liebe, dass alle anderen Sinneserfahrungen wegfallen. Mit einer so zielgerichteten, unerschütterlichen Konzentration füllt das Bewusstsein sich mit Licht und Ekstase. Gedanken und Wahrnehmungen der Außenwelt fallen allmählich weg. Von hier ausgehend kann man die stabilen Formen des Jhana-Samadhi erlangen, die von grenzenloser Weite, lichter Klarheit und tiefer Glückseligkeit charakterisiert sind. Das ist, als würde man von der windgepeitschten Oberfläche des Ozeans in seine Tiefen tauchen, in das friedliche Reich der Stille und Schönheit. Die Jhanastufen tragen uns über unser gewöhnliches Selbst hinaus. Auf manchen davon erleben wir grenzenlose Freude, auf anderen eröffnet sich uns der grenzenlose Raum, das unendliche Bewusstsein oder eine Stille jenseits der Wahrnehmung. Auf dem buddhistischen Pfad nutzt man die Stille der Jhanastufen, um die Natur des Selbst verstehen zu lernen. Diese subtile und stabile Form der Aufmerksamkeit dient der Erkenntnis. Dann können Sie die Vorgänge im Bewusstsein wirklich untersuchen und die wesensmäßig leere Natur von Körper und Geist erkennen.

Doch die Jhanastufen zu erreichen ist für viele Meditierende schwierig und für eine gründliche Untersuchung unseres Innenlebens auch nicht unbedingt nötig. Denn schon auf der Stufe der »Zugangs-Konzentration« ist unsere Aufmerksamkeit sehr stabil und gut ausgerichtet. Der Geist bewegt sich kaum, und nur wenige Gedanken tauchen auf. Auf dieser Ebene kann das Gewahrsein schon stabil und ganz im gegenwärtigen Augenblick verweilen. Wenn diese Aufmerksamkeit nicht auf die Jhanastufen gerichtet wird, kann man sie nützen, um Sinneserfahrungen umzuwandeln. Schon wenn wir sie auf den Körper oder den Atem lenken, entsteht daraus tiefe Einsicht. Wenn die Konzentration und die Macht des Gewahrseins sich ganz auf die Erfahrung des Augenblicks richten, entsteht daraus eine klare, tiefgreifende Erkenntnis. Wie unter dem Mikroskop sehen wir plötzlich, wie sich unsere körperlichen Empfindungen über Tage und Wochen ständig wandeln. Wie Geisteszustände auf fast mechanische Weise entstehen und vergehen. Wir sehen, wie körperliche Bewegungen von unseren Geisteszuständen konditioniert werden, wie jeder Geisteszustand von seinem Sinnes-Input abhängig ist. Erfahrungen scheinen auf und verlöschen wieder in einem vergänglichen Prozess, der letztlich kein Selbst erkennen lässt.

Wenn wir diese momenthafte, ständig wechselnde Erfahrung von Körper und Geist erkennen und sich diese Erkenntnis verankert, dann kommt auf einmal ein Gefühl von Freiheit und Freude auf. Und mit ihr Ausgeglichenheit, ein starker Glaube, Konzentration und Achtsamkeit. Als hätte das klar umrissene Gefühl unseres Körpers plötzlich einem Strom von Empfindungen und Wahrnehmungen Platz gemacht, in dem wir uns voller Freude dahintragen lassen. Nie hat sich unsere Meditation besser angefühlt. Doch auch diese positiven Erfahrungen, die eine so angenehme Frucht unserer Meditation sind, können zu »Trübungen der Erkenntnis« werden. Wir wollen diese Erfahrung festhalten und halten sie fälschlich für das Ziel der Meditation. Und schon bleiben wir daran haften. Nach einer gewissen Zeit wird uns klar, dass Befreiung heißt, jede Frucht unserer Praxis, selbst diese wunderbaren Geisteszustände, loszulassen. Erst dann können wir uns für das öffnen, was wahrhaft jenseits der Grenzen von Körper und Geist liegt.

Das Aufgeben dieser Anhaftung führt uns zu einer Reihe

neuer Wahrnehmungen. Und nun betreten wir das Reich der Nacht. Unsere Konzentrationsfähigkeit ist so stark gestiegen, dass wir nun erleben, wie die gesamte Welt sich vor unseren Augen aufzulösen beginnt. Wohin wir unsere Aufmerksamkeit auch richten, die Sinneswelt aus Seh-, Hör-, Schmeck-, Tast- und Riecherfahrungen löst sich auf. Wir richten unseren Blick auf etwas und merken, wie wir sehend wahrnehmen, um nur kurz darauf zu erkennen, wie diese Wahrnehmung verblasst. Wir sehen einen Menschen, schauen weg und verfolgen, wie das Bild sich auflöst. Wieder tritt ein Objekt in unser Blickfeld, wieder sehen wir es, wieder verschwindet es. Unsere Aufmerksamkeit wird ein Vergrößerungsglas, das uns zeigt, wie alles, was wir für eine bestimmte, feststehende Form halten, sich in winzige Seh-Impulse auflöst. Auch unserem Gehör ergeht es nicht anders: Wir spüren förmlich, wie diese winzigen Impulse unser Ohr erreichen und sich gleich darauf wieder auflösen. Körperliche Empfindungen, Gerüche, Geschmack, Berührung, Bilder und Gefühle sind letztlich ein und dasselbe: Wohin wir unsere Aufmerksamkeit auch richten, die Außenwelt wird in ihre Einzelteile zerlegt.

Dieses Entstehen und Vergehen an den Sinnestoren löst in uns einen meditativen Zustand aus, den buddhistische Texte als das Stadium der Furcht und der Auflösung bezeichnen. Denn während wir noch beobachten, wie sich die Außenwelt auflöst, wir also nur noch Licht und Farben und andere Sinnesobjekte wahrnehmen, löst sich gleichermaßen die Innenwelt auf, unsere Gedanken und Wahrnehmungen. Wir haben unseren Verortungspunkt verloren. Nun wird alles unsicher und instabil. Unser Gefühl dafür, was wir sind und was die Welt ist, wird immer unschärfer, fließender. Und doch achten wir immer noch genau darauf. Unsere Aufmerksamkeit wendet sich nun diesem Prozess zu. Alles löst sich auf. Dieses unangenehme Gefühl wandelt sich allmählich zur Panik. Nichts hat mehr Bestand. Vergänglichkeit und Auflösung sind mit Händen greifbar. Wir sehen ein, dass das Leiden unvermeidlich ist. Wir erleben, wie alles, was wir lieben, verschwindet, und leiden entsprechend. Alles auf der Welt – Angehörige, liebe Menschen, unser Körper – ist dem Untergang geweiht. Diese zutiefst weltlichen Sorgen lösen tiefes Mitgefühl in uns aus. Ob angenehm oder schmerzhaft, alle Erfahrungen vergehen. Wir können uns daran nicht festhalten.

In dieser Zeit der Angst kommt es nicht selten zu paranoiden Phasen. Wohin wir auch sehen, die Welt hält Angst für uns bereit. Wenn wir aus der Tür treten, können wir überfahren werden. Wenn wir ein Glas Wasser trinken, sind vielleicht Bakterien drin, an denen wir sterben können. Während der dunklen Nacht der Seele wird alles bedrohlich. Wir können sterben oder schwere Verluste erleiden. Mitunter treten Visionen auf, in denen man sich selbst oder andere hundert Tode sterben sieht. Vor unserem inneren Auge spielen sich Kriege ab, wir sehen Leichen, zerfetzte Körper. Wir richten den Blick nach unten und sehen, wie Teile unseres Körpers sich auflösen oder verfaulen, als wären wir selbst ein Leichnam. In der schamanischen Tradition nennt man dies »Zerstückelungserfahrung«, die Tibeter hingegen sprechen hier vom »Tod des Ich«. Diese Visionen sind ausgesprochen lebendig. Wir werden Zeugen, wie alles, was uns am Herzen liegt, vergeht, kaum dass es entstanden ist.

Viele Menschen erleben auch klaustrophobe Momente oder Augenblicke totaler Unterdrückung. Der Körper und unsere Erfahrung lösen sich auf, die Unvermeidbarkeit des Leidens tritt uns voll ins Bewusstsein. Wir haben die Welt über. Paradoxerweise wird uns auch manchmal bewusst, wie schwierig es gleichwohl ist, den Weg weiterzugehen und uns von unseren Anhaftungen zu lösen. Wir haben das Gefühl, als würden wir das nie fertigbringen. Die Befreiung ist viel zu weit weg, die Welt ist zu schwierig, und wir sind viel zu sehr mit ihr verflochten. Es scheint, als würden wir nie Befreiung finden. Am liebsten würden wir unser Sitzkissen packen und heimgehen. Gleichzeitig aber wissen wir, dass wir dem Leiden nicht entfliehen können. Aus dieser Haltung entsteht eine tiefgreifende Sehnsucht, endlich von allem frei zu sein. Wir wünschen uns so sehr, dass unser Bewusstsein endlich frei wäre von all dem Sehen, Hören, Riechen, Schmecken und Fühlen. Wir wollen nicht mehr in die Ängste des begrenzten Selbst verstrickt sein, das Körper und Geist für sich reklamiert. Schritt für Schritt möchten wir uns davon lösen, von unseren Identifikationen, sodass am Ende nur noch das Gewahrsein selbst übrig bleibt.

Diese Zeit der Ängste und der Auflösung, in der wir nur noch unsere Matte zusammenrollen und nach Hause gehen wollen, ist schwer durchzustehen. An diesem Punkt brauchen wir Unterstützung, sonst werden wir von unseren Empfindungen fortgerissen und werfen das Handtuch. Wenn wir an diesem Punkt stehen bleiben, kann es sein, dass Auflösung, Angst und Klaustrophobie künftig die beherrschenden Strömungen in unserem Unbewussten werden. So lange, bis wir weiter praktizieren und auf diese Ebene zurückkehren, um die Probleme zu lösen.

Jetzt brauchen wir einen Lehrer, der weiß, wie er uns durch dieses Stadium führt. Wir müssen den Schwierigkeiten ins Auge blicken und sie als Aspekte unseres Lebens mit unerschütterlichem Gewahrsein akzeptieren. Wenn wir uns Schrecken und Freuden voll Gleichmut ansehen können, ohne sie abzulehnen oder danach zu greifen, dann stoßen wir das Tor zur Freiheit weit auf.

Haben wir diesen Schritt gemeistert, stellt sich ein tiefer Gleichmut ein, in dem alles, was aufscheint, das Lied der Leerheit singt. Und sein Text geht so: »Erfahrung entsteht aus sich selbst. Sie lässt sich nicht festhalten. Sie ist nicht ›ich‹ und gehört nicht ›mir‹. Sie ist nur eine Erscheinung des Bewusstseins, ein Ausdruck des Spiels von Licht und Schatten.« In diesem Gleichmut gibt es kein Gefühl des Getrenntseins, kein Ichgefühl, sondern nur Bewegungen des Sehens, Hörens, Riechens, Schmeckens, Berührens und des Geistes selbst. Und unsere lichte Klarheit erkennt sie als vergänglich, instabil und ungreifbar. Wir können sie nicht packen und sagen: »Das ist unser Glück.« So betrachtet ist jede Anhaftung von Körper und Geist im Kern unwirklich, weshalb sie letztlich unbefriedigend bleibt.

Diese Auflösung in Gleichmut schenkt uns eine tiefe Ruhe und Entspannung. Der Geist wird klar und durchscheinend wie ein Kristallkelch, offen wie der Himmel, der sich über alle Dinge spannt. Wir selbst werden durchlässig. Jede Erscheinung geht durch Geist und Körper hindurch, da beides zum Raum geworden ist.

Dieser spirituelle Prozess beinhaltet letztlich dasselbe, was man im Christentum als »göttliche Losgelöstheit« bezeichnet.

Damit ist kein Mangel an Teilnahme gemeint, sondern eine Form des reinen Bewusstseins, das wie das Auge Gottes alles – Schöpfung und Zerstörung, Licht und Dunkel – in sich aufnimmt, weil es eben alles ist. Wir sehen, dass wir nichts und alles zugleich sind. Wir spüren, was es heißt, Teil der Welt zu sein, aber sich nicht in ihr zu verstricken. Aus diesem weiten, offenen Gleichgewicht gehen dann andere, ebenso außergewöhnliche Geisteszustände hervor. Wir sehen, dass alles in sich vollkommen und ganz ist. Nun wissen wir aus unmittelbarer Erfahrung, wie es ist, frei zu sein von Gier, Hass, Verblendung, Angst und den Mechanismen der Identifikation. Wir entdecken die Kunst der Ausgeglichenheit. Wir können eintreten in die Leere, das Gewebe des Daseins löst sich auf und entsteht wieder. Ganz von selbst.

Die Befreiung öffnet uns den Weg in unsere eigene zeitlose, wahre Natur. Nun kennen wir die Größe des menschlichen Herzens aus eigener Anschauung. Und obwohl wir in diesem Zustand noch nicht verweilen können, so haben wir doch, wie der Bergsteiger, bereits einen Blick auf den Gipfel erhascht, den es zu erklimmen gilt. Wir haben erfahren, was Befreiung wirklich bedeutet, und diese Erfahrung prägt von nun an unser gesamtes Sein. Nie wieder werden wir glauben, dass wir getrennt von allem sind. Nie wieder werden wir uns vor dem Tod fürchten, denn wir sind bereits gestorben. Diese Phase nennt man »Sterben vor dem Tod«. Sie schenkt uns einen tiefen Gleichmut und ein Gefühl der Losgelöstheit.

Nun erkennen wir in eigener Anschauung die Vier edlen Wahrheiten, die der Buddha entdeckt hat: dass es in unserem Leben Leiden gibt; dass die Ursache unsere Anhaftung, unsere Identifikation damit ist. Wir erfahren, wie es ist, wenn wir frei von Anhaftung sind, sodass nichts mehr uns etwas anhaben kann. Wir stellen fest, dass diese Freiheit für jedes menschliche Wesen möglich ist. Und wir erleben die Größe des menschlichen Herzens, in dem die zehntausend Freuden und die zehntausend Kümmernisse im reinen, erwachten, klaren Bewusstsein ihr Spiel treiben.

Uns wird klar, wie einfach spirituelle Praxis letztlich ist. Sie ist der Pfad der Öffnung und des Loslassens, der Bewusstheit, die sich nicht an ein Ding klammert. Oder wie mein Lehrer Ajahn Chah erklärte: »Der Mittlere Weg ist einfach. Wenn ich jemanden sehe, der zu weit nach rechts von der Straße abzuweichen oder gar in den Graben zu stürzen droht, schreie ich: ›Geh nach links.‹ Wenn ich jemanden sehe, der zu weit nach links von der Straße abzuweichen oder in den Graben zu stürzen droht, schreie ich: ›Geh nach rechts.‹ Mehr tue ich nicht. Wann immer ihr an etwas haftet, lasst los und kommt zurück in die Mitte.« Mit ausgeglichenem Gewahrsein können Sie im Hier und Jetzt sein, voller Güte, wach, präsent und frei.

Ein Praktizierender, der dieses Stadium der Auflösung hinter sich gebracht und die innere Freiheit entdeckt hat, empfindet tiefe Freude und Dankbarkeit. Doch auch diese erhellende Phase der Reise geht vorüber, dann müssen wir wieder herunter vom Berg. Der Abstieg nach diesem intensiven Lernprozess führt uns mitunter erneut durch die schwierigen Bereiche des Aufstiegs, doch nun können wir den Herausforderungen mit Gleichmut begegnen. Wir identifizieren uns nicht mehr mit ihnen und treten den Erscheinungen mit Leichtigkeit und Ungezwungenheit entgegen.

Für den Praktizierenden, der durch dieses Stadium gegangen ist, gilt, was im Märchen steht: Und sie lebten glücklich und zufrieden bis an ihr Lebensende. Zumindest geht es ihm nicht schlecht, wenn er nach Hause zurückkehrt. Doch da die Identifikationsmechanismen so gründlich aufgelöst wurden, da der Geist so still und konzentriert geworden ist, gibt es neue Schwierigkeiten – und damit auch neue spirituelle Notfälle.

Zurück ins normale Leben

Denn wenn wir zur Familie zurückkehren, bringen wir diese Losgelöstheit und Entpersönlichung erst mal mit. Manchmal fühlen wir uns wie ein Alien, ein Zombie. Verwirrung und Depression befallen uns. Oder wir fühlen uns von den ständigen Außenreizen überfordert, die auf uns einprasseln. Mitunter fragen wir uns, ob es das Ganze überhaupt wert war. Unser Geist ist so still geworden, die Gedanken, die unser Selbst schaffen, unsere ganzen Pläne – alles weg. Es fällt uns schwer, wie gewöhnlich zu denken. Manchmal sind wir unfähig, Entscheidungen zu treffen oder etwas zu tun.

Während unserer Zeit im Retreat haben wir ganz andere Werte entwickelt. Wir haben eine Realität jenseits alltäglicher Verpflichtungen kennengelernt, jenseits von Karriere, Ehe und so weiter. Die Losgelöstheit, die sich in der Meditationspraxis einstellt, kann unsere weltlichen Interessen, unseren Ehrgeiz, unsere Motivation beiseitefegen. Alles, was uns noch interessiert, ist Stille, Liebe und das Leben im gegenwärtigen Augenblick.

Daher sollten wir uns nach einem intensiven Meditationsretreat oder einer anderen tiefgreifenden spirituellen Erfahrung genug Zeit nehmen, damit wir wieder in den Alltag eintauchen können. Normalerweise dauert dieser Prozess etwa genauso lange Zeit, wie wir sie im Retreat verbracht haben. Wenn uns jemand mit Rat und Tat zur Seite steht, damit wir die Entpersönlichung, Unentschiedenheit und Identitätsprobleme entspannt hinnehmen lernen, dann werden wir bald wieder unser altes Leben führen können.

Haben wir aber keinen Ratgeber, oder gestaltet sich der Prozess der Reintegration besonders schwierig, dann entsteht vielleicht ein neuer »spiritueller Notfall«. In diesem Fall wird die Rückkehr ins normale Leben schmerzlich, unsere Ängste und unsere Unentschiedenheit erschrecken uns. Nicht selten entwickelt der Betreffende auch eine gewisse Überempfindlichkeit. Es kommt zu Verwirrtheitszuständen, energetischen Entladungen oder unwillkürlichen Körperbewegungen wie Tics. Das ganze Spektrum spiritueller Notfälle eben. In diesem Fall brauchen wir einige Wochen oder Monate der Stille, um uns zu schützen. Wir müssen den Reintegrationsprozess verlangsamen und uns wieder erden. Auch hier sind heiße Bäder, Joggen, Spazierengehen, Tai Chi oder Gartenarbeit wichtige Hilfsmaßnahmen. Auf der inneren Ebene können wir versuchen, unsere Aufmerksamkeit verstärkt auf den Körper zu lenken, und ihn als eng mit der Erde verbunden visualisieren. Körperarbeit (Massagen) und Bewegung (Qi Gong) helfen uns, Energie freizusetzen. Auch die Akupunktur kann zum Abbau des energetischen Ungleichgewichts beitragen. Spirituelle Notfälle sind nicht selten mit vergangenen Traumen verknüpft. Daher ist körperbasierte Traumaarbeit sinnvoll. Auch sexuelle Entladung ist gut. Therapieformen wie Gestaltarbeit, Bewegungstherapie, Körperarbeit nach Wilhelm Reich oder die Sandspieltherapie nach C.G. Jung und Dora Kalff sind gleichfalls sinnvoll. Diese Therapieformen helfen uns, das Gleichgewicht wiederzufinden und zu begreifen, was passiert. Um uns weiter zu erden, sollten wir schwere Nahrungsmittel zu uns nehmen wie Nüsse oder Fleisch. Im Großen und Ganzen geht es darum, Aktivitäten zu finden, die uns erlauben, Spannungen und Ängste abzubauen, und uns sachte zurück auf die Erde bringen.

Außerdem prallen wir nach einem Retreat mitunter frontal auf die Probleme, die wir zurückgelassen haben, vor allem dann, wenn wir ihnen mithilfe der Praxis aus dem Weg gehen wollten. Wenn wir Angst haben vor der Welt, vor dem Leben, vor Beziehungen, der Arbeit, vor den Aspekten eines Lebens im Körper, laufen wir vielleicht wieder weg, zurück zur Meditation. Wer je längere Zeit meditiert hat, kennt diese instinktive Reaktion vielleicht aus eigener Erfahrung.

Meditation kann – wie andere Disziplinen auch – geschickt genutzt werden und uns zur Befreiung, zur Öffnung des Herzens führen. Sie kann aber auch missbraucht werden, um Verteidigungswälle für das Ich und seine Ängste aufzuhäufen. Vielleicht haben wir uns auf unser Meditationskissen zurückgezogen, um Schwierigkeiten zu vermeiden. Vielleicht folgen wir ja dem Atem, um bestimmte Emotionen nicht spüren zu müssen. Vielleicht suchen wir ja Licht und Klarheit, um keinen Blick auf unseren Schatten werfen zu müssen. Wenn wir aber ins normale Leben zurückkehren, müssen wir all das integrieren.

Die Probleme des Wiedereintritts ins Leben müssen beim »Abstieg« berücksichtigt werden. Für einige Praktizierende ist die Rückkehr so anstrengend wie der Dekonstruktionsprozess des Aufstiegs. Wenn wir das Leben wieder aufnehmen wollen, müssen wir unsere Denkmechanismen wieder in Gang bringen. Wir müssen über unser Leben nachdenken und es unter dem Gesichtspunkt der rechten Lebensführung neu überdenken. Was braucht unsere Gesellschaft von uns? Was brauchen unsere Lieben? Wie wollen wir in dieser Welt leben? Mit dem Blick der Weisheit müssen wir unsere Rollenmuster neu definieren und überlegen, wie wir einen klaren Blick und Mitgefühl in die chaotische Sphäre des allzu Menschlichen einbringen können.

Wenn der Geist ruhig ist, mag die Aussicht, sich mit solchen Dingen auseinandersetzen zu müssen, regelrecht erschreckend wirken. Tatsächlich kann die Phase des Wiedereintritts ins Leben schwierig sein. Nicht selten begleiten uns Schwindelgefühle oder Schmerzen durch diese Zeit, in der wir nicht akzeptieren wollen, dass wir begrenzte Wesen in einer materiellen Wirklichkeit sind, die wir gleichwohl als die unsere annehmen müssen. Doch wenn wir uns wieder eingliedern, können wir die Gaben, die wir auf unserem Pfad erworben haben, das weise Herz und die einfühlsame Güte, der Welt schenken und allen Wesen, mit denen wir in Berührung kommen. Dies verleiht unserer ganzen Reise einen neuen Wert.

Um diesen Zyklus geht es in der Geschichte eines alten chinesischen Mönchs, der fest entschlossen war, auf einem Berggipfel zu meditieren, bis er die Erleuchtung erlangen würde, oder zu sterben. Er hatte jahrelang in einem Kloster meditiert und seinen Geist zur Ruhe gebracht, aber nie Erleuchtung gefunden. Also ging er zu seinem Meister und sagte: »Kann ich bitte in die Berge gehen, um meine Praxis zu vollenden? Mehr will ich gar nicht mehr vom Leben. Ich möchte wenigstens wissen, was die Erleuchtung ist.« Der Meister, der wusste, dass der Mönch so weit war, gab seine Erlaubnis.

Und so begann unser Mönch den Aufstieg. Auf halbem Weg kam ihm ein alter Mann entgegen, der ein schweres Bündel Feuerholz auf den Schultern trug. Der alte Mann aber war der Bodhisattva Manjushri, von dem es heißt, er würde den Menschen erscheinen, wenn sie reif für die Erleuchtung sind. Normalerweise wird er mit einem Schwert dargestellt, das die Wurzel der Illusion durchschneidet. An diesem Tag aber zeigte er sich als alter Mann, der ein schweres Bündel Holz auf den Schultern trug. Als er unseren Mann sah, fragte er: »Wohin gehst du, Mönch?« Der Mönch antwortete: »Ich ziehe mich mit meiner Schale und einigen wenigen Besitztümern auf den Gipfel des Berges zurück. Dort will ich in Meditation sitzen, bis ich entweder Erleuchtung erlange oder sterbe. Das ist alles, wonach es mich noch verlangt. Ich bin schon so lange Mönch, und jetzt will ich die Erleuchtung endlich aus eigener Anschauung kennenlernen.«

Da der alte Mann sehr weise wirkte, fragte der Mönch ihn: »Sag mir, alter Mann, weißt du etwas über die Erleuchtung?« Der alte Mann sah ihm in die Augen, lächelte und ließ das Bündel fallen. In diesem Augenblick fand der Mönch Erleuchtung. »So einfach ist das also? Loslassen? Nichts mehr festhalten?« Ja. Aber ebendas begreifen wir nicht, weil unsere Anhaftungen so stark sind. Wir halten unseren Körper, unsere Gefühle, unsere Glaubenssätze für uns selbst. Wir glauben, dass sie »ich« und »mein« sind. In dem Prozess der Auflösung, den ich hier beschrieben habe, müssen wir diese Anhaftungen gehen lassen. Die meisten Menschen brauchen dazu eine Zeit systematischer und disziplinierter Praxis.

Auf dem Weg zur Befreiung begegnen wir Versuchungen, Hindernissen und Schwierigkeiten. Das Auf und Ab der Emotionen setzt unsere Welt in Flammen, wir müssen bereit sein zur völligen Auflösung. Und am Ende müssen wir zurückkehren, welche Ebene der Freiheit wir auch erreicht haben mögen. Die Zengeschichte vom Mönch und dem alten Mann geht nämlich weiter. Nachdem er Erleuchtung gefunden hat, dreht der Mönch sich um und fragt den alten Mann: »Und jetzt?« Da lächelt der alte Mann wieder, schnürt sich sein Bündel auf den Rücken und geht weiter Richtung Stadt.

Diese Geschichte zeigt schön, wie der Zyklus der Praxis verläuft. Die Meditation lehrt uns loszulassen, unseren Griff zu lockern, unsere Ängste und unsere Identifikation mit den tausend Dingen aufzugeben. Wir erkennen, dass wir nicht dieser Körper sind, diese Gefühle, diese Gedanken. Dies ist nur unser »Haus«, das wir für einige Zeit gemietet haben. Sobald wir losgelassen und die Freiheit erlangt haben, so heißt es in unserer Geschichte, müssen wir zurück in die Welt – und zwar mit einem berührbaren Herzen, mit universellem Mitgefühl, voller Ausgeglichenheit und Weisheit. Wir müssen erneut unser Bündel schultern und es in die »niederen« Gefilde des Alltags tragen. Doch nun sind wir als Bodhisattva unterwegs, als Mensch, der den Bereich von Leben und Tod durchdrungen und so weit verstanden hat, dass er auf eine bislang ungekannte Weise frei ist. Mit dieser Freiheit einher geht ein verständnisvolles Herz, ein tiefes Mitgefühl für die Welt, die dessen so sehr bedarf.

10

Die nahen Feinde des Erwachens

Nicht anhaften heißt nicht, gleichgültig zu sein

Eine der wichtigsten Fragen der spirituellen Praxis ist, wie wir verantwortliches Handeln und den Dienst an der Welt vereinbaren mit einem meditativen Leben, in dessen Mittelpunkt Nicht-Anhaftung, Loslassen und die Erkenntnis der Leerheit aller bedingten Erscheinungen stehen. Unterscheiden sich die Werte, die uns zum Geben, zum aktiven Einsatz für andere veranlassen, von jenen, die uns zur Suche nach dem Erwachen bewegen?

Die Letzteren sind zusammengefasst in den vier Grundpfeilern des Erwachens, den unermesslichen Qualitäten oder Tugenden, die das erwachte Herz beschreiben (liebende Güte, Mitgefühl, Mitfreude und Gleichmut). Diese Tugenden haben ihre Gegenspieler in den sogenannten »nahen Feinden«. Nahe Feinde werden Geisteskräfte genannt, die den unermesslichen Tugenden ähneln, ja sogar fälschlich mit ihnen verwechselt werden können, im Grunde aber einer ganz anderen Haltung entspringen. Die nahen Feinde zeigen, wie Spiritualität falsch verstanden werden kann und uns dann sogar vom Leben abkoppelt.

Liebe versus Anhaftung

Der nahe Feind der Liebe ist die Anhaftung. Anhaftung gibt sich als Liebe aus. Sie sagt: »Ich liebe diesen Menschen, weil ich ihn brauche.« Oder: »Ich liebe dich, wenn du mich auch liebst. Ich liebe dich, aber nur, wenn du so bist, wie ich das haben möchte.« Das hat mit Liebe nichts zu tun. Es ist Anhaftung, und Anhaftung ist unbeugsam und sehr verschieden von der Liebe. Liebe lässt zu und achtet, Anhaftung fordert, packt und will besitzen. Anhaftung ist an Bedingungen geknüpft. Sie gibt Liebe nur bestimmten Menschen und unter bestimmten Voraussetzungen. Sie ist exklusiv. Liebe im Sinne von Metta, dem Begriff, den der Buddha benutzte, ist ein universelles Gefühl der Fürsorge und Verbundenheit, das keine Unterschiede macht. Wir lieben dann sogar jene, die wir nicht schätzen oder mögen. Wir sind vielleicht nicht mit ihrem Verhalten einverstanden, doch wir üben uns in Vergebung. Liebe ist eine mächtige Kraft, die jede Situation verwandeln kann – keine blinde Ergebenheit. Wie der Buddha sagte: »Hass wird niemals durch Hass beendet. Hass hört nur auf durch Liebe.« Die Liebe umfasst alle Wesen ohne Ausnahme und löscht so jede Feindschaft aus.

Mitgefühl versus Mitleid und Verzweiflung

Der nahe Feind des Mitgefühls ist das Mitleid. Statt mit der Offenheit des Mitgefühls an eine Situation heranzugehen, sagt das Mitleid: »Oh, dieser arme Mensch. Solche Menschen tun mir wirklich leid.« Mitleid heißt, dass wir den Betroffenen als von uns selbst verschieden wahrnehmen. Wir ziehen eine Trennlinie zwischen uns und den anderen, wir distanzieren uns von ihrem Leid und stärken so unser eigenes Selbst. Mitgefühl hingegen erkennt das Leid der anderen als Spiegelbild unseres eigenen Kummers: »Ja, das kann ich nachvollziehen. Ich leide auf dieselbe Weise.« Mitgefühl setzt Einfühlungsvermögen voraus, eine wechselseitige Verbindung mit dem Leiden und den Sorgen des Lebens. Mitgefühl ist geteiltes Leid.

Ein weiterer Feind des Mitgefühls ist die Verzweiflung. Mitgefühl heißt nicht, dass wir im Leid der anderen versinken, bis wir selbst keinen Ausweg mehr sehen. Mitgefühl ist die einfühlsame Bereitschaft unseres Herzens, dem Leid anderer ohne Verzweiflung, Abneigung oder Ressentiments zu begegnen. Es ist der Wunsch, das Leiden ganz aufzulösen. Mitgefühl umfasst all jene, die Leid erfahren, und verbannt jede Form der Grausamkeit aus dem Geist.

Mitfreude versus Konkurrenzverhalten

Die dritte Eigenschaft des erwachten Herzens ist die Mitfreude, die Fähigkeit, auf das Glück anderer mit Freude zu reagieren. Nahe Feinde der Mitfreude sind Eifersucht und Konkurrenzverhalten. Eifersucht vergleicht unsere Freude stets mit der anderer. Sie treibt einen Keil zwischen uns, weil wir meinen, es stünde für uns alle nur ein begrenztes Quantum an Freude zur Verfügung. Wenn andere sich freuen, bleibt für uns nichts mehr übrig. Wahre Mitfreude ist Freude am Sein, am Leben, ein offenes Herz, welches das eigene Leben mit anderen teilen will. Geteilte Freude heißt, dass wir uns vom Erfolg und vom Glück anderer begeistern lassen. Dass wir uns wünschen, ihr Erfolg und ihr Glück mögen weiter anwachsen.

Gleichmut versus Gleichgültigkeit

Der nahe Feind des Gleichmuts ist Indifferenz oder Gefühllosigkeit. Wir können ja recht abgeklärt wirken, wenn wir sagen: »Ich hege keinerlei Anhaftung. Ganz egal, was passiert, es ist ohnehin alles vergänglich.« Dann verspüren wir eine gewisse Erleichterung, weil wir uns von der Erfahrung zurückziehen, von den Energien des Lebens. Doch Gleichgültigkeit ist letztlich nur ein Zeichen von Furcht. Wahrer Gleichmut hat nichts mit Rückzug zu tun, sondern ist eine Art ausgeglichener Hinwendung zu allen Aspekten des Lebens. Man öffnet sich dem Ganzen, voller Gelassenheit und Lockerheit, weil die Erscheinungen nun mal ebenso schön wie schrecklich sind. Gleichmut umfasst das Ungeliebte und das Geliebte, das Angenehme und das Unangenehme, das Vergnügen und den Schmerz. Mit Gleichmut kommen Abneigung und Gier an ihr Ende.

Obwohl alles vergänglich und traumähnlich ist, vergessen wir im Gleichmut nie die Wirklichkeit der Form. Wie Zenmeister Dogen sagt: »Blüten fallen ohne Anhaftung. Gras wächst ohne Abneigung.« Wir wissen, dass sich alles wandeln wird und dass die Welt der bedingten Erscheinungen letztlich keine Substanz besitzt. Doch der Gleichmut ermöglicht uns, damit in Harmonie zu leben und präsent zu sein.

Weise und engagiert

Wo der Buddha über den achtfachen Pfad spricht, nennt er als eine seiner Grundlagen auch die rechte Absicht, die sich auf drei Arten weise der Welt zuwendet. Zuerst schaffen wir uns einen Geist, der frei von ungesundem Verlangen ist, indem wir innere Zufriedenheit entwickeln. Dann machen wir uns frei von Groll und Ressentiments, indem wir Mitgefühl und Sanftheit fördern. Schließlich wenden wir uns von jeder Form der Grausamkeit ab, indem wir in uns Liebe und Güte reifen lassen. Mit der rechten Absicht können wir am Leben teilhaben, wie wir wollen. Die Situationen, mit denen wir konfrontiert sind, werden dann zu Trittsteinen auf unserem Pfad zum Erwachen.

Mit Anhaftung, Mitleid, Konkurrenzverhalten und Gleichgültigkeit trennen wir uns von der Welt, wir koppeln uns aus Angst vom Leben ab. Wahre Spiritualität ist keine Flucht vor dem Leben. Sie ermöglicht uns vielmehr, uns der Welt zuzuwenden und sie aus einer selbstlosen, nicht dualistischen Perspektive zu betrachten, die die Verbundenheit allen Lebens unterstreicht. Erwachen ist die Entdeckung, dass diese Freiheit mitten in unserem Geist und unserem Körper liegt.

Vor Jahren, als ich in Indien war, stellte ich einer Meditationslehrerin namens Vimala Thaker die Frage, wie Meditation und Aktivität in der Welt zu vereinbaren seien. Vimala hatte jahrelang in ländlichen Gegenden mit Gandhi-Anhängern in Landverteilungsprojekten gearbeitet, als sie als Krishnamurti-Schülerin beschloss, Meditationslehrerin zu werden. Später kehrte sie zur Entwicklungshilfe zurück und half Hungernden und Obdachlosen, wobei sie weniger Meditation lehrte als früher. Ich fragte sie, weshalb sie zu der praktischen Arbeit zurückgekehrt sei, die sie vor Jahren ausgeübt hatte. Sie antwortete: »Sir, ich liebe das Leben. Und als Mensch, der das Leben liebt, vermag ich nicht, mich davon fernzuhalten. Wenn es Menschen gibt, die nach Nahrung hungern, werde ich diese Nahrung organisieren. Wenn es Menschen gibt, die nach Wahrheit hungern, werde ich ihnen helfen, sie zu entdecken. Ich mache da keine Unterschiede.«

Die Sufis kennen ein Sprichwort, welches dieses Paradox perfekt illustriert: »Preise Allah und binde dein Kamel am Pfosten fest.« Bete, aber tu auch, was nötig ist, um in dieser Welt zu überleben. Meditiere, aber bringe dein durch die spirituelle Erfahrung erworbenes Wissen in die Welt ein. Gleiche dein Verständnis der Leerheit durch erhöhtes Mitgefühl und verstärkte Fürsorge für die Wesen aus, um dein Leben richtig zu führen.

Einsicht in die Leerheit gewinnen heißt zu erkennen, dass das Leben wie eine Seifenblase auf den Fluten eines Stromes ist, ein Spiel von Licht und Schatten, ein Traum. Zu erkennen, dass dieser winzige Planet unter Milliarden anderer Planeten und Galaxien im Weltall schwebt, dass die gesamte Geschichte der Menschheit nur eine Millisekunde in den Milliarden Jahren der Erdgeschichte ist, dass alles sehr schnell vorbei sein kann und niemand irgendwelche »Ziele« erreichen wird. Vor diesem Hintergrund fällt es uns leichter loszulassen, auch wenn unsere Probleme gravierend erscheinen. Dann können wir dem Leben mit Leichtigkeit begegnen.

Fürsorge und Mitgefühl entstehen, wenn wir uns klarmachen, wie kostbar das Leben ist, obwohl es flüchtig und kurz scheint, und wie eng unser Dasein mit dem anderer Wesen verknüpft ist. Nichts auf dieser Welt ist ohne Folgen für andere. Diese Tatsachen müssen wir einsehen und folglich verantwortlich handeln.

Wie aber passen Leerheit und Fürsorge zusammen? Schließlich würde es der Welt doch kein bisschen schlechter gehen, wenn wir uns nur noch der Meditation widmen würden. Braucht die Welt tatsächlich mehr Medikamente, mehr Energie, mehr Häuser, mehr Nahrung? Eigentlich nicht. Ganze Getreidespeicher sind voll, während anderswo Menschen hungern. Hunderttausende Menschen sind krank, obwohl wir ihre Krankheiten längst heilen könnten. Es gibt mehr als genug Ressourcen für alle. Hunger, Armut und Krankheit existieren nur aufgrund von Unwissenheit, Vorurteilen und Angst. Denn wir horten Material, wir brechen Kriege vom Zaun wegen irgendwelcher imaginärer politischer Grenzen. Wir benehmen uns, als wäre diese oder jene Gruppe von Menschen von uns tatsächlich fundamental verschieden. Die Welt braucht nicht mehr Erdöl oder mehr Nahrung, sondern mehr Liebe und Großzügigkeit, weniger Gier und mehr Güte und Verständnis. Wenn wir dieser von Kriegen zerrissenen Welt wirklich helfen wollen, dann müssen wir uns selbst von Furcht befreien und von den vielen kategorischen Grenzen in unserem Kopf. Und schließlich anderen helfen, dasselbe zu tun. In diesem Sinne ist die spirituelle Praxis kein Privileg, sondern eine Notwendigkeit, ein grundlegender Akt der Verantwortung.

Doch es gibt noch ein weiteres schlagendes Argument für

den Dienst an der Welt. Ich möchte in diesem Zusammenhang an die Schrecken in Darfur erinnern, an die dauernde Gewalt im Nahen Osten, an die Zerstörung Haitis – das Leiden, das dort entsteht, übersteigt jedes Verständnis. Allein in Indien leben 300 Millionen Menschen, die so arm sind, dass ihr Tagesverdienst nur für eine einzige Mahlzeit ausreicht. In Kalkutta begegnete mir einmal ein 64-jähriger Mann, der seinen Lebensunterhalt mit dem Ziehen einer Rikscha verdiente. Das machte er seit 40 Jahren und musste damit zehn Angehörige ernähren. Im Jahr davor war er zehn Tage lang krank gewesen. Innerhalb einer Woche ging der Familie das Geld aus, und sie hatte nichts mehr zu essen. Wie können wir so etwas zulassen? Pro Minute verhungern Dutzende von Kindern, während in diesen 60 Sekunden weltweit 25 Millionen Dollar für Waffen ausgegeben werden. Darauf müssen wir eine Antwort finden. Wir können nicht mehr länger wegschauen und uns im Sessel zurücklehnen.

Die Welt hat gravierende Probleme, die wir lösen müssen. Worauf sollen wir unsere Energie konzentrieren? Welches sollen wir als Erstes angehen? Sollen wir zuerst meditieren? Was auch immer wir tun mögen, wird zu wenig sein, solange wir nicht das Bewusstsein der Menschen ändern. Wir müssen ein für alle Mal begreifen, dass wir alle miteinander verbunden sind. Wir müssen Wege finden, um zu Zufriedenheit und innerem Frieden zu finden, zu meditieren, unser Leben zu vereinfachen. Und doch müssen wir auch jenen Menschen helfen, die akut in Schwierigkeiten sind. Wir müssen beides tun. Nur unser Herz kann uns sagen, welcher Rhythmus, welche Gewichtung für uns die richtige ist. Um mit Weisheit zu dienen und dabei nicht auszubrennen, brauchen wir Mut – und damit die Meditation.

Ein spirituelles Leben erfordert Mut

Gleichmut ist nicht Gleichgültigkeit, Mitgefühl nicht Mitleid. Wahre Spiritualität bedeutet, dass wir im Leben zu hundert Prozent präsent sind. Ob wir die Welt zur Gänze in den Blick nehmen können, hängt nicht von unserer Religion ab. Die Meditation hilft uns, uns das Leid der Welt zu vergegenwärtigen und unsere individuelle und kollektive Beziehung dazu zu erkennen. Wir werden Zeuge dieser Situation, ohne wegzulaufen. Ohne Achtsamkeit und Mitgefühl ist das Leiden der Welt kaum zu ertragen. Dann müssen wir unseren Geist davor verschließen. Und mit ihm Augen und Herz.

Wollen wir jedoch etwas verändern, müssen wir uns allen Aspekten der Erfahrung öffnen. Wenn wir uns der Welt aufrichtig und ohne Zaudern stellen wollen, müssen wir auch den Blick auf uns selbst ertragen. Dann erkennen wir, dass Sorge und Leid nicht nur da draußen herrschen, sondern auch in uns selbst. Auch wir haben Ängste, Vorurteile, Hass, Verlangen, Neurosen und Zwangsvorstellungen. Öffnen wir uns aber dem Leid, legen wir das Herz des Mitgefühls frei.

Im Herzen jedes einzelnen Menschen wohnt das Potenzial für dieses Mitgefühl, dieses Ganzsein. Unser Problem ist nur, dass wir ständig so geschäftig, so in Gedanken versunken sind, dass wir die Verbindung zu unserer wahren Natur verlieren. Legen wir aber die Verbindung zu unserem Ganzsein frei, wird in uns ganz natürlich der Wunsch entstehen, zum einen zu meditieren und zum anderen den anderen Wesen zu helfen.

Ich bringe den Großteil meiner Zeit damit zu, andere Menschen Meditation zu lehren. Vor einigen Jahren, als Tausende Menschen vor der Gewalt in Kambodscha flohen, nur um in Thailand in irgendwelchen Flüchtlingscamps unter Hunger und Krankheit zu leiden, drängte mich meine innere Stimme, nach Thailand zu fahren. Gesagt, getan. Ich kannte die Menschen dort und sprach einige der dort gängigen Idiome. Ich versuchte also zu helfen, dann kehrte ich des Öfteren dorthin zurück, um intensive Meditationsretreats zu leiten. Ich habe mich nicht lange gefragt, ob ich in den Flüchtlingslagern helfen sollte oder nicht. Ich hatte einfach das Gefühl, das sei nötig. Also zog ich los und tat es. Es war ein ganz persönliches Bedürfnis.

In den folgenden Jahren habe ich in Palästina gearbeitet und in Birma, in Gefängnissen und Krankenhäusern, aber auch mit Jugendlichen aus Straßengangs. Dazu fühlte ich mich neben meinem Leben als Meditationslehrer berufen. Das ist meine höchstpersönliche Art. Gleichwohl ist diese Art des Engagements nicht für jeden das Richtige. Es gibt Mönche, die ihr Leben in einer Höhle im Himalaja verbringen und dort unaufhörlich Mitgefühl für die ganze Welt ausstrahlen. Andere leiten Waisenhäuser für Kinder, deren Eltern an Aids gestorben sind. Gibt es diesbezüglich einen »richtigen« Weg? Der spirituelle Pfad hat keine Patentlösung für jeden parat. Es geht dabei nicht um Imitation. Wir können nicht Mutter Teresa sein oder Gandhi oder Buddha. Wir müssen ganz wir selbst sein. Wir müssen unseren höchstpersönlichen Ausdruck der Wahrheit finden. Wir müssen lernen, auf uns selbst zu hören und uns zu vertrauen.

Die zwei großen Kräfte in dieser Welt

Auf dieser Welt gibt es zwei gewaltige Kräfte. Die eine ist die Kraft zu töten. Menschen, die keine Angst vor dem Töten haben, zetteln Kriege an, beherrschen Nationen und kontrollieren einen Großteil dieser Welt. Es liegt eine große Stärke darin, vor dem Töten keine Angst zu haben. Die andere – eigentliche – Kraftquelle ist die, keine Angst vor dem Sterben zu haben. Solche Menschen haben den innersten Kern ihres Wesens erreicht. Sie haben einen so tiefen Blick in sich selbst getan, dass sie den Tod nicht nur verstanden haben, sondern ihn auch akzeptieren. In gewissem Sinne sind sie also bereits gestorben. Sie sind über die Schale des Ich hinausgelangt, haben erkannt, dass es keine Trennung gibt, und nun können sie jene Furchtlosigkeit und Fürsorge in die Welt tragen, die aus Liebe und Wahrheit geboren werden. Dies ist die einzige Kraft, die man jenen entgegenzusetzen vermag, die keine Angst vor dem Töten haben.

Dies ist die Kraft von Nelson Mandela und Aung San Suu Kyi. Gandhi wird in Indien häufig als Satyagraha bezeichnet, als »Kraft der Wahrheit«. Seine ganze Lebensgeschichte ist Ausdruck dieser Kraft. Als Indien geteilt wurde, wurden Millionen Menschen zu Flüchtlingen. Muslime und Hindus verließen ihre Heimat und flohen in den jeweils anderen Teil des Landes. Überall gab es Zusammenstöße, überall kam es zu Gewaltausbrüchen. Zehntausende Soldaten wurden nach Westpakistan gesandt, um die Gewalt einzudämmen. Gandhi hingegen begab sich ins damalige Ostpakistan. Er ging von Dorf zu Dorf und bat die Menschen, doch das Blutvergießen zu beenden. Dann begann er zu fasten. Er schwor, keine Nahrung mehr zu sich zu nehmen, bis der Wahnsinn der Gewalt ein Ende gefunden hätte, selbst wenn dies sein Tod sein sollte. Und die Zusammenstöße hörten auf. Die Kraft seiner Liebe war es, die der Gewalt Einhalt gebot, denn Gandhi hatte etwas, woran er glaubte – die Wahrheit oder das Leben oder wie Sie es auch immer nennen wollen. Etwas jedenfalls, das ihm mehr galt als die Person Gandhi. Das ist die wahre Kraft spiritueller Praxis, in welcher Form sie sich auch ausdrücken mag. Dann ist die Tatsache, dass man sein Leben nach dieser Wahrheit lebt, bedeutungsvoller als die Tatsache, ob man lebt oder stirbt. Wer dies verstanden hat, verfügt über eine unglaubliche Stärke, die sich in Liebe, Mitgefühl, Mitfreude und Gleichmut niederschlägt.

Eine der schönsten Erfahrungen, die ich in Indien gemacht habe, war meine Reise nach Benares, der Stadt am Ganges. Dort wird das Flussufer von sogenannten Ghats gesäumt, Treppen, die ans Wasser führen, damit die Menschen dort ihre rituellen Waschungen vornehmen können. Und ihre Toten verbrennen. Ich hatte schon vor Jahren von den Kremations-Ghats gehört und dachte immer, dass dieser Anblick schwer zu ertragen sein müsste. Trotzdem wollte ich dorthin. Man ruderte mich auf einem kleinen Boot flussabwärts, zu den Ghats. Zwölf Feuer loderten dort. Etwa alle halbe Stunde wurde ein weiterer Leichnam den Flammen übergeben, und die Menschen sangen: *»Rama nama satya hei.«* (Die einzige Wahrheit ist der Name Gottes.) Ich war bass erstaunt, denn es war überhaupt nicht schrecklich. Alles war friedlich, ruhig und sehr gelassen. Als läge die Erkenntnis in der Luft, dass Leben und Tod zwei

Seiten derselben Wirklichkeit seien und man deshalb vor dem Tod keine Angst haben müsse.

In uns entsteht tiefe Freude, wenn wir die schmerzlichen Aspekte des Lebens nicht mehr länger leugnen und unser Herz öffnen, um das Leben in seiner ganzen Breite zu erfahren: Leben und Tod, Freude und Schmerz, Dunkelheit und Licht. Sogar im Angesicht des größten Leids ist Freude möglich, die jedoch nicht aus dem Streben nach Leidfreiheit und dem Vermeiden von Schmerz rührt. Sie entsteht vielmehr daraus, dass wir meditieren und uns der Wahrheit öffnen können. Spirituelle Praxis beginnt, wo wir uns unserer eigenen Trauer, Angst, Verzweiflung öffnen, wo wir uns den Vorstellungen des Ego verweigern, wie die Dinge sein sollten, wo wir lieben und die Dinge so akzeptieren können, wie sie sind.

Ist dies unser Fundament, sehen wir auch, woher das Leiden in unserem Leben und in der Welt um uns rührt. Wir sehen, wie Gier, Hass und Verblendung das Gefühl des Getrenntseins schaffen. Aber wir sehen auch, dass das Ende des Leidens möglich ist, wenn wir nämlich erkennen, dass Licht und Dunkel, oben und unten, Freude und Leid dasselbe sind. Dann können wir unseren Blick für alles öffnen, ohne an etwas anzuhaften oder es abzulehnen.

Wir müssen erkennen, wie wir den Eindruck des Getrenntseins schaffen und verstärken. Wie wir aus dieser Welt einen Ort der Gegensätze machen: »Ich will dies. Ich möchte jenes. Das wird mir Sicherheit geben. Jenes wird mir Macht schenken.« Rasse, Nationalität, Alter und Religion sind lauter Konzepte, die trennend wirken. Tun Sie einen Blick in Ihr Inneres, um herauszufinden, welche Füllung die Vorstellung von »ich und die anderen« für Sie hat. Wann entsteht in Ihnen das Gefühl von »wir«, wann das von »die anderen«? Wenn wir diese Vorstellung aufgeben können, glauben wir auch nicht mehr länger, dass wir stärker sind, wenn wir mehr besitzen als andere oder wenn wir die Macht haben, andere zu töten. Wenn wir diese Vorstellung aufgeben, geben wir die stereotype Sicht der Liebe als Schwäche auf.

Das ist unsere Absicht, unsere Aufgabe – uns von der Anhaftung zu lösen, von der Verurteilung, der Identifikation, von unseren Ansichten, unserem Gefühl von »ich« und »mein«. Wir müssen erkennen, dass wir alle eng miteinander verwoben sind. Dass wir vieles erreichen können, wenn wir ohne Bitterkeit und Selbstgerechtigkeit handeln. Motiviert von dem tiefinneren Wunsch danach, anderen zu helfen und zu vergeben. Von der Entschlossenheit, unser Leben gut zu leben.

Vor einigen Jahren nahm ich an einer Konferenz teil, zu der auch Mad Bear geladen war, ein Medizinmann der Irokesen. Als er einen Vortrag halten sollte, meinte er: »Ich möchte, dass wir zu Beginn alle nach draußen gehen.« Und tatsächlich begaben sich alle Anwesenden nach draußen. Er führte uns zu einem großen Feld und bat uns, uns schweigend im Kreis aufzustellen. Da standen wir nun, schweigend unter dem weiten Himmel, umgeben von Getreidehalmen, die sich bis an den Horizont erstreckten. Dann sprach Mad Bear ein Dankgebet. Er dankte den Regenwürmern, dass sie die Erde auflockerten und den Pflanzen die Möglichkeit gaben zu wachsen. Er dankte dem Gras, das die Erde festhielt, sodass der Wind sie nicht fortblasen konnte, und das unseren Schritt abfederte und unseren Augen das Grün schenkte, die strahlende Schönheit seines Lebens. Er dankte dem Wind, weil er Regen brachte, die Luft reinigte und uns den Lebensatem spendete, der uns mit allen Wesen verband. Er dankte der Sonne und dem Mond und den Flüssen und den Steinen. So sprach er fast eine Stunde lang. Und wir hörten zu, fühlten den Wind übers Gesicht streichen, die Erde unter unseren Füßen, wir sahen das Gras und die Wolken voller Dankbarkeit, Liebe und in einem Gefühl tiefer Verbundenheit.

Dies ist der Geist der Achtsamkeit. Liebe (und nicht Anhaftung), Mitgefühl (nicht Mitleid), Freude (nicht Eifersucht) und Gleichmut (nicht Gleichgültigkeit) durchziehen unser Gewahrsein. Sie ermöglichen uns, uns der Wahrheit jedes einzelnen Augenblicks zu öffnen, sie zu akzeptieren, unsere tiefe Verbundenheit mit allen Dingen zu spüren und die Ganzheitlichkeit des Lebens zu sehen. Dies ist unsere spirituelle Praxis, ob wir nun Gehmeditation betreiben oder auf einer Demo mitmarschieren.

11
Der Weg des Bodhisattva
Sich der Welt annehmen

Die Lehren des Buddha entstanden in Indien als spirituelle Kraft, die sich gegen soziale Ungerechtigkeit, abergläubische Riten, Zeremonien und Opfer richtete, welche die Menschen herabwürdigten. Sie richteten sich gegen das Kastensystem und traten für die Gleichheit aller Menschen ein. Sie erklärten die spirituelle Gleichberechtigung von Mann und Frau.

Walpola Rahula,
What the Buddha Taught

Wer behauptet, Spiritualität habe nichts mit Politik zu tun, hat keine Ahnung, was Spiritualität eigentlich bedeutet.

Mahatma Gandhi

Lauren kam zur buddhistischen Meditation, weil sie sich nach acht Jahren intensiven Engagements für internationale Frauenrechte müde und ausgelaugt fühlte. Sie wünschte sich ein Kind und sehnte sich daher nach etwas mehr Ausgeglichenheit in ihrem Leben. Außerdem wusste sie nicht, ob sie nach Indonesien zurückgehen oder in San Francisco bleiben sollte. Die äußeren Anforderungen schienen ihr gerade eine enorme Last. Außerdem machte Laura sich Sorgen um die Sicherheit der jungen Musliminnen, mit denen sie bis vor kurzem zusammengearbeitet hatte. Doch ihre Gefühle von Loyalität und Solidarität standen in Konflikt zu ihrem innigen Wunsch, endlich Mutter zu werden.

Während eines zehntägigen Retreats wurden diese widersprüchlichen Wünsche für Lauren zum Koan, das sie lösen musste. Ein echtes Koan kann nicht durch den denkenden Geist gelöst werden. In einem Text der Zen-Tradition heißt es, ein Koan sei wie eine heiße Eisenkugel im Hals: zu heiß, um sie hinunterzuschlucken, zu heiß, um sie auszuspucken. Was also war zu tun? Lauren übte tagelang Sitz- und Gehmeditation und blieb dabei bei ihrem Dilemma. Manchmal war sie wütend, manchmal kamen ihr die Tränen. Allmählich wurde ihr Geist ruhiger, die selbstgezogenen Grenzen begannen sich aufzulösen, ihre Getriebenheit ließ nach. »Ich habe das Pferd vom falschen Ende her aufgezäumt. Ich bin ja gar nicht von der Welt getrennt, der ich Hilfe zuteilwerden lassen will. Wir sind ja eins.«

Bei dieser Erkenntnis erhellte ein liebevolles Lächeln Laurens Gesicht. Sie erklärte mir, dass sie sich am Anfang recht selbstsüchtig gefühlt hatte, als der Wunsch nach einem Kind in ihr aufkam. Sie hatte ohnehin immer das Gefühl gehabt, nie genug tun zu können, ja eine Versagerin zu sein. Wellen von Schmerz, von familiär bedingter Scham und einem intensiven Gefühl der Wertlosigkeit überkamen sie. Dann merkte sie, dass sie die Welt retten wollte, damit sie selbst sich als besserer Mensch fühlen konnte. Diese Einsicht war ihr ein bisschen peinlich, doch da sie liebende Güte praktizierte, lernte sie, sich nicht selbst zu verurteilen. Allmählich öffnete sich ihr

Körper für das spanische Moos auf den Bäumen, die regengetränkte Mulchschicht auf den Wegen, die jungen Frösche, den Wald, die Kitzlein und für alle Kinder, die je von einer Mutter zur Welt gebracht wurden. Und ihr wurde klar, dass sie eine Familie haben und trotzdem anderen helfen konnte. Diese Erkenntnis war ebenso radikal wie wahr und daher nicht mehr zu erschüttern. Lauren spürte ihre Verbundenheit mit dem Leben, und das Koan hatte seine Lösung gefunden. Sie kümmerte sich um ihr eigenes Leben, indem sie sich um die Welt kümmerte. Sie nahm sich der Welt an und ihrer selbst.

Viele Menschen wollen – wie Lauren – wissen, wie sie auf das Leiden der Welt am besten reagieren. Was können wir tun im Angesicht von Armut, Krankheit, Krieg, Ungerechtigkeit und Umweltzerstörung? Wenn wir die Nachrichten einschalten, ist es verführerisch, in Zweifel, Zynismus oder Gleichgültigkeit zu versinken. In der westlichen Psychologie wird dieses Problem gern auf eine Frage persönlicher Einstellung reduziert, doch ist dies nicht der Fall. Das Leiden der Welt betrifft uns alle. Wir müssen einen Weg finden, damit umzugehen. Dies ist ein drängendes Problem für die Psychologie. Der Buddhismus hat dazu seinen spezifischen Ansatz entwickelt, nämlich die vollkommene Hinwendung zum Leiden. Wir wissen, dass wahres Glück entsteht, wenn wir uns um das Leiden kümmern. Wir überwinden unsere eigene Verzweiflung, indem wir anderen helfen, mit der ihren fertigzuwerden.

Angesichts dieses Anspruchs kommen häufig Ängste auf, dem Ganzen nicht gewachsen zu sein. Wie bei Lauren kann unsere Reaktion vermischt sein mit Gefühlen der Schuld, der Wertlosigkeit und dem Bedürfnis nach persönlicher Heilung.

Doch auch wenn unsere Motivation nicht vollkommen rein ist, müssen wir auf das Leid reagieren. Wir können das. Es ist ganz einfach. Jeder von uns kann zur Gesundung der Welt beitragen. Wir können uns um uns selbst und um andere kümmern. Wenn wir das tun, schließen wir Bekanntschaft mit der Rolle des Bodhisattva.

Der Bodhisattva

Das Problem mit der Welt ist nur, dass wir unseren Familienkreis viel zu eng sehen.
Mutter Teresa

Der Begriff Bodhisattva kommt aus dem Sanskrit und bezeichnet ein Wesen, das sich dem Erwachen widmet und zum Wohle aller lebenden Wesen tätig wird. Der Bodhisattvapfad ist einer der radikalsten Praxiswege im Buddhismus. Dies liegt an einer Sichtweise, die radikal davon ausgeht, dass unser eigenes Glück seine Wurzeln im Dienst sowohl am anderen als auch an uns selbst findet. Unser höchstes Glück ist untrennbar mit dem Wohlbefinden anderer verknüpft.

Der Pfad des Bodhisattva steht in klarem Gegensatz zum Credo moderner westlicher Therapiemethoden, in denen sich häufig der übersteigerte Individualismus unserer Kultur widerspiegelt. Ich kann alles an mir festmachen: meine Ängste, meine Neurosen, mein Glück, meine Bedürfnisse, meine Grenzen. Manchmal verfangen wir uns so sehr in den engen Mauern unseres eigenen Dramas, dass wir unser Wachstum einstellen.

Natürlich kann es sehr nützlich sein, eine Zeit lang über sich nachzudenken, doch damit sollten wir es nicht bewenden lassen. Immer wieder berichten Therapeuten, dass ihre Klienten mitunter einen gewissen Widerwillen zeigen, ständig um sich selbst zu kreisen, was letztendlich ja ein gutes Zeichen ist. Es bedeutet, dass wir uns von der Identifikation mit unserem persönlichen Leid lösen. Erst dann sind wir bereit, uns für eine Welt einzusetzen, deren Grenzen nicht mit denen unseres Daseins zusammenfallen.

Jede Weisheitstradition sagt uns, dass der Sinn des menschlichen Lebens nicht losgelöst von anderen gefunden werden kann. Vielmehr liegt er in Großzügigkeit, Liebe und Verständnis. Der Bodhisattva weiß das, und so erscheint er in tausend verschiedenen Gestalten: von der liebevollen Großmutter bis hin zum engagierten Weltbürger. Meditierende rezitieren immer wieder das Bodhisattvagelübde vor und nach der Meditation, um den Nutzen, den sie aus der Praxis ziehen, mit anderen zu teilen: »Die Zahl der fühlenden Wesen ist grenzenlos. Ich gelobe hiermit, uns allen die Befreiung zu bringen.« Das Bodhisattvagelübde ist dem Hippokratischen Eid vergleichbar, mit dem der Arzt gelobt, Kranken zu helfen. Der Bodhisattva gelobt, sich für das Wohlergehen aller einzusetzen. Der Dalai Lama rezitiert die Bodhisattvagelübde, die uns der indische Weise Shantideva hinterlassen hat:

Möge ich ein Schützer sein für alle, die Schutz benötigen,
ein Führer für alle, die auf dem Weg sind,
ein Boot, ein Floß, eine Brücke für alle,
welche die Wasser überqueren wollen.

Möge ich eine Lampe in der Dunkelheit sein,
ein Ruheplatz für die Geschwächten,
heilsame Arznei für jene, die ihrer bedürfen.
Möge ich Füllhorn sein und Wunderbaum.
Möge ich der grenzenlosen Vielfalt aller lebenden Wesen
Unterhalt und Befreiung bringen,
unerschütterlich wie Himmel und Erde,
bis alle Wesen frei sind von Leid
und Erleuchtung gefunden haben.

Aus psychologischer Sicht betrachtet ist dies ein ziemlich merkwürdiges Vorhaben. Soll das heißen, dass ich herumlaufe und sieben Milliarden Menschen sowie Abermilliarden anderer Wesen retten will? Wie sollte das gehen? Wenn wir vor dem Hintergrund unseres begrenzten Selbstbildes darüber nachdenken, ist dies unmöglich. Machen wir daraus aber eine Zielsetzung unseres Herzens, dann stellt sich allmählich Verständnis ein. Solch ein Gelöbnis ist eine Absichtserklärung, die unserem Leben eine Richtung gibt, ein heiliger Zweck, eine Erklärung der Weisheit, eine Opfergabe, ein Segen. Wer die Welt mit den Augen des Bodhisattva sieht, erkennt, dass »ich« und »andere« in Wahrheit nicht existieren. Es gibt nur »uns«.

Der Dalai Lama ist für Millionen unterdrückter Tibeter eine Quelle der Liebe und Kraft. Die Menschen tragen sein Bild heimlich bei sich oder verstecken es in Altären. Er segnet und ermutigt sein Volk aus der Ferne. Doch nicht nur der Dalai Lama setzt sich dem Bodhisattvagelübde entsprechend für andere ein. Menschen, denen etwas an uns liegt, unterstützen uns auf vielfache, nicht immer fassliche Weise. James Hillman beispielsweise, seines Zeichens Jungianer, beschreibt das unsägliche Leiden von Liu Qing, der in China wegen Eintretens für die Demokratie verhaftet wurde. Er saß elf Jahre lang im Gefängnis und wurde von den Wachen zum Schweigen gezwungen. Wenn er sich bewegte oder etwas sagte, wurde er geschlagen. Um freigelassen zu werden, musste Liu nicht etwa andere Dissidenten verraten. Man bat ihn nur, ein einfaches Dokument zu unterzeichnen, in dem er »fehlerhaftes Denken« eingestand. Es ist bemerkenswert, dass Liu nicht unterschrieb. Später erklärte er, dass er immer, wenn er in seinem Entschluss wankend wurde, die Gesichter seiner Angehörigen und seiner Freunde vor sich sah. Er sah sich nicht in der Lage, ihr Vertrauen zu verraten. Die Erinnerung an jene, die ihn liebten, half Liu.

»Wir existieren nicht getrennt, wir sind vielmehr miteinander verbunden«, erklärt der Buddha. Selbst der autarkste Mensch war einmal ein hilfloses Kind, das von anderen versorgt wurde. Ajahn Buddhadhasa ließ alle Bewohner seines Waldklosters eine tägliche Kontemplation der wechselseitigen Verbundenheit der Wesen durchführen. Mit jedem Atemzug nehmen wir Sauerstoff auf und geben Kohlendioxid ab, wie der Ahorn und die Eiche, der Hartriegel und der Redwoodbaum das tun. Unsere tägliche Ernährung verbindet uns mit den Rhythmen der Bienen, Raupen und Wurzelwerke. Sie bindet unseren Körper ein in den gemeinsamen Tanz von Pflanzen und Tieren. Nichts existiert nur für sich. Der Biologe Lewis Thomas erklärt dies so: »Die treibende Kraft in der Natur, zumindest auf dieser Art von Planeten mit dieser Art der Biosphäre, ist die Kooperation. [...] Der revolutionärste und fruchtbarste Mechanismus der Natur, der die großen Sprünge in der Evolution geprägt hat wie kein anderer, ist zweifelsohne die Symbiose, was nichts anderes ist als ein Maximum an kooperativem Verhalten.«

Wenn wir dies nicht begreifen, reiben wir uns auf in dem Zwiespalt, ob wir uns nun besser um uns selbst oder besser um die Leiden der Welt kümmern. Oder wie der Essayist E. B. White schreibt: »Ich erwache am Morgen zerrissen zwischen dem Wunsch, die Welt zu retten, und der Neigung, sie einfach zu genießen.« Eine Psychologie der Interdependenz hilft, dieses Dilemma zu lösen. Meditation zeigt uns, dass die Zweiteilung in Innen und Außen falsch ist. Aus diesem Geist heraus begreift man Gandhis Antwort, als man ihm die Anerkennung seiner Leistungen für Indien aussprach: »Ich tue dies nicht für Indien, sondern für mich selbst.«

Es gibt keine Trennung zwischen Innen und Außen, dem Selbst und anderen. Wenn wir uns unser selbst annehmen, nehmen wir uns der Welt an. Wenn wir uns um die Welt kümmern, kümmern wir uns um uns selbst.

Ein Leben im Gleichgewicht – schalten Sie die Nachrichten aus!

In der ein oder anderen Form wird der Bodhisattva in jeder Kultur verehrt. Im Christentum ist es der heilige Franz von Assisi, in Asien die Gestalt der Kwan Yin. Wir lassen uns von Menschen wie Albert Schweitzer inspirieren oder von Dorothy Day, der Begründerin der katholischen Arbeiterbewegung.

Doch wir müssen nicht Mönch werden wie der heilige Franz oder nach Afrika gehen wie Albert Schweitzer, um als Bodhisattva wirken zu können. Dieses Ideal beruht auf der festen Überzeugung, dass wir fähig sind, unser Leben in ein Dasein inneren und äußeren Dienens zu verwandeln. Indem er dies tut, ohne sich davon überwältigen zu lassen, schafft der Bodhisattva ein Leben im Gleichgewicht.

Das ist letztendlich ungeheuer praxisbezogen. Wenn wir lernen wollen, unser Leben weise zu führen, ist der erste Schritt, dass wir lernen, unseren Geist zu beruhigen. Wenn unser Handeln von Ärger, Gier, Angst oder Aggression motiviert ist, wird es die Probleme nur fortschreiben. Wie viele Revolutionäre haben schon diktatorische Regimes gestürzt, nur um sich am Ende zu neuen Diktatoren aufzuschwingen? Nur wenn unser Geist und unser Herz friedlich sind, können wir erwarten, dass auch unser Handeln Frieden bringt.

Um diesen engen Zusammenhang zwischen Innen und Außen verständlich zu machen, möchte ich wieder einmal die Lebensgeschichte Gandhis anführen. Sogar während der turbulentesten Jahre seines Kampfes gegen die Vorherrschaft der Briten in Indien verbrachte er einen Tag in der Woche in vollkommener Stille. Er meditierte, damit er aus einem Verständnis der Vernetztheit heraus handelte und so sich selbst und andere vor Schaden bewahrte. Wie angespannt die politische Situation auch immer sein mochte, diesen Tag der Stille ließ er sich nicht nehmen. Er half ihm, seinen Geist zu beruhigen und auf die wahren Absichten seines Herzens zu hören.

Wenn Sie also ein Leben im Gleichgewicht führen wollen, fangen Sie jetzt damit an. Schalten Sie die Nachrichten aus.

Meditieren Sie. Hören Sie Mozart. Gehen Sie unter Bäumen spazieren. Fahren Sie in die Berge. Schaffen Sie sich eine Friedenszone. Wenn ich von einem längeren Retreat zurückkehre oder lange Zeit auf Reisen war, stelle ich immer wieder überrascht fest, dass sich die Nachrichten seit meiner Abreise nicht großartig verändert haben. Wir wissen ja schon, womit wir es zu tun haben. Die Probleme kennen wir. Lassen Sie die neuesten Nachrichten. Horchen Sie tiefer.

Wenn wir auf Unsicherheit und Terrorismus mit Angst reagieren, verschlimmern wir das Problem. Wir schaffen eine verängstigte Gesellschaft voller Sicherheitszäune und Barrikaden – die Festung Amerika. Wenn wir jedoch Mut und Mitgefühl zu Wort kommen lassen, dann können wir mit furchtlosem Herzen umsichtig reagieren.

Unseren Geist zu beruhigen ist also letztlich ein politischer Akt. Sogar wenn wir der Verbitterung und dem Zynismus, die auf der politischen Ebene so häufig sind, Einlass in unser Herz gewährt haben, können wir innehalten und anfangen, mit Mitgefühl unser Leid und unsere Ängste zu heilen. Meditation und innere Wandlung machen aus unserem Herzen einen Ort des Friedens und der Integrität. Jeder von uns weiß, wie das funktioniert. Oder wie Gandhi sagte: »Ich habe der Welt nichts beizubringen. Wahrheit und Gewaltlosigkeit sind so alt wie die Berge.« Unser innerer Edelmut und unsere Beständigkeit sind es, auf die wir uns in Zeiten persönlicher und kollektiver Schwierigkeiten verlassen sollten.

Der Wahrheit ins Gesicht sehen

Sobald wir gelernt haben, unseren Geist zu beruhigen, ist der zweite Schritt zum Bodhisattva, dass wir die Wahrheit akzeptieren. Wir wenden uns ganz bewusst den Schwierigkeiten auf der Welt zu und betrachten sie im Licht der Einsicht. »Der Feind«, meinte Ajahn Chah, »ist die Täuschung«. Aus unserer getäuschten Sicht heraus geben wir anderen die Schuld für unsere Probleme, halten sie für unsere Feinde und sehen uns als getrennte Wesen an. Die Wahrheit ist, dass wir nicht für uns allein leben. Kriege, ungerechte Güterverteilung, Rassismus und Umweltzerstörung haben ihre Wurzel in der Illusion des Getrenntseins. Diese getäuschte Sicht lässt uns glauben, dass wir anders sind als andere Völker, als die Bäume und Ozeane dieses immer kleiner werdenden Planeten. Wenn wir vor der Wahrheit nicht die Augen verschließen, wird uns klar, dass unsere Probleme nicht nur durch materiellen oder wissenschaftlichen Fortschritt zu lösen sind. Neue Computernetzwerke, neuartige Kraftstoffe und Fortschritte auf dem Gebiet der Biologie können schließlich ebenso dazu eingesetzt werden, neue Waffen zu schaffen, Konflikte zu verschärfen und die Umweltzerstörung voranzutreiben. Wirtschaftliche und politische Veränderungen laufen ins Leere, wenn wir keinen Weg finden, unser Bewusstsein zu ändern. Es ist eine Illusion, dass grenzenlose Profitgier, Hass und Krieg für Schutz und Glück sorgen werden.

Vor mehr als einem halben Jahrhundert hielt Präsident Eisenhower, der während des Zweiten Weltkriegs oberster Befehlshaber der Streitkräfte war, eine bemerkenswerte Rede, bevor er das Weiße Haus verließ. Eisenhower, damals wohl der meistgeschätzte militärische Befehlshaber der ganzen Welt, sprach sich gegen das hemmungslose Wachstum der Waffenindustrie aus. »Jede gebaute Waffe, jeder nicht verhinderte Konflikt, jede abgefeuerte Rakete ist ein Diebstahl an den Hungernden, die wir nicht nähren, an den Frierenden, die wir nicht kleiden. Diese bis an die Zähne bewaffnete Welt kostet ja nicht nur Geld. Wir verschwenden damit auch die Kraft unserer Arbeiter, das Genie unserer Wissenschaftler, die Hoffnung unserer Kinder. [...] Dies ist keine Lebensart im wahrsten Sinne dieses Wortes. Denn wo immer Krieg droht, wird die Menschheit selbst an ein eisernes Kreuz genagelt.«

Präsident Eisenhower sprach die immensen Kosten an, die der hochgerüstete Militärapparat verschlingt. Wie die »Gefängnisindustrie« und die aktuelle amerikanische Außenpolitik haben diese Kräfte sich dem Profit verschrieben und handeln ohne Mitgefühl. Wir müssen lernen, dass dies uns keineswegs mehr Sicherheit einträgt. Kollektives Wohlergehen stellt sich ein, wenn wir aus Weisheit und liebender Güte handeln statt aus Furcht. »Menschliche Wesen sollten anderen Wesen keinen Schaden zufügen und nicht aus Hass oder Gier heraus handeln«, sagte der Buddha, als spräche er direkt zum modernen Menschen. »Sie sollten weder töten noch stehlen. Sie sollten sich vor allem hüten, was Leiden mit sich bringt wie beispielsweise Waffenhandel, und vor allem, was andere Menschen versklavt.« Mit diesen Worten wollte der Buddha nicht etwa den Grundstein für eine neue Religion legen. Er suchte vielmehr nach einer Sozialpsychologie, die Glück für den Einzelnen und die Gemeinschaft möglich machte.

Wenn er sich der Wahrheit stellt, macht sich der Bodhisattva voller Mitgefühl bewusst zum Zeugen unseres persönlichen und kollektiven Leids. Wie wichtig das sein kann, konnte die erstaunte Welt am Wirken der Kommission für Wahrheit und Versöhnung in Südafrika ablesen. Diese veröffentlichte mehr als zwei Jahre lang Berichte von Opfern und Tätern gleichermaßen. Die Wahrheit wurde aufgedeckt. Viele grauenhafte Taten, die während der Apartheid begangen wurden, kamen so ans Licht. Doch diese Tatsache schürte nicht etwa Hass und Rachlust, sondern wirkte sich heilsam auf das Leiden der ganzen Nation aus. Hier wurde eindrucksvoll die Macht der Wahrheit unter Beweis gestellt, die dazu beitrug, dass eine Gesellschaft sich nach so schrecklichem Leid wieder finden und von vorne beginnen konnte. Reverend Bongani Finca war eines der 15 Kommissionsmitglieder, die über die Hearings in Südafrika wachten. Er erzählt, dass Täter und Opfer trotz der unendlichen Grausamkeiten, die begangen und erlitten wurden, sich nach Versöhnung sehnten. »Ich kann mich noch an die Aussage eines 16-jährigen Mädchens erinnern. Ihr Vater war einer der vier, die in Cradock umgebracht wurden. Sie sagte: ›Ich will vergeben. Aber ich weiß nicht, wem ich vergeben soll. Wenn ich nur wüsste, wer meinem Vater was angetan hat, könnte ich vergeben.‹ Dies war eine höchst bewegende Aussage, gerade von Seiten eines so jungen Menschen, von dem man eigentlich Verbitterung erwartet hatte. Aber da war keine Bitterkeit in ihr. Sehr häufig hat die Haltung der Opfer zur Wahrheitskommission alle erstaunt, war sie doch ein lebendiges Zeugnis dafür, dass gerade Menschen, die viel erduldet haben, aus unerfindlichen Gründen besonders großzügig im Geist werden.«

Am Ende tritt die Wahrheit doch ans Licht. Sie geht als Flüsterparole von Haus zu Haus, weht durch die Straßen, wird von den Dichtern eingefangen und hallt in den Herzen aller wider, denen sie wichtig ist. Martin Luther King jr. sagte einmal: »Ich glaube immer noch, dass es das Größte auf der Welt ist, für die Wahrheit ohne Waffen einzutreten. Dies ist unser Lebenssinn. Der Sinn des Lebens ist es nicht, Freude zu erlangen und Schmerz zu vermeiden. Der Sinn des Lebens liegt darin, den Willen Gottes zu tun, komme, was da wolle.« In diesen Worten liegt die ganze moralische und psychologische Kraft, die uns aus der Illusion heraustreten und die Wahrheit erkennen lässt.

Die Vision von Befreiung und Gerechtigkeit

Nachdem wir den Geist beruhigt und der Wahrheit ins Auge geblickt haben, kommt der nächste Schritt auf dem Weg zum Bodhisattvadasein: Wir fassen klar ins Auge, dass Befreiung für uns, unsere Gemeinschaft, ja die ganze Welt möglich ist. Visionen entfalten eine unglaubliche Kraft. Unsere Vorstellungskraft und unsere Visionen helfen uns, die Zukunft zu schaffen. Wir setzen unserem Leben einen Kurs, nutzen unsere Ressourcen und machen das noch nicht Bestehende möglich. Die Vision des Bodhisattva ist der unabdingbare Schritt zur Verwandlung der Welt. Wir müssen Mut beweisen und uns eine Welt vorstellen, in der Kinder nicht mehr hungern, sondern gut versorgt werden, in der statt eines Rüstungswettlaufes ein Wettbewerb kreativer Geister zur Konfliktlösung möglich ist. Wir müssen uns auf eine Welt konzentrieren, in der Menschen aller Kasten, Nationen, Rassen, Geschlechter und sexueller Orientierung einander mit Respekt behandeln und sich gleicher Chancen erfreuen.

Buddhistische Texte berichten vom Bodhisattva Vimalakirti, dem weisesten der Wesen, von unbändiger Kraft und vollkommener Furchtlosigkeit. In den konfliktreichsten und schwierigsten Situationen materialisierte er sich auf magische Weise in einer Form, in der er am besten helfen konnte. Vimalakirti wird krank, um die Ärzte und Helfer im Krankenhaus zu lehren, wie sie in ihrer Arbeit den Pfad üben können. Auf den Märkten tritt er als Händler auf, in den Tavernen als trinkfester Zecher. Er nimmt sich anderer Wesen an und zeigt so, dass Glück und Freiheit für alle möglich sind. So kann er alle Umstände so nützen, dass sie zum vollkommenen Ort für die Belehrungen über den Pfad des Erwachens werden.

Buddhismus hat nichts mit Rückzug von der Welt zu tun. Was der Buddhismus zum Thema »weises Führen« und »weise Gesellschaft« zu sagen hat, lernt in der buddhistischen Welt jeder von Kindesbeinen an. In den Volkssagen begegnen wir immer wieder dem künftigen Buddha als jungem Fürsten oder als Tier. In einer dieser Geschichten wird der Buddha als König der Banyanhirsche geboren. In dieser Gestalt bietet er einem König der Menschen sein Leben für das einer trächtigen Ricke an, die dieser gefangen hat. Diese Geste inspirierte den König so sehr, dass er künftig in seinem ganzen Königreich die Jagd auf das Wild verbot. In einer anderen Geschichte wurde der künftige Buddha als Papagei wiedergeboren, der versucht, seine Mitgeschöpfe vor einem Waldbrand zu retten. Immer wieder fliegt er zum nahen Fluss, um dort seine Flügel einzutauchen, fliegt zurück und besprengt die anderen mit Wasser.

Sein Mut rührt den Regengott zu Tränen, welche die Flammen löschen und alle Geschöpfe vor einem grausamen Tod erretten. Wer in einer buddhistischen Kultur groß wird, hört diese Geschichten immer und immer wieder.

Auf theoretischem Gebiet lehrt die buddhistische Psychologie uns, wie wir durch Übung von Achtsamkeit, Ethik, Großzügigkeit und Respekt die Gesellschaft positiv beeinflussen können. Von der Dorfschule bis zur Gemeindeversammlung bringen die buddhistischen Methoden der rechten Rede, rechten Lebensführung und des rechten Tuns Harmonie und eine gefestigte Ethik mit sich.

Auch in buddhistischen Tempeln findet die buddhistische Psychologie Anwendung. Ohnehin gehören die Klöster zu den ältesten sozialen Einrichtungen der Welt. Die buddhistischen Tempel dienen seit über 2000 Jahren als Zentren der Bildung und des Dienstes an der Gemeinschaft, bieten sie doch Hilfe in allen möglichen Fragen vom Gemeindeprojekt bis zur sozialen Organisation oder zur Schlichtung von Streitfragen. Die Dorfbewohner verbringen regelmäßig Zeit im Kloster, wo sie an die heilsamen Wege der Lebensführung erinnert werden und vom Beispiel der Mönche und Nonnen profitieren. Wegen der massiven Umweltzerstörung in Südostasien haben viele Klöster ihr Areal in ein Naturschutzgebiet umgewandelt, in denen wilde Tiere wie Tiger unbehelligt leben können. In Kambodscha wiederum betreiben Mönche und Nonnen Zentren zur Sucht- und Aids-Bekämpfung. In Thailand hüllen die Mönche die ältesten Bäume in Mönchsgewänder. Als »Ordinierte« darf niemand Hand an sie legen. Auf diese Weise wurden Tausende von Hektar Regenwald erhalten.

Wenn im Kloster Konflikte auftreten, nutzt man diese zur Praxis. Es gibt den Versöhnungsrat, das Gelübde des Nicht-Schadens, Kurse zum achtsamen Zuhören und Bekenntnis- und Sühnezeremonien. Sowohl Gandhi als auch Martin Luther King jr. gründeten ihre Arbeit auf solche Prinzipien, auf das Gebot des Nicht-Schadens oder Ahimsa, das den eigentlichen Weg zum Glück darstellt.

Der Buddha wandte diese Prinzipien direkt an. Er wandte sich gegen das Kastensystem und trat für eine Gesellschaft ein, die auf wechselseitigem Respekt fußte. Eines Tages sandte einer der indischen Territorialkönige seinen ersten Minister zum Buddha, weil er Rat für seinen Krieg mit der Republik Vajjian suchte. Auf diese Frage antwortete der Buddha mit einer Reihe von Gegenfragen. »Finden die Vajjian sich regelmäßig und häufig zu Volksversammlungen ein?« »Das tun sie, Herr«, lautete die Antwort des Ministers. »Ehren sie ihre Ältesten und halten sie sich an die weisen Vorschriften, die von diesen erlassen wurden?« »Das tun sie, Herr.« »Kümmern sie sich um die verwundbarsten Mitglieder ihres Reiches, die Frauen und Kinder?« »Das tun sie, Herr.« »Achten sie die Heiligtümer, die Natur und lassen sie ihre Bürger und Nachbarn zu Wort kommen?« »Das tun sie, Herr.« »Dann wird das Reich der Vajjian gedeihen und nicht untergehen«, erklärte der Buddha. »Jede Gesellschaft, die so verfährt, wird gedeihen und nicht untergehen.« Diese Antwort überbrachte der Minister dem König, der daraufhin von seinen Kriegsplänen abließ.

Dieser Dialog ist höchst aufschlussreich. Wenn wir in Harmonie und gegenseitiger Achtung leben, uns um die verwundbarsten Mitglieder unserer Gesellschaft kümmern, die Umwelt schützen und unsere Mitmenschen und Nachbarn achten, dann werden wir gedeihen und nicht untergehen. Eine starke und stabile Gesellschaft entsteht aus wechselseitiger Großzügigkeit, die dafür sorgt, dass Ungerechtigkeit vermieden wird. Diese Lehren sind überraschend modern. In der Längeren Sammlung der Buddhareden findet sich immer wieder die klare Aussage, dass Armut zu Diebstahl, Gewalt und anderen Verbrechen führt. Der Buddha lehrt, dass Bestrafung nicht ausreicht, um das Verbrechen zu besiegen. Stattdessen, so meint er, sollten wir uns der Ursachenbeseitigung zuwenden. »Die wirtschaftliche Lage des Volkes muss verbessert werden: Bauern sollten Zugang zu Saatgut haben und auf Hilfskräfte zurückgreifen können. Auch Geschäftsleute brauchen Unterstützung. Wer für Lohn arbeitet, muss genügend verdienen. Wenn wir so für die Menschen sorgen, wird Zufriedenheit entstehen. Dann ist das ganze Land zufrieden und frei von Verbrechen.« Dies ist keineswegs nur eine idealistische Vision, sondern ein praktisch umsetzbarer Weg zum Glück.

Sich der Welt annehmen

Irgendwo habe ich noch ein altes Foto, das 1967 auf der ersten Seite der *Manila Times* abgedruckt war. Ich war damals im San Lazaro Hospital auf den Philippinen, wo ich meine Unterweisung für die Arbeit im Peace Corps erhielt. Auf diesem Foto stehe ich allein vor der Botschaft der Vereinigten Staaten und halte ein Transparent hoch, mit dem ich gegen den Vietnamkrieg protestiere. An diesem Tag fand in Washington eine große Friedensdemonstration statt, und ich wollte auf meine Weise daran teilnehmen. Ich war sicher, dass ich genug über Vietnam wusste, um mir ein Urteil erlauben zu können, sicher, dass es falsch war, sich dort einzumischen, und dass wir nur die Fehler der französischen Kolonialpolitik fortschrieben. Meine ersten Reisen durch Thailand, Laos und Vietnam sowie zahlreiche Gespräche mit dort stationierten Soldaten verstärkten diesen Eindruck noch.

Natürlich war die Wirklichkeit am Ende sehr viel komplexer, als ich damals hatte ahnen können. Später lernte ich Menschen kennen, die unter den nordvietnamesischen Kommunisten schreckliche Leiden erduldet hatten, die in Internierungslagern geschlagen und als ideologische Abweichler gefoltert worden waren. Andererseits lernte ich auch Menschen kennen, die unter dem Diem-Regime in Südvietnam gelitten hatten. Wenn man näher hinsah, hatte jeder eine bewegende Geschichte zu erzählen. Und jeder wollte, dass man ihn verstand und sich auf seine Seite schlug. Sicher ist jedoch nur eines: Es gibt keine einfachen Antworten. Heute gehe ich an politisches Engagement mit einem anderen Verständnis heran. Ich versuche, allen Beteiligten Respekt entgegenzubringen und nicht auf meiner Position zu beharren. Statt nach Sündenböcken zu suchen und einige Menschen als Inbegriff des Bösen zu betrachten, ihre Gegenspieler jedoch als nur und ausschließlich gut, sehe ich, welche Leiden aus den machtvollen Energien der Unwissenheit und Täuschung entstehen. Wenn ich aktiv werde, dann möchte ich meine eigene Aggression und meinen Stolz nicht in den Konflikt einbringen.

Als sich Zenmeister Thich Nhat Hanh in den Sechzigerjahren für den Frieden in Vietnam einsetzte, wusste er, dass Frieden nur aus neuen Schulen und Krankenhäusern kommen würde, nicht aus seinem Eintreten für eine der Krieg führenden Parteien. In seinem Buch *Lotos im Feuermeer* beschreibt er, wie das Young Buddhist Service Movement, das er begründen half, die Entscheidung traf, allen zu helfen, ohne Ansehen der politischen Ausrichtung. Martin Luther King jr. war davon so inspiriert, dass er Thich Nhat Hanh für den Friedensnobelpreis vorschlug. In Vietnam allerdings wurde die Bewegung von beiden Seiten als Bedrohung wahrgenommen, eben weil sie nicht klar für eine Seite eintrat. »Wenn du nicht für uns bist, bist du für den Feind.« Viele der Aktivisten des Young Buddhist Service Movement wurden getötet – von beiden Krieg führenden Parteien. Trotz dieser Todesfälle fuhren Thich Nhat Hanh und seine Mitstreiter mit ihrer Arbeit fort. Ein Bodhisattva widmet sich immer seinen Verpflichtungen, unabhängig von äußeren Erfolgen oder Niederlagen.

Eine der Geschichten aus dem Leben des Buddha betrifft die Feindseligkeiten zwischen den beiden Königreichen Magadha und Kapilavatthu. In Letzterem lebte der Klan des Buddha, die Shakya. Als die Shakya herausfanden, dass der König von Magadha plante, sie anzugreifen, flehten sie den Buddha an, Friedensverhandlungen aufzunehmen. Der Buddha stimmte zu, doch obwohl er dem König weitreichende Zugeständnisse anbot, war dieser von seinem Vorhaben nicht abzubringen. Sein Geist loderte vor Kriegslust, und so beschloss er anzugreifen.

Also ging der Buddha ganz alleine hinaus und setzte sich meditierend unter einen abgestorbenen Baum auf der Straße von Magadha nach Kapilavatthu. Der König von Magadha zog mit seiner Armee an dieser Stelle vorbei. Als er den Buddha unter dem abgestorbenen Baum in der vollen Sonne sitzen sah, fragte er ihn: »Warum sitzt Ihr unter einem Baum ohne Blätter?« Der Buddha antwortete: »Mir ist auch unter diesem Baum kühl, weil er in meinem wunderschönen Geburtsland wächst.« Diese Antwort rührte das Herz des Königs. Er erkannte, dass die Shakya ihr Land mindestens genauso liebten wie er das seine, und so kehrte er mit seiner Armee nach Magadha zurück. Später allerdings hetzte man den König erneut auf, sodass er dieses Mal tatsächlich einen Krieg begann. Die Armeen Magadhas zerstörten Kapilavatthu.

Wir können das Ergebnis unseres Handelns nicht kontrollieren. Doch wir können uns der Welt zuwenden, positive Samen legen und darauf vertrauen, dass diese am Ende Frucht tragen werden. Wenn sich ein paar Menschen zusammenfinden, die für die Vision einer freieren, gerechteren Welt eintreten, dann kann sich der Wandel selbst angesichts turmhoher Hindernisse vollziehen. Die Geschichte solch eines Wandels erzählt Adam Hochschild in *Sprengt die Ketten*. Hochschilds Bericht setzt im Jahr 1787 ein. Damals trafen sich einige Männer in einer Londoner Druckerei, um sich über die negativen Folgen der Sklaverei zu unterhalten. Der Sklavenhandel mit der Karibik war der Grundpfeiler des gesamten British Empire. Doch diese Männer schufen eine Vision des Empire ohne Sklaverei. Der wichtigste Mann war sicherlich Thomas Clarkson, der sich mit anderen sogenannten Abolitionisten, vorzugsweise Quäkern, zusammentat, um die Ansichten der Gesellschaft zum Thema »Sklaverei« ein für alle Mal zu verändern.

Diese wenigen Männer begannen mit ihrer auf lange Sicht

angelegten Kampagne. Clarkson selbst legte auf seinem Pferd 50 000 Kilometer zurück, um seine Vision in England zu verbreiten. Bei ihm waren ehemalige Sklaven, die seitdem eine Ausbildung genossen hatten und sich gut ausdrücken konnten. Diese berichteten in den Versammlungsräumen Großbritanniens über die Gräuel, die sie hatten erdulden müssen. 1833 war es dann so weit: Diese kleine Gruppe Männer hatte es geschafft, dass das britische Parlament ein Gesetz gegen die Sklaverei im Empire erließ. Dies war der erste Schritt zur Beendigung der Sklaverei auf der ganzen Welt.

Hochschild berichtet, dass sich die Quäker jener Zeit weigerten, ihren Hut vor König George oder einem anderen König zu ziehen, weil diese Ehre nur Gott zukomme. Als aber Thomas Clarkson starb, zogen die versammelten Quäker bei der Beerdigung ihren Hut – in Anerkennung seiner Verdienste um die Menschheit.

Grenzen setzt uns nur unsere eigene Vorstellungskraft. Natürlich wird es immer auch Schattenseiten geben. Gier, Angst und Unwissenheit sind nun einmal Teil der menschlichen Psychologie. Trotzdem gibt es Möglichkeiten, weise zu leben. Für einen Bodhisattva trägt alles zum großen Ganzen bei, ob er sich nun achtsam mit Kindererziehung, dem Geschäftsleben oder dem Eintreten gegen die Ungerechtigkeit der Welt befasst. Jeder von uns kann dieses Potenzial fühlen. Menschen können einander mit mehr Mitgefühl und Fürsorge begegnen, mit weniger Vorurteilen, Rassismus und Angst. Es gibt weise Wege, jene Konflikte zu lösen, die auf unser Herz und unsere Hände warten.

Das Bodhisattvagelübde

Denken Sie darüber nach, ob Sie das Bodhisattvagelübde ablegen wollen. Damit werden Sie Teil der großen Gemeinschaft der Buddhisten, die das bereits getan haben. Traditionellerweise legt man das Bodhisattvagelübde in Gegenwart eines Lehrers in einem buddhistischen Tempel oder Zentrum ab. Wenn Sie nicht Mitglied eines solchen sind oder werden wollen, können Sie das auch für sich zu Hause tun. Schaffen Sie sich irgendwo einen sakralen Raum, in dem Sie Bilder von Buddhas oder Bodhisattvas aufstellen, die diesen Weg vor Ihnen gegangen sind. Wenn Sie das möchten, laden Sie doch einen oder mehrere Freunde als Zeugen ein. Setzen Sie sich eine Weile ruhig hin und denken Sie darüber nach, wie schön und erfüllt ein Leben ist, das sich dem Dienst an allen Wesen widmet. Wenn Sie so weit sind, können Sie ein Ritual durchführen, das Sie vorher »entworfen« haben. Sie können etwa eine Kerze anzünden oder die buddhistische Zufluchtsformel sprechen. Dann legen Sie Ihr Gelübde ab. Eine traditionelle Version finden Sie im Folgenden.

Die leidenden Wesen sind ohne Zahl.
Ich gelobe, sie alle zur Befreiung zu führen.
Die Anhaftung ist grenzenlos.
Ich gelobe, mich vollkommen davon abzuwenden.
Die Tore zur Wahrheit sind ohne Zahl.
Ich gelobe, sie alle zu durchschreiten.
Die Wege zum Erwachen sind erhaben.
Ich gelobe, sie alle zu verwirklichen.

Sie können das Gelöbnis so abändern, dass es dem entspricht, was Sie tief im Herzen empfinden. Wiederholen Sie das Bodhisattvagelübde, wenn Sie sich zum Meditieren hinsetzen, um Ihre Praxis auszurichten und die dadurch geschaffenen positiven Tendenzen dem Wohlergehen aller zu widmen.

12
Samadhi
Einen stabilen Geist entwickeln

Anfang der Siebzigerjahre sammelte ich Belehrungen von zwölf der bekanntesten buddhistischen Meditationsmeister in Thailand und Birma, die verschiedene Formen der Einsichtsmeditation oder Vipassana lehren. Aus diesem Material entstand mein erstes Buch *Living Buddhist Masters*. Die zwölf in diesem Buch vorgestellten Methoden sind nur ein Bruchteil der 50 bis 100 Vipassana-Stile, die ich kenne. In vielerlei Hinsicht stimmten die Meister nicht überein, was die beste Form der Praxis angeht. Manchmal arbeiteten sie sogar mit vollkommen gegensätzlichen Methoden. Als ich mein Buch zusammenstellte, achtete ich besonders darauf, dass solche divergierenden Ansätze unmittelbar aufeinanderfolgen. Da gab es beispielsweise ein Kapitel über einen Meister, der meinte, man könne Erleuchtung nur erlangen, wenn man über den Körper meditiere, und gleich danach vertrat ein anderer erleuchteter Meister die Ansicht, der beste Weg zum Erwachen sei die Meditation über den Geist. Ich wollte damit zeigen, dass es die unterschiedlichsten »geschickten Mittel« gibt, die Grundlagen für die Erleuchtung zu legen und diese zu erlangen. Jede Praxis, die sich auf Achtsamkeit, kluge Anstrengung, Untersuchung der wahren Natur der Wirklichkeit, Freude, Konzentration,

Ruhe, Gleichmut und Mitgefühl stützt, bringt einen am Ende zur Erleuchtung. Es führen also viele Wege zum Ziel. Sie sind wie ein Mandala, wie die Speichen eines geheiligten Rades, die sich alle unweigerlich in der Mitte treffen.

Das Mandala der geschickten Mittel zu verstehen ist für uns, die wir die buddhistischen Traditionen in den Westen bringen, von besonderer Bedeutung. Theravada-, Mahayana- und Vajrayanabuddhismus haben eine jeweils unterschiedliche Auffassung von Samadhi, die der mittlerweile recht vielfältigen Gemeinde von Praktizierenden im Westen präsentiert werden. Wenn wir das Mandala der geschickten Mittel nicht verstehen, fixieren wir uns vielleicht auf einen Weg. Wir glauben, dass wir die einzig wahre Form praktizieren, und schon lässt unsere Weisheit nach. Weisheit und Reife des Herzens zeigen sich darin, dass ein Mensch die Vielfalt verstehen kann, dass er Paradoxes und scheinbar Widersprüchliches akzeptieren und mit offenem Geist und weitem Herzen stehen lassen kann.

Es gibt zahllose Wege, um Jhana zu praktizieren – die konzentrierte Sammlung – und Samadhi zu erlangen. Pa Auk Sayadaw aus Birma folgt beispielsweise den im Visuddhimagga, einem buddhistischen Text aus dem 5. Jahrhundert, beschriebenen Techniken. Zunächst einmal lernen die Schüler, in monatelanger Sitzmeditation, ihren Geist stabil und frei von Gedanken zu halten. Sie sollten zwei Stunden und länger so sitzen können, bevor sie sich an die Übung des Jhana machen. Die tiefe Sammlung, die sie dabei entwickeln, nutzen sie, um Unerschütterlichkeit zu erlangen und Einsicht zu entwickeln. Leigh Brasington hingegen, der in der Tradition von Ayya Khema praktiziert, lehrt seine Schüler innerhalb von zehn Tagen die

Entwicklung von Konzentration. In diesem Stadium sind Gedanken oder die Wahrnehmung von Geräuschen immer noch Teil der Erfahrung. U Pandita und Ajahn Brahm wiederum nutzen einen Mittelweg. Sie setzen auf Atem- oder Metta-Meditation, um bestimmte Faktoren der Sammlung zu entwickeln wie die bekannte »Einspitzigkeit«, Freude oder Begeisterung. Beides aber kann innerhalb weniger Wochen erfahren werden. Jeder dieser Ansätze hat seine Vorteile, alle sind Mittel, um den Geist zu stabilisieren und das Tor zur Einsicht aufzustoßen. Im buddhistischen Asien sind die Menschen manchmal recht kategorisch, was ihre Ansichten über Jhana, die meditative Sammlung, und Vipassana sowie den besten Weg zur Entwicklung von Einsicht angeht. Das ist bedauerlich. Im Sutta Nipata schreibt der Buddha, dass Menschen, die an ihren Ansichten festhalten, anderen Anlass zu Ärger geben, was ihnen wiederum selbst Leiden verursacht. Glücklicherweise nehmen Menschen im Westen diese Differenzen meist gelassener hin als die Lehrer und Schüler im buddhistischen Asien. Der Grund ist vermutlich, dass wir den Dharma aus vielen Traditionen kennengelernt haben, die alle zusammen dieses Mandala bilden. Wir sehen große Lehrer und lernen Meister kennen, die unterschiedliche Ansichten haben. Sie ebnen uns den Weg zu tiefgründiger Weisheit mit ganz unterschiedlichen Mitteln.

Bei meinen beiden »Wurzellehrern« Ajahn Chah und Mahasi Sayadaw verhielt es sich nicht anders. Sie lehrten unterschiedliche Formen der Meditationspraxis und absolut verschiedene Pfade zur Erleuchtung. Sie waren vollkommen gegensätzlicher Meinung, was die Natur der Erleuchtung angeht und den Weg dorthin. Doch beide waren der Ansicht, dass die Erleuchtung uns von Gier, Hass und Verblendung befreit. Mahasi Sayadaw sah den Weg zur Erleuchtung in stetig zunehmender Einsicht, die durch tiefgründige, lang dauernde Achtsamkeits- und Konzentrationsübungen gewonnen wird. Für Ajahn Chah war die Erleuchtung nur durch Loslassen zu erlangen. Meditation war für Ajahn Chah nur ein Mittel, den Geist zu beruhigen, damit man endlich durchschaute, welche Anhaftung man im Geist erzeugte. Diese Anhaftung galt es dann loszulassen. Ähnlich ging U Tejaniya Sayadaw vor. Ajahn Chah ging davon aus, dass alle Versenkungsstufen, die man durch Meditation erreichen konnte, nicht die Wurzel der Erleuchtung sein konnten. Erleuchtung resultiert in seinen Augen aus dem Loslassen. Ich lernte viel aus den verschiedenen Perspektiven Mahasi Sayadaws und Ajahn Chahs.

Studiert man die buddhistischen Schriften, kommt man schnell dahinter, dass es schon gleich nach dem Tod des Buddha erste Auseinandersetzungen darüber gab, wie es nun weitergehen sollte. Da gab es Stimmen, die die Lehre des Buddha ohne jede Änderung bewahren wollten. Andere wiederum traten dafür ein, sie je nach Zeit und Umständen anzupassen. Die Meinungsverschiedenheiten begannen sozusagen am Todestag des Buddha, und sie dauern bis heute an. Und wir ziehen daraus erheblichen Nutzen. Wir brauchen jene, die die Tradition der Schriften und Kommentare im Theravada und im klassischen Mahayana möglichst rein bewahren wollen. Und wir brauchen die, die Sprache und Mittel des Buddhismus neuen Kulturen anpassen können. Auch der Buddha hat sich schließlich an seine Kernaussagen gehalten, doch im Laufe seines Lebens immer wieder neue geschickte Mittel ersonnen. Das heißt ja nicht, dass eine Form der geschickten Mittel falsch ist und die andere richtig. Sie gehören alle zum Mandala des Dharma, in dem jedes Element das andere ergänzt. Wenn wir dies begriffen haben, lernen wir auch, Menschen zu schätzen, die einer bestimmten historischen Tradition anhängen. Sie überliefern die Weisheit dieser Richtung zum Wohle aller. Und jene, die die Weisheit dieser Sichtweise weiterentwickeln und mit neuen Ausdrücken und neuen geschickten Mitteln anreichern, leisten ebenfalls ihren Beitrag zum Ganzen.

Ich habe in Asien immer wieder einzelne Meister sagen hören: »Ich lehre den wahren Weg, wie er in den Suttas niedergelegt ist, in den ursprünglichen Texten. Dies ist, was der Buddha lehrte.« Und doch behauptet ein anderer Lehrer genauso, die ursprünglichen Lehren zu verbreiten. Am besten lässt man sich auf diese Ebene der Argumentation gar nicht ein. Sie entsteht letztlich aus Unwissenheit. Wahre Freiheit ist, was Ajahn Chah lehrte: alle geschickten Mittel zu nutzen, um die Freiheit des Loslassens zu erlangen. Man klammert sich nicht an den einen Weg, nur weil er historisch richtig sein soll. Das Mandala der zahllosen Wege ist das einzig historisch richtige. Dies sollten wir im Hinterkopf behalten, wenn wir die verschiedenen Wege zur Entwicklung meditativer Sammlung, einsgerichteter Konzentration oder Stabilität des Geistes, auch Samadhi genannt, betrachten.

Als Joseph Goldstein und Sharon Salzberg, meine Kollegen, und ich begannen, Retreats anzubieten, lehrten wir die Technik der geistigen Beobachtung nach Mahasi Sayadaw. Irgendwann bemerkte Sharon, dass die Menschen damit keine so tiefe Konzentration entwickelten, wie wenn sie mit Satya Narayan

Goenka arbeiteten. Bei ihm machten sie drei Tage Anapanasati (Achtsamkeit auf den Atem), um dann sieben Tage ohne Unterbrechung den Körper zu durchgehen. Goenka bietet eine großartige Form körperorientierter Vipassanapraxis an, die tiefe Konzentration fördert. Diese wurde noch gestärkt, wenn seine Schüler das *long vow sitting* übten, bei dem sie mehrere Stunden lang unbeweglich in tiefer Konzentration meditierten.

Dann aber fragten Sharon und ich uns, wie es um die Einsicht der Meditierenden bestellt sei. Mit der Methode, achtsam den Körper zu durchgehen, konnte man zwar die Konzentration vertiefen, erwarb dadurch aber nicht notwendig auch mehr Weisheit. Es gab durchaus Menschen, die bei dieser Meditation ein tieferes Verständnis von *anicca*, *dukkha* und *anatta* (Vergänglichkeit, Leid und Nicht-Selbst) erlangten, andere aber kamen diesbezüglich mit Mahasis Ansatz weiter, obwohl ihre Konzentration weniger tief war. Mit Mahasis Methode konzentrierte man sich auf Achtsamkeit in Bezug auf Körper, Gefühle, Geist und Dharma. Die Leute sahen ganz klar ihre Geisteszustände, sahen, wie sie daran festhielten, sahen ihre Emotionen und wie sie daran hafteten. Und sie konnten all das loslassen. Viele Retreat-Teilnehmer entwickelten mit dieser Methode mehr Einsicht als mit verstärkter Konzentration und der Achtsamkeit auf den Körper.

Es gibt also eine gewisse Bandbreite in der Praxis, die von der konzentrierten Sammlung bis hin zur Achtsamkeit reicht, und jede dieser Methoden hat ihre Vor- und Nachteile. Wenn Sie vermehrt Konzentration üben, sind Ihre Fortschritte in puncto Weisheit geringer. Richtet man die Konzentration später hingegen auf die Entwicklung von Einsicht, macht man unter

Umständen recht profunde Fortschritte. Zunächst einmal aber entstehen nur innere Ruhe und Konzentration. Wenn Sie beispielsweise auf einem Drei- oder Vier-Tage-Retreat Ihre Einsicht vertiefen wollen, wäre es vielleicht besser, Sie übten die Achtsamkeitsmeditation.

Doch wenn Sie mit den Jahren ein erfahrener Meditierender werden, ist Ihr »geschicktes Mittel« vermutlich, an beiden Enden des Spektrums zu praktizieren. Es ist sehr gut, mehr Konzentration zu entwickeln, um eine tiefe innere Sammlung zu erlangen. Diese stabilisiert den Geist und heilt den Körper. Sie beruhigt die Seele und eröffnet uns, klug eingesetzt, Wege zu tiefgründiger Weisheit. Sammlung ist uns von Nutzen bei der Auflösung des Selbst, bei der Erkenntnis der Leerheit und dem Verständnis von Vergänglichkeit und Ichlosigkeit. Doch natürlich müssen wir auch eine möglichst gelassene Achtsamkeit entwickeln. Sie sollten sich achtsam bewegen können, die sich wandelnden Umstände loslassen, im unbedingten Gewahrsein verweilen und alle Geisteszustände ebenso registrieren können wie Ihre Reaktionen darauf und Ihr Anhaften – um schließlich alles loszulassen. Sonst können Sie das, was Sie in der meditativen Sammlung erreicht haben, nicht für das Leben als befreites Wesen in dieser Welt einsetzen. Sowohl während des Retreats als auch danach sind Konzentration und Achtsamkeit gleich bedeutsam. Dazu kommt natürlich, dass die Menschen unterschiedliche Anlagen und Neigungen haben. Was der eine gut kann, fällt dem anderen schwer.

Ich schlage in meinen Belehrungen immer einen Mittelweg ein. Für den Anfang empfehle ich Achtsamkeitstraining, da die meisten Menschen enorme Probleme haben, wenn sie sich einfach hinsetzen und konzentrieren sollen. Wenn sie noch nie Achtsamkeit geübt haben, leiden sie unter dem Sitzen. Die Achtsamkeit öffnet den Raum, um die anfänglichen Schwierigkeiten auszuhalten und ihnen mit Weisheit zu begegnen. Aber ich halte auch die Entwicklung von Konzentration für ein wichtiges Element und bringe sie in jedes Retreat ein. Wenn sich die Schüler beruhigt haben, wenn ihre Konzentration sich allmählich vertieft, dann ermutige ich sie, diese Praxis weiterzuführen. Ich arbeite dabei mit jedem Einzelnen persönlich, vor allem bei längeren Retreats. Wenn jemand die Gabe tiefer Konzentration hat, zeige ich ihm, wie er die Jhana-Faktoren entwickeln kann. So reift in seiner Praxis allmählich tiefe Sammlung heran. Andere Schüler haben diese Gabe nicht. Sie können sich nicht so leicht konzentrieren, vielleicht haben sie mit Traumen oder anderen Schwierigkeiten zu kämpfen. Wenn jemand tatsächlich ein Trauma erlitten hat, sollte man dieses nicht ausblenden. Zum einen wäre dies schwierig, zum anderen tut man dem Schüler damit keinen Gefallen für seine Praxis. Wer sich also mit einem Trauma auseinandersetzen muss, sollte sich klarmachen, dass sich Sammlung erst in einem späteren Stadium der Praxis einstellen wird.

Wer hingegen Konzentration entwickelt hat, erfährt von mir, wie er die Jhana-Faktoren kultivieren und vertiefen kann, indem er in den einzelnen Stadien verweilt. Dabei ist der Zugang von entscheidender Bedeutung. In der buddhistischen Tradition gibt es viele Methoden, Konzentration zu entwickeln. Einige davon legen viel Wert auf das Bemühen um eine möglichst tiefe Versenkung, andere gehen damit entspannter um. Ich lernte Jhana in Klöstern, wo ein relativ strikter Ansatz verfolgt wurde, was ich weniger hilfreich fand. Ich »bemühte« mich um Konzentration und schaffte dies auch, doch es ermüdete mich unendlich. Für die meisten Menschen im Westen ist dieser Weg ungeeignet – wenn es sich nicht gerade um junge, eifrige Männer handelt, die nach einer Herausforderung suchen, nach dem Härtesten also, was so auf dem Markt ist. Meiner Ansicht nach ist eine weise Sammlung vorzuziehen, die aus entspannter Hingabe und beständiger Konzentration entsteht. Diese entspannte Hingabe sorgt dafür, dass wir in den Jhana-Faktoren verweilen können, wenn sie auftreten. Wir verweilen und entspannen uns. So erspüren wir die Jhana-Faktoren in Geist und Körper und können sie ganz locker tiefer werden lassen. Dann füllt sich unser Geist mit Entzücken, Ruhe und Glück. Das natürliche Verweilen vertieft die Sammlung. Mit der Zeit führt diese Art von weisem Bemühen einen Bewusstseinswandel herbei. Statt etwas erreichen zu wollen, verweilen wir einfach im Wohlgefühl. Sobald dies geschieht, verselbstständigt sich die Meditation sozusagen. Und Sie tauchen ganz von selbst in den Strom der Sammlung ein.

Wenn die Jhana-Faktoren dann stabil werden, zeige ich den Praktizierenden, wie sie den Entschluss fassen können, dieses gesammelte Bewusstsein auf eine bestimmte Weise zu nutzen. Wenn die richtigen Bedingungen zusammenkommen, können sie sich dann entschließen, die einzelnen Jhana-Faktoren zu entwickeln, indem sie ein Wunschgebet sprechen: »Möge Freude entstehen.« Oder: »Möge Begeisterung entstehen.« Nach diesen Worten sind sie mitunter ganz spontan erfüllt von Freude oder Begeisterung. Wenn sie gelernt haben, wie sie einzelne Versenkungszustände herbeiführen und diese einigermaßen stabil halten, können sie ebenso bewusst wünschen, dass sich das erste Jhana einstellen möge, das zweite, das dritte und so weiter. Anfangs geschieht dies meist nur für einen kurzen Zeitraum, doch dieser wird allmählich länger, bis die Schüler sich nach Wunsch zwischen den einzelnen Jhanas bewegen können. Jhanas sind klar unterscheidbare, stabile Bewusstseinsebenen, auf denen kaum Gedanken auftreten. Sie sind geprägt von Qualitäten wie Stabilität, Freude, Glück und Einspitzigkeit oder einsgerichteter Konzentration. Jede Ebene von Jhana ist noch subtiler und stiller als die vorhergehende. Haben wir unsere Konzentration entsprechend vertieft, können wir stundenlang in den Jhanas verweilen. Auf diesen verschiedenen Versenkungsstufen erleben wir grenzenloses Licht, eine Art strahlender Begeisterung oder eine tiefe Stille und inneren Frieden.

Sobald die Praktizierenden die stabile Fähigkeit entwickelt haben, im Samadhi der Jhanas zu verweilen, können sie ihre Konzentration zur Vertiefung ihrer Einsicht einsetzen. Traditionell weist man die Meditierenden, die aus den Jhanas zurückkehren, darauf hin, dass diese Zustände vergänglich sind. So entsteht Weisheit in Bezug auf die Jhanas. Oder sie richten ihre Achtsamkeit auf die Elemente des Körpers, die vergänglich sind, und auf Leerheit und Ichlosigkeit. Sie verlassen die tiefen Jhana-Versenkungszustände und praktizieren Achtsamkeit.

In diesem Prozess sind meiner Ansicht nach klar formulierte Wunschgebete sehr hilfreich. Das habe ich bei U Pandita und Mahasi Sayadaw gelernt, die diese Technik gleichwohl für andere Zwecke nutzten. Sie findet sich in den Suttas: Ein Mönch zum Beispiel fasst den festen Entschluss, seinen Geist auf dieses oder jenes Jhana zu richten, und bittet darum, dass sich dieser Zustand einstellen möge. Das Wunschgebet ist gleichsam ein Beschluss. Diese Technik lässt sich auch auf die Entwicklung von Weisheit anwenden. Ich lehre die Meditierenden, einen Beschluss in Bezug auf bestimmte zentrale Einsichten zu fassen, die die Grundlage der Weisheit bilden. Zum Beispiel: »Wenn du aus dem zweiten, dritten oder vierten Jhana auftauchst, sprich das Wunschgebet: ›Möge tiefe Einsicht in die Vergänglichkeit entstehen!‹« Das lässt sich natürlich auch auf die anderen Fundamente der Weisheit anwenden: »Möge tiefe Einsicht ins Nicht-Selbst entstehen!« Oder: »Möge tiefe Einsicht in die Leerheit entstehen!« Und: »Möge tiefe Einsicht in Mitgefühl entstehen!« Hier können Sie quasi jede Qualität einsetzen, die im Buddhismus eine Rolle spielt. Nicht immer, aber manchmal entstehen dann wundervolle spontane Einsichten, je nachdem, welche Tiefe die Praxis des Betreffenden hat und welche karmischen Bedingungen vorherrschen.

Ich für meinen Teil sprach einmal das Wunschgebet: »Möge tiefe Einsicht in die Leerheit entstehen«, und schon stellte sich das Gefühl ein, als fiele ich durch unendliche Galaxien. Mein Körper und Geist schienen sich aufzulösen, aber anders als in den Jhanas. Ein Gefühl von Raum entstand, ein Raum, mit dem ich eins war. Licht und Sterne waren die Formen, die dieser Raum annahm. Dabei hatte ich vorher keine Ahnung, dass dies geschehen könnte. Und mir war auch nicht vorher bewusst, was dabei herauskommen würde.

Bei anderer Gelegenheit sprach ich das Wunschgebet: »Möge tiefe Einsicht in die Vergänglichkeit entstehen!«, und schon wanderte mein Geist zu der kahlen Stelle auf meinem Kopf. »Seltsam«, dachte ich. »Alles, was mir einfällt, ist, dass ich Haare verliere. Merkwürdige Reaktion auf meinen Entschluss.« Dann wanderte meine Aufmerksamkeit zu meinen Ohren. Ich höre immer schlechter. Dann zu meiner Nase, wo ich mich an all die Polypenoperationen erinnerte, die ich hatte. Und an die Allergien, die mich so plagten. Ich spürte die Füllungen in meinen Zähnen. Dann einen verkanteten Wirbel im Hals. Als meine Aufmerksamkeit zu der Lunge wanderte, kam mir meine Lungenentzündung in den Sinn. Es ging weiter mit der Erinnerung an die Blinddarmoperation, an die Probleme mit der Lendenwirbelsäule, an meine abgenutzten Knie. Als ich meinen ganzen Körper durchgegangen war, stand die Vergänglichkeit meines Körpers greifbar im Raum. Auf welchem Weg sich die Einsicht in die Vergänglichkeit erschließen würde, war mir keineswegs klar gewesen.

Weisheits-Wunschgebete erlauben der Weisheit, sich selbst auf dem besten Weg zu zeigen. Mit dem Wunschgebet öffnen Sie der Weisheit eine Tür, ähnlich wie Sie Ihre Konzentration mithilfe eines solchen Wunschgebets auf die Jhanas richten können. Wenn der Geist konzentriert, formbar, beeinflussbar, licht und klar ist, wenn er sich ganz auf die Einsicht richtet, dann entsteht – so heißt es in den Schriften – eine neue Dimension der Weisheit, die Tugend oder Paramita der Weisheit. Diese stellt sich von selbst ein, so wie sich die Versenkungszustände von selbst ergeben. Das ist eine wunderbare Erfahrung. Wenn Sie für sich ein Weisheits-Wunschgebet formulieren, können Sie es auf die Erkenntnis der Vergänglichkeit, der Leidhaftigkeit der Existenz, des Nicht-Selbst, der Leerheit oder des

Mitgefühls ausrichten. Sie können um Einsicht ins abhängige Entstehen oder in die Mechanismen der wechselseitigen Verknüpfung bitten. Aber Sie können auch um Verständnis bitten, was das Loslassen angeht. Auf diese Weise können Sie sich mit der Kraft des lichthaften und formbaren konzentrierten Geistes den Dharma zu eigen machen.

Einer der Lehrer im Spirit Rock Center erzählt immer wieder eine schöne Geschichte über die Zeit, als er noch ein ganz junger Schüler war und zum ersten Mal von den Jhanas hörte. Er arbeitete mit Joseph Goldstein und Sharon Salzberg nach dem System von U Pandita, bei dem auch die Kraft der Wunschgebete genutzt wird. Nachdem seine Konzentration stark und tief geworden war, sollte er seinen Geist auf Piti ausrichten, einen der Jhana-Faktoren, den man Freude oder Glückseligkeit nennt. Da er Pali nicht verstand, brachte er die Begriffe durcheinander. So sprach er das Wunschgebet: »Möge Piti entstehen.« Dabei dachte er an ruhige Konzentration. Doch kaum hatte er das Wort Piti ausgesprochen, war sein Körper mit Freude erfüllt. Er kannte den Begriff nicht, den sein Lehrer ihm aufgab, er dachte, es handle sich um etwas anderes. Und trotzdem stellte sich genau das ein, was der Begriff bezeichnete. Es ist etwas Mysteriöses in unserer Psyche, in unserem Bewusstsein, denn es kennt diese Zustände. Wenn der Geist offen und voll konzentriert ist, fallen diese Wunschgebete auf fruchtbaren Boden. Und es geschieht, wie der Buddha sagte, das größte Wunder überhaupt: das Wunder der Weisheit, die das Herz befreit.

13
Spirituelle Reife

Die Frucht fällt, wenn sie reif ist, von selbst vom Baum. Nach einer gewissen Zeit spirituellen Lebens beginnt das Herz wie eine Frucht immer süßer zu werden. Unsere Praxis reift. Statt des grünen Holzes anfänglichen Suchens, Übens und Sich-selbst-Verbesserns genießen wir nun die Frucht des Mysteriums. Statt uns auf äußere Formen zu verlassen, ruhen wir tief im Herzen. Eine junge Frau, die enorme Schwierigkeiten hatte, weil ihre Eltern als christliche Fundamentalisten ihren Weg ablehnten, schrieb mir einmal: »Meine Eltern konnten mich nicht ausstehen, als ich noch Buddhistin war. Jetzt, wo ich ein Buddha bin, lieben sie mich.«

Spirituell zu reifen heißt, rigide und idealistische Formen des Daseins aufzugeben und die Flexibilität und Freude in unserem Leben zu entdecken. Plötzlich können wir mit Widersprüchen leben. Wir wissen auch die Uneindeutigkeit des Lebens zu schätzen, seine zahllosen Ebenen, seine dauernden Konflikte. Wir entwickeln einen Sinn für die Ironie des Daseins, für seine Sinnbilder, seinen Humor. Damit einher geht die Fähigkeit, das Ganze annehmen zu können, in all seiner Schönheit und Grausamkeit – mit der Anmut unseres Herzens. Leichtigkeit und Mitgefühl werden unsere natürlichen Begleiter. Der Taoist Lao Tse meint ebendas, wenn er schreibt:

Wer im Tao verankert ist, kann gefahrlos gehen,
wohin er will.

Wer selbst in tiefstem Leid die universelle Harmonie
erkennt, hat Frieden im Herzen gefunden.

Als die östliche Spiritualität in den Sechziger- und Siebzigerjahren im Westen immer populärer wurde, romantisierte und idealisierte man zu Anfang die Praxis. Spiritualität war etwas, was »high« machte, was zu außergewöhnlichen Bewusstseinszuständen führte. Man glaubte an den vollkommenen Guru, der die vollkommene Lehre verbreitete, die wiederum, wenn man sie befolgte, zur Erleuchtung führen und die Welt verändern würde. Diese selbstverliebte Imitation östlicher Spiritualität bezeichnete der tibetische Meditationsmeister Chögyam Trungpa als »spirituellen Materialismus«. Man übernahm die Rituale, die Roben, die Philosophie dieser spirituellen Traditionen, um dem eigenen Alltag zu entgehen und sich das Etikett »spirituell« umhängen zu können.

Nach einigen Jahren wurde den meisten Leuten klar, dass auch das High-Sein nicht ewig anhielt und Spiritualität nicht hieß, dass man sein Leben hinter sich ließ, um auf irgendeiner Lichtebene Verzückung zu finden. Wir entdeckten, dass die Umwandlung des Bewusstseins sehr viel mehr Praxis und Disziplin erfordert, als wir ursprünglich dachten. Und wir kamen dahinter, dass der spirituelle Pfad mehr von uns verlangen würde, als es auf den ersten Blick schien. Die Menschen erwachten reihenweise aus ihren romantischen Vorstellungen von buddhistischer Praxis. Sie fanden heraus, dass Spiritualität einen ehrlichen und mutigen Blick auf das eigene Leben erforderte, auf die eigene Familie, den eigenen Platz in der Gesellschaft. Weisheit und allerlei Enttäuschungen taten das Ihre dazu, dass wir – jeder für sich und alle zusammen – unsere idealistischen Vorstellungen vom spirituellen Leben aufgaben. Wir benutzten unsere spirituellen Gemeinschaften nicht mehr, um der Welt zu entfliehen oder uns selbst zu retten.

Für viele von uns schuf dieser Wandel die Grundlage für eine besser integrierte, weisere Form der spirituellen Arbeit, die den Grundsätzen der rechten Partnerschaft, rechten Lebensführung, rechten Rede folgte und damit der ethischen Dimension der Spiritualität. Diese Form der Arbeit stellte gleichzeitig das Ende der Verdrängung dar. Wir begriffen, dass alles, was wir zu vermeiden suchten, im spirituellen Leben letztlich wieder auf uns zukommen würde. Nichts konnte weggelassen werden. Mit einem Mal ging es in der Spiritualität darum, wer wir waren, und nicht mehr darum, welche Ideale wir verfolgten. Spiritualität bedeutete nicht mehr, nach Indien zu reisen, nach Tibet oder auf den Machu Picchu – sie kam endlich zu Hause an.

Diese Art der Spiritualität ist voller Freude und Integrität. Sie ist ebenso alltäglich wie erwacht. Diese Spiritualität erlaubt uns, das Wunder des Lebens zu genießen. Diese gereifte Form der Spiritualität lässt das Licht des Göttlichen durch uns sichtbar werden.

Wie aber sehen die Eigenschaften der spirituellen Reife aus?

Kein Idealismus

Das reife Herz ist nicht perfektionistisch. Es ist im Mitgefühl für unser Wesen verankert und versteigt sich nicht zu irgendwelchen geistigen Idealen. Eine nicht idealistisch ausgerichtete Spiritualität strebt nicht nach einer vollkommenen Welt. Sie versucht nicht, uns selbst zu vervollkommnen, unseren Körper, unsere Persönlichkeit. Sie hegt keine romantischen Vorstellungen über spirituelle Lehrer oder die Erleuchtung, sie klammert sich nicht an Illusionen von irgendwelchen besonders reinen spirituellen Wesen da draußen. Sie bemüht sich nicht, spirituell etwas zu erreichen, sondern will nur lieben und frei sein.

Wie frustrierend es sein kann, nach Vollkommenheit zu streben, zeigt eine schöne Geschichte über den heiligen Narren Mullah Nasruddin. Eines Tages begegnete er auf dem Marktplatz einem alten Freund, der kurz davorstand, sich zu verheiraten. Dieser Freund fragte Mullah, ob er es je in Erwägung gezogen habe, selbst zu heiraten. Nasruddin antwortete, er habe vor Jahren heiraten wollen und sich aufgemacht, die vollkommene Frau zu suchen. Zuerst reiste er nach Damaskus, wo er eine wunderschöne, anmutige Frau kennenlernte. Dummerweise hegte sie keinerlei spirituelle Interessen. Dann kam er nach Isfahan. Dort lernte er eine Frau kennen, die ebenso schön war und darüber hinaus noch der Spiritualität zugeneigt, ohne sich jedoch von weltlichen Dingen ins Bockshorn jagen zu lassen. Leider kamen die beiden nicht besonders gut miteinander aus. »Schließlich«, erzählte Mullah, »fand ich sie in Kairo. Sie war die ideale Frau: spirituell, anmutig, schön, der

Welt zugetan, vollkommen in jeglicher Hinsicht.« »Und?«, meinte der Freund. »Hast du sie geheiratet?« »Nein«, gab Mullah trocken zurück. »Leider war sie auf der Suche nach dem vollkommenen Mann.«

Reife Spiritualität strebt nicht nach Vollkommenheit oder nach einer imaginären Reinheit. Sie wurzelt in der Fähigkeit loszulassen, das Herz für die ganze Bandbreite des Lebens zu öffnen. Ohne Vorstellungen davon, wie etwas sein müsste, kann das Herz all das Leid, all die Unvollkommenheit, denen wir begegnen, in den Pfad des Mitgefühls verwandeln. Diese nicht idealistische Praxis sorgt dafür, dass wir das Licht des Göttlichen auch noch in den Akten der Unwissenheit und Angst erkennen und das Mysterium des Daseins bewundern können. Wir können einander beschützen, ohne dass wir uns verurteilen oder tadeln. Wir versuchen ja nicht, die Welt zu vervollkommnen, sondern unsere Liebe zu allem, was auf Erden ist. Thomas Merton drückte dies folgendermaßen aus:

> *Dann war mir, als sähe ich plötzlich die geheime Schönheit ihres Herzens, die ganze Tiefe ihres Herzens, in die nie ein Strahl der Sünde, der Begierde, der Selbstgewissheit reicht, den Kern ihrer Wirklichkeit, den Menschen, der jeder im Angesicht des Göttlichen ist. Wenn sie sich nur selbst sehen könnten, wie sie wirklich sind. Wenn wir einander nur immer auf diese Weise sehen könnten. Dann gäbe es keinen Krieg mehr, keinen Hass, keine Grausamkeit, keine Gier … Ich nehme an, dann wäre unser größtes Problem, dass wir alle voreinander auf die Knie fallen und einander anbeten würden.*

Güte

Eine weitere Qualität des spirituell reifen Geistes ist Güte. Sie beruht darauf, dass man sich selbst grundsätzlich akzeptiert, statt mit Schuldgefühlen, Scham oder beißender Selbstkritik auf die aus Unwissenheit begangenen Fehler und auf eigene Ängste zu reagieren. Wir begreifen, dass wir uns nur dann innerlich öffnen können, wenn die warme Sonne liebender Güte auch auf uns scheint. Leider gerät Spiritualität uns manchmal zur – wie Alan Watts sagt – »grimmen Pflicht«. Die Schriftstellerin Mary Oliver schreibt in einem ihrer Gedichte, dass wir nicht ständig reuig auf den Knien herumrutschen müssten. Unsere spirituelle Aufgabe ist es nicht, uns zu perfektionieren, sondern unsere Anlage zur Güte zu vervollkommnen – damit wir selbst und andere Menschen auch etwas von der Spiritualität haben.

Aus dieser tiefgründigen Selbstakzeptanz erwächst mitfühlendes Verstehen. Ein Zenmeister meinte einmal auf die Frage, ob er je wütend werde: »Natürlich werde ich wütend, aber ein paar Minuten später sage ich zu mir selbst: ›Ach, was nützt mir das schon?‹ Und dann lasse ich los.« Diese Selbstakzeptanz macht mindestens die Hälfte unserer Praxis aus. Wir lernen, die Anteile unseres Selbst, die wir bislang abgelehnt oder verdrängt haben, voller Barmherzigkeit anzusehen. Reife Spiritualität ist der Widerschein unserer Dankbarkeit und unserer Fähigkeit zu vergeben. Edward Espe Brown, ein großer Schriftsteller des modernen Zen, schreibt in seinem Tassajara-Kochbuch:

In jedem Moment, während wir diese Mahlzeit zubereiten,
könnten wir Gas sein in dreißigtausend Fuß Höhe
und gleich uns
giftig aufs Laub legen,
auf Farne, aufs Fell der Tiere.
Und alles Sichtbare würde ein Ende finden.

Und doch kochen wir
und bringen tausend liebevolle Träume
auf den Tisch, um all jene,
die uns nah und teuer sind, zu nähren
und ihnen Sicherheit zu schenken.

In diesem Akt des Kochens sage ich mich los.
Stets bestand ich darauf, dass nur du allein die Schuld trägst.
In diesem letzten Moment aber öffnen sich mir die Augen,
und ich betrachte dich mit all
der Zärtlichkeit und Vergebung,
die ich so lange zurückgehalten habe.

Ohne Zukunft
gibt es nichts mehr,
worum wir streiten müssten.

Geduld

Eine weitere Eigenschaft der spirituellen Reife ist die Geduld. Der Dichter Dschuang Dsi sagt:

Die Weisen des Altertums
stellten sich nicht gegen das Tao.
Und sie versuchen erst gar nicht,
das Tao durch eigene Planung zu beeinflussen.

Im Film *Alexis Sorbas* heißt es:

Ich kann mich an einen Morgen erinnern, an dem ich einen Kokon in der Rinde eines Baumes entdeckte, just in dem Moment, in dem der Schmetterling ein Loch hineinmachte, um zu schlüpfen. Ich wartete eine Weile, aber es dauerte mir alles zu lange. Ich war ungeduldig. Ich beugte mich darüber und atmete darauf, um den Kokon zu wärmen. Ich wärmte ihn so schnell wie möglich, und das Wunder geschah vor meinen Augen. Schneller, als das Leben es vermocht hätte. Der Kokon öffnete sich, der Schmetterling kroch heraus. Ich werde nie vergessen, wie entsetzt ich war, als ich sah, dass seine Flügel noch eingefaltet waren. Der unglückliche Schmetterling versuchte sein Bestes, sie zu entfalten. Ich beugte mich über ihn, versuchte, ihn mit meinem Atem zu wärmen. Doch vergeblich. Er hätte in seinem Kokon bleiben müssen. Das Entfalten der Flügel hätte ganz langsam im hellen Sonnenschein geschehen sollen. Nun war es zu spät. Mein Atem hatte den Schmetterling vor der Zeit herausgelockt, nun war er ganz verkrümmt. Er kämpfte verzweifelt und starb ein paar Sekunden später in meiner Hand.

Ein spirituell reifer Geist begreift, dass der Prozess des Erwachens viele Jahre und Lebenszeiten dauert. Das erfordert eine beständige Hingabe, aus der heraus wir uns verpflichten, »den einen Sitz« in unserem Herzen einzunehmen. Und dass wir uns bereitwillig dem Leben öffnen.

Und doch versucht Geduld nie, etwas zu erreichen und festzuhalten. Sie strebt nicht nach Leistung. Geduld öffnet uns für das, was jenseits der Zeit liegt. Als Einstein ein Beispiel für die Natur der Zeit geben sollte, erklärte er: »Wenn Sie zwei Stunden lang neben einem hübschen Mädchen sitzen, kommt Ihnen das vor wie eine Minute, doch jede Minute auf einem heißen Ofen scheint sich zwei Stunden lang hinzuziehen.« Der Buddha sprach davon, dass man hunderttausend Mahakalpas (Milliarden Jahre) praktizieren müsse. Doch damit meinte er nicht, dass das Erwachen sich ewig hinziehe, sondern dass es zeitlos ist. Es geht nicht um Wochen, Jahre oder ein ganzes Leben, sondern um ein liebendes und geduldiges Offensein für das Mysterium des Augenblicks.

»Das Problem mit dem Begriff ›Geduld‹ ist«, so Zenmeister Suzuki Roshi, »dass er uns dazu verleitet zu denken, wir müssten auf etwas Besseres warten, das irgendwann kommen würde. Ein besserer Begriff für diese Qualität wäre daher ›Unerschütterlichkeit‹, die Fähigkeit, mit dem zu sein, was ist, in jedem Augenblick die Erleuchtung zu erfahren.« Geduld heißt letzten Endes zu verstehen, dass das, was wir suchen, schon da ist, seit jeher. Und dass wir selbst es sind. Der große indische Lehrer Ramana Maharshi sagte zu seinen Schülern, die weinten, als der Tod ihn hinwegzuraffen schien: »Aber was glaubt ihr denn, wo ich hingehen könnte?« Ein Leben in spiritueller Reife erlaubt uns, einfach hier in der Wahrheit zu verweilen, die immer schon da war und immer sein wird.

Unmittelbarkeit

Spirituelles Erwachen findet im Hier und Jetzt statt. In der Zentradition gibt es ein Sprichwort: »Nach der Erleuchtung Wäsche waschen.« Spirituelle Reife zeigt sich in der Immanenz ebenso wie in der Transzendenz. Sie versucht, das Göttliche in jedem Akt sichtbar werden zu lassen. Veränderte Bewusstseinszustände, außergewöhnliche geistige Erfahrungen, die Öffnung des Bewusstseins werden nicht um ihrer selbst willen geschätzt, sondern nur, weil sie uns auf unsere menschliche Existenz zurückverweisen, unsere Weisheit schärfen und unsere Fähigkeit zum Mitgefühl vertiefen. Oder wie Ajahn Chah sagte: »Auch die außergewöhnlichsten Erfahrungen sind sinnlos, nur etwas zum erneuten Loslassen, wenn sie nicht mit dem Hier und Jetzt verbunden sind.« Spirituelle »Errungenschaften« haben dann Sinn, wenn sie unsere Einsicht vertiefen und Körper und Geist öffnen. Doch sie sind nur eine Übergangsphase auf dem Weg zur zeitlosen Gegenwart. Der Mystiker Kabir meinte, was wir auch suchen mögen: »Was gefunden werden kann, wird im Jetzt gefunden.«

In der unmittelbaren Gegenwart aber heißt spirituelle Reife, dass wir unseren Worten Taten folgen lassen. Wir handeln und sprechen und berühren einander, weil dies unserer tiefsten Einsicht entspricht. Wir werden dadurch immer lebendiger, immer präsenter. Wir finden heraus, dass unser Atem und unser Körper mit all ihren Begrenzungen Teil des Göttlichen sind. Diese Reife hört auf den Körper und nimmt ihn liebevoll an, wie er ist, den Körper der Freude ebenso wie den Körper des Leids. Sie lauscht dem Herzen und schätzt es um seiner Fähigkeit zu fühlen willen. Diese Unmittelbarkeit ist die wahre Quelle von Mitgefühl und Einsicht. »Nur im eigenen Körper, nur im eigenen Herzen und Geist«, sagt der Buddha, »findest du Leid und Fesseln. Nur dort kannst du wahre Befreiung finden.«

Gelebte Spiritualität

Spirituelle Reife schenkt uns auch ein Gefühl für das Heilige als Teil unseres Lebens und unserer Persönlichkeit. Wir verbinden Spirituelles und Alltägliches, sodass unser Leben nicht in einen spirituellen und einen »normalen« Teil zerfällt. Und wir setzen unsere Spiritualität in unserem Leben um. Sonst hat sie keinerlei Wert. Das heißt, dass wir unsere Spiritualität in unsere Arbeit, unsere Partnerschaft, unsere Familie, unsere Kreativität einbringen. Wir verstehen, dass das Persönliche und das Universelle untrennbar miteinander verbunden sind, dass die universellen Wahrheiten der spirituellen Ebene unter den verschiedensten Umständen gültig sind. Unser spirituelles Leben ist unser Alltag. Oder wie ein kluger Schüler einmal bemerkte: »Wenn du wirklich etwas über deinen Zenmeister erfahren willst, sprich mit seiner Frau.«

Ein integrierter Sinn für Spiritualität heißt, dass wir unser Mitgefühl, unser Licht in der Welt leuchten lassen. Und wir beginnen damit in unserem eigenen Leben. Unser persönliches

Leben ist unsere spirituelle Praxis, mehr als jede Übung, Philosophie oder Erfahrung, mit der wir je zu tun hatten. Dieser höchstpersönliche Ansatz der Praxis bringt sowohl das Individuelle wie das Universelle zum Ausdruck. Er akzeptiert das Leben als spielerischen Tanz zwischen Geburt und Tod. Unser Körper ist ebenso spirituell wie unsere Familie und unsere Gemeinschaft oder unsere persönliche Geschichte von Freude und Leid, die uns begegnet sind. So hat unser persönliches Erwachen Einfluss auf alle anderen Wesen.

Im Urwald Amazoniens sind 900 verschiedene Wespenarten heimisch. Jede einzelne bestäubt eine bestimmte Feigenart. Diese Feigenbäume sind Nahrungsquelle für die kleineren Säugetiere im Regenwald. Diese wiederum bilden die Lebensgrundlage für Jaguare, Affen, Pekaris und andere Tiere. Jede einzelne Wespenart erhält also eine ganze Kette von Tieren am Leben. Jedes Wesen auf dieser Welt leistet seinen ureigensten Beitrag zum Leben. Daher kann ein erfülltes spirituelles Leben nie aus der Imitation entstehen. Es muss sich in unseren ganz besonderen Gaben ausdrücken, unseren Fähigkeiten als Mann oder Frau auf dieser Erde. Dies ist das kostbare Juwel, von dem im Buddhismus so häufig die Rede ist. Durch unser ganz persönliches Schicksal wird unser Leben zum Ausdruck des Buddha in neuer Gestalt.

Offener Geist

Ein spirituell reifer Schüler folgt nicht einfach einer Philosophie, einem ansprechenden Lehrer oder einem interessanten Übungsweg, sondern weiß, dass er für sich selbst wählen muss.

Diese Qualität des Hinterfragens nannte der Buddha Dhamma vicaya oder »Gesetzesergründung«. Damit ist die Bereitschaft gemeint, selbst nachzuschauen, was ist, ohne sich Grenzen aufzuerlegen und ohne blind einem anderen einfach zu glauben. Irgendwann einmal sagte jemand zu Picasso, er müsse die Dinge doch so darstellen, wie sie wirklich sind, und objektive Bilder machen. Als Picasso antwortete, er verstehe ihn nicht, zog der Mann ein Foto seiner Frau aus der Brieftasche und zeigte es ihm: »Sehen Sie? Dieses Bild stellt sie dar, wie sie wirklich ist.« Picasso sah das Bild an und gab zurück: »Die ist ja winzig! Und so flach!« Wie Picasso müssen wir die Dinge mit eigenen Augen sehen. Spirituelle Reife schenkt uns einen hohen Grad an Autonomie. Wir hören nicht mehr auf irgendwelche Autoritäten, sondern spüren tief in uns, dass wir – wie der Buddha – Erwachen finden können. Reife Spiritualität hat etwas zutiefst Demokratisches. Alle Menschen können das Heilige entdecken und Befreiung finden.

Diese kritische Haltung vereint gleich zwei buddhistische Qualitäten: den Anfängergeist des Zen und die unterscheidende Weisheit, die das Nützliche vom Unnützen zu trennen weiß. Wir halten die Augen offen, denn mit einem offenen Geist können wir immer etwas lernen.

Diese Haltung erlaubt uns, uns auf die Weisheit spiritueller Traditionen einzulassen, von Lehrern zu lernen, uns spirituellen Gemeinschaften anzuschließen und doch immer wir selbst zu bleiben. Wir suchen die Wahrheit aus der Achtung für unsere Person und unser eigenes Erwachen heraus. Auch diese Haltung schenkt uns keine letzte Sicherheit, aber zumindest sind wir ehrlich zu uns selbst. Das wiederum lässt unsere spirituelle Praxis lebendig und interessant werden. Der Dalai Lama sagte einmal über sein Leben im Exil: »Manchmal denke ich, der Dalai Lama hat das härteste Leben überhaupt – aber natürlich auch das bei Weitem interessanteste.«

Flexibilität

Spirituelle Reife macht uns biegsam wie Bambus, der dem Wind nachgibt. Wir reagieren auf die Welt mit Herz und Geist und akzeptieren die sich wandelnden Umstände um uns herum. Die spirituell reife Persönlichkeit hat die Kunst des Loslassens und des Präsentseins gemeistert. Sie ist flexibel und weiß, dass es nicht nur *eine* Art der Praxis gibt oder nur *eine* gute spirituelle Tradition, sondern deren viele. Sie versteht, dass es bei der Spiritualität nicht darum geht, eine bestimmte Philosophie oder Belehrung getreu nach Anleitung umzusetzen. Sie weiß, dass Spiritualität kein Grund ist, den eigenen Standpunkt im Streit mit anderen zu messen. Ein spirituell reifer Mensch verfügt über die Leichtigkeit des Herzens, weil er weiß, dass alle spirituellen Fahrzeuge uns über den Strom ans Ufer der Freiheit tragen können.

In einer seiner frühesten Belehrungen warnte der Buddha davor, das Boot mit dem Ufer zu verwechseln und sich in irgendwelchen Ansichten und Meinungen zu verhärten. Er fuhr fort: »Wie sollte etwas den Weisen, der nicht an seinem Standpunkt festhält, zum Streit verführen?« Statt Arroganz legt uns der Buddha Toleranz nahe, den Ausweis der Freiheit. Seine Schüler mahnt er, dass jene, die an bestimmten Ansichten festhalten, andere nur damit verärgern. Die Flexibilität des Herzens bringt Humor in unsere Praxis. Sie öffnet unseren Blick dafür, dass es tausend geschickte Wege zum Erwachen gibt, dass es Zeiten für formale Praxis gibt und andere Zeiten, in denen wir auf unkonventionelle Weise praktizieren, ganz offen für die Erfordernisse des Augenblicks. Wir können spielerisch auf alles reagieren, was geschieht.

Ein bekannter Highschool-Basketballtrainer namens Ron Jones musste dies lernen, als er begann, am San Francisco Recreation Center für Behinderte zu arbeiten. Er wollte sein Team zu großen Siegen führen, doch am ersten Tag kamen nur vier Leute zum Training, und einer davon saß im Rollstuhl. Das war ein Problem, das sich aber löste, als eine 1,80 Meter große Schwarze laut schimpfend aus der Kabine kam und forderte, ebenfalls im Team eingesetzt zu werden. Ron Jones wollte gerade seinen Plan für die erste Stunde erklären, als er feststellen musste, dass es 45 Minuten dauerte, bis alle fünf Spieler auf einer Seite des Spielfelds aufgereiht waren. Und so gab er seine Pläne einfach auf. Trotzdem wuchs das Team. Es gab regelmäßige Trainingsstunden, Cheerleader und Hotdogs, und manchmal spielten im Team sieben bis zwölf Leute statt der üblichen fünf. Dann wieder hörten seine Spieler mitten in einem Spielzug auf, legten Musik auf und baten die Zuschauer, doch mit ihnen zu tanzen. Am Ende aber wurden sie das einzige Team der Welt, das je ein Spiel mit mehr als einer Million Punkten Unterschied gewonnen hatte. Das lag daran, dass der junge Mann am Zähler so viel Spaß daran hatte, auf den Knopf zu drücken.

Wie gewonnen, so zerronnen. Ebendiese Flexibilität schenkt

eine enorme Freiheit. Mein Lehrer Ajahn Chah meinte einmal, er sei wie ein Baum. Er stehe da, trage Früchte, lasse die Vögel in seinen Zweigen nisten und recke sich im Wind. Der Dharma der Flexibilität ist höchst vergnüglich und entspannend.

Widersprüche zulassen

Als Kinder sehen wir unsere Eltern entweder als gut oder schlecht. Wenn sie uns geben, was wir wollen, sind sie unendlich gut. Tun sie das nicht, ja, reagieren sie überhaupt nicht, wie wir uns das vorstellen, sind sie durch und durch mies. Das Bewusstsein des Kindes entwickelt sich mit der Zeit, und so sieht es irgendwann einmal seine Eltern ganz klar. Es begreift, dass dieselbe Person gute und schlechte Seiten hat und sowohl von Liebe als auch von Zorn, von Großzügigkeit wie auch von Angst gleichermaßen bewegt ist. Ähnliches geschieht, wenn wir in der spirituellen Praxis reifen. Wir suchen nicht mehr die perfekten Eltern, den perfekten weisen Lehrer, den Guru. Wir hören auf, nach dem Schönen und Guten zu suchen im Gegensatz zum absolut Bösen. Wir hören auf, Opfer und Täter in zwei verschiedene Schubladen zu stecken. Wir begreifen allmählich, dass in der Dualität in jedem Element schon sein Gegenteil angelegt ist.

Eine junge Frau, die als Kind von einem Familienmitglied missbraucht worden war, brachte den größten Teil ihrer anfänglichen Praxis damit zu, diese Wunden heilen zu lassen. Teil dieses Prozesses war, dass sie selbst als Beraterin für andere Missbrauchsopfer tätig wurde. Schließlich begann sie, mit den

Tätern zu arbeiten. Im ersten Jahr der therapeutischen Arbeit mit dieser Gruppe, die vor allem aus Männern bestand, dachte sie noch, sie wisse genau, wer dabei die Guten und wer die Bösen seien. Sie glaubte zu wissen, was ganz und gar inakzeptabel war und wer für diese Verbrechen verantwortlich war. Doch als sie den Tätern zuhörte, merkte sie schnell, dass fast jeder von ihnen seinerseits in der Kindheit missbraucht worden war. Einmal fand sie sich in einem Raum sitzend vor, umringt von lauter Männern zwischen 40 und 60. Doch ein Blick unter die Oberfläche zeigte, dass sie in einem Raum mit lauter missbrauchten Kindern saß. Zu ihrem Entsetzen fand sie heraus, dass viele dieser Männer von ihren Müttern missbraucht worden waren. Und als sie die Geschichten weiterverfolgte, entdeckte sie, dass diese wiederum von Großvätern und Großonkeln missbraucht worden waren. Der Schrecken des Missbrauchs zog sich wie ein roter Faden durch Generationen. Was also sollte sie tun? Wer war der Schuldige in diesem ganzen Wirrwarr? Ihr blieb letztlich nur eine Möglichkeit: »Nein, das darf nicht so weitergehen!« Und sie nahm sie auf in ihr mitfühlendes Herz, Opfer und Täter in einem.

Ein spirituelles Dasein ermöglicht uns, die Widersprüche des Lebens anzunehmen. Wir entscheiden uns fürs Ganze, für seine Schönheit und seine Grausamkeit, aus der Anmut unseres Herzens heraus.

Die Widersprüchlichkeit des Lebens ist stets greifbar. Es gibt da eine schöne Geschichte von einem Zenmeister, den ein Schüler bittet: »Meister, sagt mir doch, was die Erleuchtung ist.« Da sie gerade durch einen Kiefernwald gingen, deutete der Meister auf einen Baum und fragte: »Siehst du, wie groß der Baum ist?« »Ja«, antwortete der Schüler eifrig. Dann zeigte der Meister auf einen anderen Baum und sagte: »Und siehst du, wie klein dieser Baum ist?« Wieder bejahte der Schüler. »Das«, sagte der Meister, »ist die Erleuchtung.«

Wenn wir die Gegensätze des Lebens annehmen, erkennen wir, dass unsere Geburt und unser Tod, unsere Freude und unser Leid untrennbar sind. Wir ehren das Heilige in Leerheit und Form. Wir lernen, die Widersprüche unserer Praxis zu akzeptieren: das Bedürfnis, einen Lehrer zu haben, und das Bedürfnis, die Verantwortung für unsere spirituelle Entwicklung selbst zu übernehmen. Die Erfahrung transzendenter Bewusstseinszustände und die Notwendigkeit, sie in unseren Alltag einzubringen. Die Macht karmischer Prägungen und die menschliche Anlage zur vollkommenen Freiheit: am Tanz unseres Geistes teilzuhaben, ihn mit Humor und Leichtigkeit anzunehmen und mit allem in Frieden zu leben.

Verbundenheit

Wir sind immer mit etwas verbunden. Wenn wir unsere Beziehung zu den Dingen weise und mitfühlend gestalten, entwickeln wir die Fähigkeit, sie wertzuschätzen. Wir haben nur wenig Einfluss auf das, was uns täglich passiert, doch wir können bestimmen, welche Verbindung wir zu unserer Erfahrung herstellen. Eine reife Spiritualität akzeptiert, dass das Leben in der Vernetztheit stattfindet. Wenn wir die Erscheinungen unseres Lebens akzeptieren, wird unsere Praxis von einem Geist getragen, der alles als heilig betrachtet. Familienleben, Sexualität, Politik,

Geld – unsere Beziehung zu jedem Wesen und zu jeder Handlung wird vollendeter Ausdruck des Tao, des Dharma. Zenmeister Thich Nhat Hanh erinnert seine Schüler beim Abwaschen daran: »Können wir jeden Napf, jeden Teller so spülen, als wäre er der neugeborene Buddha?« Jede Handlung ist von Bedeutung, und jede Begegnung ist verknüpft mit der Gesamtheit unseres spirituellen Lebens. Die Sorgfalt und Achtsamkeit, die wir jedem Problem in unserem Leben angedeihen lassen, wird zum Maß unserer Praxis. Spirituelle Reife heißt, dass wir unsere wechselseitige Verbundenheit innerhalb der Gemeinschaft der Wesen würdigen. Nichts kann aus dem spirituellen Leben verbannt werden – so sagt auch die uralte Weisheit des *Tao Te King*:

Drei Dinge hab ich zu lehren:
Einfachheit, Geduld und Mitgefühl.
Dies sind unsere größten Schätze.
Einfach im Handeln und im Denken,
kehrst du zum Ursprung des Seins zurück.
Geduldig mit Freund und Feind,
bist du eins mit den Dingen, wie sie sind.
Mitfühlend mit dir selbst,
versöhnst du dich mit allen Wesen der Welt.

Alltäglichkeit

Die letzte Qualität, die dem spirituell reifen Geist eigen ist, ist die der Alltäglichkeit. In manchen Traditionen heißt das »die Praxis nach der Erleuchtung«, der Alltag, der sich nach den unglaublichen spirituellen Erfahrungen einstellt, wenn die Nebenwirkungen des Erwachens wieder verblassen. Nisargadatta Maharaj, der große Lehrer der Nicht-Dualität, wurde einst gefragt, was sein eigenes Bewusstsein von dem der Wahrheitssucher um ihn unterscheide. Er lächelte und erklärte, er habe nur aufgehört, sich mit dem Suchenden zu identifizieren. Ja, auch er sitze da und warte aufs Mittagessen. Auch er sei hungrig und ungeduldig wie die anderen, doch unter alldem liege ein Ozean des Friedens und der Einsicht. Er identifiziere sich nicht mit den wechselnden Umständen des Lebens, und so sei er, anders als die Wahrheitssucher um ihn herum, mit sich im Reinen.

Alltäglichkeit, das heißt, dass wir in diesem Augenblick präsent sind, weil nur er dem Mysterium des Lebens erlaubt, sich zu offenbaren. Wenn Henry David Thoreau uns vor jeder Aktivität warnt, für die wir neue Kleider kaufen müssen, erinnert er uns daran, dass Einfachheit der Weg zu den Wundern des Alltags ist. Während das Bewusstsein eine unendliche Vielfalt von Formen erzeugen kann, interessiert die Alltäglichkeit sich nur für das Hier und Jetzt. Da ist das alltägliche Mysterium des Atmens, des Gehens, das tiefe Mysterium der Bäume in unserer Straße oder eines lieben Menschen. Das hat nichts mit mystischer Versenkung oder mit übersinnlichen Kräften zu tun. Ein spirituell reifer Mensch versucht nicht, jemand Besonderer zu werden, er wird nur leer und lauscht.

Walt Whitman hat der Alltäglichkeit ein ganzes Werk gewidmet. Hier ein paar Zeilen daraus:

Ich glaube, ein Grasblatt ist nicht geringer
als das Tagwerk der Sterne [...]
und die rankende Brombeere würde die
Vorhallen des Himmels schmücken [...]
und eine Maus ist Wunders genug, Sextillionen von
Ungläubigen wankend zu machen.[1]

Die Alltäglichkeit der Spiritualität wurzelt in einem Herzen, das gelernt hat zu vertrauen, in der Dankbarkeit für das Geschenk des Lebens. Wenn wir ganz wir selbst sind, ohne etwas vorzugeben oder zu verbergen, sind wir im Einklang mit dem Universum. In dieser Alltäglichkeit gibt es kein Höher oder Niedriger, nichts, was behoben werden müsste, nichts zu wünschen, nur das Öffnen für die Liebe und die Einsicht in die Freuden und Leiden der Welt. Diese alltägliche Liebe und Einsicht erfüllen jede Situation mit Leichtigkeit und Herzensfrieden. Wir stellen fest, dass unsere Rettung im Alltäglichen liegt. Wie die Wasser des Tao, die ihren Weg über die Steine finden und immer weiter herabsteigen, bis sie in den Ozean zurückkehren, auf ebendiese Weise führt uns die Alltäglichkeit zum Frieden.

In der Alltäglichkeit, in der spirituellen Reife liegt große Kraft. Aus ihr erwächst die Fähigkeit, uns ganz natürlich selbst zu heilen. Dann dehnen sich unsere geistige Gesundheit und unser Mitgefühl ganz von selbst auf unsere Umgebung aus. Der allseits beliebte japanische Zendichter Ryokan widmete sein

1 Walt Whitman, *Grasblätter*, erstmals vollständig übertragen und herausgegeben von Jürgen Brôcan, München 2009, S. 81.

ganzes Leben diesem Geist der Alltäglichkeit und berührte damit alle, die mit ihm zu tun hatten. Es heißt, Ryokan hätte nie jemanden gescholten oder ihn gemaßregelt. Eines Tages bat sein Bruder ihn, mit seinem Sohn zu sprechen, der vor kurzem straffällig geworden war. Ryokan kam, sagte zu dem Jungen jedoch kein Wort. Er blieb über Nacht und machte sich am nächsten Morgen wieder auf. Als der missratene Junge seinem Onkel die Sandalen zuband, fühlte er plötzlich einen Tropfen warmes Wasser auf seiner Hand. Er sah auf und merkte, dass Ryokan Tränen in den Augen standen. Der Zendichter kehrte nach Hause zurück, und der Junge besserte sich.

Spirituelle Reife trägt dazu bei, dass wir uns weiter öffnen können, dass wir vergeben und loslassen können. Damit aber lösen sich unsere Konflikte allmählich auf. Unsere inneren Kämpfe kommen zu einem Ende. Schwierigkeiten scheinen wie von selbst behoben. Wir können eine heitere Ruhe voller Leichtigkeit genießen.

TEIL III

Die Lehren moderner Meister

14
Die natürliche Freiheit des Herzens
Die Lehren des Ajahn Chah

In den Sechziger-, Siebziger- und Achtzigerjahren hatte ich das außerordentliche Privileg, in einigen der bedeutenden Theravada-Tempel von Thailand und Birma zu praktizieren. Mein Heimatkloster war Wat Ba Pong, ein Waldkloster in Thailand, nahe der Grenze zu Laos und Kambodscha. Das Wat Ba Pong umfasst mehrere Hundert Morgen Wald mit dichtem Laubdach, herabhängenden Lianen und einem Wildbestand, zu dem Rotwild, Federvieh, Schlangen, Eidechsen, Skorpione und zahllose Käfer gehören. Die kleinen Hütten der Mönche sind zwar durch Trampelpfade verbunden, liegen aber trotzdem so abgeschieden, dass die Mönche einander nicht sehen können. Dort begann ich meine Praxis als Schüler von Ajahn Chah und trug die traditionellen ockerfarbenen Roben. Ajahn Chah war ein Meditationsmeister in der Tradition der Thai-Waldmönche. Diese führen ein einfaches, hartes Leben, das ihnen den Pfad zur Erleuchtung ebnen soll. Ganz egal, was er tat, Ajahn Chah war vom Dharma der Befreiung durchdrungen. Er zeigte allen seinen Schülern, woher sie auch immer kommen mochten, das große Herz des Buddha.

In diesem Kapitel möchte ich Ihnen einige der segensreichen Belehrungen vermitteln, die ich von ihm erhalten habe, möchte seine Inspiration und seine tiefe Einsicht weitergeben, welche über die Linie der Mönche und Nonnen seit der Zeit des Buddha weitergegeben wurden. Die Geschichten aus Ajahn Chahs Kloster scheinen auf den ersten Blick aus einer anderen Welt, einer anderen Kultur zu stammen. Nichtsdestotrotz zeigen sie die universellen Prinzipien der Dharmaschulung, der sich alle unterziehen müssen, die einen authentischen Praxispfad gehen wollen. Auch wenn Sie ein Retreat im Westen machen, müssen Sie sich mit den einfachsten Umständen auseinandersetzen und entsprechend Hingabe entwickeln. Auch im Westen müssen Sie mit den Leiden von Körper und Geist zurechtkommen und müssen danach streben, darin Mitgefühl und Freiheit zu finden. Moderne Retreats eröffnen in gewisser Weise den Zugang zum Geist der alten Waldklöster Asiens.

Ajahn Chah sprach stets von zwei Ebenen der spirituellen Praxis. Zunächst einmal nutzt man den Dharma, damit es einem besser geht. Man führt ein tugendhafteres Leben und wird gütiger. Man sitzt, beruhigt seinen Geist und trägt dazu bei, dass die Gemeinschaft harmonisch zusammenlebt. Diese Dimension des Dharma ist ausgesprochen segensreich. Erst auf der zweiten Ebene entdeckt man die wahre Freiheit des Geistes. Dabei geht es nicht um die Verbesserung der Lebensqualität. Man nutzt vielmehr alle in Arbeit und Alltag auftretenden Situationen, um den Geist zu befreien. Er sagte immer: »Darum geht es hier bei uns. Wenn du dich uns Waldmönchen anschließen möchtest, ist dies unser Ziel.«

Ajahn Chah sprach über die zweite Ebene des Dharma am Tag, als ich im Kloster ankam. Er lächelte und hieß mich willkommen: »Ich hoffe, du hast keine Angst vor dem Leiden.«

Ich war schockiert. »Was meinst du damit? Ich bin hierhergekommen, um zu meditieren, um inneren Frieden und Glück zu finden.« Wie ich bereits sagte, gab er dazu folgende Belehrung: »Es gibt zwei Arten des Leidens. Das Leid, vor dem wir wegrennen, weil wir uns der Wahrheit des Lebens nicht stellen wollen. Und das Leid, das wir durchleben, wenn wir bereit sind, vor den Problemen der Welt nicht mehr wegzulaufen. Nur die zweite Art führt dich zur Freiheit.«

Ajahn Chahs Kloster war in Thailand bekannt für seine strenge Praxis. Dabei wird nicht nur Sitzmeditation geübt, wie wir sie aus westlichen Retreats kennen. Letztlich durchläuft man dort ein Jahr der Schulung in vollkommener Achtsamkeit auf alles, was man tut, ein höchst diszipliniertes Leben also. Im Theravada-Buddhismus gibt es Hunderte von Mönchsregeln, die es zu beachten gilt. Ajahn Chah bot den Mönchen in seinem Waldkloster eine Umgebung, in der sie all dies umsetzen konnten. Jeder, der dort lebte, war aufgefordert, dies in vollkommenem Gewahrsein zu tun. Wenn neue Schüler ankamen, sagte Ajahn Chah ihnen zuallererst, dass sie am falschen Ort seien, wenn sie sich entspannen wollten. Alles lief dort höchst diszipliniert ab, und zwar nicht durch äußeren Zwang, sondern aus einer Haltung tiefen Respekts heraus. Wenn man Zeuge wird, wie alles mit höchster Sorgfalt und Achtung getan wird, entsteht automatisch der Wunsch, es selbst genauso zu machen.

War man dann ins Kloster eingetreten, gab es vier Stufen der Praxis zu meistern, die alle mit Weisheit, Humor und viel Mitgefühl angegangen wurden. Die erste Stufe war Hingabe: Man übte die Bereitschaft, buchstäblich jede Erfahrung zur Praxis zu machen. Die zweite Stufe war Klarblick: Man öffnete sich jeder Erfahrung, um zu sehen, was ist. Die dritte Stufe war das Loslassen von Schwierigkeiten: mit Problemen fertigwerden und sie gehen lassen. Auf der letzten Stufe ging es um Balance, um das ruhige Verweilen des »Einen, das erkennt« in Weisheit und Gleichmut angesichts der Vielfalt der Erscheinungen.

Hingabe

Wer in Ajahn Chahs Kloster Mönch sein wollte, musste hart arbeiten und mit untadeliger Einstellung an das Mönchsleben herangehen. Wir führten bewusst ein sehr karges Leben. In der Meditationshalle saßen wir ohne Kissen auf einer Steinplattform. Als ich viele Stunden so saß, schmerzte es. Ich schaffte es nicht einmal, meine Knie auf dem Stein ruhen zu lassen. Kaum senkte ich das eine, ging das andere weiter nach oben. Das war sehr schmerzhaft. Schließlich fand ich heraus, dass ich, wenn ich nur früh genug kam, einen Platz an einem der Pfeiler bekommen konnte. Wenn alle die Augen geschlossen hatten und zu meditieren begannen, konnte ich mich an den Pfeiler lehnen. Das machte ich zwei Wochen lang. Schließlich sprach Ajahn Chah das bei einer seiner abendlichen Belehrungen an. Er sprach zwar zu der ganzen Gruppe, doch er sah mich lächelnd an, als er sagte, dass es im Dharma darum gehe, unabhängig zu werden. Es sei wichtig, sich nicht »anlehnen« zu müssen. Daraufhin wechselte ich den Platz.

Ajahn Chah erwartete von jedem dieselbe Hingabe und Sorgfalt, doch keineswegs blinden Glauben. Hingabe hieß vielmehr zu akzeptieren, dass die Erfahrung, die man im Kloster machte, die eigene Praxis war. Und er prüfte uns häufig. Wir saßen stundenlang in Meditation. Ajahn Chah hielt das ab, was man im Westen später »Durchhaltesitzungen« nannte. Er konnte locker fünf Stunden am Stück auf dem Kissen sitzen und Dharmabelehrungen geben. Wir saßen auf dem Steinboden, warteten und dachten: »Mein Gott, wann hört er bloß endlich auf?« Aber er machte weiter und weiter und sah sich amüsiert um, um festzustellen, wer zu zappeln begann. Doch es wurde erwartet, dass man respektvoll und aufmerksam blieb, bis er seine Belehrungen beendet hatte.

Ajahn Chah wollte von seinen Schülern, dass sie alles, was sie taten, mit Sorgfalt erledigten. Wenn wir die Wege kehrten, kam er manchmal herbei, sah uns zu und sagte dann: »Kehr dort noch mal.« Wenn wir Besen banden, schloss er sich uns an und zeigte uns, wie man einen höchst eleganten Bambusbesen macht, der auch noch gut kehrt. Nur wenn ich ihm zusah, wurde mir klar, was die eigentliche Belehrung war. Es war ihm nicht wichtig, ob der Weg gekehrt war. Schließlich würde der Wald den Weg einen Tag später sowieso wieder mit Staub bedecken. Ajahn Chah wollte, dass seine Schüler ihre alltäglichen Verpflichtungen nutzten, um Erleuchtung zu erlangen. Er zeigte uns nur, wie man etwas tut, damit wir es auch wirklich gut machten, ob es nun ums Besenbinden, Kehren oder Hüttenbauen ging.

Das Prinzip der Meditation im Kloster war: tun, was getan werden muss. Das ist wahre Hingabe, die jeder in seiner Praxis üben muss. Für uns Mönche bedeutete dies, dass wir annahmen, was immer auf uns zukam – Essen, Wetter, Verpflichtungen im Kloster –, und damit arbeiteten, ob wir es nun leicht oder schwer fanden. Es gab Menschen im Kloster, mit denen schwer auszukommen war, doch Ajahn Chah schätzte sie genauso wie die anderen. Erinnern Sie sich an die Geschichte von der Gurdjieff-Gemeinschaft? Daran dass der Lehrer extra nach Paris fuhr und einen unausstehlichen alten Mann dafür bezahlte, dass er in der Gemeinschaft blieb? Wenn in unserem Kloster nicht genügend Schwierigkeiten auftauchten, spielte Ajahn Chah ebendiese Rolle für uns.

In einer Vollmondnacht erneuerten wir unsere Gelübde in der Zeremonialhalle. Danach sollten wir in die Meditationshalle zurückkehren und dort die ganze Nacht meditieren und rezitieren. Später am Abend würden die Dorfbewohner kommen und uns allen einen starken, süßen Kaffee bringen. Da wir ja nur einmal am Tag, und zwar am Morgen, eine Mahlzeit zu uns nahmen, war dieser Kaffee ganz köstlich für uns. Eines Nachts hatte Ajahn Chah einen Besucher, einen älteren Mönch, einen seiner Lehrer. Die beiden führten ein sehr langes Gespräch über den Dharma. Anscheinend hatten sie vergessen, die Mönche zu entlassen. Da saßen sie nun und redeten von acht Uhr abends bis etwa Mitternacht. Ich war unruhig und wollte unbedingt meinen Kaffee, damit ich in der anderen Halle dann »richtig meditieren« könnte. Hin und wieder warf Ajahn Chah einen Blick auf uns, um sich zu überzeugen, was wir machten. Dann saß er einen Augenblick lang ruhig da, bis er schließlich das Gespräch mit seinem Lehrer wieder aufnahm. »Wann ist er denn endlich fertig?«, dachte ich. »Wann bekomme ich endlich den süßen Kaffee?« Es wurde ein Uhr morgens, zwei Uhr morgens. Bis ungefähr drei Uhr morgens wurde ich immer aufgebrachter. Schließlich entschloss ich mich dann doch, besser gleich an Ort und Stelle zu meditieren, denn offensichtlich würde meine Meditationspraxis an diesem Abend nirgendwo anders stattfinden.

Als Ajahn Chah sich schließlich am frühen Morgen erhob, lächelte er gütig. Er hatte uns die ganze Nacht beobachtet. Ich hatte erkannt, dass meine Meditationspraxis dort stattfinden musste, wo ich gerade war – nicht nur, wenn ich in der Meditationshalle saß, und nicht nur, wenn ich mit süßem Kaffee gedopt war. Das war also Ajahn Chahs Belehrung: die Hingabe, die im Wissen darum liegt, dass der Ort der Praxis immer der Ort ist, an dem man sich gerade aufhält.

Was immer er von seinen Mönchen forderte, verlangte er auch von sich selbst. Ich erinnere mich noch, wie wir eines Tages von einem abgelegenen Höhlenkloster zu einem langen Almosengang aufbrachen. Es blies ein kalter Wind, draußen hatte es etwa fünf Grad Celsius. Ich hatte nur mein dünnes Baumwollgewand an und ein Handtuch, das ich mir irgendwie um den Hals gewickelt hatte, sodass es die Ohren schützte, die ein recht großer Bestandteil meines Körpers sind. Wir hatten jeden Tag acht Kilometer zu gehen, bis wir im Morgengrauen beim ersten Dorf ankamen. Mir klapperten regelmäßig die Zähne. Nachdem die Dorfbewohner uns mit Reis und allem, was sie sonst noch entbehren konnten, versorgt hatten, marschierten wir zum Kloster zurück. Ajahn Chah sah mich an und fragte: »Kalt?«

»Eiskalt!«, antwortete ich.

Er lachte. »Ach, keine Angst. Kälter wird's in Thailand nicht.«

Sein Geist war immer mit uns. Er war da, wenn uns kalt war oder wenn wir lange sitzen mussten. Er war auf starke, mitfühlende Weise da und gab einem das Gefühl: Welche Schwierigkeit es auch immer zu meistern galt, man würde es schaffen, sie zu nutzen.

Zehn Jahre nachdem ich das Kloster verlassen hatte und längst in Amerika selbst zum Lehrer geworden war, kehrte ich in Ajahn Chahs Kloster zurück und unterzog mich erneut den Mönchsregeln, um meine Schulung fortzusetzen. In der ersten Vollmondnacht, wenn die Mönche sich versammeln, um die Ordensregeln zu rezitieren, schlang ich mein Gewand in der traditionellen Form um den Körper und ging zur Zeremonie in die Halle. Kurz bevor die Zeremonie begann, sah Ajahn Chah mich an und meinte: »Du solltest nicht hier sein. Geh zurück in deine Hütte.« Normalerweise fordert man diejenigen auf zu gehen, die undiszipliniert sind, Mönche, die nur zu Besuch sind und von denen man annimmt, dass sie sich nicht an ihr Gelübde halten und dass sie die Verhaltensregeln des Ordens nicht befolgen. Ajahn Chah schien sich meiner beträchtlichen Bemühungen in dieser Hinsicht nicht bewusst zu sein. Ich tat alles, was ich nur konnte, um ein guter Mönch zu sein, aber er glaubte das wohl nicht. Er warf mich tatsächlich raus. Als ich die Treppen der Halle hinunterging, hörte ich, wie er zu ein paar älteren Mönchen sagte: »Ach, er ist ja Meditationslehrer. Das macht ihm bestimmt nichts aus.«

Drei Monate lang ließ er mich nicht an der Vollmondzeremonie teilnehmen. Anfangs war ich darüber wütend, doch als ich merkte, wie sehr ich daran anhaftete, ließ ich los. Am letzten Tag vor meiner Weiterreise nach Bangkok besuchte ich Ajahn Chah in seiner Hütte. Er hatte gerade ein Bad genommen. Ich half ihm, seine Füße abzutrocknen. Er sah auf mich hinunter und begann, belustigt zu glucksen. Dann stupste er mich an und meinte: »Na, wie hat es dir gefallen, wie jeder andere Mönch auf Besuch behandelt zu werden?« Augenscheinlich wollte er prüfen, ob ich immer noch wütend war.

Ich sagte: »Nun, es war ja angemessen. Schließlich war ich ein Mönch auf Besuch. Ich bin ja nur für kurze Zeit hier.«

Er lachte und meinte: »Es ist weise von dir, das so zu sehen.« Stets versuchte er herauszufinden, woran man noch Anhaftungen hatte, um seinen Schülern zu zeigen, was sie noch aufgeben konnten.

Klarblick

Nachdem man sich in Hingabe an die aktuellen Umstände geübt hatte, kam die zweite Stufe von Ajahn Chahs Praxisweg: jede Erfahrung zu sehen, wie sie ist. In der Meditation und im Dharmaleben ist es ein wichtiger Schritt, die Dinge so zu sehen, wie sie sind, vor allem, was unseren eigenen Geist angeht. Ajahn Chah nannte dies einfach: ehrlich zu sich selbst sein. Und er selbst war dafür das beste Beispiel.

Eines Tages fragte ich ihn, wie er denn Mönch geworden sei, was ihn an diesem Leben angezogen habe. Er erzählte, dass die Kinder in seinem Dorf immer das Alltagsleben dort nachgestellt hätten. Einer wollte der Bürgermeister sein, ein anderer die Krankenschwester, wieder ein anderer der Lehrer. »Ich wollte immer der Mönch sein«, lachte Ajahn Chah. »Also setzte ich mich auf einen Sitz hoch über den Köpfen der anderen, und meine Mitspieler mussten mir Essen und Süßigkeiten bringen.«

Er sprach ganz offen über seine Praxiserfahrungen. Während seiner Ausbildung hatte er mit allerlei Zweifeln, Schwierigkeiten und Leid zu kämpfen gehabt. Sein ganzer Körper schmerzte, und sein Geist schien nur Probleme zu bereiten. Er erzählte uns, wie er in der Trockenzeit im Wald saß und plötzlich unerwartete Regengüsse herniedergingen und alles durchnässten, was er besaß – das Gewand und seine wenigen Bücher. Er sagte: »Ich saß im Wald und war hoffnungslos entmutigt. Der Regen durchtränkte buchstäblich alles, Tränen liefen mir die Wangen hinunter. Ich wusste nicht mehr, was Tränen waren und was Regentropfen, aber ich saß weiter. Manchmal muss man in der Praxis einfach drauflosweinen. Ich saß und saß und saß, denn ich hatte diese Kühnheit. Was da auch kommen mochte, ich wollte begreifen.« Dabei war er häufig sehr krank. Er hatte Malaria wie viele der älteren Waldmönche. In jenen Tagen gab es nur wenige Medikamente. Er sagte: »Irgendwann einmal hielten mich die Leute für über 70, obwohl ich erst 35 war. Ich sah einfach so verbraucht aus, meine Haut war unglaublich trocken. Aber ich machte weiter. Ich tat es einfach.«

So ehrlich wie Ajahn Chah über sich selbst und seine Schwierigkeiten sprach, war er auch in Bezug auf die Menschen in seiner Umgebung. Er zog seine Schüler auf und lachte über ihre Komplexe. In den Siebzigerjahren brachte ich eine ganze Gruppe von Freunden zu ihm, unter anderem Joseph Goldstein und Ram Dass. Ram Dass kam gerade aus Bali, wo er den ganzen Tag am Strand gelegen oder mit dem Surfbrett die Wellen durchmessen hatte. Er war zwar 15 Jahre älter als die meisten von uns, versuchte aber immer, jung und fit auszusehen. Wir besuchten Ajahn Chah in seiner Hütte und setzten uns. Er sah sich um, und schon nahm er Ram Dass aufs Korn: »Oh«, sagte er. »Wer ist denn der alte Mann, den du da mitgebracht hast?«

Manchmal saßen wir in der Hütte, und nicht ordinierte Buddhisten kamen zu Besuch. Dann stellte er seine Mönche vor. Dies geschah manchmal auf förmliche und respektvolle Weise, manchmal aber nahm er uns einfach auf den Arm. Dann sagte er Dinge wie: »Ach, das ist der Mönch, der am liebsten dauernd schläft. Er ist mein Schlafmönch. Wann immer man nach ihm sieht, schläft er.« Er zeigte auf einen anderen Mönch: »Der da ist dauernd krank. Ich weiß auch nicht, was er daran findet. Und der hier isst gerne viel. Er ist unser Essmönch. Der dort drüben meditiert dauernd. Er hat eine enorme Anhaftung an die Meditation. Man bringt ihn einfach nicht dazu, sich zu bewegen oder etwas anderes zu tun. Und der alte Mönch da hatte, das glauben Sie nicht, zwei Frauen, bevor er ins Kloster eintrat – zur selben Zeit wohlgemerkt. Kein Wunder, dass er so alt aussieht!« So ging er die Mönche um ihn herum der Reihe nach durch und zog sie auf. Dabei war er sehr genau, was die Rollen und Anhaftungen der einzelnen Personen anging. Von sich sagte er: »Ich spiele gerne den Lehrer. Das ist mein Job hier.« Dann lachte er laut auf.

Eines Tages kam ein westlicher Mönch ins Kloster, der zwölf Jahre lang in einem chinesischen Kloster gelebt hatte. Er bat darum, in Ajahn Chahs Kloster bleiben zu dürfen. Ajahn Chah meinte, das sei ihm gestattet. Gleichzeitig begann er, ihn auszufragen, denn er war recht stämmig. »Wieso bist du so fett? Isst du so viel?« Am Ende meinte er: »Gut, du kannst bleiben, aber nur unter einer Bedingung. Wir haben eine sehr kleine

Hütte hier, in die du jetzt gerade so hineinpasst. Wenn du weiter so viel isst, wirst du dich eines Tages in deine Hütte quetschen und dann nicht mehr herauskommen. Wir verschließen die Tür, und du musst drinbleiben.« Ironischerweise war Ajahn Chah selbst auch recht beleibt, was er gerne eingestand. Es war herrlich zu sehen, dass ihm nichts heilig war. Was im Moment der Fall war, war ebendas, worauf wir unser Augenmerk richten sollten. »Darauf solltest du achten!«

Wenn ich für ihn übersetzte, neckte er mich: »Ich weiß, dass du ganz gut übersetzt, aber ich bin sicher, dass du die bissigen Passagen weglässt. Ich kann kein Englisch, aber ich sehe ja, dass du zu sanft zu ihnen bist. Du erzählst ihnen nichts von dem harten Dharma, den ich in Wirklichkeit lehre, oder?« Und tatsächlich wollte er in seinen Belehrungen nicht sanft sein, sondern aufrichtig und direkt. Wir sollten einen klaren Blick auf unsere Schwierigkeiten tun, damit wir uns mit neuen Augen sehen lernten.

Ich fragte ihn einmal, was das größte Problem seiner Schüler sei. »Ihre Ansichten«, sagte er. »Sie haben zu allem und jedem eine feste Meinung, über sich selbst, über die Praxis, über die Lehren des Buddha. Viele, die sich jetzt der Praxis zuwenden, hatten viel Erfolg in weltlichen Dingen. Sie sind gut situierte Geschäftsleute, haben ihren akademischen Abschluss, sind Lehrer oder Regierungsbeamte, und ihr Geist ist randvoll mit festen Ansichten über die Welt. Sie sind viel zu schlau, um noch zuzuhören. Das ist, als wolle man Wasser in eine Tasse füllen und entdeckt, dass die Tasse voll mit altem, abgestandenem Tee ist. Die Tasse wird erst wieder brauchbar, wenn der alte Tee weggeschüttet wird. Ihr müsst euren Geist von euren

Ansichten befreien, erst dann werdet ihr Neues aufnehmen können.« Um Klarblick zu entwickeln, müssen wir Einfachheit lernen, damit wir die Dinge sehen können, wie sie sind.

Ajahn Chah sprach auch häufig darüber, wie man seine Grenzen klar erkennen könne. Ram Dass fragte ihn, wie jemand anderen Belehrungen geben könne, der selbst noch nicht den Durchbruch geschafft habe. Wenn wir selbst noch leiden, wie können wir anderen etwas beibringen? Ajahn Chah antwortete: »Zunächst einmal: Seid sehr ehrlich. Tut nicht, als hättet ihr Weisheit entwickelt, wo ihr sie nicht habt. Sagt den Menschen, wie es euch selbst ergeht. Und nehmt Maß. Beim Gewichtheben weiß der Sportler auch, dass er irgendwann enorme Gewichte stemmen kann, wenn er fleißig übt. Vielleicht gibt es ja andere, die mehr stemmen können als ihr. Dann könnt ihr euren Schülern sagen: ›Wenn ihr übt, könnt ihr einmal dieses enorme Gewicht heben, aber versucht es nicht sofort. Ich kann es auch nicht, aber ich habe Menschen gesehen, die es können.‹ Sagt, was möglich ist, ohne so zu tun, als hättet ihr dies selbst verwirklicht. Seid vollkommen ehrlich zu euch selbst und zu euren Schülern, dann wird alles gut gehen.«

Ajahn Chah unterstrich gerade beim Klarblick immer wieder, wohin wir diesen Blick zu richten haben: auf uns selbst. Ich weiß noch, dass ich in den ersten Monaten im Kloster schrecklich frustriert war. An manchen Tagen wäre ich am liebsten gegangen, weil meine Praxis nicht so gut lief. Ich träumte von einem ruhigen Ort, an dem ich täglich acht, zehn oder fünfzehn Stunden sitzen konnte. Stattdessen musste ich hier um Almosen betteln gehen, rezitieren und mit den anderen Mönchen arbeiten. Sitzmeditation konnte ich höchstens fünf oder sechs Stunden lang betreiben. Schließlich sagte Ajahn Chah doch, unsere Praxis sei es, weise zu leben, und die Sitzmeditation würde uns dabei helfen. Aber für Ajahn Chah war das Sitzen nur die Stütze der Weisheit, nicht unsere Hauptaufgabe. Ich war aufgebracht über das, was ich als Unterbrechung meiner Meditation ansah. Ich sagte ihm, dass es mir hier nicht gefalle und ich in ein Kloster nach Birma wolle. Ich war so frustriert, dass ich zu ihm sagte: »Außerdem scheinst du mir nicht sonderlich erleuchtet zu sein. Du widersprichst dir ja dauernd. Einmal sagst du dies, dann wieder jenes. Und du siehst noch nicht mal sonderlich achtsam aus. Ich sehe dich essen, aber woher soll ich wissen, dass du das jetzt auf achtsame Weise tust? Dir fallen Sachen aus der Hand wie jedem anderen Menschen. Du siehst wirklich nicht sehr vervollkommnet aus.« Ajahn Chah fand das sehr lustig.

Er antwortete mir: »Gut, dass ich auf dich nicht besonders erleuchtet wirke.«

Ich meinte: »Ach ja. Wieso?«

Und er: »Nun, wenn ich das täte, würdest du wohl immer noch in der Außenwelt nach dem Buddha suchen. Du kannst die Erleuchtung nicht irgendwo im Außen finden. Jeder Mensch ist anders. Und Freiheit hat nichts mit Nachahmung zu tun. Wenn du die Freiheit kennenlernen willst, geht das nur in deinem Herzen, dann nämlich, wenn es seine Anhaftungen aufgibt.«

Er fuhr fort: »Weisheit musst du selbst verstehen und entwickeln. Nimm vom Lehrer, was du brauchen kannst, und bleib ansonsten ganz bei deiner Praxis. Wenn ich mich hinlege, wenn ihr alle in Sitzmeditation verharrt, macht dich das wütend? Wenn ich sage, dass der Himmel rot oder ein Mann eine Frau ist, solltest du mir nicht einfach blind folgen. Richte den Blick auf das, was wahr ist und was dir guttut. Einer meiner Lehrer zum Beispiel aß sehr schnell. Er machte viel Lärm beim Essen, und doch hielt er uns alle an, langsam und achtsam zu essen. Wenn ich ihm zusah, wurde ich richtig sauer. Ich litt, er nicht. Ich sah einfach nur das Äußere der Situation. Später lernte ich, dass es Menschen gibt, die schnell fahren und trotzdem achtsam sein können, während andere langsam fahren und viele Unfälle verursachen. Klammer dich nicht zu sehr an Regeln, an die äußere Form. Wenn du dich 10 Prozent deiner Zeit nach anderen richtest und 90 Prozent bei dir selbst bleibst, dann ist das gut. Wenn du den Blick nach außen richtest, vergleichst du dich. Das führt nur zu mehr Leid. Du wirst weder Glück noch Frieden finden, wenn du nach dem vollkommenen Mann oder Lehrer suchst. Der Buddha lehrte uns, auf den Dharma zu achten, auf die Wahrheit, nicht auf andere Leute.«

Das war die zweite Stufe von Ajahn Chahs Praxis: ehrlich zu sein. Klarblick entwickeln heißt, dass wir den Blick voller Mitgefühl auf unseren Geist richten, unsere Ängste und unsere Verhaltensmuster. »Schaut euch selbst wirklich an«, sagte er immer. Richten Sie den Blick nach innen, statt sich im Außen mit anderen zu vergleichen.

Der Umgang mit Problemen

Auf der dritten Stufe von Ajahn Chahs Praxis lernen seine Schüler, direkt mit Schwierigkeiten zu arbeiten, wenn sie auftauchen. Zu diesem Zweck zeigt er uns zwei geschickte Mittel.

Entweder wird man mit Problemen fertig, indem man achtsam durch sie hindurchgeht, oder man lässt sie los. Er erwartete von seinen Schülern, dass sie so mit Problemen umgingen, dass diese sie zur Erleuchtung führten. Wenn Menschen Schwierigkeiten hatten, fragte er sie mit breitem Lächeln: »Leidest du heute?« War die Antwort Nein, dann sagte er: »Sehr gut.« Antwortete aber einer mit Ja, dann meinte er mitfühlend: »Ach je, du hast heute wirklich sehr starke Anhaftung.« Es war so einfach. Wenn du leidest, haftest du an. Daher können wir im Hier und Jetzt lernen, frei zu sein.

Litten die Menschen unter Angst, führte er sie mitten hinein in ihre Ängste. Fürchteten sie sich beispielsweise, allein im Wald zu sein, weil es dort Geister geben könnte oder wilde Tiere, dann schickte er sie unweigerlich in den Wald. Sein Lehrer hatte ihm beigebracht, der Waldmönch solle nachts, wenn der Geist von Angst ergriffen wird, im Wald Gehmeditation üben. »Dies ist der Kampf zwischen Angst und Dharma«, hatte sein Lehrer erklärt. »Wird die Angst besiegt, kommen im Geist unerschütterlicher Mut und tiefinnerer Friede auf. Gewinnt aber die Angst, wird sie sich rasend schnell vervielfachen. Der ganze Körper wird von Hitze oder Kälte geschüttelt, vom Bedürfnis, sich zu entleeren. Der Mönch wird vor Angst keine Luft mehr bekommen und aussehen wie ein lebender Toter. Wenn der Tiger im Gebüsch oder sogar fern am Fuß der Berge brüllt, packt den Mönch die Panik. Solch ein Mönch erkennt nicht, dass der Tiger weit weg ist oder in eine andere Richtung zieht. Alles, woran er denkt, ist, dass der Tiger jetzt kommen und ihn fressen wird. Ganz gleich, wie weitläufig das Gelände sein mag, er wird fest glauben, dass der Tiger nichts Besseres zu tun hat, als ausgerechnet dort sein Nachtmahl zu suchen, wo er Gehmeditation praktiziert. Die Passagen aus der Metta-Rezitation, wo es um die Überwindung der Angst geht, sind wie aus seinem Gedächtnis gelöscht. Ironischerweise ist ihm nur ein Satz haften geblieben: ›Der Tiger kommt. Der Tiger kommt.‹«

Doch es gibt auch simplere Ängste, die überwunden werden müssen. Eines Nachts ließ Ajahn Chah einen erfahrenen westlichen Mönch, Ajahn Sumedho, eine einstündige Dharmabelehrung geben. Für einen neuen Mönch ist es schwer, Dharmabelehrungen zu geben und keine Angst zu haben, dumm, langweilig oder unsicher zu wirken. Als Sumedho zu Ende gesprochen hatte, sagte Ajahn Chah: »Mach weiter.« Sumedho sprach wieder 45 Minuten, und Ajahn Chah meinte danach: »Weiter. Mehr.« Und er ließ ihn weitermachen, bis er vier Stunden lang geredet hatte. Er hatte nichts zu sagen und redete trotzdem vier Stunden lang. Es war so unglaublich langweilig! Immer wenn er aufhörte, vernahm er nur: »Weiter!« Am Ende hatte Ajahn Sumedho gelernt, dass es nicht wichtig war, ob er den anderen langweilig oder idiotisch vorkam oder nicht. Er hatte gelernt, keine Angst mehr vor dem zu haben, was jemand anderer denkt, sondern einfach nur zu tun, was ansteht.

Die erste große Dharmabelehrung, die ich geben sollte, musste ich ohne jede Vorbereitung mitten in der Nacht halten. An großen buddhistischen Feiertagen blieben wir die ganze Nacht wach. Die Meditationshalle füllte sich mit bis zu tausend Dorfbewohnern. Wir wechselten ab: eine Stunde Dharmabelehrungen, eine Stunde Sitzmeditation. Gegen zwei Uhr morgens sagte Ajahn Chah dann: »Nun werden wir eine Dharmabelehrung von einem westlichen Mönch hören.« Ich hatte noch nie Belehrungen vor Hunderten von Menschen gegeben, schon gar nicht im lokalen Lao-Dialekt. Ich ging einfach hinauf, und er sagte: »Sag ihnen, was du vom Dharma weißt. Los.« Er wusste, dass ich nervös war. Aber er meinte nur: »Ein Grund mehr, es zu tun.« Ich sprach über die Menschen im Westen, die so ungeheuer viel materiellen Reichtum besaßen – große Häuser, Kühlschränke und Autos – und trotzdem nicht unbedingt glücklich waren. Ich glaube, die Leute amüsierten sich sehr bei meinem Versuch.

In den Waldklöstern gehört es zur Tradition, die Mönche genau zu den Dingen anzuhalten, die sie hassen. Über die Jahre fand Ajahn Chah natürlich leicht unsere Schwachstellen. Hatte man Angst vor dem Alleinsein, schickte er einen allein in den Wald. Hatte man Schwierigkeiten im Umgang mit Menschen, schickte er einen in ein geschäftiges Stadtkloster. Das wirkte mitunter ganz schön niederträchtig. Er fand stets heraus, was man gar nicht mochte, und genau das ließ er einen dann tun. War man gelangweilt oder unruhig, erteilte er einem eine Aufgabe, bei der man sich noch mehr langweilte und noch unruhiger wurde, damit man es so richtig spürte. Er meinte stets: »Du wirst es spüren, bis du tot umfällst.« Darum ging es in seiner Praxis. Was diesem Prozess Widerstand entgegensetzt, ist das Ichgefühl, dieses kleine Selbst, mit dem man arbeiten muss, bis es stirbt. So überwindet man Schwierigkeiten.

Ich war zu Beginn während der Meditationspraxis immer extrem schläfrig. Ajahn Chah meinte: »Sitz aufrecht. Öffne die Augen, wenn du schläfrig bist. Mach mehr Gehmeditation, geh rückwärts.« Ich ging rückwärts und war immer noch schläfrig. »Gut, dann gehst du eben im Wald rückwärts.« Dabei musste ich nun wirklich aufmerksam sein, um den Bäumen und den herabhängenden Lianen auszuweichen. Im Wald rückwärtszugehen, hielt mich wach. Doch sobald ich mich setzte, wurde ich wieder schläfrig. Schließlich sagte er: »Für Leute wie dich haben wir hier eine Kur. Gleich bei deiner Hütte ist ein Brunnen. Geh und meditiere am Brunnenrand.« Also setzte ich mich an den Brunnenrand, schloss die Augen und begann zu meditieren. Bald wurde ich ein wenig schläfrig, und der Kopf fiel mir auf die Brust. Dabei fiel mein Blick in den Brunnen. Da ging es etwa 15 Meter tief nach unten. Sofort schoss mir ein Adrenalinstoß durch die Adern und weckte mich auf. Und so lernte ich, dass man auch mit der Schläfrigkeit arbeiten konnte wie mit allen anderen Geisteszuständen.

Wenn ich wütend wurde oder auf andere Weise die Ruhe verlor, sagte Ajahn Chah: »Wenn du schon wütend sein willst, dann richtig! Geh zurück in deine Hütte, hülle dich in deine wärmsten Gewänder und bring den Tag damit zu, wütend zu sein. Spür deine Wut. Mach dir bewusst, wie sie sich anfühlt – im Körper, als Emotion, als Geschichte im Kopf. Und bleib dabei auf deinem Kissen sitzen.« Er nannte das »den Tiger des Zorns in den Käfig der Achtsamkeit führen«. Er sagte: »Du musst das nicht ausleben und jemanden abschlachten. Lass rundherum Achtsamkeit entstehen, was immer dieses Gefühl auch sein mag, dann kommt es von selbst zum Erliegen. Lass das Gefühl dein Lehrer sein.«

Für die jungen Mönche war es natürlich besonders schwierig, auf Sexualität zu verzichten. Ein westlicher Mönch, der von Ajahn Chah zum Abt eines kleineren Klosters gemacht worden war, sagte ihm, er habe in seiner Praxis viel mit Lust und den entsprechenden Fantasien zu kämpfen. In das Kloster, dem er vorstand, kamen jeden Nachmittag die Dorfbewohner, um Dharmabelehrungen zu hören. Also meinte Ajahn Chah: »Hast du das auch den Dorfbewohnern erzählt? Sag es den alten Frauen. Erzähl es ihnen.« Er ließ ihn also Dharmabelehrungen geben, bei denen er eingestehen musste, was sich in seinem Geist so alles abspielte. So brachte er ihn dazu, sich all das genau anzusehen.

Gleichzeitig drängte er seine Schüler nie. Er hatte eine höchst kreative Weise, sie mit ihren Schwierigkeiten zu konfrontieren, damit sie sie überwinden konnten. Dabei ging er mit viel Fingerspitzengefühl zu Werk. So ließ er beispielsweise nicht zu, dass jemand lang fastete oder sich lange Zeit in die Einsamkeit zurückzog, wenn er nicht davon überzeugt war, dass der Betreffende dafür bereit war. Er nannte das: »Du musst wissen, welche Last dein Karren ziehen kann. Wenn du ihm zu viel aufädst, bricht er zusammen.« Er ließ jedem Menschen genügend Raum, dass er in seinem eigenen Tempo wachsen konnte.

Der erste Weg, den er uns in Bezug auf die Überwindung von Problemen lehrte, war, sie anzuschauen, direkt hineinzugehen und sie so zu überwinden. Der zweite Weg ist das Loslassen. Dies ist das Herzstück von Buddhas Lehre.

Wenn man mit Ajahn Chah zusammen war, wurde alles in Frage gestellt, woran man haftete. Ich kann mich noch an einen älteren, wohlhabenden Mann erinnern, der ins Kloster kam und meinte, er habe eine Menge Geld verdient. Und er wolle damit etwas Gutes tun. Stolz berichtete er: »Ich weiß jetzt nicht, ob ich es dem Krankenhaus spenden soll oder lieber dem Waisenhaus. Vielleicht sollte ich es aber auch dem Kloster stiften, für Ihre Mönche und Nonnen.«

Ajahn Chah sah ihn an und meinte: »Ich weiß, was du damit machen solltest.«

Der alte Mann fragte: »Was denn?«

Ajahn Chah antwortete: »Wirf es auf dem Weg zum Kloster von der Brücke in den Fluss.« Dem Mann fiel buchstäblich die Kinnlade herunter. Und in gewisser Weise war diese Antwort genau das, was der Mann brauchte, denn in Wirklichkeit sagte er: »Sieh nur, wie großartig ich bin, wie viel Geld ich habe.« Ajahn Chahs Methode war es, seinen Schülern zu zeigen, woran sie hafteten und wie sie diese Anhaftung loslassen konnten.

Gelegentlich kamen bei den Schülern auch Zweifel auf. Dann fragten sie ihn beispielsweise: »Was kann ich gegen meine Zweifel unternehmen? An manchen Tagen zweifle ich ernsthaft an meiner Praxis, meinem Erfolg, meinem Lehrer.«

Er antwortete: »Zweifeln ist ganz normal. Jeder hat anfangs Zweifel. Sie können dich vieles lehren. Wichtig ist, dass du dich nicht mit deinen Zweifeln identifizierst und dich nicht darin verfängst. Sonst rennt der Geist nur ständig im Kreis. Sieh dir nur einfach den Vorgang des Zweifelns an. Das ist dann eben der zweifelnde Geist. Frag dich, wer denn da zweifelt. Sieh zu, wie die Zweifel kommen und gehen. Dann bist du nicht mehr Opfer deiner Zweifel. Du trittst gleichsam aus den Zweifeln heraus, und der Geist wird ruhig. Du wirst sehen, dass alles kommt und geht. Lass einfach nur los, woran du haftest. Lass deine Zweifel los. Lass sie da sein und schau einfach zu. So kannst du dem Leid des Zweifels ein Ende setzen.« Sehen Sie sich die Bewegungen des Geistes an. Lassen Sie sich nicht in all die Fallstricke und Kompliziertheiten verwickeln.

Wo Ajahn Chah auch immer Belehrungen gab, ging es ihm um die Freiheit. Als er einmal in England lehrte, kam eine gesetzte Dame aus besseren Kreisen zu ihm, die zur Britischen Buddhistischen Gesellschaft gehörte. Sie stellte ihm eine Reihe von Fragen über komplexe philosophische Themen im Zusammenhang mit der buddhistischen Psychologie, dem Abhidharma. Ajahn Chah fragte sie, ob sie selbst viel meditiert habe. Sie verneinte mit der Begründung, sie habe keine Zeit. Sie müsse ja schließlich die Schriften studieren. Er aber sagte: »Gnädige Frau, Sie sind wie eine Frau, die Hühner im Hof hält und statt der Eier die Scheiße der Hühner einsammelt.«

Später einmal sagte er zu mir, seine Art zu lehren sei im Grunde einfach: »In welchem Extrem meine Schüler sich auch verfangen mögen, welcher Art von Anhaftung sie anhängen, ich sage ihnen: ›Lass das los.‹ Lass rechts los, lass links los. Komm zurück in die Mitte. Das ist der Weg zum wahren Dharma.«

Ajahn Chah lehrte loszulassen, die Kämpfe aufzugeben und Herzensfrieden zu finden. »Lernt, eure Zweifel loszulassen, die Versessenheit aufs Denken. Lasst Wünsche und Ängste los«, sagte er. »Geht achtsam und geduldig mit eurem Geist um wie Eltern mit ihrem Kind. Euer Geist ist ein Kind, das Gewahrsein ist Vater beziehungsweise Mutter.«

Stellen Sie sich vor, Sie hätten ein kleines Kind, und das sagt: »Papa, können wir vielleicht einen Elefanten halten?«

Statt dem Kind nun alle Gründe zu erklären, die gegen die Anschaffung eines Elefanten sprechen, könnten Sie einfach nur sagen: »Ja, das wäre wirklich toll!«

»Papa, ich hätte gern ein Eis.«

»Ja, ein Eis ist was Wunderbares. Später holen wir uns eins.«

»Papa, können wir ein neues Auto haben?«

»Ja, natürlich. Irgendwann werden wir ein neues Auto kaufen«, sagen Sie dann. Sie kümmern sich voller Weisheit und liebender Güte um Ihr Kind. Und Sie müssen ihm ja nicht ständig etwas verbieten. Sie sagen einfach: »Ja, gut.« Und beobachten weiter. Sie beobachten, wie das Kind – Ihr Geist – mit tausend Wünschen kommt. Sie hören ihm zu und lassen dann los.

Das gilt auch für besondere Erlebnisse während der Meditation. Ajahn Chah sagte immer, eine der schwierigsten Stufen im Meditationsprozess sei erreicht, wenn der Meditierende ein bisschen vertiefte Konzentration entwickelt habe. Dann denken die meisten: »Wow! Ich werde erleuchtet.« Oder: »Jetzt stellen sich bestimmt bald all die tollen Erfahrungen ein.« Doch allein bei diesem Gedanken löst sich die Konzentration in nichts auf. Um voller Weisheit praktizieren zu können, müssen Sie Ihre Erwartungen loslassen. Lassen Sie die Dinge einfach so, wie sie sind. Versuchen Sie nicht, etwas Bestimmtes heraufzubeschwören. Öffnen Sie sich einfach jeder Erfahrung, die sich einstellen mag.

Wenn Ihnen Werturteile durch den Kopf gehen, lassen Sie diese da sein. Wenn Sie viele Werturteile plagen, dann machen Sie sie zum Gegenstand Ihrer Meditation. Das ist schon in Ordnung. Dem Auftauchen und Sich-Auflösen von Werturteilen beizuwohnen ist ähnlich wie das Beobachten des Atems. In der Praxis der Meditation geht es nicht darum, etwas zu ändern, sondern Zeuge zu werden, wie die Dinge im Geist auftauchen und wieder vergehen, sie ganz zu erleben und sich doch nicht darin verwickeln zu lassen. Ärger, Angst, Zweifel, Schläfrigkeit – lassen Sie sie kommen, lassen Sie sie gehen und ruhen Sie einfach in diesem Gewahrsein. Seien Sie da und seien Sie achtsam. Das heißt nicht, dass Sie sich von diesen Dingen zurückziehen müssten oder sie gar unterdrücken sollen. Verweilen Sie nur im Gewahrsein und seien Sie offen für alle Erfahrungen. So lernen Sie, frei zu sein.

Als Ajahn Chah dem größten Meditationsmeister seiner Zeit, Ajahn Mun, begegnete, hatte er schon Jahre hingebungsvoller Praxis in Höhlen und auf Berggipfeln hinter sich. Ajahn Chah beschrieb ihm seine Meditationserlebnisse, um von ihm Bestärkung oder Führung zu erhalten. Ajahn Muns Anweisung war unmissverständlich: »Konzentrier dich nicht auf die verschiedenen Erfahrungen, die auftauchen. Das sind nur Erscheinungen des Geistes.« Stattdessen solle Ajahn Chah sich auf das Gewahrsein konzentrieren, die Essenz des Geistes. Er solle Zeuge all dessen sein, was im Geist entsteht und vergeht, ob es nun freudvoll oder leidvoll sei. Ajahn Chah nannte das: »Das Eine werden, das erkennt.« »Das Eine, das erkennt« ruht im bewussten Gewahrsein, das die ständig wechselnden Gegebenheiten des Lebens wahrnimmt. Dieses Gewahrsein ist nicht von Bedingungen abhängig, es ist der ursprüngliche Geist. Wenn Sie wissen, wie Sie im Gewahrsein ruhen, so lehrte Ajahn Chah, können Sie einfach aufhören und die Dinge sein lassen. Dieser radikale Wandel von einer Person, die bestimmte Erfahrungen sucht und erreichen möchte, zu einem Menschen, der sich gewahr ist, hängt nicht von einer bestimmten Meditationshaltung oder -form ab. Es geht vielmehr darum, frei zu sein, wo immer Sie sind. Ajahn Chah meinte dazu: »Stundenlang zu sitzen ist gar nicht nötig. Manche Menschen glauben, man werde umso weiser, je länger man sitze. Aber Hühner können tagelang auf ihrem Nest sitzen. Weisheit entsteht, wenn man in allen Lebenslagen achtsam ist. Eure Praxis sollte am Morgen beginnen, wenn ihr erwacht. Und sie sollte weitergehen, bis ihr abends in den Schlaf fallt. Wichtig ist nur, dass ihr aufmerksam bleibt, ob ihr nun arbeitet oder meditiert oder die Toilette benutzt. Jeder Mensch hat seinen eigenen, natürlichen Rhythmus. Einige sterben mit 50, andere mit 65, wieder andere mit 90. Also wird auch eure Praxis unterschiedlich sein. Denkt gar nicht erst darüber nach. Versucht, achtsam zu sein und den Dingen ihren Lauf zu lassen. Dann wird euer Geist immer ruhiger und ruhiger, ganz egal, in welcher Umgebung ihr euch aufhaltet. Er wird still wie eine klare Bergquelle. Dann kommen alle möglichen Tiere, um an der Quelle zu trinken. Ihr seht die Dinge der Welt ganz klar, ihr seht seltsame und wunderbare Dinge kommen und gehen. Aber ihr werdet still bleiben. Dies ist das Glück des Buddha.«

Gleichgewicht

Ajahn Chah lehrte, wie wir uns bereitwillig der Erfahrung öffnen können. Dann lehrte er, wie man mit Schwierigkeiten arbeitet, sie überwindet und loslässt. Dies führt direkt zur vierten Stufe seiner Praxis: das Leben im Gleichgewicht, der Einfachheit des Mittleren Weges. Ajahn Chah sprach nur selten über die verschiedenen Stufen der Erleuchtung. Er fand, es sei für die Menschen nicht hilfreich, allzu viel über die verschiedenen

Ebenen der Einsicht und Erleuchtung nachzudenken. Das führe sie letztlich nur von der eigentlichen Erfahrung im gegenwärtigen Augenblick weg. Er meinte: »Wenn du den Leuten dazu Belehrungen gibst, klammern sie sich nur daran fest. Sie möchten es unbedingt erreichen. Dann haben sie ein ›Ideal‹, das sie anstreben. Doch Freiheit entsteht nur durch Loslassen.« Dies unterstrich er wieder und wieder. »Wenn du ein bisschen loslässt, gewinnst du ein bisschen Freiheit. Wenn du vieles loslässt, stellt sich mehr Freiheit ein. Wenn du vollkommen loslässt, wird dein Herz vollkommen frei.«

Ich erinnere mich noch, wie ich ihn aufsuchte, nachdem ich in einem anderen Kloster intensiv praktiziert hatte. Ich erzählte ihm von all den wunderbaren Erfahrungen, die ich dabei gemacht hatte. Doch für ihn waren all meine tollen Meditationserfahrungen nur ein weiterer Punkt, an dem ich loslassen musste. Als ich mit meiner Geschichte am Ende war, sah er mich an und meinte: »Hast du immer noch Angst?«

Ich sagte: »Ja.«

»Hast du immer noch Wünsche und Gelüste?«

»Ja.«

»Wirst du immer noch wütend?«

»Ja, immer noch.«

Er lächelte. »Gut. Mach weiter.« Und das war's.

Er ließ nicht zu, dass sich seine Schüler in ihre Praxis verliebten. »Bleib hier in der Gegenwart, wo du bist.« Er fragte mich einmal, ob ich auf meinen Reisen und bei meinen Studienaufenthalten bei anderen Meistern etwas gelernt hätte. Er fragte: »Was hast du auf deinen Reisen erfahren, das es nicht auch hier im Kloster gibt?«

Ich dachte ein wenig darüber nach und antwortete: »Eigentlich war da gar nichts Neues. Der Dharma war überall derselbe. Ich hätte auch hierbleiben können.«

Er lachte. »Ja, das wusste ich schon, als du losgezogen bist, aber es hätte keinen Sinn gehabt, es dir zu sagen. Du musstest dich selbst auf den Weg machen, um das herauszufinden. Doch hier, wo ich sitze, geht keiner und kommt keiner.«

Der Mittlere Weg führt uns zu einem Leben im Gleichgewicht. Er erlaubt dem natürlichen Gewahrsein des Herzens, sich zu entfalten, sodass das Mitgefühl wachsen kann. Wir werden frei und gütig. Einmal erzählte man mir eine Geschichte, die von der Gründung des ersten Waldklosters mit westlichen Schülern handelt, das Ajahn Chah in der Nähe seines eigenen Klosters einrichtete. Im Dezember beschlossen die westlichen Mönche dort, einen Weihnachtsbaum aufzustellen. Die Bewohner des nächstgelegenen Dorfes, die das Kloster gebaut hatten, waren darüber sehr erbost. Sie kamen zu Ajahn Chah und beschwerten sich: »Wir haben schließlich ein buddhistisches Kloster für diese westlichen Mönche gegründet, für die wir sorgen. Und jetzt stellen die da ein christliches Symbol auf. Das erscheint uns falsch.«

Ajahn Chah meinte: »Nun, einfach gesagt habe ich gehört, Weihnachten sei ein Fest der Güte und Freigebigkeit. Was mich betrifft, finde ich das sehr heilsam. Im Grunde drückt es denselben Geist aus, wie er im Buddhismus herrscht. Aber da es euch angeht, werden die Mönche eben nicht mehr Weihnachten feiern. Wir nennen das Fest einfach WeihBuddhanacht.« Damit waren die Dorfbewohner zufrieden und zogen nach Hause. Ajahn Chah lehrte uns, stets flexibel zu sein. »Es geht nur darum, loszulassen und frei zu sein, glücklich zu sein«, sagte er.

Er ermutigte uns stets, die Dharmapraxis zu nutzen, um zu dem zu gelangen, was er die »natürliche Freiheit des Herzens« nannte, jenseits von Bedingungen, jenseits aller Form. Er sagte: »Der ursprüngliche Herz-Geist ist wie klares, reines Wasser von süßestem Geschmack. Aber ist unsere Praxis denn zu Ende, wenn das Herz rein ist? Nein, wir dürfen auch an dieser Reinheit nicht anhaften. Wir müssen über die Dualität hinausgehen, über all unsere fixen Vorstellungen, über Gut und Böse, Rein und Unrein. Wir müssen über Selbst und Nicht-Selbst hinausgelangen, über Geburt und Tod. Wenn wir mit dem Auge der Weisheit sehen, wissen wir, dass der wahre Buddha zeitlos und ungeboren ist. Er hat keinerlei Bezug zu Menschen, Geschichten, Bildern. Buddha ist der Urgrund allen Seins, die Verwirklichung der Wahrheit im unbewegten Geist.«

Ajahn Chahs Lehren vereinen die höchste Ebene des Dharma mit der Ebene des Alltags. Auf der höchsten Ebene ruhen wir im reinen Gewahrsein als »das Eine, das erkennt« und sehen den zeitlosen Tanz des Seins – im Werden und Vergehen, Tage, Erfahrungen, Äonen und Galaxien gleichermaßen. Auf der praktischen Ebene lernen wir, wie wir die Augenblicke schätzen, die uns gegeben sind, wie wir mit Mitgefühl ein ethisches Leben führen, wie wir achtsam, freudig und erfüllt die Wege kehren, wie wir ehrlich zu uns selbst sind und uns um andere kümmern. Ajahn Chah achtete stets darauf, dass man nicht die eine Ebene zugunsten der anderen vernachlässigte.

Um uns zur Freiheit zu verhelfen, lehrte Ajahn Chah auf

einfache und nachdrückliche Weise alles, was er über die Ichlosigkeit wusste, die Verwirklichung der Befreiung Buddhas. »Würde unser Körper uns tatsächlich gehören, wäre er unseren Befehlen unterworfen. Aber gehorcht er denn auch, wenn wir zu ihm sagen: ›Hör auf zu altern!‹ oder: ›Werde nicht krank!‹? Nein, er nimmt davon nicht die geringste Notiz. Wir sind nur die Mieter dieses Hauses, nicht die Eigentümer. In Wirklichkeit gibt es so etwas wie ein dauerhaftes Selbst nicht. Es gibt nichts Festes, Unwandelbares, an dem wir uns festhalten könnten. Unser Ich ist nur eine Vorstellung. Letztendlich existiert niemand. Nur einzelne Elemente haben kurzfristig in uns zusammengefunden. Es gibt kein Ich. Es gibt nur Anatta, das Nicht-Selbst. Um das Nicht-Selbst zu begreifen, müsst ihr meditieren. Wenn ihr all das nur mit dem Verstand zu verstehen sucht, wird irgendwann euer Kopf explodieren. Wenn ihr aber über das Selbst hinausblickt, werdet ihr nicht mehr länger am Glück haften. Wenn ihr aber nicht mehr am Glück haftet, dann stellt sich wahres Glück ein.«

Eines Tages führte ich mit Ajahn Chah ein Gespräch über die buddhistische Lehre vom Nicht-Selbst. Er sagte: »Das Nicht-Selbst, Anatta, ist nicht wahr.« Das war für einen Buddhismuslehrer doch eine recht erstaunliche Aussage. »Es ist nicht richtig«, sagte er. »Denn das Selbst ist ein Extrem und das Nicht-Selbst das andere. Doch wahr ist keins von beiden, denn beide sind nur Vorstellungen. Die Dinge aber sind, wie sie sind.«

Inmitten der strengen Klosterdisziplin und der harten Schulung dort war Ajahn Chah doch eine spielerische Art eigen, die sich manchmal in herzhaftem Lachen ausdrückte. Er erinnerte uns immer wieder daran, dass der Buddhismus nur ein Ziel habe: den Menschen zu helfen, glücklich zu sein, frei zu sein, die Gaben ihres Herzens zu entwickeln und sich für die Wahrheit zu öffnen. Wer Hingabe und Klarblick übe und lerne, den Geist in der richtigen Balance zu halten, der würde »selbst zum Buddha werden«. Dass ich Ajahn Chah über so viele Jahre hinweg kennen durfte, hat mein Leben mit großer Freude erfüllt. Seine Einfachheit, sein freier Geist waren einfach ansteckend. Seine Reife und sein Vergnügen am Dharma brachte allen, mit denen er zu tun hatte, den Dharma näher.

Als Ram Dass, Joseph Goldstein und ich Ajahn Chah 1977 verließen, sagte er: »Wenn die Thailänder zu mir kommen und nichts weiter wollen als Amulette, Tonfigürchen des Buddha oder Segenswünsche, dann setzen sie sich selbst herab. Ihr aber seid gekommen und habt mir Fragen gestellt. Ihr wolltet jemanden in der Außenwelt, der euch den Dharma lehrt. Auch ihr habt euch selbst herabgesetzt, denn die Wahrheit, die der Buddha entdeckt hat, liegt bereits in euren Herzen. Es gibt das Eine, das erkennt, in euch allen. Es ist frei und weiß bereits alles. Wenn ihr es schafft, dieses stets präsente Gewahrsein in euch anzusprechen und darin zu verweilen, wird alles ganz einfach.« Und er fuhr fort: »Über die Jahre könnt ihr eure Freiheit in vielerlei Weise vertiefen. Nutzt euer natürliches Gewahrsein, damit ihr seht, wie die Dinge werden und vergehen. Lasst los und lebt voller Liebe und Weisheit. Seid nicht faul. Wenn ihr Faulheit, Angst oder Befangenheit in euch aufkommen fühlt, dann stärkt jene Qualitäten in euch, die sie überwinden helfen. Mit natürlicher Weisheit und Mitgefühl wird sich der Dharma selbst entfalten. Wenn ihr wahre Hingabe übt, werdet ihr ans

Ende aller Zweifel gelangen und Befreiung finden. Ihr werdet an diesem stillen Ort leben, an dem ihr eins mit dem Buddha seid, mit dem Dharma, mit allen Dingen. Nur ihr könnt das für euch bewirken.«

15
Die Inspiration von Dipa Ma Barua

Stell dir, und nur dir selbst, eine Frage. Diese Frage ist eine, die sich nur alte Männer stellen. Mein Beschützer nannte sie mir einmal, als ich jung und mein Blut zu unruhig war, um sie zu verstehen. Heute verstehe ich sie. Ich will dir sagen, wie sie lautet: Ist dieser Weg ein Weg mit Herz?

Carlos Castaneda,
Die Lehren des Don Juan[1]

In diesem Kapitel möchte ich Ihnen Dipa Ma Barua vorstellen, eine Frau, die für sich einen Pfad des Herzens wählte und ihn erfüllt lebte. Dipa Ma lebte mit ihrer Tochter und ihrem Enkel Rishi in Kalkutta. Rishi bedeutet »der Weise«. Sie lebte in einer einfachen Wohnung in einer heruntergekommenen Straße in Kalkutta. Sie war vergleichsweise arm, ihre Wohnung lag in der Nähe einer Schleiferwerkstatt. Sie kochte wie die meisten Menschen in Kalkutta auf einem kleinen Holzofen auf dem Boden ihrer Küche.

Gleichzeitig hatte sie als buddhistische Lehrerin viele Schüler. Die meist älteren Frauen gehörten zur buddhistischen Ge-

1 Carlos Castaneda, *Die Lehren des Don Juan*, Frankfurt a. M. 1973, S. 88.

meinde Kalkuttas. Sie kamen zu ihr, verbeugten sich vor ihr und erwiesen ihr die Ehre. Dann setzten sie sich, nahmen sich Tee und redeten auf Bengali über weiß Gott was. Vielleicht redeten sie ja über Kochen und Stricken und Dharmapraxis und Erleuchtung – jedenfalls stellte ich mir das so vor.

Ich besuchte Dipa Ma mehrmals in Kalkutta. Einmal machte ich sogar einen kleinen Film über sie und ihre Umgebung. Für eine Einstellung postierte ich mich an der Ecke ihrer Straße und ließ die Kamera über das Leben dort schweifen. Barfüßige Rikschakulis kamen vorüber, Pferdekarren (wie die Kutschen in unseren Hollywood-Western), hoch beladen mit Waren und mit Menschen, die sich aus den Fenstern lehnten. Andere Leute gingen mit Wasserzubern auf dem Kopf vorbei. Kühe wanderten durch den Verkehr hindurch, Kinder badeten in den Pfützen, die sich bildeten, weil die Wasserrohre kaputt waren. Es schien, als sei in dieser Straße ganz Indien unterwegs.

Joseph Goldstein und Sharon Salzberg hatten mir von Dipa Ma erzählt. Sie sei eine außerordentliche Yogini und großartige Lehrerin. Eine der ersten Geschichten, die ich über sie hörte, handelte von einem Amerikaner, der in den späten Sechzigern und frühen Siebzigern nach Indien gegangen war, um dort zu praktizieren. Er war ein begeisterter Meditierender, schor sein Haar und trug nur noch Weiß. Er brachte Jahre in Ashrams, Tempeln und Klöstern zu. Doch seine Eltern waren gegen diese Art zu leben. Er war Anfang 30. Ihrer Ansicht nach hätte er Medizin oder Jura studieren sollen. Oder etwas anderes von den Dingen tun, die Eltern von uns wollen.

Vor allem seine Mutter war unglücklich über seinen Werdegang. Für sie war es, als hätte sie ihren Sohn verloren. Jedes

Mal, wenn der Mann zu Dipa Ma kam, fragte diese ihn: »Wie geht es deiner Mutter? Wenn du Metta-Meditation machst, schickst du ihr dann auch liebende Güte? Du solltest dir beim Meditieren vorstellen, dass du deine Mutter im Herzen hältst und ihr liebende Güte zuteilwerden lässt.« Eines Tages kam er zu ihr, und sie führte ihn in ihr Hinterzimmer. Dort zog sie eine Rolle Geldscheine unter der Matratze hervor. Sie holte den größten Geldschein heraus, den das Bündel beinhaltete: 100 Rupien (etwa zwölf Dollar). Das war für sie viel Geld. Sie drückte ihm den Geldschein in die Hand und sagte: »Geh, kauf ein Geschenk für deine Mutter und schick es ihr.«

Dipa Ma lehrte ihre Schüler, Menschen im Herzen zu behalten: die Menschen ebenso zu lieben wie die Erde, ja die ganze Welt um uns herum. Sie wurde Anfang des 20. Jahrhunderts im britischen Indien geboren, zu einer Zeit, als Indien, Pakistan und Birma noch zur britischen Krone gehörten. Sie heiratete jung, vielleicht mit 14 Jahren. Ihr Mann war Beamter, sie hatten drei Kinder zusammen. Nach einiger Zeit starb eines ihrer Kinder. Kurz darauf wurde das zweite Kind krank und starb. Schließlich erkrankte auch der Ehemann und starb an einem Herzinfarkt. So verlor sie innerhalb kürzester Zeit einen lieben Menschen nach dem anderen, Mann und Kinder.

Mit 40 Jahren war ihr nur noch eine Tochter geblieben, für die sie sorgen musste. Sie können sich vielleicht vorstellen, wie groß ihr Schmerz war. In gewisser Weise war sie einfach nur mit den Dingen konfrontiert, die auf uns alle zukommen: dass es neben der Schönheit und der Erhabenheit des Lebens auch das unvermeidliche Leid und den Verlust gibt. Doch sie erfuhr dies auf die härteste denkbare Weise: durch den Tod jener

Menschen, die sie am meisten liebte. Sie begriff, dass das Leid ein unvermeidbarer Teil des Lebens war, und wollte Befreiung finden. Doch zunächst wurde sie krank, mutlos, unfähig, weiter zu funktionieren. Eines Tages erschien ihr im Traum der Buddha. Sie erwachte und empfand den innigen Wunsch zu meditieren. Also begab sie sich ins damals wohl bekannteste Meditationszentrum, in Mahasi Sayadaws Kloster in Rangun, und praktizierte dort auf die ernsthafteste Weise.

Natürlich hatte sie eine starke Motivation, doch sie besaß auch eine natürliche Begabung für Meditation. Sie hatte ein sehr ausgeprägtes natürliches Samadhi, die Fähigkeit, präsent und konzentriert zu sein. So erzählte sie zum Beispiel, sie habe einmal besonders lange Gehmeditation betrieben. Sie ging dabei sehr, sehr langsam. Nach dem dritten oder vierten Tag habe sie nur noch die Empfindungen ihres Körpers gespürt. Das Gefühl für dessen Form aber hatte sich aufgelöst. Nach einigen Tagen der Meditation war einfach kein Körper mehr da. Plötzlich merkte sie, dass ihr Bein ungeheuer schwer wurde. Dann war es mit einem Mal flammend heiß. Schmerzen kamen auf, sie konnte nicht mehr auftreten. Sie blickte an sich hinunter und merkte, dass einer der Klosterhunde sie gebissen hatte. Sie hatte es nicht einmal gemerkt, so sehr war sie in ihre körperlichen Empfindungen versunken gewesen.

Voller Ausdauer widmete sie sich der Vipassana-Meditation und erfuhr bald tiefe Ebenen der Einsicht und des Erwachens. Dann unterzog sie sich der Schulung auf der höchsten Ebene, die dieses Kloster zu bieten hatte. Sie brauchte etwa eine Woche, um die entsprechende Erfahrung zu verwirklichen. Dann übte sie sich in den höheren Ebenen der Meditation, bei denen man eingehend jeden Aspekt des Körpers und des Geistes untersucht, so wie wir beides kennen. Dabei löst sich der untersuchte Gegenstand auf, und der Meditierende erkennt dessen grundlegende Leerheit. Einer der Lehrer im Kloster wies sie in die Ebenen von Samadhi und Jhana ein, Stadien höchster Konzentration. Man kann diese Geisteszustände mit verschiedenen Meditationsmethoden erreichen: mit dem Atem, mit der Metta-Meditation oder mit der Konzentration auf andere Objekte. Dabei wird der Geist so konzentriert (auf den Atem, ein Licht, eine Visualisierung, ein Gefühl), dass alles andere verschwindet – Objekte, Geräusche, Empfindungen. Körper und Geist füllen sich mit Licht und lösen sich dann in ein Meer friedvoller, stiller Bewusstheit auf, grenzenlos und unbewegt. Nach einer gewissen Zeit steigen daraus erneut die Erscheinungen auf, die dann mit Weisheit, Klarheit und Freude erfahren werden.

Der Lehrer, bei dem Dipa Ma studierte, war Anagarika Munindra. Er hatte wohl mehrere sehr gute Schüler. Dipa Ma und zwei andere Frauen seien die vollendetsten Yoginis darunter, sagte er ihnen. »Da ihr die Jhanas verwirklicht habt, gehen wir nun zu den übersinnlichen Fähigkeiten über.« Und anscheinend waren die drei Frauen so gut, dass sie nach Belieben erscheinen und wieder verschwinden konnten. Sie saßen in der Meditationshalle, und wenn es Zeit für das Gespräch mit dem Lehrer war, entmaterialisierte sich ihr Körper. Sie sprachen kurz mit ihrem Lehrer über ihre Praxis und materialisierten sich wieder in der Meditationshalle. Auch lernten sie, Zeitreisen zu machen. Zumindest hat Munindra dies so erzählt. Ob Sie dies glauben wollen oder nicht, bleibt ganz Ihnen überlassen. Wie auch immer: Dipa Ma war auf jeden Fall eine außerordentliche Praktizierende.

Sie kam mehrmals in die Vereinigten Staaten, um bei unserem Dreimonatsretreat zu unterrichten. Einmal gingen wir während eines Retreats der Insight Meditation Society in Barre im Bundesstaat Massachusetts miteinander spazieren. Es war einer dieser kristallklaren Herbsttage in Neuengland, an denen der Himmel, mit kleinen Puffwölkchen besetzt, in tiefem Blau erstrahlt und die Bäume einen herbstlichen Flammentanz aufführen. Eine ganze Gruppe von Meditierenden hatte sich zu diesem Herbstspaziergang aufgemacht, und wir saßen auf einem Felsen am See. Das Wasser spiegelte all die Farben wieder, und einer der Schüler kam auf sie zu und meinte: »Das sieht wahrscheinlich aus wie im Götterbereich.« (Das buddhistische Weltbild teilt die Welt in sechs Bereiche ein, zu denen unter anderem der Götterbereich, der Höllenbereich und der Bereich der Menschen gehören.) Und Dipa Ma meinte: »Nein, das sieht überhaupt nicht aus wie im Götterhimmel. Es ist hübsch, aber es ist nicht einmal entfernt ähnlich.«

Welten voller Licht, voll unendlichen Friedens – die meisten Menschen können sich das nicht einmal vorstellen. Doch diese Reiche gibt es tatsächlich und nicht nur für Menschen wie Dipa Ma. Sie stehen allen Menschen offen, weil sie Teil des menschlichen Bewusstseins sind. Wenn wir wissen, wie wir dorthin gelangen können, erreichen auch wir sie. Dipa Ma jedenfalls wurde die Meisterin der Möglichkeiten des Herzgeistes. Sie sagte: »Ich habe mich mit den geistigen Möglichkeiten beschäftigt, die der Buddha in seinen Lehren beschreibt. Ich wollte sehen, ob es all das wirklich gibt. Ich wollte sie für mich selbst verstehen lernen. Also tat ich genau das. Ich entdeckte, dass sie wirklich sind. Und ich fand heraus, dass Anhaftung, das Gefühl eines von allem getrennten Selbst, eine Illusion ist, die zu Leid führt. Und so entdeckte ich eine andere Art zu leben.«

Und doch wäre man, wenn man einfach mit ihr zusammen war, nie auf die Idee gekommen, dass sie eine hochrangige Meditationsmeisterin war. Da war kein Aufschneiden an ihr, keine Affektiertheit, überhaupt nichts Besonderes. Sie war nur eine höchst friedliche Person und lebte den Dharma ganz für sich.

Wie bereits in Kapitel 4 beschrieben, führte der Harvard-Psychologe Jack Engler an Dipa Ma eine Untersuchung durch. Er war ebenfalls einer ihrer Schüler, und so erlaubte sie ihm, mit einigen klassischen psychologischen Tests ihren Geisteszustand zu untersuchen. Dazu gehörten unter anderem der Rorschachtest und der TAT, der *Thematic Apperception Test*, bei dem man der Testperson mehrere Bilder zeigt, die sich unterschiedlich interpretieren lassen: Männer, Frauen und Kinder in den verschiedensten Situationen. Es ist nicht klar, ob die Menschen auf diesen Bildern kommen oder gehen, gerade gestritten oder geheiratet haben und so weiter. Der Psychologe bittet die Testperson, zu dem Bild eine Geschichte zu erzählen.

Jack Engler zeigte Dipa Ma diese Bilder, und sie erzählte zu jedem eine Dharmageschichte: wie die Menschen darauf irgendwie in Schwierigkeiten geraten seien, am Ende aber doch Befreiung, Einsicht und inneren Frieden gewonnen hätten. Schließlich hatte sie alle zehn Bilder zu einer Geschichte über den Pfad des Erwachens verwoben. Jack Engler kehrte nach Harvard zurück und unterbreitete dieses doch recht unübliche Testergebnis den Experten. Niemand hatte bisher solch ein

Resultat erzielt. Keine Testperson hatte je alle zehn Bilder zu einer kohärenten Geschichte über die innere Befreiung verknüpft. (Einer der Experten erinnerte sich dann an einen Schamanen in Südamerika, der dasselbe getan hatte. Er hatte aus allen zehn Bildern eine Geschichte gemacht, die den Pfad des Herzens darlegte.) Dipa Mas Testergebnis zeigte, dass sie ständig versuchte, Menschen zu helfen, ihnen den Weg zur Freiheit zu weisen.

Wie aber lehrte sie? Es war eine wirklich interessante Erfahrung, ihr Schüler zu sein und gleichzeitig zusammen mit ihr zu lehren. Zunächst einmal war sie recht fordernd in ihrer Rolle. Sie war der Typ kompromisslose Großmutter und verlangte von ihren Schülern vollkommene Hingabe. Ohnehin erwartete sie von allen Menschen immer nur das Beste. Und hundertprozentige Aufrichtigkeit. Wenn sie ihre Versenkungszustände in einer Woche erreichte, dann konnte man von ihren Schülern schließlich verlangen, dasselbe zu tun. Das erwartete sie nicht nur, sie spornte einen in gewisser Hinsicht auch dazu an. Sie gab einem das bestimmte Gefühl, dass buchstäblich jeder Mensch diese unglaubliche Fähigkeit zum Erwachen in sich trage, die Gabe, präsent zu sein, sich dem eigenen Selbst zu stellen, Gewahrsein zu entwickeln, frei zu sein. Sie forderte von ihren Schülern, sich mit ganzem Herzen, aber auch mit Körper und Geist der Meditationspraxis zu widmen, dem spirituellen Leben als solchem und dem eigenen Alltag. Wenn man mit ihr zusammen war, dachte man unwillkürlich: Gibt es einen besseren Weg zu leben? Gibt es überhaupt noch einen anderen Weg, als sich voll dem Dharma zu widmen?

Diese nette, wohlerzogene ältere Dame strahlte eine unerschütterliche innere Stärke aus, eine tiefe Stille und Kraft. Einmal war sie zugegen, als ein buddhistischer Lehrer meinte, in den Schriften heiße es, Buddha müsse immer im Körper eines Mannes wiedergeboren werden. Da richtete Dipa Ma sich kerzengerade auf und sagte: »Alles, was ein Mann kann, kann ich auch!« Sie glaubte wirklich an die Macht des Sitzens, Sich-Öffnens und Zuhörens, an die Kraft des Gewahrseins, an unsere Fähigkeit, die Wahrheit zu entdecken und voller Weisheit zu leben. Daher fragte sie immer: »Wie war dein Sitzen? Wie weit gehst du in der Praxis? Wie ist dein Gewahrsein? Lebst du dein Leben voller Wachheit?« Im Grunde ging es dabei um die Frage: Tust du es wirklich, oder denkst du nur darüber nach?

Der erste Aspekt ihrer Lehre war also, in ihren Schülern ein Gefühl für Hingabe zu entwickeln, fordernd zu sein, aber auch, ihnen ein Gefühl für die Möglichkeit des Erwachens zu geben. Der zweite Aspekt war, dass sie ihre Schüler anhielt, die Wahrheit des Dharma zu entdecken. Siehst du die Wahrheit? Da, sie liegt genau vor deiner Nase. Weisheit ist das Eine, das erkennt. Kannst du sehen, dass wir nichts besitzen? Dass nichts uns gehört, dass wir unter alldem nichts sind, dass nichts von alldem unser ist? Alle Anstrengungen, die wir unternehmen, um Besitz aufzubauen, um aus Angst und Gier Sicherheit zu suchen, sind nicht der wahre Weg. All diese Dinge, in die sich die Persönlichkeit verstrickt, sind nicht die wahre Dimension der Wirklichkeit. Wir sitzen, gehen, stehen oder leben mit der Illusion eines Selbst, als wären wir fest, unwandelbar und von allem anderen getrennt. Siehst du die Wahrheit, dass du diesen Körper nicht besitzt, diese Gefühle, diese Gedanken? Sei dir dessen gewahr. Nichts kann je besessen werden. Alles ist vergänglich, ohne ein Selbst. Die Praxis führt dich zum Erwachen. Dann kannst du die Wahrheit sehen und bist frei.

Ein dritter Aspekt ihrer Lehre war ihre unglaubliche Güte. Sie war wirklich eine Oma für ihre Schüler. Man kam zu ihr, wenn man in Indien war, und sogleich fragte sie: »Wie geht es dir? Bist du gesund?« Das war eine der ersten Fragen, die sie stellte, eine berechtigte Frage für Westler, die Indien bereisen. Sie fragte: »Isst du auch richtig? Kommst du mit dem Klima zurecht, mit der Ernährung?«

Sie hatte viele amerikanische Schüler und arbeitete mit allen, die zu ihr kamen, ohne Ansehen der Person, ob sie nun voller Zweifel waren (»Das kann ich nicht, das ist einfach zu schwierig.«) oder sich voller Begeisterung ans Werk machten. Ob sie Angst hatten, frustriert waren oder zornig – es war ganz egal, sie liebte sie einfach. Sie lächelte, wenn Menschen in den Raum kamen, und machte ihnen das Geschenk ihrer unglaublichen Ausstrahlung voll liebender Güte. Es war nicht von Bedeutung, wer da kam, unter welchen Umständen die Betreffenden kamen und was sie zu sagen hatten. Diese Ebene war für sie einfach nicht von Belang. Für sie zählte nur, dass da noch ein Mensch war, den sie lieben konnte.

Sie hatte ein wunderschönes Lächeln, das einem das Herz aufgehen ließ. Einer der schönsten Augenblicke, den ich in all den Jahren mit ihr erlebt habe, war ein Moment am Morgen in unserem Meditationszentrum in Barre in Massachusetts, den ich auf Film gebannt habe. Sie trug einen weißen Sari und hängte ihre Wäsche auf. Der Anblick war wie ein Gemälde von Vermeer: *Heilige, Wäsche aufhängend.* Ich habe sie zwei oder drei Minuten lang gefilmt, wie sie da lächelnd ihre Wäsche auf die Leine hängte. Sie benutzte nie einen Trockner und wusch ihre Wäsche mit der Hand – wie in Indien. Sie hängte ihre Sachen über die Leine und strahlte vor Freude darüber. Irgendwie empfand man in ihrer Nähe immer eine Art stiller Aufgeräumtheit, ein Gefühl, alles sei in Ordnung, einen Anflug von Ganzheitlichkeit. Einmal fragte man sie, ob das Leben nicht extrem langweilig sei, wenn man sich von Verlangen, Zorn und Leidenschaft gelöst habe. Wo soll da noch der Spaß herkommen? Dipa Ma brach in helles Gelächter aus. »Sobald Verlangen, Zorn und Verblendung verschwunden sind, siehst du alles neu und frisch, in jedem Augenblick. Jeder Moment ist brandneu. Das Leben davor war langweilig. Jetzt aber hat jeder Moment des Tages seinen frischen, vollen Geschmack.« Ihre Präsenz war einfach spontan und natürlich. Daher war auch ihr Herz klar und voller Freude und Mitgefühl. Dipa Ma lebte tatsächlich vergnügt in der Wirklichkeit des Augenblicks.

Sie war ein sehr einfacher Mensch und – wie bereits gesagt – kein bisschen affektiert. Sie wünschte sich nur, dass jeder Mensch, sei er nun ihr Schüler oder nicht, all das sein konnte, was er tief im Innern war. Sie wollte, dass wir diese tiefe Weisheit leben, dass wir voll grenzenlosen Mitgefühls unser Herz öffnen können – und dabei machte sie keinerlei Vorgaben, was das Wie dieses Lebens anging. Sie wollte nicht, dass die Leute nach Indien kamen, um dort für immer zu bleiben, in einen Ashram zu gehen und Mönch zu werden. Sie sagte immer: »Lebe dein Leben, mach den Abwasch, mach die Wäsche, bringt dein Kind in den Kindergarten. Erziehe deine Kinder und Enkel. Kümmere dich um die Gemeinschaft, in der du lebst. All das solltest du zu deinem Pfad machen. Folge diesem Pfad des Herzens.«

Ich weiß noch, wie ich eines Tages bei ihr saß und sie fragte: »Wie sieht es in deinem Bewusstsein aus? Was geht in deinem Geist vor?« Sie lächelte, wie sie es häufig tat, schloss einen Moment lang die Augen und sagte: »In meinem Geist sind drei Dinge: Konzentration, liebende Güte und Frieden.« Ich meinte: »Das ist alles?« Und sie: »Ja, das ist alles.« Ein wunderbares Lebensgefühl, nicht wahr? Widmen wir uns dem Bestreben, einen Geist wie den ihren zu entwickeln, einen Geist voll Konzentration (Wachheit, Stabilität), liebender Güte und Frieden.

16
Das Banner des Dharma halten
Eine Hommage an Chögyam Trungpa

Der tibetische Lama und Dharmalehrer Chögyam Chögyam Trungpa war ein enger Freund, einer meiner Wohltäter und ein Mensch, den ich zutiefst respektiert habe. Als er im April 1987 starb, war er spiritueller Leiter einer der größten buddhistischen Gemeinschaften in Amerika. Im Juli 1974 hatte er das Naropa Institute gegründet, zusammen mit vielen anderen, die dort lehrten. Er hatte Tausende von Schülern allein in den größten von ihm ins Leben gerufenen Meditationszentren in Colorado, Nova Scotia und im ländlichen Vermont. Er gründete Zentren in ungefähr einhundert Städten in Nordamerika und Europa. Als er im Alter von 48 Jahren starb, hatte er nicht nur eine sehr große Anhängerschaft, sondern auch eine neue und durch und durch außergewöhnliche Art gefunden, den Dharma im Westen zu lehren.

Das Leben eines Bodhisattva

Chögyam Trungpas Leben erinnert mich stets an eines der kreativsten Sutren im Mahayanazweig des Buddhismus mit dem Titel *Vimalakirti Nirdesa Sutra*. Vimalakirti, um den es in dem

Sutra geht, war ein großer Bodhisattva. Ein Lehrer, der nicht als Mönch oder Priester Wiedergeburt annehmen wollte, sondern sich bewusst als Laienschüler inkarnierte, um in der Welt leben und den Dharma so lehren zu können, dass er von allen Menschen, die er kannte, verstanden wurde. In diesem Sutra nimmt Vimalakirti vielerlei Gestalten an. So zum Beispiel als verheirateter Mann mit einem ganzen Stall voller Kinder. So konnte er zeigen, welchen Wert das Familienleben hat und welche Möglichkeiten es für die Entwicklung von Hingabe, Praxis und letztlich Erwachen bietet. In anderer Gestalt arbeitet er in einer Weinschänke und lehrt den Dharma Menschen, die sich dort mit Alkohol versorgen. Die Erleuchtung gibt es gratis mit dazu. An anderer Stelle wird Vimalakirti krank, um Ärzten und Heilern eine Möglichkeit zu geben, ihm zu dienen. So lernen sie den Dharma der Fürsorge und des Mitgefühls auf eine Weise, die perfekt zu ihrem Leben passt. Vimalakirti durchläuft all diese Verwandlungen und begibt sich mitten ins Leben hinein. Dabei zeigt er einen unglaublichen Sinn für Humor und die Leichtigkeit des Lebens. Er zeigt, dass sich wirklich jede Lebenssituation als Teil der Praxis nutzen lässt.

In gewisser Weise war Chögyam Trungpa Vimalakirti ähnlicher als jeder andere Dharmalehrer, den ich je kannte. Er floh 1959 aus Tibet, etwa um dieselbe Zeit wie der Dalai Lama und viele andere große Lehrer. In *Ich komme aus Tibet* beschreibt er fesselnd sein früheres Leben und die gefährliche Flucht über den Himalaja. Zuerst ging er nach Indien, 1963 dann nach England, wo er in Oxford studierte. 1967 gründete er Samye Ling in Schottland, eines der ersten großen tibetisch-buddhistischen Zentren im Westen.

Chögyam Trungpa hat die Gemeinde der Vipassana-Praktizierenden in Amerika immer engagiert unterstützt. 1974 lud er Joseph Goldstein, Sharon Salzberg, mich und eine Reihe anderer Lehrer ein, mit ihm zusammen das Naropa Institute (heute die Naropa University) zu gründen und dort zu lehren. Nachdem wir dort zusammengearbeitet hatten, begannen wir, in den USA kurze und lange Vipassana-Retreats anzubieten.

Ich weiß noch, wie ich mich 1973 auf einer Cocktailparty in Cambridge in Massachusetts mit Chögyam Trungpa unterhielt. Damals tüftelte er gerade den Plan fürs Naropa Institute aus. Gastgeber der Party war David McClelland, der Leiter der Fakultät für Sozialpsychologie an der Universität Harvard. Neben Studenten und Professoren waren auch Dharmapraktizierende geladen. Wir tranken Cocktails, plauderten, und er fragte mich nach meinem Leben als Mönch in den Klöstern Asiens. Chögyam Trungpa wollte genau wissen, was ich dort gemacht hatte. Er erkundigte sich nach den Meistern, den Klöstern und fragte, ob die Praxis in Thailand und Birma, wo ich gelebt hatte, immer noch authentisch war. Dann meinte er: »Ich glaube, Sie sollten sich uns anschließen, weil wir eine buddhistische Universität gründen wollen, das Naropa Institute.« Ich zögerte. Meine Lehrer hatten mich in Thailand immer wieder ermuntert zu lehren. Und ich hatte bereits an einem Graduiertenkolleg in den USA unterrichtet, wenn auch nicht vor allzu vielen Studenten. »Ich weiß nicht, ob ich das in diesem Rahmen kann«, meinte ich. Das fand er offensichtlich gut. Er meinte: »Gerade dann sollten Sie mitmachen. Ich schreibe mir einfach Ihren Namen auf. Dann können Sie unser Lehrer für Theravada-Buddhismus werden.« Also machte ich mit. Kurz davor hatte ich

Joseph Goldstein kennengelernt, doch erst in unserem ersten Sommer am Naropa Institute entstand die enge Freundschaft, die Joseph, Sharon Salzberg und mich verbindet. Wir lehrten zusammen und leiteten von dieser Zeit an unsere Gemeinschaft zu dritt.

Chögyam Trungpa unterstützte uns also in den frühen Jahren, aber er schätzte die Gemeinschaft der Vipassana-Praktizierenden auch später und unterstützte uns weiter. Er achtete alle authentischen Lehren. Als der große birmanische Meister Mahasi Sayadaw 1979 in unseren Zentren in Amerika lehrte, war Rinpoche in Europa, doch er rief uns an und sorgte dafür, dass er rechtzeitig in die USA zurückkam, um Mahasi Sayadaw noch die Ehre erweisen zu können.

Chögyam Trungpa folgte dem Pfad des Bodhisattva, der das Herz für alle Lebenssituationen und alle Wesen öffnet. Seine Art zu lehren vereinte auf einzigartige Weise Disziplin und Offenheit. Daher möchte ich im Folgenden einige jener Qualitäten nennen, die ihn in meinen Augen ausmachten, da Chögyam Trungpa eine tiefe Inspiration für unser aller Dharmapraxis ist.

Brillante Klarheit

Chögyam Trungpas Belehrungen hatten eine strahlende Klarheit, die ihresgleichen sucht. Ich habe am Naropa Institute und anderenorts über die Jahre sicher gut hundert Mal Dharmabelehrungen von ihm gehört. Er kam zwar manchmal viel zu spät und war auch gelegentlich beschwipst, doch sein Geist war nichtsdestotrotz immer vollkommen klar. Ich unterhielt mich einmal mit Lama Anagarika Govinda, einem der ersten westlichen Lehrer des tibetischen Buddhismus, über Chögyam Trungpa. Als Lama Govinda in den Fünfziger- und Sechzigerjahren in Almora im indischen Teil des Himalajagebirges lebte, kamen viele Menschen zu ihm, die gerade aus Tibet geflohen waren. Sein Heim war ein Zufluchtsort für die Menschen. Viele Lamas verbrachten einige Zeit dort. Und Lama Govinda meinte, von all den jungen Tulkus (reinkarnierten buddhistischen Meistern), die Tibet damals verließen, sei keiner so brillant gewesen wie Chögyam Trungpa. Dabei meinte er mit »brillant« keineswegs »intelligent«, sondern wirklich strahlend klar in seinem Wesen und seiner Energie. Lama Govinda sagte mir dies zu einem Zeitpunkt, an dem er über das Verhalten Chögyam Trungpas alles andere als erfreut war. Er sagte wörtlich: »Aber ich muss trotz allem sagen, dass von all jenen, die aus Tibet kamen und den Himalaja überquerten, keiner sein Licht reiner leuchten ließ als Trungpa.«

Für diese Qualität der strahlenden Klarheit verwendete Chögyam Trungpa den Begriff »der Ruf des Löwen«. In den Palischriften gibt es eine berühmte Rede des Buddha, das Sutra vom Löwenruf. Dort fragt jemand: »Woher wisst Ihr denn von all den Dingen, die zu wissen Ihr behauptet? Habt Ihr denn wirklich Askese geübt? Habt Ihr Euch selbst wirklich vollkommen erfahren?« Und der Buddha antwortete, indem er – wie üblich – genauer auf die Frage einging: »Wenn es je eine asketische Übung gegeben hat, die in all den tausend Zeitaltern in Indien und der Welt geübt worden ist, so habe ich sie praktiziert. Ich habe gefastet. Ich habe auf Nagelbetten geschlafen. Ich habe täglich nur ein Reiskorn und einen Sesamsamen gegessen. Wenn ich die Hand auf meinen Bauch legte, konnte ich mein Rückgrat spüren.« Und er fuhr fort: »Ich habe mit offenen Augen die ganze Nacht in den Mond gesehen. Ich habe mit offenen Augen den ganzen Tag in die Sonne gesehen.« Und weiter: »Wie schwierig diese Übungen auch immer waren, ich habe sie gemeistert. Doch am Ende all der Askese und der Kasteiung habe ich entdeckt, dass Selbstabtötung nicht der richtige Weg ist. Die Befreiung stellt sich weder ein, wenn wir den Körper kasteien, noch wenn wir ihn verweichlichen. Ich habe den Mittleren Weg entdeckt, den Mittleren Weg, der die Freiheit bringt. Ich habe das Leiden und das Ende des Leidens gesehen. Ich habe die unerschütterliche Befreiung des Herzens erfahren, die Todlosigkeit ist gefunden.« Dieser mutige Ruf der Freiheit ist der Ruf des Löwen.

»Der Ruf des Löwen« – das waren für Chögyam Trungpa natürlich vorzugsweise die Dharmabelehrungen, von denen er sagte:

> *Der Ruf des Löwen ist die furchtlose Verkündung der Tatsache, dass jeder Geisteszustand, jeder Lebensumstand, jeder Teil unser selbst, die schwierigste Emotion eingeschlossen, eine Situation ist, mit der wir arbeiten können und die uns an die Praxis der Meditation erinnert. Wir können erkennen, dass wir chaotische Umstände nicht ablehnen müssen. Wir müssen nicht regredieren und uns auf unsere Verwirrung zurückziehen. Wir müssen vielmehr sitzen bleiben und respektieren, was immer in unserem Geist geschieht. Sogar das Chaos ist eine gute Sache... Wir können lernen, unsere Geisteszustände einfach als Muster des*

Geistes zu sehen, ohne sie in Frage zu stellen, ohne uns auf die Schriften zu berufen, ohne uns auf Zeugenaussagen zu stützen, sondern diese Zustände einfach erkennen als das, was sie sind. Akzeptieren, dass diese Dinge da sind, wahr sind… Das ist der Ruf des Löwen, dass, was immer im Geist von Samsara [dem sich wiederholenden Geist] auftaucht, der Pfad ist: Wir können mit allem arbeiten.

Diese Offenheit verleiht unserer Praxis eine ganz erstaunliche Qualität. 1977, während ich an der Sommerschule im Naropa Institute lehrte, kam mein erstes Buch *Living Buddhist Masters* heraus. Als ich Chögyam Trungpa ein Exemplar überreichte, gab er mir eine Ausgabe seines neuen Buches *Spirituellen Materialismus durchschneiden* mit einer Widmung darin: »Lieber Jack, willkommen zurück im Westen!« Und darunter in großen Lettern: »Kannst du das Banner des Dharma tragen? Lass uns feiern!« Mir hat diese Widmung immer viel bedeutet. Kann ich, können wir alle, das Banner des Dharma tragen? Sind wir in der Lage, den Ruf des Löwen auszustoßen?

Chögyam Trungpa lehrte den Dharma nicht nur in seiner traditionellen Form. Er initiierte auch ein weltliches Meditations-Programm, das den Namen Shambhala-Training trägt. Dort lernen die Menschen Meditation ohne das komplexe tibetisch-buddhistische Rahmenwerk. Wann immer das Shambhala-Programm gelehrt wird, wird der Unterrichtsraum mit kostbaren Bannern geschmückt, auf welchen symbolisch das dargestellt ist, was Chögyam Trungpa das Banner der aufgehenden Sonne, der Großen Östlichen Sonne, nannte. Er meinte, man könne die Sonne ansehen und sie entweder als aufgehend oder als untergehend betrachten. Wenn man deprimiert und niedergeschlagen sei, sehe man sie unweigerlich als untergehend: »Schließlich ändert sich ja sowieso alles ständig, es gibt nichts, woran man sich festhalten kann, so ein Jammer.« Oder man könne alles, was sich ergibt, als großartige Gelegenheit betrachten. Der ganze Geist von Shambhala aber sei es, das als Chance zu nutzen, was gerade passiert.

Chögyam Trungpa hatte einen ungeheuren Sinn für Humor. Er konnte sehr witzig sein, aber seine Witze waren immer nur kurze Bemerkungen, keine langen Geschichten. Ich kann mich noch an einen Abend erinnern, als er darüber sprach, dass wir uns in der Praxis der Meditation vor nichts verstecken. Wir ziehen uns nicht vor der Erfahrung zurück und schirmen uns nicht ab. Wir verkriechen uns nicht in einer Kammer, einer Höhle oder in unserem schicken Auto. Er nannte eine Reihe von Bildern für diesen Rückzug von der Erfahrung, zum Beispiel, wenn wir uns in unserem Haus verbunkern, die Heizung aufdrehen, die Vorhänge zuziehen, um uns sicher zu fühlen. Doch der Weg des Kriegers, der Weg des Bodhisattva, sei es, zwischen sich und die Erfahrung keinerlei Abstand zu legen. Nachdem er seinen Vortrag beendet hatte, hob einer der Zuhörer die Hand und sagte: »Keinen Abstand? Aber was, wenn die Umstände irgendwie gefährlich sind, schwierig, furchterregend?« Und er fuhr noch eine Zeit lang fort mit seiner Beschreibung. Als er geendet hatte, sah Trungpa ihn an und meinte einfach nur: »Keinen Abstand.« Dann hob er sein Glas und prostete dem Fragesteller zu: »Viel Glück, Sir.« Und jedermann lachte. Ohnehin sagte er diesen Satz häufig: »Viel Glück, Madam!« »Viel Glück, Sir!«

Die Brillanz in Chögyam Trungpas Belehrungen war ebendiese strahlende Freiheit, die leuchtete wie die aufgehende Sonne, die uns den Weg zeigt. In seinen Belehrungen vermittelte er diesen unerschütterlichen Mut, der seine Schüler zum Weitermachen bewegte. Nicht um der Selbstdarstellung willen, nicht weil man ein noch stärkeres, größeres Ego haben wollte, sondern weil man bereit war, bei der Erfahrung zu bleiben, wie sie ist, den Blick zu richten auf das, was sich ergibt, dies zur Praxis zu machen und weiterzugehen.

Den Pfad der Offenheit zeigen

Dies führt uns zur zweiten Qualität, die Chögyam Trungpa eigen war und die uns allen offensteht, so als wäre er noch am Leben. Ich meine damit seine Offenheit, den offenen Weg, den er zeigte, eine Art Furchtlosigkeit in der Praxis. In den Siebzigerjahren lehrte Rinpoche über die »Dharmas ohne Fehl«. In diesem Zusammenhang bezieht sich der Begriff »Dharma« nicht auf die Lehren, sondern auf alle Elemente von Körper und Geist, welche die Vielfalt der Erfahrungen ausmachen. Die Dharmas, also die Phänomene der Wirklichkeit, seien, so meinte er, »ohne Fehl, weil die Erfahrung von niemandem produziert wird«. Und er fuhr fort:

> *Die Dharmas sind, was sie sind. Sie als »unvollkommen« oder »fehlerhaft« zu betrachten, entstammt einem Bedürfnis nach Sicherheit, einer Haltung, in der wir uns mit unseren Vorbehalten gegenüber den Dingen, wie sie sind,*

> *identifizieren. Wenn wir diese Haltung pflegen, haben wir Probleme, sobald eine spirituelle Lehre uns nicht mit den nötigen Heftpflästerchen versorgt. Die buddhistische Lehre schenkt uns keine Pflästerchen, sie zerstört sie vielmehr. Wenn die Pflästerchen des Ego zerstört werden, kommen wir an einen Punkt, wo die Umsetzung der Lehren bedeutet, dass das Ego Stück für Stück stirbt … Daher sollten wir die Lehre von den Dharmas ohne Fehl begrüßen. Das sind wirklich gute Neuigkeiten, denn wir haben keine Wahl. Wenn man die Dinge richtig sieht, ist da keine Wahlmöglichkeit. Lob und Tadel, Angst und Probleme sind nur die bedingten Erfahrungen eines wunderschönen Musters.*

Im selben Geist spricht er über den »Buddhadharma ohne Nachweis«. Man bekommt keinen Doktortitel dafür, man kann nicht zum Berufsmeditierenden werden und schon gar nicht die spirituelle Praxis dazu benutzen, sich von der Welt abzukapseln. Er verwendet hier das Bild des Kindes:

> *Das Werk des Kindes hat weder Anfang noch Ende.*
> *Für das Kind sind Farben weder schön noch hässlich.*
> *Die Natur des Kindes hat keine vorgefertigten*
> *Ideen über Geburt und Tod.*
> *Der goldene Berg ist fest und unwandelbar.*
> *Die rubinrote Sonne durchdringt alles.*
> *Der Kristallmond wacht über Millionen Sterne.*
> *Das Kind lebt ohne fixe Vorstellungen.*

Chögyam Trungpa lehrte diese Qualität der Offenheit: im eigenen Geist, in der eigenen Erfahrung die Bereitschaft zu finden, sich mit allem in Beziehung zu setzen, was erscheint. Der Lehrplan am Naropa Institute umfasste Psychologie und Philosophie, Musik und Kunst, Dichtung und Tanz. Vor allem in seinen frühen Jahren war das Naropa Institute ein Ausdruck für die unglaubliche Bandbreite von Chögyam Trungpas Dharmavision. Sie war einfach ungeheuer farbig. Die Banner waren farbig. Die Art und Weise, wie die Menschen sich kleideten, war farbig. Das reichte vom Madras-Hippie und Paisleymuster bis hin zu dreiteiligen Anzügen, Cocktailglas in der einen Hand, Zigarette in der anderen. Doch allem, was Chögyam Trungpa tat, wohnte ein gewisser Sinn fürs Spielerische, fürs Theater inne. Bei allem, was er anpackte, ließ er sich stets voll auf das Leben ein und machte es ganz locker zum Teil der Praxis. Das war nun wirklich sehr spannend.

Aus seinen ersten Vorträgen am Naropa Institute machte Chögyam Trungpa ein wunderbares Buch über die Praxis des tibetischen Tantra: *Feuer trinken, Erde atmen. Die Magie des Tantra*. Darin geht es zwar um verschiedene tantrische Übungen und Visualisierungen, doch das Buch hat sich vor allem zum Ziel gesetzt, in uns die Bereitschaft zu erwecken, die grundlegenden Gefühle des Lebens zu berühren. Auf der höchsten Tantrastufe geht es darum, direkt mit Leidenschaften, Ängsten, Gier und Aggression zu arbeiten – mit den Gefühlen selbst, jenen Emotionen, die unser Handeln antreiben. Er lehrte die Bereitschaft, sich all diesen Dingen zu öffnen. In verschiedenen Schulen des Buddhismus werden Gefühle als »störend« betrachtet, als Trübungen des natürlich klaren Geistes, in die wir uns ständig verstricken und von denen wir uns befreien wollen. Doch der Standpunkt des Bodhisattva ist ein anderer: Er sieht die verborgenen Qualitäten in diesen Emotionen. Chögyam Trungpas Dharmabelehrungen zielten darauf ab, seine Schüler zu der Erkenntnis zu bringen, dass die einzelnen Elemente, die unsere Persönlichkeit ausmachen, nicht problematisch sind, sondern Teil des wunderbaren Gewebes des Lebens. Und dass sie in dem Ausmaß handhabbar werden, in dem unsere Weisheit zunimmt. Chögyam Trungpas spielerische Ader bestand unter anderem darin, dass er nicht nur die Schwierigkeiten der einzelnen Aspekte der Praxis sah, sondern auch das ihnen innewohnende Potenzial.

Zu seiner strahlenden Brillanz kam also noch diese Qualität der Offenheit, die Bereitschaft, sich auf das Leben einzulassen und mit seinen Elementen zu spielen. Der Pfad des Bodhisattva führt nicht zum Rückzug vom Leben. Vielmehr untersucht er gründlich seinen Geist, um das zu finden, was zeitlos, mitfühlend und frei ist, und es in jedem Bereich zur Geltung zu bringen.

Die Macht der Hingabe

Eine weitere Qualität dieses wunderbaren Lehrers war seine tiefe Hingabe. Als seine Lehrer, Dilgo Khyentse Rinpoche und der 16. Karmapa, nach Amerika kamen, war es rührend zu sehen, mit welcher Freundlichkeit und Achtung er ihnen diente. In einem Text mit dem Titel *Sadhana des Mahamudra*, den er noch in den Sechzigerjahren in einer Höhle in Bhutan schrieb, spricht er vom dunklen Zeitalter des Dharma, in dem der Wind des sektiererischen Eifers zwischen den verschiedenen Ländern und Schulen des Buddhadharma blies. Obwohl der Buddha den Dharma gelehrt habe und er von vielen großen Lehrern aller Zeiten und Länder verkündet worden sei, verlören sich die Menschen doch immer wieder in den Fallstricken der Philosophie, der Psychologie, der einzelnen Schulen – in den territorialen Aspekten also. Die wahre Essenz des Dharma geht dabei manchmal verloren. Und so bittet er darum, dass jene, die in diesem schwierigen Zeitalter die Lehren des Dharma erhalten, sie annehmen und nach ihrem Vermögen nutzen. Dieser Ruf nach Weisheit ist von tiefer Hingabe geprägt. Derselbe Geist drückt sich auch in einem Gedicht aus, das Chögyam Trungpa seinen Schülern zu praktizieren auftrug. Es trägt den Titel: *»Den Lama aus der Ferne rufen« – Wie man Hingabe im Herzen erweckt*. Darin heißt es unter anderem:

Der Tod ist mir sicher, aber ich nehme
mir dies nicht zu Herzen.
Der Dharma spendet wahren Segen, aber ich bin unfähig,
ihn aufrichtig zu praktizieren.
Karma und seine Folgen sind gewiss, doch ich kann nicht
unterscheiden zwischen dem, was es zu akzeptieren,
und dem, was es zurückzuweisen gilt.
Achtsamkeit und Gewahrsein sind von großem Nutzen,
aber ich halte sie nicht stabil und lasse mich von der
Ablenkung mitreißen.
Verehrter Lehrer, halte mich im Raum Deines Geistes.
Blicke auf mich voller Mitgefühl.

Gewähre Deinen Segen, auf dass ich ungestörtes
Gewahrsein aufrechterhalten möge.
Gewähre Deinen Segen, auf dass ich wahre Hingabe
entwickeln möge.
Gewähre Deinen Segen, auf dass ich den natürlichen
Zustand erkennen möge.
Gewähre Deinen Segen, auf dass Einsicht in meinem
Herzen erweckt werden möge.
Gewähre Deinen Segen, auf dass ich Verblendung mit
der Wurzel ausreißen möge.
Gewähre Deinen Segen, auf dass ich in einem einzigen
Leben Buddhaschaft verwirklichen möge.

Der Text war ursprünglich von Jamgon Kongtrül Lodrö Thaye verfasst worden, einer früheren Inkarnation von Chögyam Trungpas Wurzellehrer. Im Bemühen, die Praxis »in den Körper zu bringen«, rezitiert man diesen Text immer und immer wieder. Man erzeugt Hingabe, indem man seinen Lehrer in der Ferne anruft. Über die Qualität der Hingabe spricht Chögyam Trungpa auch in *Das Buch vom meditativen Leben: Die Shambhala-Lehren vom Pfad des Kriegers zur Selbstverwirklichung im täglichen Leben*. Darin heißt es, Hingabe sei jener Praxisweg, der zur Entwicklung eines zarten Herzens voller Traurigkeit führe. Die Hingabe, die aus Offenheit und Praxis entsteht, ist eine Hingabe an den Dharma, die Wahrheit, an den Lehrer, das Selbst, das eigene Sein und durch dieses an die ganze Welt. Chögyam Trungpa meint, die Praxis des Kriegers würde eben zu jenem lauteren und traurigen Herzen führen, das er mit einem Rentier vergleicht, dem die Hörner wachsen. Sie sind flaumig, und trotzdem tun sie weh. Anfangs weiß das Rentier noch nicht so recht, was es mit den kleinen Dingern auf seinem Kopf soll. Doch langsam werden sie härter und größer, und nun erkennt das Tier, dass es fürs Geweihtragen geschaffen ist. Auf dieselbe Weise öffnet der Krieger sein Herz und erkennt allmählich, dass das eigene Herz fähig sein sollte, alles in der Welt zu berühren. An anderer Stelle spricht er davon, dass das Herz im geöffneten Zustand verletzlich ist wie ein Stück rohes Fleisch. Man wird so sensibel, dass man sogar eine Mücke fühlt. Und doch verläuft diese Öffnung nicht besonders dramatisch. Man heult nicht etwa wie bei Beethovens Neunter. Es ist sehr viel alltäglicher, viel menschlicher und vielleicht gerade darum etwas so Besonderes.

Chögyam Trungpa war ein sehr warmherziger und charmanter Mensch. Er hatte eine ziemlich große Schülergemeinde, und manchmal war es schwierig, ihn zu Gesicht zu bekommen, weil er so viel zu tun hatte. Doch wenn man mit ihm zusammen war, ging von ihm eine unglaubliche Wärme, Fürsorge, Leichtigkeit und Bezauberung aus. Im ersten Sommer am Naropa Institute suchte ich ihn eines Tages in seinem Büro auf. Ich glaubte, dort Bilder vom Karmapa, von Jamgon Kongtrül und anderen Lamas seiner Linie vorzufinden. Nichts dergleichen. An den Wänden seines Büros hing nur ein einziges Bild: ein Foto von Shunryu Suzuki, dem Begründer des San Francisco Zen Center. Chögyam Trungpa hatte Suzuki Roshi kennengelernt, als er zum ersten Mal nach Amerika kam. Sie blieben eng befreundet, bis Suzuki Roshi starb. Ich fragte Chögyam Trungpa nach dem Bild, und er sagte mir, für ihn sei es eine außergewöhnliche Erfahrung gewesen, nach Amerika zu kommen und seinen Vater kennenzulernen. Er sagte dies auf höchst liebevolle und respektvolle Weise. Dabei ging es nicht um eine klassische Vater-Sohn-Beziehung. Er habe in Suzuki Roshi nur jemanden gefunden, der ihn wirklich liebte und akzeptierte, wie er war, der schon in diesen frühen Jahren seine Größe sah. Chögyam Trungpas Ergebenheit gegenüber Suzuki Roshi hat mich stets tief beeindruckt. Er hatte einfach ein großes Herz. Und die Stärke seiner Hingabe inspirierte viele andere Menschen, sich ihm anzuschließen.

Kompromisslose Disziplin

Eine weitere von Chögyam Trungpas Qualitäten war seine kompromisslose Disziplin. Als er 1970 zum ersten Mal im Tail-of-the-Tiger-Center in Vermont lehrte (das heute Karmê Chöling Meditation Center heißt), hing er einfach so mit den Leuten ab. Wenn sie LSD nahmen, nahm er manchmal auch welches. Wenn sie Musik hörten oder über transzendentales Bewusstsein redeten, machte er mit. Was immer die Leute in den frühen Hippiejahren taten, er schloss sich ihnen an und machte mit. Neben dem ländlichen Zentrum in Vermont entstand ein zweites in der Stadt Boulder in Colorado. Viele Menschen kamen dorthin, weil sie von diesem unkonventionellen tibetischen Lama gehört hatten, der sich ihnen bei ihren Unternehmungen anschloss und dabei in einfacher Alltagssprache über den Dharma redete. Zu jener Zeit fand fast keine formale Praxis statt.

Nach einigen Jahren rief er seine Schüler zusammen, vor allem diejenigen, die seine Zentren leiteten, und sagte zu ihnen: »Künftig werden wir zwei Stunden täglich Sitzmeditation machen.«

Viele glaubten damals noch, er mache einen Witz. Diese Idee war so anders als alles, was sie bis dato von ihm gewohnt waren. In den ersten Jahren zog er Dichter und Künstler an, lauter Leute, die nie bei einem normalen buddhistischen Lehrer Schüler geworden wären. Jede Art von offizieller Religion stieß sie ab. Doch durch seine Kunst, seine Kalligraphie, seine visionären Werke, seine Gedichte und seine Bereitschaft, sich auf die Leute einzulassen, zog er außergewöhnliche Menschen an – Theaterleute, Wissenschaftler, Künstler. Sie dachten alle, der Dharma sei eine Art cooles Picknick auf dem Land, bei dem man über aktive Meditation und solche Dinge plauderte. Und nun kam Chögyam Trungpa plötzlich daher und wollte, dass sie zwei Stunden pro Tag meditierten. Sie konnten es kaum fassen. In den Jahren darauf ermutigte er alle, die in der Gemeinschaft bleiben wollten, dazu, zwei- bis dreimal pro Jahr ein einwöchiges Retreat zu machen. Und wer keine Familie hatte, sollte nach Möglichkeit einmal im Jahr einen Monat lang ins Retreat gehen. Seine Schüler waren geschockt. Aber sie taten es trotzdem.

Als Chögyam Trungpa zum ersten Mal nach Amerika kam, gab er Belehrungen über Achtsamkeitsmeditation. Drei oder vier Jahre lang übten sich die Leute in Achtsamkeit auf den Atem und grundlegender Sitzmeditation, Techniken, die denen des Vipassana sehr ähnlich sind. 1973, im Jahr vor der Gründung des Naropa Institute und vor dem ersten Besuch des Karmapa, des Oberhauptes von Chögyam Trungpas Überlieferungslinie, in Amerika, machte Trungpa mit einhundert Schülern ein dreimonatiges Seminar, in dem er zum ersten Mal die Praxis des Tantra oder Vajrayana in Amerika lehrte. Er bestand darauf, dass seine Schüler die Sitzmeditation als Grundlage ihrer Praxis betrachteten, doch führte er sie auch in grundlegende Übungen des tibetischen Buddhismus ein. Dazu gehört zum Beispiel das Ngöndro, vorbereitende Übungen für die Vajrayanapraxis. Dabei macht der Schüler zuerst 100000 Niederwerfungen. (Aus dem Stand streckt er sich in voller Länge auf dem Boden aus und steht dann wieder auf.) Dann wiederholt er 100000 Mal ein Reinigungsmantra, bringt im Geist 100000 Mal ein Mandalaopfer dar und rezitiert dann 100000 Mal ein Mantra der Hingabe. Dies sind die grundlegenden Übungen für jeden, der den tibetischen Pfad des Vajrayana beschreiten will. Und so sagte Chögyam Trungpa zu seinen Schülern: »Macht das Ngöndro, alle vorbereitenden Übungen.« Die meisten Leute brauchen dazu etwa fünf Jahre, viele länger. Erstaunlicherweise waren unter seinen Schülern etwa 3000, die anfangs mit ihm herumhingen und eine tolle Zeit hatten, während sie später Meditation erlernten und das volle Ngöndro absolvierten. Und als sie die 100000 Übungen auf allen vier Ebenen durch hatten, begannen sie, genauso intensiv verschiedene tibetische Sadhanas zu praktizieren. Ich bin heute noch erstaunt über Chögyam Trungpas geschickte Mittel, mit denen er zuerst Leute anzog, um sie dann langsam zu intensiver Meditation zu verlocken und ihnen die Bereitschaft zu vermitteln, eine authentische Praxis aufzunehmen und zu üben.

Er war durch und durch kompromisslos. In seinem Vorwort zu meinem ersten Buch *Living Buddhist Masters* sagte er, Meditation beginne, wenn man das Tempo unserer Kultur und unseres neurotischen Geistes verringere. Er meinte, Meditation sei gerade für das 20. Jahrhundert eine enorm wichtige Angelegenheit. Natürlich würde das Zeitalter der Technologie, so schrieb er, auch seine eigenen spirituellen Gimmicks hervorbringen – eine neue, verbesserte Spiritualität, die garantiert schnelle Resultate bringe. Allerlei Scharlatane seien unterwegs, um ihre Version des Dharma und ihre einfachen Wunderwege zur Erleuchtung zu verkaufen, die nichts mit der andauernden und herausfordernden persönlichen Reise zu tun haben, welche für echte Spiritualität wesentlich sei. Chögyam Trungpa wusste dies. Und über die Jahre hinweg gab er dieses Wissen an die Mitglieder seiner Gemeinschaft weiter.

Wie ich bereits erwähnt habe, kam er immer wieder zu spät. So auch an einem Abend in Berkeley, wo er einen Vortrag hielt. Er sagte zu uns: »Wenn ihr euer Geld zurückwollt, kein Problem. Geht zur Tür und holt es euch. Das ist schon okay. Wenn ihr noch nicht auf dem spirituellen Pfad unterwegs seid, dann fangt am besten gar nicht erst an! Es ist schwierig, und ihr müsst euch dabei mit allerlei Dingen auseinandersetzen, die euch kaum gefallen werden. Was das Ego angeht, wird es eine Beleidigung nach der anderen erleben.« Er meinte das vollkommen ernst: »Wenn ihr gar nicht erst anfangt, ist das vermutlich besser für euch. Lasst es. Aber wenn ihr anfangt, dann solltet ihr den Weg auch zu Ende gehen.« Denn was wollen Sie tun, wenn Sie einmal angefangen haben? Zurück auf Los und sich erneut von Gier, Hass und Verblendung vereinnahmen lassen? Er hatte ebendiesen außergewöhnlichen Sinn für Humor, zusammen mit seiner praktischen Ader und einer unglaublichen Disziplin.

Als wir am Naropa Institute die ersten Sommerkurse hielten, gab es zwei große Abendkurse, die einander abwechselten: Ram Dass lehrte am Montag und am Mittwoch, Chögyam Trungpa am Dienstag und am Donnerstag, so in etwa jedenfalls. Bei diesen Kursen versammelten sich gut 2000 Menschen in der großen Halle. Ram Dass kam und lehrte über Liebe und Hingabe. Wir stimmten hinduistische Gesänge an, rezitierten Kirtan und übten uns in Bhakti, der Öffnung des Herzens. Es war wunderbar. Das war am Montag. Am Dienstagabend kamen wir wieder. Trungpa kam ein bisschen zu spät, und als er endlich da war, saß er nur eine ganze Zeit ruhig da. Dann hielt er einen kleinen Vortrag darüber, dass wir, ganz bodenständig, in der Praxis einfach nur da sein und uns nicht im Tohuwabohu des östlichen Mystizismus verlieren sollten. Es war, als mache er sich über all die Dinge lustig, die Ram Dass lehrte. Am Mittwoch war dann Ram Dass wieder dran. Er erzählte uns von seinem Guru und von der Bhagavadgita. Wir sangen uns gemeinsam in Hochstimmung, tanzten voller Hingabe und so weiter. Am Donnerstag kam dann wieder Trungpa und sagte: »Vergänglichkeit. Die unumstößliche Sicherheit des Todes. Vergesst nicht, dass das Leben voller Leiden ist.« So ging das weiter, Woche um Woche. Viele Leute machte das ganz verrückt. Schließlich hob irgendwann einmal jemand die Hand, als Chögyam Trungpa seinen Vortrag hielt, und sagte: »Ram Dass hat gestern darüber gesprochen, welch große Kraft in der Gnade des Guru liege. Und dass sich dem Guru hinzugeben heißt, sich diesem Geist der Gnade zu öffnen, der Gnade Gottes. Gibt es im Buddhismus auch etwas, das der göttlichen Gnade gleichkommt?« Chögyam Trungpa saß eine Minute lang schweigend da. Dann blickte er auf und sagte: »Ja.« Jeder war bass erstaunt. Dann lächelte er. »Geduld.« Und mehr sagte er nicht.

Chögyam Trungpa war, was seine Dharmabelehrungen anging, vollkommen unerschütterlich. Er sagte unumwunden, was Sache war. Er lehrte die Menschen, jahrelang sehr diszipliniert zu praktizieren. Er zeigte ihnen, wie sie die Praxis zu einem Teil ihres Lebens machen konnten. Er ging davon aus, dass zur Praxis Gruppen- und Einzelretreats ebenso gehörten wie lange Zeiten der Meditation, kurze Formen des Praktizierens und das Studium des Dharma. Er lehrte, dass wir bereit sein müssen, alle möglichen Praxiswege zu erforschen und die Kraft des Dharma in unserer eigenen Praxis lebendig werden zu lassen. Ich glaube wie er, dass jeder, der die Praxis des Buddhadharma ernsthaft verfolgt, die Erleuchtung des Buddha in all ihren Facetten verwirklichen wird. Ob wir nun Vipassana oder Vajrayana praktizieren, wir können die Bedeutung von Buddhas Erwachen direkt erfahren, wenn wir bereit sind, auch nur einen Tag in vollkommener Präsenz zu verbringen. Wenn wir voller Aufmerksamkeit sitzen, gehen und essen, sehen wir, dass die fünf Prozesse oder Skandhas (Form, Gefühl, Wahrnehmung, Geistesformationen und Bewusstsein) leer von einem Selbst sind und letztlich nicht festzuhalten wie das Wasser des Flusses. Wenn wir im Gewahrsein ruhen, werden wir feststellen, dass unser ganzes Sein ein sich ständig wandelnder Prozess ist, den wir nicht festhalten oder von unserer Umgebung trennen können. Jeder, der wahrhaft praktiziert, macht diese Erfahrung. Jeder von uns kann dieses zeitlose und befreiende Gewahrsein entdecken. Dies ist unsere Buddhanatur. Chögyam Trungpa vermittelte allen, die mit ihm zu tun hatten, diesen kompromisslosen Glauben an unsere eigene erwachte Natur, unsere Fähigkeit, das zu verwirklichen, was der Buddha und jeder große Weise nach ihm erkannt hat.

Genie und Mysterium

Die letzte Qualität, die mir im Zusammenhang mit Chögyam Trungpa in den Sinn kommt, ist das Mysterium. Er war einer der rätselhaftesten Menschen, die mir je begegnet sind. Er war ganz offensichtlich ein Genie. Er war ein vollendeter Kalligraph. Er schrieb Stücke und großartige Gedichte. Er interessierte sich für Fotografie und für die Naturwissenschaften. Er gründete eine Universität. Und eine eigene Tradition innerhalb der buddhistischen Lehren. Er schrieb einen Bestseller mit dem Titel *Spirituellen Materialismus durchschneiden*, in dem er seine ersten Lehrerfahrungen im Westen verarbeitete. Er sah sich um und bemerkte, dass die Menschen im Westen die spirituelle Praxis, die sie zur Freiheit vom Selbst, zur Freiheit von Selbsttäuschung und Selbstverstrickung führen sollte, falsch verstanden. Sie begnügten sich mit einer Imitation echter Spiritualität, schufen einen »spirituellen Menschen« nach ihrer Vorstellung, benutzten die Praxis als neue Maske, als neue Identität oder Persona. Er erkannte dies sofort, kaum dass er in den Westen gekommen war. Und er schrieb ein Buch, das wirklich den Kern der spirituellen Praxis aufgreift. Im ersten Jahr in den USA lehrte er, wie wir die Praxis dazu nutzen können, die Anhaftung zu durchschneiden und zur Essenz unseres Wesens zu erwachen, statt eine verbesserte Version unserer Persönlichkeit zu erstellen.

Und doch war er auch ein sehr eigener Mensch. Er trank. Er war ein Frauenheld. Er war, was diese Dinge angeht, sehr offen. Er war keineswegs einer dieser Gurus, die immer so tun, als lebten sie zölibatär, und irgendwann einmal entdeckt man, dass das gar nicht stimmt. Meines Wissens hat er nichts versteckt oder verborgen. Das war ja gerade so mysteriös. In späteren Jahren organisierte er seine spirituelle Gemeinschaft wie ein Feudalwesen. So als wäre er Herrscher über ein kleines Land. Sein Heim verwandelte sich in einen Hofstaat, es gab Minister und Wachen und Prinzen und Prinzessinnen und solche Dinge. Ich war gerne dort zu Besuch. Ich fand, es war einfach ein herrliches Theater. Und doch war alles recht ungewöhnlich.

Ich hatte das Gefühl, er gab sich dem Westen stärker hin als jeder buddhistische Lehrer, den ich kenne. Und dies auf außergewöhnliche Weise. Er nahm unsere Kultur, unsere Sprache, unsere Gewohnheiten an. Er nahm das, was wir waren, ganz in sich auf und sagte dann: »Okay. Lasst uns spielen. Nehmen wir den Samen des Dharma und machen wir ihn zum lebendigen Funken für den Westen.« Er tat das mehr als jeder buddhistische Lehrer, der bis dato in den Westen kam. Mit Leib und Seele. Mit ganzem Herzen. Er gab so viel, dass man sagen könnte, ebendies hat ihn umgebracht. Er starb sehr jung. Sein Trinken trug nicht wenig dazu bei, doch er gab sich wirklich ganz. All das hatte etwas höchst Geheimnisvolles: wie dieser Mensch, der als Oberhaupt verschiedener Klöster in einer abgelegenen Ecke Tibets geboren wurde, dann in den Westen kam und diese Kultur so vollständig in sich aufnahm.

So lag zum Beispiel einmal eine von Chögyam Trungpas Schülerinnen im Krankenhaus. Der Arzt meinte, sie würde bald sterben. Später erholte sie sich zwar wieder, doch als sie da in ihrem schlechten Zustand lag, dachte sie an all die Meditationspraxis, die sie gemacht hatte. Und ihr fiel auf, dass sie nicht wusste, was sie im Moment ihres Todes genau tun sollte. Sie dachte an Chögyam Trungpa und fragte sich, wie man wohl mit dem Tibetischen Totenbuch arbeiten konnte, wie man sich dem Tod nähern sollte. Als sie beinahe das Bewusstsein verlor, denn sie war wirklich sehr krank, erschien ihr die Gestalt Trungpas. Er saß mit gekreuzten Beinen auf ihrer Brust und erteilte ihr praktische Instruktionen für den Moment des Todes. Wie man dies auch immer beurteilen mag, dieser geheimnisvolle Moment war ihre Erfahrung. Ich glaube an diese Ebene der Lehren. Ich habe ähnliche Dinge mit meinen Lehrern erfahren, sogar mit meinen Schülern. Wie auch immer: Chögyam Trungpa umgab eine Aura des Geheimnisvollen, Dinge, die ich nicht unbedingt verstehe, unfassbare Dinge. Er war eine unglaubliche Mischung verschiedenster Qualitäten.

Große Inspiration

Chögyam Trungpas Bücher sind eine wahre Schatzkammer. Sie aufzuschlagen ist, als würde man in den Kellern eines großen Museums spazieren gehen. Alle paar Seiten findet sich eine neue, erstaunliche und einleuchtende Erklärung eines Aspekts des Dharma. Seine Bücher sind eine Einladung an uns, zu Erben dieses majestätischen spirituellen Schatzes zu werden. Einige der Banner, die er entworfen hat, tragen einen sogenannten Endlosknoten. Er sieht so aus, als verknoteten sich Schleifen unauflösbar ineinander. In Tibet steht der Endlosknoten für den Aspekt der Ewigkeit und Zeitlosigkeit des Dharma, der todlosen Befreiung des Herzens. Welche Praxis

Sie auch immer üben, Chögyam Trungpa lädt Sie ein, sie sich zu eigen zu machen und so selbst das Banner des Dharma in die Welt zu tragen.

Chögyam Trungpa rührte an die Herzen vieler Menschen. Ich liebte ihn und vermisse ihn sehr. Ich habe es stets genossen, mich mit ihm zu unterhalten. Er ist einer der wenigen Menschen, zu denen ich ohne Weiteres sagen würde: »Ich mache dies, ich lehre so, wir versuchen, diese Art von Gemeinschaft auf die Beine zu stellen. Was hältst du davon?« Er würde diese Frage wirklich verstehen. Andererseits habe ich immer das Gefühl, als sei sein Geist mit uns, vielleicht mehr als bei jedem anderen, den ich je durch den Tod verloren habe. Jemand hat ihn einmal gefragt, ob er sich denn als 12. Trungpa Tülku inkarnieren würde. Ich glaube, er sagte damals, er wisse nicht, ob er sich die Mühe machen würde, noch einmal in dieser Form zurückzukommen. Vielmehr würde er vielleicht als japanischer Geschäftsmann wiederkehren oder als Wissenschaftler oder in einer anderen interessanten Form.

Er war ein wundervoller Mensch, ein außergewöhnlicher Lehrer und eine große Inspirationsquelle. Rick Fields, Dharmaschüler und Dichter, schrieb über ihn: »Dieser Mann verursachte mehr Aufruhr und tat mehr Gutes als jeder Mensch, den ich je kennengelernt habe.« Ich hoffe, dass all das, was ich Ihnen über Chögyam Trungpa erzählt habe, Ihnen ein Gefühl dafür gibt, welches Geschenk er mir und vielen anderen Menschen in seiner Umgebung gemacht hat: Er hat uns begreiflich gemacht, wie wir den Dharma nehmen und in unser Leben, unser Herz, unseren Geist aufnehmen können, um ihn für uns selbst wahr zu machen.

TEIL IV

Der Dharma im Westen

17
Westlicher Buddhismus
Den Dharma bewahren und anpassen

Als man mich bat, eine Einführung zu dem Buch *Buddhist America* zu schreiben, wählte ich als Einstieg folgende Geschichte:

Eine alte Dame, die in New York lebte, marschierte eines Tages in ihr Reisebüro und bat dort einen jungen Mann, ihr eine Reise nach Tibet zu buchen.

»Tibet?!«, rief der Mann entgeistert aus. »Das ist aber eine lange und recht beschwerliche Reise. Sie verbringen den Winter doch immer in Miami. Warum fahren Sie nicht einfach wieder dorthin?«

»Ich muss den Guru sehen«, gab sie ihm zur Antwort.

Sie kaufte also ihr Ticket, flog nach Indien, ging am Flughafen Delhi von Bord und brachte die verwickelten indischen Zollformalitäten hinter sich. Gefragt, wohin sie reise, sagte sie: »Nach Tibet, zum Guru.«

Es folgte eine Zugfahrt quer durch Indien, die sie nach Gangtok, der Hauptstadt von Sikkim, brachte. Nachdem sie sich ein Visum beschafft hatte, ging es per Bus weiter zur tibetischen Grenze. Wieder wurde sie von den Grenzbeamten nach dem Zweck ihrer Reise gefragt, und wieder war ihre Antwort: »Ich muss zum Guru.«

Die Grenzbeamten meinten nur: »Sie wissen aber, dass Sie nur drei Worte mit ihm reden können. Mehr ist nicht gestattet.«

Sie antwortete: »Ich weiß, ich weiß. Aber ich muss trotzdem hin.«

Mit Taschen und Koffern bepackt ging es nun durch das Hochland von Tibet. Mit Bus, Jeep und Pferd gelangte sie schließlich zu einem mächtigen Berg, auf dessen Gipfel ein Kloster thronte. Vor dem Kloster hatte sich eine lange Schlange von Pilgern gebildet, und sie stellte sich hinten an. Drei Tage musste sie ausharren, dann war die Reihe an ihr.

»Nur drei Worte, okay«, schärfte ihr der Wächter an der Tür noch einmal ein.

»Ich weiß, ich weiß«, sagte sie.

Sie betrat den großen Raum, und da saß nun der Guru, ein Lama mit dünnem Bart und dunkelroten Roben. Sie nahm ihm gegenüber Platz und sah ihm geradewegs in die Augen. Nachdem sie eine Weile schweigend so dagesessen hatte, sagte sie schließlich: »Sheldon, komm heim.«

Mehr als 30 Jahre sind nun vergangen, seit Sheldon wieder daheim ist. Er hat in jeder Ecke des nordamerikanischen Kontinents buddhistische Zentren aufgebaut und buddhistische Meditation unterrichtet und arbeitet weiter fleißig an dem großen Werk des westlichen Buddhismus: die gelebte Praxis und das Erwachen des Buddha im Westen zu verbreiten und die Lehre der Befreiung in einer geschickten, der heutigen Zeit angemessenen Form zu vermitteln. In diesem Kapitel möchte ich der Frage nachgehen, wie sich der Buddhismus durch den Anpassungsprozess an die westliche Kultur verändert.

In den USA begann es in den 1850er-Jahren mit der Errichtung traditioneller buddhistischer Tempel durch die großen Einwanderergruppen, die aus Japan, China und später auch aus Thailand, Kambodscha und anderen buddhistischen Ländern gekommen waren. In den vergangenen 50 Jahren sind mehrere Tausend neuer buddhistischer Zentren und Praxisgruppen entstanden. Die Zahl der Menschen, die sich vom Buddhismus inspirieren lassen, nimmt ständig zu. Hunderttausende von ihnen haben durch den Dharma zu mehr Lebensfreude und Einsicht gefunden. Da die überwiegende Zahl der westlichen Buddhisten über eine gute Ausbildung verfügt und häufig der Mittelschicht angehört, handelt es sich längst nicht mehr um eine kleine, im Altersdurchschnitt junge Minderheit. Wir finden dort Jung und Alt, Männer wie Frauen, Erwachsene wie Kinder, verstreut über alle Länder Europas und Nordamerikas. Auch wenn es jetzt noch zu früh ist, um mit Sicherheit zu sagen, welche konkrete Gestalt der westliche Buddhismus einmal annehmen wird, so gibt es doch viele bemerkenswerte Entwicklungen, die bereits jetzt das Gepräge der neuen Heimat des Dharma tragen. Diese Entwicklungen wollen wir uns im Folgenden ein wenig näher ansehen.

Laienbuddhismus

In der Vergangenheit hatte die »Buddhisierung« einer Kultur regelmäßig zur Folge, dass sich umgekehrt auch der Buddhismus weiterentwickelte und aus dieser Kultur bestimmte Elemente und Akzente in seine Praxis aufnahm. So ist die

Entwicklung des Zenbuddhismus untrennbar mit bestimmten Prinzipien japanischer Ästhetik, der Naturreligion des Shinto und der Kultur der Samurai verbunden. Der tibetische Vajrayana-Buddhismus verdankt seine Eigenart den schamanischen Traditionen des Bön und der einzigartigen Verbindung von tantrischer und yogischer Meisterschaft. Trotz seiner Verankerung in einer Vielzahl von Kulturen und Übertragungslinien wurde der Buddhismus in den Ländern Asiens in erster Linie von einem zölibatär lebenden Mönchtum getragen. Buddhistische Praxis in ihrer authentischsten Form wurde vor allem in den Klöstern bewahrt, wo die Mönche abgeschieden von der Alltagswelt lebten. Viele Jahrhunderte lang trug der Buddhismus in Asien ein mönchisches, männliches, asketisches und auch ein wenig patriarchalisches Gesicht.

Zweifellos haben viele Generationen von Praktizierenden aus der hervorragenden Ausbildung, die sie in diesen Klöstern erhielten, großen Nutzen gezogen. Ich wünsche mir von Herzen, dass es bald auch hierzulande gute, nicht allein einem Geschlecht vorbehaltene Klöster für Mönche und Nonnen geben wird, die all jenen, die dies wünschen, einen Rahmen für ein klösterliches Leben bieten. Nichtsdestotrotz scheint einiges darauf hinzudeuten, dass im Zentrum buddhistischen Lebens im Westen weniger die Klöster beziehungsweise die dort lebenden Nonnen und Mönchen stehen werden, sondern die Gemeinschaft der Laienpraktizierenden. Der westliche Buddhismus wird gelehrt, praktiziert und entwickelt von engagierten, nicht ordinierten Laien.

In diesem laizistisch geprägten westlichen Buddhismus, dem Vipassana-, Vajrayana- und Zen-Praktizierende angehören, lassen sich Entwicklungen beobachten, die auf die genannten Traditionen öffnend und verbindend zugleich wirken. Meiner Ansicht nach konzentriert sich die Entwicklung der letzten 25 Jahre dabei auf vier zentrale Themen.

Ökumene in der Praxis

Existierten die buddhistischen Traditionen und Übertragungslinien Asiens jahrhundertelang voneinander getrennt und ohne gegenseitigen Austausch, ist es unter westlichen Buddhisten üblich, dass man vom anderen und seiner Tradition lernt. Zahlreiche Zenmeister und ihre Schüler haben mit großem Interesse die Techniken der Achtsamkeitsmeditation und der Meditation über liebende Güte studiert, die der Kern eines jeden Vipassana-Retreats sind. Umgekehrt haben die meisten Vipassana-Lehrer auch unter Anleitung von tibetischen Lamas und Zenmeistern praktiziert. Der amerikanische Vajrayana-Buddhismus beispielsweise wurde stark von Lehren und Methoden des Zen und Vipassana beeinflusst. Dies sind bemerkenswerte Entwicklungen und ein Phänomen, wie man es zuletzt vermutlich in der Frühzeit des Buddhismus an der einstigen Nalanda-Universität beobachten konnte. Zum ersten Mal seit Jahrhunderten bietet sich Buddhisten jeder Richtung die Möglichkeit des direkten Zugangs zu den Lehren und Methoden anderer großer Traditionen. Daraus entstanden nicht nur neue Erkenntnisse, sondern auch ein fruchtbarer Gedankenaustausch und eine gemeinsame Praxis, welche die buddhistische Weltsicht auf eine breitere Basis stellten. Die teils recht isolierten

Überlieferungsstränge der Lehre des Buddha laufen im Westen häufig zusammen.

Hand in Hand mit dieser Entwicklung gehen Zusammenkünfte von Lehrern aller Traditionen, die es in dieser Form zuvor nicht gegeben hat. In den vergangenen Jahrzehnten habe ich mehrfach an Treffen der wichtigsten Lehrer verschiedener Traditionen im Westen teilgenommen und entsprechende Konferenzen ausgerichtet. Es gab regelmäßige Treffen mit dem Dalai Lama in Dharamsala. Aber auch an Orten wie dem Spirit Rock Center oder dem San Francisco Zen Center fanden derartige Veranstaltungen, manchmal mit mehreren Hundert Lehrern, statt. Dabei kam es zum regen Austausch über Lehre und Praxis, wir diskutierten, welche buddhistischen Ansätze sich am besten für den Westen eignen, vertrauten einander unsere Alltagsprobleme im Dharmaleben an und gewannen so neue Einsichten. Die Lehrer, die zu diesen Zusammenkünften kommen, sind oft nicht wenig erstaunt, wie sehr die Schwierigkeiten, mit denen sie sich konfrontiert sehen, einander gleichen. Unser kollektiver Schatz an Weisheit und Praxiserfahrung kann jedem Hilfestellung geben.

Selbst die noch verbliebene »Demarkationslinie« im nordamerikanischen Buddhismus, die die Tempel einzelner Bevölkerungsgruppen wie Birmanen, Chinesen, Thai und Koreaner von den genuin »amerikanischen« Zentren trennt, wird allmählich durch Formen gemeinsamen Praktizierens aufgeweicht. Waren die Zentren der einzelnen Bevölkerungsgruppen früher in erster Linie darauf ausgerichtet, die religiösen Bedürfnisse der jeweiligen Einwanderergruppe in deren Muttersprache und in einer der buddhistischen Kultur ihres Ursprungslandes entsprechenden Form zu erfüllen (wobei meist Formen der Andacht, weniger Meditation im Vordergrund standen), so ging in den letzten Jahren eine Reihe dieser Zentren dazu über, auch die westlichen Buddhisten anzusprechen. So bieten zum Beispiel das buddhistische Lien-Hoa-Kloster in Irving, Texas, und das Wat Buddhawararam in Denver, Colorado, Meditationskurse mit westlichen Lehrern und einem entsprechend auf westliches Publikum zugeschnittenen Programm. Umgekehrt bewegen sich einige der größten amerikanischen Zentren auf die ethnischen Zentren zu. Wir lernen, uns gegenseitig zu unterstützen.

Demokratisierung

Die westliche demokratische Kultur beginnt, auch auf den Buddhismus abzufärben. Die traditionellen buddhistischen Gemeinschaften Asiens waren hierarchisch und autoritär strukturiert. Weisheit, Wissen und Praxisanweisungen wurden von den Ältesten an die Jüngeren weitergegeben. Die Führung von Klöstern und die Anleitung des Sangha (der klösterlichen Gemeinschaft) lagen in Händen des Meisters oder einer kleinen Schar von erfahrenen Mönchen, den Ältesten eines Klosters. Ihr Wort war Gesetz, ihre Autorität stand nicht zur Diskussion, und die Schüler befolgten fraglos die Anweisungen, die man ihnen gab. Im Westen ändert sich das. Westliche Buddhisten sind gewohnt, eigenständig zu denken, die hierarchischen Modelle Asiens passen nicht zu ihrer Mentalität. Gegenwärtig gibt es in den westlichen buddhistischen Gemeinschaften den starken Wunsch nach Demokratisierung und Teilhabe der gesamten Gemeinschaft an allen Entscheidungen. Hierarchische Gefälle weichen gegenseitiger Unterstützung und Wertschätzung. Lehrer und Schüler haben dazugelernt, und so sind unsere buddhistischen Gemeinschaften nicht länger ausschließlich lehrerzentriert. Viele dieser Zentren werden entweder von einem gewählten Vorstand geleitet oder besinnen sich auf die alte buddhistische Gepflogenheit der Ratsversammlung und setzen auf die kollektive Weisheit von Lehrern und engagierten Schülern. Die Teilhabe und Einbindung vieler aktiver Stimmen ist ein starkes Stimulans und wird sicher eine der wesentlichen Kräfte bei der Wandlung und Anpassung des Buddhismus an westliche Verhältnisse sein.

Das weibliche Element

Der dritte und vielleicht wichtigste Einfluss, auf den der Buddhismus im Westen stößt, ist eine andere Auffassung von der Rolle der Frau. In Asien war der Buddhismus durch seine klösterlich-mönchische Ausformung männlich und patriarchalisch geprägt: »männlich«, da die Lehren hauptsächlich von Männern bewahrt und weitergegeben wurden, »patriarchalisch« – und dieser Punkt wiegt schwerer –, weil Sprache und Tradition von dieser männlichen Überlieferung geprägt wurden. Die buddhistische Praxis beruht auf der Schulung des Geistes, des Logos, der Einsicht, und zwar durch eifriges Streben: durch den Pfad der Selbstüberwindung hin zur Erleuchtung. All die genannten Punkte – männlich dominierter Sangha, Betonung von Logik und Intellekt, Ergebnisorientiertheit, patriarchalische Strukturen – erschwerten es Frauen, sich einzubringen, und führten zu einer allgemeinen Diskreditierung weiblicher Werte. Das weibliche Selbstbewusstsein, das Frauen im Westen besitzen, bringt nun Bewegung in diese Thematik. Buddhistische Praxis und Mentalität werden weicher und weiter, sodass die Geistesstärke des männlichen Elements darin ebenso Platz hat wie die Sanftheit und Erdverbundenheit des weiblichen. Dabei geht es nicht nur darum, sich auf der äußeren Ebene von männlich-patriarchalischen Strukturen zu verabschieden, sondern auch darum, die Dharmapraxis so zu transformieren, dass sie uns mit unserem Körper, unserer Umwelt und der Erde in Verbindung bringt. Der Akzent liegt mehr auf Vernetztheit und Heilung und weniger auf Selbstüberwindung und Entsagung. Die Sprache des Dharma wird weiblicher und auch seine »Führungsriege«. Die große Zahl ausgebildeter westlich-buddhistischer Lehrerinnen ist deutlicher Ausdruck dieser Feminisierung des Dharma, durch die er mit neuem Leben erfüllt wird.

Integration in den Alltag

Die vierte zentrale Frage, die durch die Entwicklung eines westlichen Buddhismus aufgeworfen wird, ist die, wie sich der Dharma in unsere Lebenswirklichkeit integrieren lässt. In Asien wurde der Buddhismus in erster Linie von ordinierten Priestern, Mönchen oder Einsiedlern getragen, die sich aus dem weltlichen Leben in Klöster, Ashrams, Höhlen und Tempel zurückzogen, um sich in dem Umfeld von Einfachheit und

Entsagung, das sie sich dort geschaffen hatten, ganz ihrer Praxis zu widmen. Alle übrigen Anhänger des Buddhismus, die große Mehrheit der Nicht-Ordinierten, übten selbst keine Meditation. Ihre Praxis beschränkte sich auf die hingebungsvolle Unterstützung der Mönche. Mit dieser Rolle mögen sich die buddhistischen Laien im Westen nicht zufriedengeben. Sie wollen aktiv den Pfad der Befreiung beschreiten. Die Frage, die mir in meiner vierzigjährigen Lehrtätigkeit am häufigsten gestellt wurde, war: »Wie kann ich meine Praxis mit unserem westlichen Lebensstil verbinden?« Im westlichen Buddhismus wird die Einbindung des Dharma ins Leben im Mittelpunkt stehen, nicht der Rückzug von der Welt. Wir müssen die Weisheit in unseren Alltag einbringen. Westliche Buddhisten sind dabei, Formen zu entwickeln, wie sie ihre Dharmapraxis mit ihren familiären und beruflichen Pflichten vereinbaren können, ohne die tieferen Aspekte der Lehre aufzugeben. Nicht die einsiedlerische Höhle, der Alltag ist der Ort ihrer Praxis.

Konkret haben diese Bemühungen bereits neue Formen der Praxis hervorgebracht: Familienretreats, kürzere Zen-Sesshins, »Sandwich-Retreats« (zwei aufeinanderfolgende Wochenenden und die dazwischenliegenden Abende), Studiengruppen, »säkularisierte« Praxisformen wie das Shambhala-Training, Seminare für rechte Lebensführung und so weiter. Auch die neuen Kommunikationsmittel werden dazu eingesetzt, was im Dharma ein absolutes Novum darstellt. Klassische Printmedien wie *Tricycle*, *Shambhala Sun*, *Inquiring Mind* oder in deutscher Sprache *Buddhismus aktuell* gehören hierzu, aber auch Webseiten und Blogs im Internet oder elektronische Medien.

Eine weitere neue und starke Strömung innerhalb dieser

Bewegung ist der engagierte Buddhismus, begründet und gefördert durch Lehrer wie Thich Nhat Hanh, Joanna Macy, Robert Aitken Roshi und andere. Mitfühlendes, sozial engagiertes Handeln als buddhistische Praxis hat einen starken Aufschwung genommen. Die Buddhist Peace Fellowship, ein internationales Netzwerk aus engagierten Buddhisten, verzeichnet eine wachsende Anzahl einschlägiger Initiativen, angefangen bei Dharma-Gefängnisprojekten über buddhistische Hospize, gewaltlosen Friedensmärschen, buddhistischen Umweltgruppen bis hin zu internationaler Menschenrechtsarbeit. Zenmeister wie Bernie Tetsugen Glassman Roshi haben »Sraßen-Retreats« und andere Projekte für Obdachlose und Aids-Kranke initiiert. Westliche buddhistische Gruppen organisieren Hilfsprojekte für notleidende buddhistische Länder wie Tibet, Birma, Bangladesh, Kambodscha und Vietnam – als Ausdruck ihrer Dankbarkeit.

Lehrer wie Jon Kabat-Zinn, der die Achtsamkeitspraxis in Hunderte von Krankenhäusern brachte, oder Daniel Goleman, dessen Forschungsarbeiten zur emotionalen Intelligenz wichtige Grundprinzipien des Dharma für eine Anwendung in Schulen und Firmen nutzbar machen, haben Methoden des buddhistischen Geistestrainings zu einem wichtigen Bestandteil westlicher Kultur werden lassen.

Parallel zu diesen Umwälzungen hat der westliche Buddhismus sein Praxisinventar um bewährte Methoden aus der westlichen Psychologie erweitert. So rücken die emotionale Gesundheit und die Entwicklung von Weisheit im persönlichen Leben in den Mittelpunkt unserer Praxis, die sich nicht mehr nur auf die absoluten Aspekte der Befreiung konzentriert. Psychologie und Spiritualität, Individuelles und Universelles werden nun als einander ergänzende Dimensionen des Pfades verstanden.

Die genannten Elemente formen die buddhistische Praxis im Westen auf ihrem Weg ins 21. Jahrhundert. Diese Anpassungsprozesse verlaufen im Westen weit schneller, als dies in China und Tibet der Fall war. Als beispielsweise der Buddhismus von Indien nach China kam, durchlief er einen Jahrhunderte währenden Anpassungsprozess an die zutiefst konfuzianisch und taoistisch geprägte chinesische Kultur, ehe er Teil derselben wurde. Im Gegensatz dazu gibt es Anzeichen, dass sich – aufgrund unserer Möglichkeiten zu schneller Kommunikation und des allgemein hohen Tempos westlicher Zivilisation – nicht erst nach Jahrhunderten, sondern schon nach wenigen Jahrzehnten so etwas wie ein eigenständiger westlicher Buddhismus entwickelt.

Redliche Bestandsaufnahme

Für Buddhisten – ob Lehrer oder Schüler – ist es nicht immer leicht und oft auch mit inneren Kämpfen verbunden, wenn sie sich vor die Frage gestellt sehen, was an den Traditionen Asiens kostbar und bewahrenswert ist und was nur »Gefäß«, das man vielleicht besser austauscht oder ganz entsorgt. Mit diesem Problem habe ich mich im Laufe der Jahre mehr als einmal herumgeschlagen. Wie nicht wenige andere Dharmalehrer habe ich sogar mit dem Gedanken gespielt, mich vom organisierten Buddhismus ganz abzuwenden. Damit meine ich nicht die

Lehren des Dharma oder die klösterliche Disziplin, auch nicht die Orte der Stille und des enthaltsamen Lebens; nicht die Verhaltensvorschriften, die Verbeugungen, die Zeremonien; nicht eifriges Streben und Entsagung, die tatsächlich ein wertvolles Element spiritueller Praxis sind. Womit ich gehadert habe, waren die Begrenztheit des Buddhismus als organisierter Religion, das Sektierertum und die Anhaftung vieler Schüler und ihrer jeweiligen Lehrer an der eigenen Tradition, das Revierverhalten, die patriarchale Mentalität und manche lebensverneinende Tendenzen in der Praxis, die zur Folge haben können, dass die Praxis und damit auch der ein oder andere Praktizierende nie die Verbindung zum eigenen Herzen findet.

Meine inneren Kämpfe begannen schon in der Zeit, als ich noch die Länder Asiens bereiste und dort praktizierte. Ich erkannte, dass der Buddhismus eine Weltreligion war wie jede andere – ob nun Christentum, Judentum, Hinduismus oder Islam. Ich sah, dass die Mehrheit der asiatischen Buddhisten nicht praktiziert. Bestenfalls gehen sie in den Tempel, um dem Buddha ihre Ehrfurcht zu bezeugen, so wie viele Abendländer am Sonntag in die Kirche gehen. Das macht man einmal in der Woche oder einmal im Monat, man hört sich eine Predigt oder ein paar moralische Belehrungen an und lässt ein wenig Geld dort, um Verdienst anzusammeln und eine bessere Wiedergeburt zu erlangen. Ich entdeckte, dass selbst in Ländern wie Thailand, Birma, Sri Lanka und Japan nur ein Bruchteil der Mönche und Nonnen in den Klöstern – vielleicht fünf bis zehn Prozent – tatsächlich praktizierte. Vom Rest üben die einen das Amt des Priesters aus (wobei einige von ihnen ausgesprochen gütig sind), führen ein einfaches Leben, studieren die

Schriften, lernen sie auswendig und bewahren so die Tradition, ohne sie jedoch regelmäßig auszuüben. Andere dienen der Gemeinschaft als Schullehrer oder als Dorfälteste, die Rituale ausführen und ansonsten zölibatär leben. Die in der klösterlichen Hierarchie aufsteigen, werden Abt oder Mitglied des Ältestenrates. Sie sind mehr mit Verwaltungsfragen beschäftigt als mit dem Pfad der Befreiung, wie der Buddha ihn gelehrt hat.

Vor diesem Hintergrund war es erfrischend und inspirierend zu sehen, dass es auch eine kleine Anzahl von Klöstern gibt, in denen die Methoden der Befreiung noch geübt werden und deren Tore jedem, der dem Pfad des Buddha aufrichtig folgen will, offen stehen. Meditative Schulung, systematische Übungen zur inneren Reinigung, achtsames Halten der Disziplin, bewusstes Entwickeln von liebender Güte und Mitgefühl, Dienen, Studieren und Hingabe bestimmen das Leben in diesen ernsthaft praktizierenden Gemeinschaften.

Doch selbst innerhalb der edelsten Gemeinschaft war und ist es nötig, die grundlegenden Lehren von ihrer kulturellen »Verpackung« zu trennen und über die Schattenseiten bestimmter Lehrer beziehungsweise Praxisorte hinwegzusehen, wo Licht und Dunkel sich mischten, wo gute Dharmapraxis Hand in Hand ging mit Machtrausch, blindem Gehorsam und anderen Formen der Verblendung. Vielleicht gehört es notwendig zum inneren Wachstum eines jeden Praktizierenden, dass er lernt, die Spreu vom Weizen zu trennen.

Dieser Kampf ist der Mühe mehr als wert, denn das Erwachen des Buddha ist in seiner Essenz eine Insel des Heils in einem Meer von Leid und Verblendung. Welche wunderbare Einsicht hat der Buddha doch in jener Nacht unter dem Bodhibaum erlangt! Wie fantastisch, wie wenig in Worte zu fassen ist es doch, dass sich ein Mensch niedersetzt und so tief und klar und voller Mitgefühl die wahre Natur des Daseins schaut! Und dass diese Schau, die er in einer Nacht erlangte, dann tatsächlich die Kraft entwickelt, 2500 Jahre lang die Herzen von eineinhalb Milliarden Menschen zu berühren. Jeder, der dem Pfad des Buddha folgt, ist im Innersten angerührt von der Tiefe und Unmittelbarkeit dieser Schau. Aus dieser Schau ziehen wir den Mut, angesichts der inneren wie äußeren Schwierigkeiten, die jeder authentische Pfad mit sich bringt, nicht aufzugeben und unseren Weg weiterzugehen.

Bis ich das verstanden hatte, musste ich ein paar wichtige Lektionen lernen. Eine dieser Lektionen war überschrieben mit: »Halte dich an die guten Seiten.« Ich hatte Lehrer wie Ajahn Chah oder Mahasi Sayadaw, weise und vollkommen. Und dann hatte ich Lehrer, die in bestimmten Yogatechniken, heilerischen oder meditativen Methoden Erfahrung besaßen, ihren Schülern gegenüber aber achtlos, unfreundlich oder sogar verletzend sein konnten. Meine Erwartung, sie müssten in jeder Hinsicht perfekt sein, führte regelmäßig zu bitteren Enttäuschungen.

Irgendwann dämmerte mir die Einsicht, dass ein Lehrer gar nicht so perfekt sein muss, wie ich mir das immer vorstellte. Ich bräuchte mir ja nur die Rosinen rauszupicken. So hatte ich einen Lehrer, der sehr viel Erfahrung in bestimmten Meditationstechniken besaß, ansonsten aber ein eher voreingenommener Mensch war. Daher beschloss ich, mich allein auf seine Belehrungen zu konzentrieren und allem anderen keine Beachtung zu schenken. Ich sagte mir: Wenn ein Lehrer einen bestimmten Grad an Verwirklichung besitzt oder eine nützliche Praxis kennt, so kann ich davon ja profitieren. Und wenn es bestimmten Aspekten seiner Persönlichkeit an Weisheit mangelt, ist das nicht mein Problem. Diese Einsicht war für mich eine enorme Erleichterung.

Auch die Buddhisten im Westen werden den Mut aufbringen müssen, den Buddhismus daraufhin zu untersuchen, welche seiner Organisations- und Praxisformen seinen Grundgedanken zuwiderlaufen. Um Raum für einen offenen, authentischen Dharma zu schaffen, müssen wir ehrlich hinschauen und uns fragen, was uns zum Erwachen führt und womit wir uns nur einlullen. Auch werden wir so heikle Themen wie Machtmissbrauch oder Umgang mit Alkohol, Sexualität und Geld nicht einfach ausklammern können. Und wir müssen uns der Frage nach unserer politischen und sozialen Verantwortung stellen. Fälle von Missbrauch oder Fehlverhalten von Lehrern haben ja in den größeren Dharmazentren Amerikas mehrfach für Empörung gesorgt. Solche Vorfälle sind ein Teil der Probleme, mit denen wir uns auf Dharmalehrer-Konferenzen auseinandersetzen mussten. Doch wenn wir diese Dinge nicht verdrängen, kann diese berechtigte Empörung uns nur helfen, bisher vernachlässigten Bereichen in unseren Zentren die nötige Aufmerksamkeit zu schenken und einen weiseren Umgang mit Themen wie Sexualität, zwischenmenschlichen Beziehungen und ökologischer Verantwortung zu entwickeln. Zu diesen Themenfeldern weiß die buddhistische Tradition nicht besonders viel zu sagen. Doch genügt es nicht, nur nach außen zu schauen, wir müssen unseren prüfenden Blick auch nach innen richten. Viele von uns sind zum Dharma gekommen, weil sie herbe Schicksalsschläge einstecken mussten, weil sie unter Einsamkeit oder Angst litten und sich nach einer liebevollen Gemeinschaft ebenso sehnten wie nach Erleuchtung. Dagegen ist nichts einzuwenden, denn die Praxis und der Sangha sind ja dazu da, dass wir Unterstützung, Heilung und schließlich das Erwachen finden. Leider geschieht es häufig, dass Praktizierende den Buddhismus nicht nutzen, um ihre Neurosen abzubauen, sondern vielmehr, um sie weiter zu pflegen. Sie schaffen sich eine ideale Welt, in die sie vor ihren Problemen fliehen, und weigern sich, zu wachsen und als gereifte Persönlichkeiten in der wirklichen Welt zu leben. Wie viel Kraft der westliche Dharma einmal haben wird, hängt von der Aufrichtigkeit ab, mit der wir diese Probleme angehen, und von unserer Geschicklichkeit, mit der wir übernehmen, was wert ist, übernommen zu werden, und alles andere beiseitelassen.

Die Lehrer, die dazu beitrugen, die Einsichtsmeditation in den Westen zu bringen, haben die in Asien erlernten Methoden auf das Wesentliche reduziert. Es ging uns darum, eine um die Elemente östlicher Kultur und ihre Rituale und Zeremonien bereinigte, möglichst klare und unmittelbare Form buddhistischer Praxis anzubieten. Das geschah nicht etwa aus Geringschätzung (ich persönlich liebe Rituale sehr), sondern aus dem Empfinden heraus, dass diese Elemente für Menschen aus dem Westen den Zugang zur Meditation unnötig erschweren würden. Wir hatten das Gefühl, dass die Einfachheit und Unmittelbarkeit der Praxis von Achtsamkeit und liebender Güte all diejenigen ansprechen würde, die nach einem Praxisweg suchten. Und in der Tat ist es diese Schlichtheit, die unsere Einsichtsmeditations-Retreats auszeichnet: Der Verzicht auf asiatische Gewandungen, Rituale, Verbeugungen und auf den Zwang, einer Religionsgemeinschaft beitreten zu müssen, hat im Laufe der Jahre viele tausend Menschen angezogen. Natürlich gibt es daneben auch Praktizierende, die großen Nutzen aus Praxisformen mit einem stärker rituellen, zeremoniellen Charakter ziehen. Glücklicherweise deckt die Vielfalt des Buddhismus auch diese Bedürfnisse ab. Es ist ein wirkliches Geschenk, dass uns so viele unterschiedliche Praxiswege offen stehen.

Dabei wird es unsere Aufgabe sein, die wichtigsten Schriften, Methoden und das reiche Arsenal an Schulungstechniken, das jede dieser Traditionen besitzt, für künftige Generationen zu bewahren. Voraussetzung dafür ist der engagierte Einsatz einer neuen Generation von Gelehrten, Laienpraktizierenden und Ordinierten. Ziel kann freilich nicht sein, nur die äußere Hülle zu erhalten. Wir müssen uns für einen authentischen Weg entscheiden und ihm ganz folgen. Wir müssen uns für eine Praxis entscheiden und ihre tiefsten Tiefen erforschen, was gleichbedeutend damit ist, die tiefsten Schichten unseres Seins zu erforschen. Wir müssen eine Praxis aufnehmen, die uns inspiriert, und sie immer und immer wieder in einer Form wiederholen, die sie in unserem Körper, unserem Herzen, unserem Geist lebendig werden lässt. Auf diese Weise werden auch wir zu der wunderbaren Essenz, zu der Wahrheit und dem Mysterium vordringen, die der Buddha entdeckt hat und zu denen, wie er sagte, jedem, der zu praktizieren wünscht, Zugang gewährt werden soll.

Dieser Pfad, der Pfad der Befreiung, ist nicht auf einen kleinen Kreis von Auserwählten beschränkt. Es gibt nicht die *eine* Tradition, den *einen* Weg, die *eine* spezielle Praxis, die allein die Menschen zum Erwachen führen kann. Auch wenn Meditation für die Menschen heutiger Zeit besonders geeignet scheint, so gibt es doch viele Wege, die zur Erkenntnis der Wahrheit führen. Selbst ein so entschiedener Verfechter des Zen wie D.T. Suzuki schreibt, dass mehr Menschen durch den Weg der Hingabe zur Befreiung fanden als durch den Erkenntnisweg von Ch'an und Zen zusammen. In den Schriften des Pali-Kanons, in dem die Worte des Buddha niedergelegt sind, lesen wir, dass es weniger die systematische Meditation war, die den Geist der Menschen aufschloss, als das Hören der universellen Wahrheiten, die er darlegte. Menschen erlangten Erleuchtung, wenn er die Wahrheit der Vergänglichkeit und der Leerheit erläuterte und seine Zuhörer aufforderte, nach dem Todlosen zu streben. Sie kamen zum Erwachen, wenn er die Glückseligkeit und Freiheit beschrieb, die im Loslassen liegt. Doch sind diese universellen Wahrheiten nicht alleiniges Eigentum eines einzigen Lehrers oder einer einzigen Schule. Sie lassen sich auch in anderen Traditionen finden.

Das Alleinstellungsmerkmal des Buddhismus, wenn man so will, sind die Klarheit und Direktheit, mit der der Buddha den Zustand der Erleuchtung beschreibt, und die Vielzahl der geschickten Mittel, die er zur Erlangung dieses Zustandes gelehrt hat. Während der 45 Jahre, in denen der Buddha selbst lehrte, und in den darauffolgenden 2500 Jahren buddhistischer Geschichte wurde quer über Länder und Kulturen den Wahrheitssuchern ein breites Spektrum an Wegen zur Befreiung aufgezeigt. Schon der Buddha lehrte Hunderte von Arten der Achtsamkeitspraxis, der Sammlung, der Schulung in Disziplin und Hingabe. Die Meister, die ihm nachfolgten, haben diese Methoden weiter ausgebaut. Nun, da all diese Techniken zu uns in den Westen kommen, wie können wir den Dharmaschatz in gebührender Form entgegennehmen?

Als Erstes sollten wir uns vor jeder Art von sektiererischem Verhalten hüten. Die Geschichte des Buddhismus ist leider auch eine Geschichte unschöner Bruderzwiste: Zenmeister, die andere Zenmeister schlechtmachen; tibetische Lamas, die, um die Überlegenheit ihrer Schule zu verteidigen, mit spirituellen, wenn nicht gar mit echten Waffen zu Felde ziehen; Menschen aus Sri Lanka, Birma und Thailand, die sich reihum verächtlich über die Praxis der anderen auslassen; die Lehre des Buddha, die in ein kleines, ein großes und zahlreiche andere Fahrzeuge zerteilt wurde. Der Geist des Sektierertums existierte schon zu Buddhas Zeiten. Vom Tag seines Todes an begannen sich allenthalben Sekten zu bilden, die sich jeweils auf bestimmte Aspekte der Lehre beriefen. Anhaftung trieb und treibt diese Sekten und Schulen dazu, einander zu bekämpfen. So ein Verhalten entspringt stets der Vorstellung, dass der eigene Weg der beste sei. Die daraus resultierenden Spaltungen haben ihre Wurzel in mangelndem Verständnis und Angst. Sektiererisches Denken ist niemals richtig, oder wie es der dritte Patriarch des Zen ausgedrückt hat: »Unterscheidungen entstehen aus dem Verlangen der Unwissenheit nach etwas, woran sie sich festhalten kann. Doch es gibt nur einen Dharma, nicht deren viele.« Der zeitgenössische buddhistische Dichter Tom Savage schreibt zu diesem Thema: »Großes Fahrzeug, kleines Fahrzeug, die Abschleppkosten sind vom Fahrzeughalter zu tragen.«

Die vielen Praxisformen des Buddhismus sind wie Pfade, die

einen Berg hinaufführen – rein äußerlich gesehen unterschiedliche Zugangswege, die auf unterschiedliche Menschen und unterschiedliche Veranlagungen zugeschnitten sind. Doch wenn wir ihnen unter der Anleitung eines geschickten Führers tatsächlich folgen, führt uns jeder dieser Pfade zu dem einen Gipfel, zu Freiheit und Erwachen.

Die folgende Geschichte aus dem Leben des Buddha vermag uns das zu verdeutlichen. Einst hielt sich der Buddha in einem Wäldchen in der Nähe eines seiner Klöster auf. Ein Besucher merkt an, wie still und heiter der Ort ist und wie gelassen die vielen Mönche. Der Buddha deutet auf seine langjährigen Schüler und die Menschen, die sich um sie versammelt haben, und erklärt dem Besucher, auf welche Weise sie üben. Auf Shariputra zeigend sagt er: »Die, die zur Schulung in Weisheit neigen, sind um meinen weisesten Schüler Shariputra versammelt. Dieser ist Maha-Moggallana, der Erste an magischen Kräften. Die, die ihre Neigungen dazu führen, magische Kräfte zu entwickeln, sind um Maha-Mogallana versammelt. Dort ist mein großer Schüler Upali, Meister des Vinaya und der Disziplin. Die, die aus dieser Praxis den größten Nutzen ziehen, sammeln sich um ihn. Dort ist ein anderer meiner Schüler und unterrichtet seinerseits die Menschen …« Und so weiter. Unsere Praxismethoden stehen nicht im Wettbewerb zueinander. Tatsächlich wäre es schädlich, wenn wir sie gegeneinander aufrechnen. Unsere Aufgabe ist einfach, eine Praxis zu finden, die unser Herz berührt, und sie voller Hingabe und Disziplin zu üben.

Liebende Güte, Geistesruhe und befreiende Weisheit

Sinn und Zweck der verschiedenen Wege und Praxisansätze erschließen sich uns besser, wenn wir verstehen, wie der Pfad des Buddha aufgebaut ist, was seine wesentlichen Punkte sind und wie sie uns zu Glück und Befreiung verhelfen können. Der Pfad, so wie der Buddha ihn gelehrt hat, setzt sich aus drei Elementen zusammen. Das ist erstens: liebende Güte, das heißt, eine Haltung grundlegenden Mitgefühls, das sich in ethischem Verhalten und Großzügigkeit ausdrückt. Zweitens: Geistesruhe oder Sammlung. Drittens: das Erwecken befreiender Weisheit.

Allen buddhistischen Traditionen gemeinsam ist, dass man anderen nicht schadet und seinem Mitgefühl durch Freigebigkeit in jeder Hinsicht Ausdruck verleiht. Alle buddhistischen Traditionen lehren Methoden, wie man den Geist zur Ruhe bringen und Sammlung, Stabilität, Stille und Klarheit entwickeln kann. Und alle buddhistischen Wege führen zum Erlangen von Einsicht und der transzendenten Weisheit der Leerheit, indem sie uns lehren, den Blick weise und frei von allen begrifflichen und konventionellen Fesseln auf Körper und Geist zu richten. Dennoch sind all diese Methoden, liebende Güte, Geistesruhe und Weisheit zu erlangen, nicht mehr als Mittel zum Zweck. Der Buddha selbst sagte: »Nicht um des Verdienstes willen, nicht um heilsamer Taten, nicht um des Entzückens noch um der Sammlung und der Einsicht willen verkünde ich das heiligmäßige Leben gemäß der Lehre, sondern allein um der Befreiung willen. Darum allein verkünde ich die Lehre.« Um Befreiung zu erlangen, üben wir uns in Tugend, liebender Güte, Gewaltlosigkeit, Großzügigkeit, Sammlung, Visualisierung, Hingabe, Mitgefühl, Geistesklarheit, Einsicht und Weisheit.

Der westliche Buddhismus wird im Laufe seiner Entwicklung unvermeidlich dieselben Schritte durchlaufen, die auch den Dharma in Asien geprägt haben. Praxis im frühen Buddhismus war stark von Weltabkehr und Entsagung bestimmt. Die frühen Buddhisten betrachteten den Körper und die Sexualität als unrein, den Geist und spirituelle Gedanken hingegen als rein. Für sie galt es, der Welt zu entsagen und ein Leben in Einsamkeit als Mönch oder Nonne zu wählen, um den endlosen Kreislauf der Wiedergeburten zu beenden und das Nirwana zu erlangen. Spätere buddhistische Schulen, die sich im Laufe der Jahrhunderte entwickelten, rückten von dieser extrem dualistischen Sichtweise ab. Je mehr diese Schulen und ihre nicht dualistische Sichtweise (die der Buddha ebenso gelehrt hat) an Bedeutung gewannen, desto mehr verschob sich der Akzent hin zur Erkenntnis der wechselseitigen Abhängigkeit allen Lebens und der Entdeckung von Nirwana inmitten von Samsara. Anders ausgedrückt: hin zur Befreiung von Gier, Hass und Verblendung in diesem Leben und auf dieser Erde.

Dieser nicht dualistische Geist des Dharma ist besonders für die heutige Zeit, für unsere von Chaos erfüllte, von Kriegen und ökologischen Katastrophen bedrohte Welt von enormer Bedeutung. Nur ein Geist, der sich vom Herzen und vom Körper abgespalten hat, kann Massenvernichtungswaffen ersinnen und Umweltkatastrophen auslösen. Wäre der Geist mit Herz und Körper verbunden, mit dieser Erde, mit ihren Kindern, mit den Zyklen der Natur, wäre er nicht fähig, am Reißbrett Atomwaffen zu entwerfen oder unsere Umwelt zu zerstören. Ohne diese nicht dualistische Sichtweise und das Mitgefühl, die Freiheit von Gier und das Gefühl der Vernetztheit, das sie uns lehrt, hat unser Planet wenig Überlebenschancen. Der Geschmack der Nicht-Zweiheit breitet sich aus in der westlichen Praxis, und doch ehren wir sowohl alte wie auch neue Sichtweisen, denn sie sind beide Teil des Ganzen.

Allen, die dieses Ganze, diese Einheit noch nicht zu sehen vermögen, gibt Lama Govinda ein Bild an die Hand, um zu zeigen, was die Vielfalt der buddhistischen Traditionen, die zu uns in den Westen gekommen sind, verbindet: Baum und Samen. Vor 2500 Jahren pflanzte Siddhartha Gautama durch seine außergewöhnliche Verwirklichung einen zeitlosen Samen von Weisheit und Mitgefühl. Im Laufe der Jahrhunderte ist aus diesem Samen ein großer, wunderbarer Baum mit Stamm und Ästen, Blüten und Früchten geworden. Nun behaupten die einen, die Wurzeln seien der authentische Buddhismus, die anderen nennen die Früchte, die Dritten die Blüten. »Der mächtige Bodhisattva-Stamm ist der wahre Buddhismus!« »Nein, die Vajrayana-Frucht ist der wahre Buddhismus!« »Nein, die Theravada-Wurzeln sind der wahre Buddhismus!« In Wirklichkeit jedoch unterstützen sich die einzelnen Teile des Baumes gegenseitig. Die Blätter nähren die Wurzeln, die Wurzeln nehmen Feuchtigkeit und Mineralstoffe auf, der Stamm befördert die Nährstoffe zu den Blättern, die Blätter versorgen

Blüten und Früchte. Alles ist Teil eines Ganzen, und wer das begreift, erkennt auch die dynamischen, schöpferischen Energien, die durch den Samen von Buddhas Erwachen freigesetzt wurden.

Bewahren und anpassen

Ein Blick in die Religionsgeschichte zeigt, dass in allen größeren Religionen, Buddhismus eingeschlossen, ein grundlegendes Spannungsverhältnis angelegt ist – und dass der Buddhismus dieses auf seinem Weg in den Westen mit sich nimmt. Ich spreche von dem Spannungsverhältnis zwischen den Kräften von Tradition oder Orthodoxie auf der einen Seite und Anpassung oder Modernisierung auf der anderen. Viele, die sich im Buddhismus engagieren, sehen es als ihre vordringlichste Aufgabe, die Sutren, Traditionen und Meditationspraktiken, wie sie in ihrer Schule seit den Tagen des Buddha durch die ursprünglichen Belehrungen und die großen Meister alter Zeit tradiert wurden, unverändert zu bewahren und zu erhalten. Andere erachten es für wichtiger, buddhistische Praxis an die neuen kulturellen Rahmenbedingungen anzupassen und geschickte Methoden zu entwickeln, die den Zugang zur tiefen Weisheit des Buddhismus und deren Verständnis erleichtern, statt sie in ursprünglicher, aber dem Verständnis eher hinderlicher und den Verhältnissen unangemessener Form zu präsentieren. Dieser Antagonismus existiert seit den Tagen des Buddha. Seit dem ersten buddhistischen Konzil nach dem Tod des Buddha gab es einerseits die großen Meister, die Lehre und Methode des

Buddha in Wortlaut und Gestalt so authentisch wie nur irgend möglich überliefern wollten. Andererseits gab es quer durch alle Kulturen immer auch jene Meister, die es für notwendig erachteten, diese Lehren anzupassen. Beide Ansätze sind Teil eines größeren Ganzen wie in Lama Govindas Baumgleichnis. Wie gut es gelingt, den Buddhismus an eine andere Kultur anzupassen, ohne dabei seine Essenz preiszugeben, hängt davon ab, wie authentisch eine Tradition bewahrt wurde. Andererseits ist es nötig, um das Interesse neuer Schüler zu erwecken und damit auch Unterstützung in der Bewahrung der Praxis in all ihrer Tiefe, sie für eine neue Kultur, eine neue Zeit lebendig zu machen. Beides hängt eng zusammen. Diese Vielfalt von Sichtweisen, Schulen und Lehren ist es, die die vitale Kraft des Buddhismus ausmacht und ihn lebendig und authentisch erhält.

In den 40 Jahren, in denen ich nun die Lehren des Theravada-Buddhismus studiere, praktiziere und weitergebe, erkannte ich, dass beides in dieser Tradition seinen Platz hat: Meister, die darauf beharren, man müsse sich strikt an die 2500 Jahre alte Überlieferung halten, und Meister, die betonen, dass die Praxis auch so situationsbezogen sein müsse wie zu Zeiten des Buddha. Nachdem wir ein Zentrum (die Insight Meditation Society in Barre, Massachusetts) gegründet haben, an dem ganz wunderbare traditionelle Retreats durchgeführt werden, haben wir in Marin County, Kalifornien, ein weiteres Zentrum gegründet, dessen Programm breiter gefächert ist. Das Spirit Rock Meditation Center verbindet traditionelle und ganzheitliche Aspekte der Praxis. Durch Angebote und Einrichtungen wie intensive Retreats, traditionelles Textstudium, eine Einsiedlerklause und Ähnliches ist einerseits die nötige Intensität und Tiefe der Praxis sichergestellt, andererseits findet das wichtige Thema, wie wir die Dharmapraxis in unseren Alltag integrieren können, breiten Raum. Es gibt Seminare über rechte Lebensführung und soziales Engagement, über rechte Rede und Kommunikation sowie über die Entwicklung von Mitgefühl und dessen Ausdruck in allen Lebensbereichen, sei es durch buddhistische Friedensarbeit, in der Familie oder im Umweltschutz. Formen von in den Lebensalltag integrierter Praxis werden auch in vielen anderen buddhistischen Zentren geübt. Die Einsicht beginnt sich durchzusetzen, dass Dharmapraxis sich nicht auf Sitzen, Studieren oder Hingabe beschränkt, sondern auch damit zu tun hat, wie wir uns im Alltag verhalten, wie viel Liebe wir geben und wie groß unsere Bereitschaft ist, etwas von unserem Ego zu lassen und uns um das Wohl aller Wesen und dieses Planeten zu kümmern.

Mit der Ausbreitung des Buddhismus im Westen geschieht etwas ganz Neues und Wunderbares. Die Buddhisten im Westen, Laienpraktizierende mit Beruf, mit Familie, verlangt es nach dem, was in Asien in erster Linie Domäne der Ordinierten war: den Pfad des Buddha tatsächlich zu beschreiten. Ihnen reicht es nicht, sich einmal in der Woche eine Belehrung anzuhören oder durch Spenden an ein Kloster Verdienst anzusammeln. Diesen Sachverhalt hatte der Zenmeister Suzuki Roshi vor Augen, als er in seinem Buch *Zen-Geist, Anfänger-Geist* schrieb:

Hier im Westen können wir nicht auf die gleiche Weise wie in Japan definieren, was Zenbuddhisten sind. Amerikanische Zenstudenten sind keine Priester und sind doch auch keine richtigen Laien. Ich meine so: dass Ihr keine Priester seid, ist ein einfacher Umstand, aber dass Ihr keine richtigen Laien seid, das ist schwieriger. Ich denke, Ihr seid besondere Leute und wollt eine besondere Praxis, die nicht genau die Praxis eines Priesters ist und nicht genau die eines Laien. Ihr seid auf Eurem Weg, einen entsprechenden Lebensweg zu entdecken.[1]

Als nicht ordinierte Buddhisten wollen wir dennoch gemäß den Einsichten des Buddha leben und sie in unser Herz, in unser Leben, in unsere Zeit verpflanzen. Dies ist der Grund, warum sich so viele westliche Buddhisten von der schlichten Einfachheit intensiver Vipassana-Retreats, von der Kraft von Zen-Sesshins und den hunderttausend Niederwerfungen und dem Dreijahres-Retreat des Vajrayana-Buddhismus angezogen fühlen. Es scheint, als wäre hier ein intuitives Gespür für das Potenzial menschlicher Freiheit und die grundlegende Gutheit des menschlichen Herzens – die zeitlose Entdeckung des Buddha – am Werk.

Die Buddhisten im Westen wollen diese Dinge nicht nur intellektuell verstehen, sondern sie praktizieren, sie verwirklichen und sie im Alltag leben. Freilich ist es nicht immer nur ein reiner Spaziergang, dem Pfad des Buddha zu folgen, denn er zwingt uns, uns mit uns selbst, unseren Ängsten, mit unserem Revierverhalten und unserem Bedürfnis nach Sicherheit auseinanderzusetzen. Als geschickte Praktizierende können wir den

1 Shunryu Suzuki, *Zen-Geist, Anfänger-Geist,* Zürich 1982, 3. Aufl., S. 145.

Buddhismus als Floß benutzen, das uns an das Ufer der Befreiung trägt, doch sollten wir nicht den Fehler machen, Floß und Ufer zu verwechseln. Wir sind aufgerufen, über alles Anhaften und unser kleines Ego hinaus zu dem zu gehen, was zeitlos und Ich-los ist. Wenn wir mit Hingabe und Liebe zur Wahrheit praktizieren, können wir die grenzenlose Freiheit und das grenzenlose Mitgefühl des Buddha in unserem eigenen Herzen finden.

Der aufrichtige Austausch zwischen westlichen Buddhisten unterschiedlicher Traditionen hat einen Geist der Frische, der Lauterkeit und der ehrlichen Suche hervorgebracht. Wir sind bereit, voneinander zu lernen. Ich selbst habe als Lehrender und Übender sehr viel davon profitiert, unter großen Meistern des Zen und des tibetischen Buddhismus zu praktizieren. Auch wenn mein suchendes Herz seine Heimat in der Schlichtheit der Achtsamkeitspraxis des Theravada gefunden hat, so stelle ich doch an mir fest, dass ich neuerdings das lehre, was Suzuki Roshi »Hinayana-Praxis mit Mahayana-Einstellung« nannte. In diesem Sinne hat sich in meiner Lehrtätigkeit der Fokus von rechter Anstrengung und rechtem Streben verschoben zu Offenheit und Heilung. Es kommen so viele Schüler zur Praxis, die seelische Wunden mit sich herumtragen, nicht kontaktfähig sind und sich selbst hassen. Für sie und ihre Probleme wäre eine Haltung des »eifrigen Bemühens« kontraproduktiv. Stattdessen stehen am Anfang nun Übungen zur Erzeugung von Mitgefühl, die dem Einzelnen Mut machen, die Wahrheit zu leben und dies als starke Motivation für seine Praxis zu nehmen. Diese Ausrichtung der Motivation auf die natürlichen Qualitäten des menschlichen Herzens vereint liebende Güte,

Heilen, Mut und Klarheit in einem Verhältnis wechselseitiger Verflechtung und macht das Mitgefühl des Buddha vom ersten Moment an zu einer lebendigen Kraft.

Doch ich will hier nicht ins Schwärmen verfallen. Es gibt viele Probleme, mit denen sich die buddhistischen Gemeinschaften im Westen konfrontiert sehen wie autoritäre Strukturen, Machtmissbrauch, wenig hilfreiche Formen des Praktizierens und so weiter. Dennoch geschieht hier im Westen etwas ganz Neues. Der Buddhismus nimmt die Einflüsse einer demokratischen Kultur auf, in der die Frauen mehr Selbstbewusstsein haben. Ökumene in der Praxis und Integration in den Lebensalltag der Praktizierenden sind weitere Stichworte, die die Entstehung eines westlichen Fahrzeugs begleiten. Dieses Fahrzeug nährt sich vom Besten, was Wurzeln, Stamm, Blätter, Blüten und Früchte des Baums buddhistischer Überlieferung hervorgebracht haben, und ist dabei, es zu einem weisen, für alle heilsamen Ganzen zu verschmelzen.

Vor ein paar Jahren hatten wir bei der Insight Meditation Society (IMS) die Ehre, den Besuch des 16. Karmapa, Oberhaupt der Kagyü-Schule des tibetischen Buddhismus, zu empfangen, als wir gerade eines unserer Dreimonatsretreats durchführten. Er saß auf einem vergoldeten Thron in unserer Meditationshalle, umgeben von 150 Yogis und Schülern, denen er Belehrungen und seinen Segen gab. Zur selben Zeit weilte auch unsere indische Lehrerin Dipa Ma Barua an der IMS. Dipa Ma verstand kein Englisch, und so wurden die auf Tibetisch gehaltenen Belehrungen des Karmapa erst von dessen Übersetzern ins Englische übersetzt und anschließend von ihren Übersetzern für sie ins Bengali weiterübersetzt.

Nachdem sie die wunderbaren Belehrungen des Karmapa über die Vier edlen Wahrheiten und Liebe und Mitgefühl gehört hatte, drehte sich Dipa Ma in meine Richtung, legte mir die Hand aufs Knie und rief ganz entzückt: »Er ist ja Buddhist!« 20 Jahre lang war sie als indische buddhistische Meisterin am Erleuchtungstempel in Bodhgaya gewesen. Dort lebte sie direkt gegenüber einem tibetischen Tempel und hatte in den vielen Jahren ihrer Praxis Tausende von tibetischen Pilgern und tibetischen Lamas zum Bodhibaum kommen sehen, doch hatte sie nie Übersetzungen von deren Belehrungen gehört und keine Ahnung gehabt, dass diese Tibeter wie sie Buddhisten waren.

Jahrhundertelang hatten Tibeter, Birmanen und Japaner voneinander nicht viel gewusst – Berge, Sprache und Kultur waren unüberwindliche Barrieren. Im Schmelztiegel Amerika begegnen sich nun ihre buddhistischen Meister und Traditionen. Chögyam Chögyam Trungpa arbeitete mit Suzuki Roshi, der Karmapa gab Dipa Ma Belehrungen, Joshu Sasaki Roshi und Kalu Rinpoche reichten sich die Hände. (Es wird erzählt, die beiden seien sich in Arizona auf einem Flughafen begegnet. Da sie ohne Begleitung ihrer Übersetzer waren, konnten sie nur dasitzen, sich an den Händen fassen und sich eine Stunde lang anlächeln.) Und nun trägt eine ganze neue Generation westlicher Lehrer als Leiter von Tausenden buddhistischer Zentren das Licht des Dharma weiter.

Der Buddha erwacht im Westen, und sein breites Lächeln vereint die Weisheit Tibets, Indiens, Japans, Thailands, Birmas und des Abendlandes. Uns wurde der Schatz buddhistischer Praxis überreicht, ein Füllhorn an Weisheit und Mitgefühl, das unsere wahre Natur nährt und zum Erwachen bringt. Dies ist ein bemerkenswerter Augenblick in der Geschichte des Buddhismus, und jeder, der den Lehren des Buddha folgt, betrachtet es als Ehre, an dieser Entwicklung teilzuhaben. Mögen wir das Banner des Dharma mit Weisheit tragen und allen Wesen seinen Segen bringen.

18

Ein fantastisches Experiment nimmt Gestalt an

Die Gründung der Insight Meditation Society und des Spirit Rock Center

Die Tradition des Theravada oder der »Schule der Ältesten« ist die früheste uns noch erhaltene Form des Buddhismus und wird in Südostasien und Sri Lanka bewahrt und praktiziert. Der Theravada kann auf eine reiche Geschichte zurückblicken. Er umfasst eine Vielfalt einander oft auch widersprechender Ansätze, was die Praxis des Dharma und das Erreichen der Befreiung angeht. Es gibt den Praxisweg der Hingabe, der Entsagung, es gibt Visualisierungen, Mantras, gemeinsame Rezitation von Texten, Heiltraditionen und buchstäblich Hunderte von Meditationstechniken. Das reiche, blühende »Inventar« an geschickten Mitteln, das uns diese Tradition zur Verfügung stellt, ist mit Sicherheit ein großer Vorzug. Häufig aber entstehen Probleme, wenn Lehrer und ihre Schüler an ihrer Methode als der einzig wahren und besten haften. In Thailand und Birma kann man Lehrer oft sagen hören: »Unsere Übertragungslinie ist die reinste, sie geht direkt auf den Buddha zurück. Nur wir haben die ursprünglichen Sutren und Schriften.« Dazu muss man wissen, dass diese Sutren erst 500 bis 600 Jahre nach dem Tod des Buddha niedergeschrieben wurden. Dennoch herrscht die Überzeugung, dass diese

Texte das originalgetreue, unveränderte Buddhawort sind, das aus der buddhistischen Frühzeit Indiens in diese Länder kam. Man muss in Birma, Thailand oder Kambodscha nur einmal ein wenig abseits der Hauptzentren die Gegend durchstreifen, und schon stößt man auf alte Mahayana- oder Vajrayana-Tempel mit ihren unglaublichen ikonographischen Darstellungen aus allen möglichen buddhistischen Traditionen. Tatsächlich hat es in der Geschichte des Buddhismus immer einen regen Austausch zwischen den verschiedenen Schulen gegeben. Birmanische Mönche versichern einem gerne, dass »in Birma seit jeher die ursprüngliche, unverfälschte Form des Dharma bewahrt worden ist«, auch wenn der Theravada-Buddhismus in Birma seine Vorrangstellung erst seit wenigen Jahrhunderten innehat. Die Geschichte des Buddhismus im Allgemeinen und des Theravada-Buddhismus im Besonderen stellt ein Gewebe aus vielen unterschiedlichen Fäden dar.

Diese Unterschiede haben mein eigenes spirituelles Leben geprägt und damit auch die Art meines Lehrens sowie die Lehre des Dharma an der Insight Meditation Society in Barre, Massachusetts, sowie am Spirit Rock Center. Ich hatte viele Lehrer, doch die wichtigsten waren zweifelsohne zwei der weisesten Theravada-Lehrer des letzten Jahrhunderts: Ajahn Chah in Thailand und Mahasi Sayadaw in Birma. Beide galten als hoch verwirklichte Lehrer, doch was den Weg zur Erleuchtung angeht, vertraten beide gegenteilige Auffassungen. Und beide glaubten, der jeweils andere lehre nicht den wahren Weg zur Erleuchtung.

Als ich in Ajahn Chahs Kloster praktizierte, meditierte man dort zwischen zwei und vier Stunden am Tag. Der wesentliche Punkt der Praxis war es, das Leiden loszulassen, während man in seiner buddhistischen Gemeinde lebte und arbeitete. Unsere Aufgabe war es, unseren Geist zu beruhigen, damit wir das Leiden erkennen konnten und die Muster von Gier, Hass und Verblendung, die immer wieder dazu führten, dass wir uns in die Welt verstrickten. Diese sollten wir loslassen. Die Meditation galt als Mittel, um unsere Achtsamkeit zu stützen und die ganze Zeit eine Haltung der liebenden Güte zu bewahren, damit wir unter allen Umständen frei sein konnten.

Als ich in eines der von Mahasi Sayadaw geleiteten Klöster ging, stellte ich fest, dass der Buddhismus dort ein ganz anderes Gesicht zeigte. Es gab keinerlei gemeinsame Praxis der Mönche. Die Grundpfeiler des täglichen Lebens waren Rückzug und Stille. Alles, was man tat, diente nur einem Zweck: stiller Meditation. Man meditierte 15 bis 18 Stunden am Tag (wie wir es heute bei intensiven Retreats tun), um bestimmte tiefgreifende Meditationserfahrungen zu erlangen, die Gier, Hass und Verblendung zum Erlöschen bringen.

Nun, jedes System hat seine Grenzen. Ich fand beispielsweise, dass Ajahn Chah zwar ein großartiger Dharmalehrer war, doch er gab keine genaueren Hinweise zur Meditation. Das hatte einen ganz einfachen Grund: Er interessierte sich nicht für Meditationserfahrungen. Wenn man Samadhi entwickelte oder die Jhana-Stufen der meditativen Versenkung verwirklichte, konnte er einem schon weiterhelfen, weil er ja all diese Stufen gemeistert hatte. Aber all das interessierte ihn einfach nicht. Mich schon. Als ich also eine Zeit lang bei ihm praktiziert hatte, sagte er zu mir: »Ach, da und dort gibt es eine systematischere meditative Schulung. Warum versuchst du es nicht mal und schaust, was passiert?«

Also begab ich mich ins Kloster von Mahasi Sayadaw und wurde dort einem berühmten Meditationslehrer zugewiesen, Asabha Sayadaw. Dieser war zwar bekannt für seine präzisen Belehrungen zur Meditation, ansonsten aber ein eher problematischer Lehrer. Ich begann voller Begeisterung, wie junge Männer es eben so machen, 20 Stunden pro Tag Sitz- und Gehmeditation zu praktizieren, und schlief kaum. Das zog ich eineinhalb Jahre lang durch. Asabha Sayadaws Instruktionen sorgten dafür, dass lauter spannende Dinge passierten. Mein Körper löste sich in Licht auf, ich hatte alle möglichen klassischen Einsichten in die Leerheit, genauso wie es in den alten Schriften beschrieben wird. Meine Einsicht vertiefte sich, mein Verständnis der Vergänglichkeit und der Leerheit ebenfalls, und so dachte ich: »Wow, das muss es sein, was der Buddha gemeint hat.« Dann aber sah ich zum Fenster meiner Hütte hinaus – ich hatte eine besonders schöne Hütte, gleich neben der meines Lehrers – und erblickte Asabha Sayadaw, wie er mit den Füßen auf dem Tisch dasaß und eine Zigarre paffte, die Zeitung las, aufstieß und die Gärtner anbrüllte, weil sie etwas falsch machten. Er flirtete mit den Nonnen und warf mit Steinen nach den Hunden, die in seinen Garten kamen. Offensichtlich hatte er tiefe Meditationserfahrungen, aber sein Charakter hatte dennoch etwas Rüpelhaftes. In vielerlei Hinsicht war er kein besonders netter Mensch. Ich erhielt also diese tollen Meditationsanweisungen von einem Lehrer, der zwar genau wusste, wie man den Geist schult, doch wenn ich ihn ansah, dachte ich immer nur: »Mein Gott, ich bin ihm zwar wirklich dankbar, aber ich möchte nicht so werden wie er.«

Was mir damals zum ersten Mal auffiel, hatte mit dem dort

praktizierten Stil der Meditation zu tun. Mittels intensiver Meditationspraxis strebt man nach einer tiefen Erfahrung – dem Geschmack des Nirwana –, weil man davon ausgeht, dass diese einen für immer verwandeln wird. Tatsächlich gibt es in den buddhistischen Schriften einige Hinweise darauf. Bei diesem Ansatz (und ich enthalte mich hier jeder Wertung, die Sie für sich selbst treffen müssen) geht man davon aus, dass man sich für das Nirwana öffnen könne, nur gute Wiedergeburten erfahren werde und somit »gerettet« war. Man müsse sich dann nicht mehr von der Welt zurückziehen, zumindest nicht häufig.

U Pandita Sayadaw war ein gutes Beispiel für dieses Modell. Er unterzog sich einer harten Schulung und wurde ein geschickter Samadhilehrer, der die höheren Formen der Praxis verwirklicht hatte. Als Mahasi Sayadaw starb, wurde U Pandita sein Dharmanachfolger und der nächste Abt von Mahasis Kloster. Danach kam es innerhalb des Klosters zu Machtkämpfen, und U Pandita musste gehen. Nach dieser Niederlage zog er sich ins Retreat zurück und vertiefte seine meditative Erfahrung. Dies war das erste Retreat, das er in 35 Jahren machte.

In Mahasis Modell, der Öffnung für die Erleuchtung, die man auch Stromeintritt nennt, zeigt sich der erste Geschmack des Nirwana als Verlöschen des Entstehens in einem Zustand tiefer Konzentration und Aufmerksamkeit. Wenn sich Körper und Geist auflösen, kommt die gewöhnliche Sinneserfahrung zum Erliegen. Wir ruhen in vollkommenem Gleichmut. Wir öffnen uns dem Unbedingten, Zeitlosen und Befreienden: dem Nirwana. Wie das Satori des Zen führt diese Öffnung zu einer neuen Form des Erkennens. Andererseits wirft diese Erfahrung auch viele Fragen auf. Denn obwohl sie viele Menschen tiefgreifend verändert, bleiben andere davon gänzlich unberührt. Einige wissen noch nicht einmal, was ihnen widerfahren ist. Mit Mahasis Meditationsschulung erreichten etwa drei Prozent seiner Schüler den Stromeintritt. Das heißt: Wenn 1000 Schüler praktizieren, verwirklichen 30 den Stromeintritt, und weiteren 100 gelingt es, ihre Einsicht entsprechend zu vertiefen. Viele Menschen machen also absolut coole Erfahrungen, aber dann bleiben immer noch 870 übrig, die diesem Ziel nicht einmal ansatzweise näher kommen. Dann sagt man ihnen, sie sollen gutes Karma ansammeln, damit ihre Meditation im nächsten Leben bessere Früchte tragen möge. Dabei können auch diese Menschen tiefe Weisheit und Mitgefühl entwickeln, nur brauchen sie eben einen anderen Weg.

Intensive Retreats bringen allerdings bei den meisten Menschen etwas in Bewegung. Ich machte beeindruckende Erfahrungen und lernte viel durch meine Praxis bei Mahasi Sayadaw. Doch als ich in Ajahn Chahs Kloster zurück war und ihm davon erzählte, meinte er nur: »Gut, dann hast du ja wieder etwas, was du loslassen kannst.« Das war eben seine Sicht der Dinge. Er hegte eine tiefe Wertschätzung für diese Erfahrungen, doch auch wenn sie den Geschmack der Erleuchtung vermittelten, so waren sie doch Vergangenheit. Ihn aber interessierte nur, ob ich diese Erfahrungen in jedem Augenblick verkörpern konnte, hier und jetzt.

In Ajahn Chahs Kloster sprach man vom Nirwana als dem »Unbedingten«. Irgendwann einmal sagte er: »Wenn ihr sechs Monate oder ein Jahr in diesem Kloster wart und habt den Stromeintritt nicht verwirklicht, habt das Unbedingte nicht erfahren, dann weiß ich nicht, was ihr getan habt. Ihr habt nicht richtig praktiziert.« Wenn man seinen Belehrungen folgte, lernte man, die sich ständig wandelnden Bedingungen des Sehens, Hörens, Schmeckens, Riechens, Empfindens, Fühlens und Denkens korrekt zu erkennen. Die Achtsamkeitspraxis zeigte, dass die Welt immer von Bedingungen abhängt, die sich ständig wandeln.

Um selbst frei zu werden, müssen wir den Geist durch Achtsamkeit in der Meditation beruhigen. Statt uns mit den veränderlichen Bedingungen zu identifizieren, lernen wir, diese loszulassen und im Bewusstsein selbst zu ruhen, im Erkennen. Ajahn Chah nannte dieses reine Gewahrsein »den ursprünglichen Geist« oder das Verweilen im »Einen, das erkennt«. Auch ein anderer Meister der Waldklöster, Ajahn Jumnien, nennt das Gewahrsein reines Bewusstsein, Amattadhamma, das Todlose, Ungeborene. Die Sinne und die Welt verändern sich unaufhörlich, doch das, was erkennt, ist frei von Bedingungen. Die Praxis zeigt uns, dass unsere Erfahrung frei von einem Selbst ist. Damit verlagern wir den Fokus unserer Identifikation. Wir können mitten in der Erfahrung stehen, wütend sein, besorgt, aufgeregt, und dann treten wir zurück und ruhen im reinen Gewahrsein. Wir lassen los. Wir lassen jeden Gedanken an ein »Ich« oder »Mein« gehen. Es gibt keine Probleme zu lösen. Wir lassen die ganze Sache mit der Identifikation, und schon ist die bedingte Welt nur *anicca* (vergänglich), *dukkha* (unbefriedigend) und *anatta* (frei von einem Selbst). Sie hat mit unserer wahren Natur nichts zu tun. Wir lernen, dem reinen Gewahrsein selbst zu vertrauen. Das ist eine der Waldkloster-Lehren, die Ajahn Chah über die Befreiung gab. Das Erwachen geschieht hier und jetzt. Wenn Sie auf diese Weise praktizieren, wird Ihr Leben verwandelt.

Wie bereits ausgeführt, bringt jede Form des Dharma Lehrer und Schüler hervor, die lautstark verkünden, nur sie hätten den wahren Pfad des Buddha erkannt. Die Wurzeln dieses Verhaltens reichen zurück bis an den Tag, an dem der Buddha starb. Damals sagte er zu seinem Schüler Ananda: »Wenn ich sterbe, kannst du die weniger wichtigen Regeln abschaffen.« Dummerweise hat Ananda nicht gefragt, welche Regeln weniger wichtig waren. Nachdem der Buddha gestorben war, berief man zum ersten Mal eine Versammlung der Ältesten ein. Ananda berichtete, dass er nicht nachgefragt habe, welche Regeln er abschaffen könne. Und schon ging der Streit unter den Schülern los. Einige wollten den Kanon an die veränderte Realität Indiens anpassen und die härtesten Regeln weglassen, andere wiederum sagten: »Da wir nicht wissen, welche Regeln der Buddha abgeschafft wissen wollte, sollten wir alles genauso lassen, wie der Buddha es befohlen hat.« Seitdem geht die Debatte munter weiter. In jeder Generation gibt es Praktizierende, die nach Anpassung streben, und andere, die alles unverändert bewahren wollen. Möglicherweise sind wir ja diese Schüler, wurden im Westen wiedergeboren und führen diese Debatte nun fort.

Spannungen zwischen verschiedenen Modellen oder Glaubensrichtungen sind in jeder Religion ein bekanntes Phänomen. Da gibt es die Vertreter der Transzendenz und die der Immanenz. Erstere gehen davon aus, dass man Gott am besten durch Rückzug von der Welt, Versenkung ins Gebet und tiefe mystische Erlebnisse erfahre, die die Welt transzendieren. Letztere sehen Gott als immanent, als Teil dieser Welt, des Alltags, der Erfahrung, die wir machen. Sie sehen alles als heilig an. Ähnlich sind die Spannungen zwischen den Menschen, die die Lehren ihrer Zeit und Kultur anpassen wollen, und jenen, die sie in der Form bewahren wollen, in der sie ihrer Ansicht nach seit jeher existiert haben.

Als wir 1975 die Insight Meditation Society in Barre gründeten, war sie vor allem ein Meditationszentrum in der Tradition von Mahasi Sayadaw. Ich brachte dort auch den Geist von Ajahn Chah ein. Da Joseph (Goldstein) und Sharon (Salzberg) aber ihre Schulung in der birmanischen Linie von Mahasi Sayadaw und U Ba Khin durchlaufen hatten und ich auch in den entsprechenden Klöstern praktiziert hatte, lehrten wir vor allem diesen Stil. Wir boten von Anfang an Kurse in den Methoden beider Lehrer an, Mahasi Sayadaw und U Ba Khin. U Ba Khins Schüler Ruth Denison und John Coleman führten bei uns Retreats durch. Wir baten auch U Ba Khins berühmten Schüler Goenka, bei uns zu lehren, da Joseph, Sharon und andere sich ihm sehr verbunden fühlten. Er antwortete uns mit einem Brief, in dem es hieß: »Wenn ihr ein Meditationszentrum eröffnet und dort mehr als einer Linie Raum gebt, dann ist dies das Werk Maras, des Herrn der Verblendung, und ihr untergrabt damit den Dharma.« Goenkas Lehrer, U Ba Khin, war ebenfalls dieser Ansicht. Doch sein Brief kam einen Tag, nachdem wir die Vereinbarung über die Hypothek unterzeichnet hatten, an. Glücklicherweise war es zu spät, das Ganze abzusagen.

Tatsächlich hatten wir das Gefühl, die Eröffnung des Meditationszentrums basiere auf gutem Karma, so als würde der Dharma uns tragen. Ich finde die Geschichte, wie wir das Gebäude für die IMS bekommen haben, immer noch erhebend. Drei Leute, die in Indien gewesen waren und den Dharma unterstützen wollten, gaben je 15 000 Dollar. So hatten wir genug Geld für die Anzahlung der Immobilie, die insgesamt nur 150 000 Dollar kostete. Das Gebäude stand mehr oder weniger leer, und die katholische Kirche wollte die Heizkosten für das riesige Zentrum mit den vielen Einzelräumen nicht mehr bezahlen. Wir legten also nur 150 000 Dollar hin für 90 Zimmer, eine Bowlingbahn, Tennisplätze, 80 Morgen Land, eine Riesenküche und haufenweise Mobiliar! Als wir zur Bank gingen, dachten die Leute dort, »IMS« stünde für die International Meditation Society von Maharishi Mahesh Yogi, der durch die Beatles so bekannt geworden war, und meinten: »Aber sicher, wie viel Geld braucht ihr denn?« Wir bekamen das Darlehen aufgrund eines Missverständnisses!

Als wir anfingen, machten wir eine Sache grundsätzlich richtig – aus Notwendigkeit (oder Verzweiflung): Wir wollten das Zentrum gemeinsam führen und gemeinsam Belehrungen geben. Jene Zentren, die am schnellsten in Schwierigkeiten gerieten, waren unweigerlich die, die sich ganz auf einen einzigen Lehrer ausrichteten. Dieser eine Lehrer kann in völlige Isolation geraten. Wie Sie vermutlich wissen, hatten viele Dharmazentren im Westen Probleme, weil ihr Hauptlehrer sich nicht richtig verhielt. Als wir die IMS gründeten, war ich 28 Jahre alt, Joseph 29 und Sharon erst 21. Oder, wie Sharon so gerne sagt: »Alles ohne Aufsicht durch einen Erwachsenen.« Eine Kombination aus Weisheit und Panik brachte uns dazu, einfach zusammenzuhalten und unser Team-Modell zu etablieren, das uns so oft gerettet hat. Wir lernen voneinander, unterstützen einander und halten uns gegenseitig den Rücken frei. Und die Schüler, die hier Kurse belegen, lernen den Dharma aus mehreren verschiedenen Perspektiven kennen. Das Team-Modell ist ein intelligenter Weg des Umgangs mit Macht, vor allem in einer neuen Kultur, wie der Westen es für den Dharma ist.

Der zweite Punkt, den wir richtig machten, war, dass wir hier mehrere Linien beherbergen wollten, ein Prinzip, das mir besonders am Herzen lag. Obwohl wir der Linie von Mahasi Sayadaw und mit ihr Munindra, Dipa Ma und Asabha Sayadaw stark verbunden waren, luden wir doch von Anfang an Lehrer anderer Linien ein. Zum Beispiel Christopher Titmuss, Christina Feldman, Vimalo Kulbartz und andere westliche Lehrer, die mit Ajahn Buddhadasa, Ajahn Dhammadharo, Ajahn Chah und anderen Theravada-Lehrern studiert hatten. Meiner Erfahrung nach war es gesünder, für Schüler und Lehrer gleichermaßen, den Dharma in all seiner Bandbreite und aus allen Perspektiven kennenzulernen. Dies ist ein Prinzip, das sich auch im Spirit Rock Meditation Center niederschlägt.

Der Buddha war der Meister der geschickten Mittel. Er lehrte einen Dharma, in dem für den Stufenweg ebenso Platz war wie für die sich plötzlich einstellende Erleuchtung, für die innere wie für die äußere Praxis, für die Lehren des Mitgefühls ebenso wie für die der Tugend, der Freigebigkeit, der Form und Leerheit – die alle Aspekte des Erwachens sind. Ein weiser Lehrer, ein weise geführtes Zentrum müssen eine gewisse Bandbreite geschickter Mittel anbieten, da die Menschen, die dorthin kommen, an verschiedenen Punkten ihrer inneren Entwicklung stehen, unterschiedliche Charaktere haben und unterschiedliche Probleme. Wenn wir uns auf eine Technik beschränken, dienen wir nur ganz bestimmten Menschen, anderen aber nicht. Dieser Ansatz der unterschiedlichen Praxiswege liegt der IMS ebenso zugrunde wie dem Spirit Rock Center. Und so geben wir bei unseren Retreats zwar hauptsächlich die Belehrungen von Mahasi Sayadaw weiter, lehrten aber auch die Sichtweisen von Ajahn Chah, Buddhadasa, U Ba Khin, U Tejaniya Sayadaw und vielen anderen.

Anfangs setzten wir stärker auf intensive Retreats statt auf Ajahn Chahs Modell des Dharma im Alltag. Wir konzentrierten uns nicht darauf, wie man den Dharma außerhalb des Retreats leben könne. Zu Beginn der IMS gab es die Integrationsphase noch nicht. Am Ende des ersten dreimonatigen Schweigeretreats hieß es nur: »Nun sind die drei Monate vorbei. Auf ein andermal also.« Zwei Tage später machte eine unserer Schülerinnen Gehmeditation im Pyjama im Supermarkt von Bucksport, Maine. Wir hatten nicht für die Re-Integration Sorge getragen. James Baraz, der heute selbst Meditationslehrer ist, betrieb einige Jahre lang eine Art Zwischenstation für Leute, die aus dem Dreimonatsretreat kamen.

Schnell wurde uns klar, dass wir einen Praxisweg finden mussten, der sich nicht auf das Retreat beschränkt, denn viele Menschen kamen nach 10- oder 30-tägigen Retreats auf uns zu und meinten: »Ich habe Schwierigkeiten, das, was ich bei euch gelernt habe, auf den Alltag anzuwenden. Wie kann ich die Praxis in mein Leben einbauen?«

Zehn Jahre nach Gründung der Insight Meditation Society wollte eine Gruppe von Praktizierenden – James Baraz, Sylvia Boorstein, Anna Douglas, Howie Cohn und viele andere – einen breiteren Dharmaweg verfolgen. Er sollte Retreats ebenso umfassen wie Methoden, den Dharma zu leben. Also sah sich diese Gruppe westlicher Praktizierender Mitte der Achtzigerjahre nach einem neuen Zentrum um. Wir fanden billige, schöne Immobilien weit draußen auf dem Land, und einige Mitglieder traten dafür ein, sie zu kaufen. Doch der Großteil der Gruppe wollte ein Zentrum in Stadtnähe, wo man Schweigeretreats und Seminare halten konnte, während eine Gruppe von Menschen dort lebte. Und so erblickte das Spirit Rock Center das Licht der Welt. Wie bei der IMS schien sich auch hier günstiges Karma bemerkbar zu machen. Für 900 000 Dollar kauften wir fast 2,6 Quadratkilometer Land in einem wunderschönen abgeschlossenen Tal in Marin County. Es heißt, dort sei früher ein heiliger Ort der Indianer gewesen. Die Naturschutzbehörde gab im Gegenzug Geld, damit Tausende Morgen Regenwald in Amazonien gerettet werden konnten.

Diese wunderschönen Zentren, in denen verschiedene Lehrer ihre Sicht des Dharma darboten, waren für die Schüler von großem Nutzen. Trotzdem brachten die Unterschiede im Lehrstil so manche Differenzen mit sich. Auch in der IMS und im Spirit Rock Center gab es Konflikte darüber, welches die beste Art zu lehren sei, denn die Lehrer dort hatten recht unterschiedliche Sichtweisen. Und so begannen wir mit regelmäßigen Lehrer-Treffen, um unsere Konflikte zu bearbeiten. Robert Hall war damals unser Dharma-Psychologe. Als Freund der Gemeinschaft (heute ist auch er Dharmalehrer) hörte er allen zu und half uns, mit Problemen fertigzuwerden.

Einmal hatten wir ein besonders aufschlussreiches Treffen an der IMS. Es ging um die ersten 15 Vipassana-Lehrer, die am

Zentrum gelehrt hätten. Es zeichnete sich eine gewisse Polarität zwischen zwei Lehrstilen ab: Einer der Lehrer unterrichtete nach dem Vorbild von Mahasi Sayadaw einen systematischen, konservativen Ansatz. Der andere war zwar genauso kundig, was die Schriften Buddhas anging, bevorzugte aber einen formlosen, freieren Stil. Er fand vielmehr Inspiration im Geist Krishnamurtis, der alles in Frage stellte, wie auch Ajahn Buddhadasa dies tat. Für ihn war die radikale Seite von Buddhas Lehren wichtig: »Wirf die Fessel der Tradition ab, lebe in der Wirklichkeit des Hier und Jetzt.« Der Konflikt zwischen diesen beiden Lehrern zog sich seit Jahren hin. Heute, aus der Rückschau, empfinde ich die Situation als amüsant, obwohl sie damals – und gelegentlich auch heute noch – schmerzhaft war. Nichtsdestotrotz finde ich, dass der Konflikt Teil der menschlichen Erfahrung ist. Mich interessiert, wie ich Konflikte in die Praxis einbauen kann, statt sie zu vermeiden.

Es gab also die Stimmen, die meinten, wir müssten in unserem Zentrum alles genauso machen wie in Mahasis Zentrum in Birma. Und dann gab es jene, die meinten: »Wir leben in einer anderen Kultur. Wir müssen uns anpassen, um frei sein zu können.« Wir waren in zwei Lager gespalten in unserer Sorge, eine weise Entscheidung zu treffen. An diesem Punkt griff Robert Hall ein. Er sagte: »Ich möchte nun eine der am stärksten polarisierenden Stimmen bitten, den Raum zu verlassen. Bitte geh. Wir werden dich später wieder hereinrufen.« Der radikalste Verfechter der »Reformrichtung« verließ also den Raum. Und Robert sagte zu der Gruppe: »Stellt euch vor, dieser Lehrer würde nicht mehr zu euch gehören. Wir müssten uns mit seinem Standpunkt nicht mehr auseinandersetzen. Wie würdet ihr dies empfinden?«

Wir saßen im Kreis und dachten nach. Anfangs neigten wir zu der Ansicht, dass unser aller Leben leichter wäre, wäre dieser Konflikt vom Tisch. Dann aber kristallisierte sich allmählich etwas anderes heraus: Wenn diese Stimme wegfiele, würde niemand mehr für die Möglichkeit der unmittelbaren, blitzartigen Befreiung eintreten. Und dies würde ein Loch in unsere Gemeinschaft reißen, das einer von uns würde füllen müssen. Dann holte Robert diesen Lehrer wieder herein und schickte den konservativsten Lehrer hinaus. Er fragte: »Nun stellt euch vor, dass dieser Lehrer, der im Moment dafür eintritt, dass die Praxis ganz genauso gehalten wird wie im alten Birma, nicht mehr da ist. Welche Wirkung hätte das auf euch?«

Und wieder verspürten wir bei dem Gedanken anfangs Erleichterung. Man würde sich mit dieser extrem konservativen Position nicht mehr auseinandersetzen müssen. Dann aber brachten mehrere Gruppenmitglieder Folgendes zur Sprache: »Wenn dieser Lehrer nicht für die traditionellen Positionen eintreten würde, müssten wir das übernehmen, weil es wichtig ist, dass die Menschen auch diese Sichtweise aus unserem Zentrum mitnehmen. Da er die konservative Position einnimmt, können wir alle in unseren Belehrungen kreativer sein.« Robert half jedem Einzelnen bei dieser Teamsitzung, den Wert der unterschiedlichen Standpunkte zu sehen, die einander ergänzten. Wir sahen ein, dass wir einander brauchten, dass wir das Beste hervorbrachten, wenn wir nicht nur eine Strömung oder Linie repräsentierten, sondern ein Mandala, ein Ganzes, zu dem jeder sein Mosaiksteinchen beiträgt.

Dies ist der Geist, aus dem heraus das Spirit Rock Center gegründet wurde. Als Lehrer, Helfer und Bewohner sich trafen, um gemeinsam die Richtlinien und Werte festzulegen, denen dieses Meditationszentrum an der amerikanischen Westküste verpflichtet sein sollte, verfassten wir eine gemeinschaftliche Vision, die heute noch auf unserer Website (www.spiritrock.org) zu lesen ist. Spirit Rock ist ein Mandala, in dem viele Formen der Praxis ein Zuhause gefunden haben. Genauso wollten wir es haben. Wir stellen den Dharma der Befreiung in die Mitte des Mandalas. Darum herum finden sich andere Elemente: Retreats, eine einjährige Ausbildung, Studium, Living Dharma Retreats, das Dedicated Practitioners Program und Stephen Batchelors Studienretreats, langfristige Meditationspraxis in der Einsamkeit unserer Waldhütten (was immer sehr aufregend ist, wenn wir es machen können) sowie rechte Partnerschaft, weise Beziehungen zu anderen Menschen, zur Erde und zu anderen Wesen. Kurz gesagt: der achtfache Pfad in all seinen Facetten. Durch diese weite Perspektive lernen wir, unsere Praxis zu vertiefen, aber auch, sie in den Alltag zu integrieren. Seminare und Workshops tragen dazu bei, dass jeder Einzelne seinen Weg findet, in dieser Welt weise und mitfühlend zu handeln.

Unser Mandala spiegelt die Reichtümer des Theravada-Buddhismus ebenso wider wie die buddhistischen Traditionen im Allgemeinen. Wenn man sich den Buddhismus in Thailand oder Birma ansieht, stellt man schnell fest, dass Retreatzentren dort nur einen winzigen Bruchteil buddhistischer Kultur ausmachen. Buddhistische Belehrungen in diesen Ländern konzentrieren sich auf Freigebigkeit, Dienst an der Gemeinschaft, rechte Rede, rechtes Handeln und rechte Lebensführung. Die Praxis ist der achtfache Pfad in seiner Gesamtheit.

Darüber gibt es übrigens auch ein wunderbares Buch: *The Buddha in the Jungle* von Kamala Tiyavanich. Ihre Forschungsarbeit zum Buddhismus in Thailand reicht bis zu den frühesten Schriftzeugnissen des Theravada-Buddhismus zurück. Darin findet eine Vielzahl von Meditationspraktiken Erwähnung. In den Waldklöstern gab es Heiler, Erzieher, Schullehrer, Priester, Friedensstifter und Meditierende. Einige der Mönche waren Wahrsager, andere wandten schamanische Techniken an. Sie arbeiteten mit Geistern auf einer anderen Ebene. In den meisten Theravadaklöstern gab es neben dem Studium auch Rituale, Zeremonien und Dharmakünste wie Malen und Musik. In anderen Klöstern wurden Elefanten dressiert, wieder andere führten sogenannte »Himmelsbestattungen« durch. Es gab Klöster am Mekong, die Bootsrennen veranstalteten. Die Lehren des Buddha wurden auf vielfältige Weise ins Leben der Gemeinschaft vor Ort integriert. Die Klöster waren Zentren des Gemeindelebens, wo die Kinder erzogen wurden und Menschen in allen möglichen Lebenssituationen Hilfe erhielten.

Natürlich kann man sich jetzt fragen, was daran besonders buddhistisch sein soll. Wenn man die frühesten buddhistischen Sutren studiert, sagt man sich vielleicht: »Elefantendressur und Gemeindezentren – davon ist in den Schriften aber nicht die Rede.« Oder: »In den Schriften geht es nie um Psychologie, ob westlich oder östlich. Reichen die Vier edlen Wahrheiten denn nicht aus?« Natürlich reichen sie aus. Doch zu den Vier edlen Wahrheiten gehört der Edle Achtfache Pfad, der uns zeigt, wie wir den Dharma in jeden Aspekt unseres Lebens einbauen können – durch rechte Sicht, rechte Rede, rechtes Handeln, rechte Lebensführung, rechte Achtsamkeit und so weiter. Auf der

Grundlage dieser Wahrheiten lehrte der Buddha seine Anhänger Hunderte verschiedener Methoden der Praxis. Und in den 2500 Jahren, die seitdem vergangen sind, ist das Instrumentarium der geschickten Mittel angewachsen. Wir können uns auf alle diese Mittel stützen, um Erleuchtung zu erlangen.

Ein weiteres wichtiges Prinzip in unserer Gemeinschaft von Dharmalehrern, unserem Mandala der Praxis, ist es, dass wir alle uns weiterhin als Schüler betrachten. Jeder, der zum Lehrerrat im Spirit Rock Center oder in der IMS gehört, widmet sich weiter seiner Praxis, und zwar im Rahmen der eigenen Tradition ebenso wie außerhalb dieser. Wir sind bei vielen großen Lehrern aus so unterschiedlichen Schulen wie Zen, tibetischem Buddhismus oder Advaita in die Lehre gegangen. Unsere Praxis hat uns gelehrt, die Tiefe in jeglicher Gestalt zu schätzen, und wir sind immer auf der Suche nach weiteren geschickten Mitteln, um das Wissen unserer Tradition zu bereichern. Wir vom Spirit Rock Center und von der IMS wollen unsere Befreiung vertiefen und sie immer stärker verkörpern. Wir wollen Wege finden, den Dharma, den wir durch geschickte Mittel erlernt haben, in dieser Kultur zu vermitteln.

Unsere Art, die Lehren weiterzugeben, hat sich in den letzten Jahrzehnten weiterentwickelt. So haben wir anfangs viel Wert auf eifriges Streben gelegt, wie wir es in Asien gelernt hatten. Doch bald stellten wir fest, dass sich die Menschen im Westen total verkrampfen, wenn man ihnen sagt, sie sollen sich »eifrig bemühen«. Da kommen schnell Gefühle von Wertlosigkeit auf, und Selbstkritik vergiftet den Geist. Beides schafft enorme Probleme. Also haben wir in der Folge mehr auf die Entwicklung von Metta, liebender Güte, auch sich selbst gegenüber geachtet. Auf diese Weise erreichen die Menschen ebenfalls tiefe Einsichten, aber auf ganzheitlichere Art.

Unser Instrumentarium an geschickten Mitteln hat sich also mit der Zeit immer mehr erweitert. Beim traditionellen Frühlingsretreat im Spirit Rock Center, das sich über zwei Monate hinzieht, arbeiten wir nach der Methode von Mahasi Sayadaw. Die Teilnehmer erfahren tiefe Versenkung, einige verwirklichen gar Samadhi oder die traditionellen Jhanas. Doch wir ergänzen diese Methode durch andere Mittel: Metta-Meditation oder das raumgleiche Gewahrsein, das aus Ajahn Chahs Betonung der nicht dualistischen Sicht erwächst, und die Erkenntnisse der westlichen Psychologie helfen unseren Schülern, sich allem zu öffnen, was kommt. Außerdem vermitteln wir im Retreat Möglichkeiten, mit Konflikten und erlittenen Traumen umzugehen, die während der Öffnung von Herz und Geist an die Oberfläche kommen mögen. Dieser ganzheitliche Ansatz hilft all unseren Teilnehmern auf ihrem Weg.

Um die Kraft unserer Tradition zu bewahren, sind die meisten Retreats im Spirit Rock Center auf Vipassana-Meditation ausgerichtet, die wir uns durch die vier Grundlagen der Achtsamkeit erarbeiten. Dann gibt es noch Retreats, die ihren Fokus auf andere Themen legen, zum Beispiel auf liebende Güte, Mitgefühl, Mitfreude und Gleichmut. Dies sind die beiden wichtigsten Grundpfeiler der Dharmapraxis in unserem Zentrum. Der dritte beruht auf einer weniger traditionellen Form der Praxis, in der auch mit Yoga, kreativen Techniken und Psychotherapie gearbeitet wird. Darüber hinaus bieten wir Tagesretreats zu Themen an wie das Mandala der Ganzheitlichkeit und Dharma im Alltag. Wir führen ein Diversity-Programm durch, das sich dem Dialog zwischen den Kulturen widmet, ein Programm für sozial engagierten Buddhismus, ein Familien-Programm für Eltern und Kinder, ein Programm für Teenager und Jugendliche, ein Studienprogramm und Kurse für Yogalehrer, Heiler, Anwälte, Lehrer, Umweltaktivisten und Künstler.

Damit der Kern buddhistischer Traditionen im Spirit Rock Center gewahrt bleibt, wird jeder Lehrer einer anderen Tradition, wenn er bei uns Kurse gibt, von einem Lehrer des Zentrums begleitet, der dessen Lehren mit den Grundpfeilern unserer Praxis verbindet: Freigebigkeit, Tugend, Achtsamkeit und liebende Güte. Das gilt sogar für so hohe Meister wie Tsoknyi Rinpoche. Wir fragten respektvoll an, ob er im Spirit Rock Center lehren würde, da wir seine Dzogchen-Belehrungen sehr schätzen. Dabei erläuterten wir, warum wir einen Brückenschlag zu den Belehrungen unserer Tradition machen wollten, und fragten, ob er etwas dagegen habe, zusammen mit Lehrern unseres Zentrums wie Guy Armstrong oder Ajahn Amaro zu lehren. Er antwortete: »Ich finde den Knaben (Armstrong) klasse. Und den Mönch (Ajahn Amaro) mag ich. Natürlich werde ich mit ihnen zusammen lehren.« Und so haben wir wunderbare Retreats mit Tsoknyi Rinpoche, Ajahn Amaro und Guy Armstrong.

So widmen wir uns zwar der Erhaltung der Lehren unserer Linie, doch wir sind auch zu Innovationen bereit, weil wir stets von anderen Linien lernen wollen. Wir haben uns von der westlichen Psychologie inspirieren lassen. Wir haben in den letzten 20 Jahren eine Reihe von Konferenzen international bekannter Lehrer organisiert. Wir bemühen uns seit unseren

Anfangsjahren, dem weiblichen Element in der Lehre ein Forum zu geben. Unsere Kurse zum Dialog zwischen den Kulturen sind Pionierarbeit. Und wir haben die Lehrerausbildung auf eine völlig neue Grundlage gestellt. Wir bieten Kurse für Leiter von Dharmazentren an, ein zweieinhalbjähriges Training für erfahrene Vipassana-Schüler, die in ihren Heimatorten Tagesretreats leiten und Kurse geben wollen. Wir tun unser Bestes, um mit unseren Konflikten offen umzugehen, was ein Prozess des lebenslangen Lernens ist. Unsere Lehrer und Mitarbeiter haben durchweg Seminare zum achtsamen Zuhören und zur Tätigkeit in Dharmazentren besucht. In den letzten Jahren gibt es solche Angebote auch vermehrt in anderen Zentren. Der Dialog zwischen den Kulturen wird intensiviert, auch die Nutzung von Erkenntnissen der westlichen Psychologie nimmt zu, und Frauen treten in der buddhistischen Welt vermehrt aus dem Schatten heraus und übernehmen leitende Funktionen. Die wichtigsten Dharmatraditionen öffnen sich dem fruchtbaren Austausch untereinander. In den Achtzigerjahren war unser Zentrum eines der ersten, das einen Ethikrat einführte. Die von ihm formulierte ethische Grundsatzerklärung wurde in vielen Zentren zum Vorbild für ähnliche Entwicklungen genommen.

Als wir das Spirit Rock Center gründeten, wollten wir es weniger hierarchisch führen, als dies in den traditionellen Dharmazentren üblich war. Wir wünschten uns einen Dialog zwischen der Gemeinschaft der dort lebenden Praktizierenden, dem Vorstand und den Lehrern. Statt unsere Mitarbeiter nach dem Vorbild der Pyramide zu organisieren, bei dem die leitenden Lehrer alle Entscheidungen treffen, schufen wir zwei verschiedene Gremien: die Zentrumsleitung und den Lehrerrat. Beide müssen sich nun abstimmen, um gemeinsam die Verantwortung für das Zentrum und seine Vision voranzubringen. Ich glaube, wir müssen Lehrer, Zentrumsleitung und die Gemeinschaft der vor Ort Lebenden gleichermaßen zu Wort kommen lassen. Diese Form von kollektiver Weisheit ist das Fundament des Spirit Rock Center, aus dem wir alle schöpfen.

Leitung, Lehrer, Mitarbeiter und alle, die im Zentrum leben, sind dem Dharma seit langen Jahren verbunden. Es liegt in unserer Verantwortung, uns zu fragen: »Wie können wir den Segen und die Freiheit des Buddhadharma allen Menschen vermitteln, die nach Spirit Rock kommen? Wie können wir dies verwirklichen und als Menschen mit verschiedenen Ansichten fruchtbar zusammenarbeiten? Wie können wir aus Lehrern, Schülern und Praktizierenden ein Kollektiv machen, in dem unterschiedliche Sichtweisen ihren Platz haben, und uns gleichzeitig voller Hingabe den wesentlichen Grundprinzipien des Dharma widmen?«

Unsere Aufgabe ist es, die geschickten Mittel von Achtsamkeit, liebender Güte, Mitgefühl, Ethik und tugendhaftem Verhalten zu bewahren. Wir wollen den achtfachen Pfad in seiner Gesamtheit bewahren. Wir wollen Methoden für einen tiefgreifenden Wandel bieten und all jene zum Erwachen bringen, die bei uns praktizieren. Denn nur dies wird dafür sorgen, dass der Strom des Dharma lebendig bleibt und mit ihm unser Zentrum, das der Welt etwas zu geben hat. Wir geben diese Methoden und Lehren in einer Dharmalehrer-Ausbildung weiter, die weltweit Anerkennung findet. Noch mehr bemühen wir uns, die Hunderte von Meditationsgruppen, Kalyanamitta-Gruppen (Praxisgruppen erfahrener Schüler; Kalyanamitta heißt »spiritueller Freund«) und Dharmazentren in aller Welt zu unterstützen, die im selben Geist des offenen Herzens praktizieren. Doch was wir auch immer anpacken mögen, wir können sicher sein, dafür sowohl Lob als auch Tadel zu ernten. Daher können wir letztlich nur eines tun: unseren besten Absichten treu bleiben.

Es ist ein fantastisches Experiment, das hier Gestalt annimmt: das Bemühen, den Dharma in den Westen zu bringen. Wir werden unser Bestes tun, und wenn das klappt, ist alles wunderbar. Wenn sich unsere Mittel als ungeschickt erweisen, werden wir neue finden. Das nennt man Weisheit. Denn ganz egal, wohin dieses Experiment am Ende führt, es ist ein Segen und eine Ehre, daran teilhaben zu dürfen.

19
Das Sexleben der Gurus

Der erotische Instinkt ist etwas höchst Fragwürdiges und wird diesen Charakter immer beibehalten, gleichgültig, welchen menschlichen Regeln er unterworfen wird. Denn einerseits gehört er unserer ursprünglichen animalischen Natur an, die uns begleitet, solange wir diesen animalischen Körper haben. Andererseits ist er mit den höchsten Formen des Geistes verbunden. Doch zur Blüte gelangen kann er nur, wenn Geist und Instinkt harmonisch vereint sind. Fehlt einer der beiden Aspekte, kommt es zur Verletzung, zu einer einseitigen Verschiebung des Gleichgewichts, die schließlich ins Pathologische abgleitet. Zu viel Animalisches entstellt den Menschen. Zu viel Kultur macht ihn zum kranken Tier.

C.G. Jung

Wie gehen nun Sexualität und Spiritualität zusammen? Beides sind höchst machtvolle Aspekte unseres Lebens und unserer Kultur, doch wir sind gewohnt, beides streng voneinander zu trennen. Menschen, die sich spirituell engagieren, neigen dazu, die Instinktenergien von Leidenschaft, Liebe und Verlangen zu unterdrücken und zu abstrahieren. Und doch sorgt die sexuelle Fortpflanzung dafür, dass wir geboren werden. Die Sehnsucht nach Liebe und Verbundenheit ist so tief in uns verankert, dass unser ganzes Leben aus der sexuellen Vereinigung entsteht. Sexualität, Liebe und Bewusstsein zu vereinen ist eine wundervolle Erfahrung, und die Menschen suchen in der östlichen Spiritualität nach Rat, um dies umsetzen zu können. Aber auch hier stoßen sie manchmal auf mehr Verwirrung als Hilfe. Was lernen wir über Sexualität aus den großen spirituellen Traditionen des Ostens und von den Meistern, die sie in den Westen gebracht haben?

Nur wenige zeitgenössische spirituelle Lehrer geben klare Leitlinien vor, wenn es um die Beziehung zwischen Sexualität, Liebe und spirituellem Wachstum geht. Auch in den buddhistischen Gemeinden des Westens drückt man sich um dieses Thema gern herum. Und so werden die Schüler im Dunkeln gelassen. Unglücklicherweise wird eine offene Diskussion dieser Frage auch verhindert, weil einige der spirituellen Lehrer in westlichen Gemeinschaften ein sexuelles Fehlverhalten an den Tag legen, das den religiösen Gelübden und moralischen Vorschriften ihrer Tradition zuwiderläuft. Dies trägt zu erheblicher Verwirrung bei. Um hier Klarheit zu schaffen, sollten wir uns zunächst einmal mit der Frage beschäftigen, was ein zölibatäres Leben bringt und für wen es angemessen ist. Zu diesem Zweck müssen wir uns zunächst einmal mit den weit verbreiteten spirituellen Mythen über die Gefahren der Sexualität auseinandersetzen. Dann sollten wir uns fragen, welche Aspekte zu berücksichtigen sind, wenn es um sexuelle Beziehungen zwischen Lehrern und Schülern im Westen geht, und welche Erwartungen beziehungsweise Verantwortlichkeiten dabei einfließen. Am wichtigsten aber ist, dass wir Wege finden, Spiritualität und Sexualität bewusst zusammenzubringen. Dazu sollten wir unsere spirituelle Tradition daraufhin befragen, ob sie uns Richtlinien für einen angemessenen und »geschickten« Ausdruck unserer Sexualität geben kann. Im Folgenden möchte ich versuchen, diese einzelnen Punkte zu klären.

Natürlich steht am Anfang dieser Ausführungen die große Frage: »Wieso machen die Menschen überhaupt so ein Theater um Sex?« Nun, die Sexualität herunterzuspielen hieße, ihren Einfluss in unserem Leben und unserer Kultur falsch einzuschätzen. Sexualität hat das Potenzial, uns in heftige Verwirrung und tiefes Leid zu stürzen – aber auch, uns Weisheit und spirituelles Wachstum zu schenken. In asiatischen Klöstern und Ashrams mag es leichter gewesen sein, sexuelle Fragen auszublenden, doch als westliche Schüler können wir unsere Sexualität nicht ignorieren, genauso wenig wie unsere Beziehungen, Emotionen und intimen Kontakte. Schließlich wollen wir ein bewusstes Leben der spirituellen Praxis führen. Andererseits gehören diese Bereiche sicher zu den schwierigsten. Doch wozu soll Spiritualität gut sein, wenn wir durch sie nicht lernen, mit Liebe, Verlangen und Freiheit umzugehen, mit den grundlegenden Energien von Geburt und Tod, Körper und Geist? Der ehrlichste und fruchtbarste Weg ist es, die Macht der Sexualität in unserem Leben anzuerkennen und herauszufinden, welche (wahren und unwahren) Glaubenssätze wir damit verbinden und wie sie unser Denken und Handeln beeinflussen.

Menschen im Westen, für die das klösterliche Leben eher eine Kuriosität denn ein allgemein verbreitetes Phänomen ist, betrachten den Ausdruck ihrer Sexualität als normale Funktion ihres Erwachsenenlebens. Die Psychologie des 20. Jahrhunderts hat die Bedeutung der sexuellen Befriedigung immer wieder (vielleicht zu sehr) unterstrichen, und die Medien vermitteln zumeist den Eindruck, dass sexuelle Attraktivität und sexueller Erfolg zu den wichtigsten Zielen im Leben gehören. Wenn man aus einer Kultur, in der Sexualität eher zurückhaltend gehandhabt wird, wie zum Beispiel Indien, in die USA zurückkommt, fällt einem die Sexualisierung von Kleidung, Werbung und Medien sofort ins Auge.

Diese Neigung steht im Widerspruch zum religiösen Erbe des Westens, das von puritanischen, katholischen und calvinistischen Grundsätzen geprägt ist. Dort gilt Sex als niedrig, sündig und beschämend. Obwohl es auch in den westlichen Religionen unterschiedliche Ansichten über Sexualität und Zölibat gibt, siedeln sie doch meist das Leben des Geistes weit über den Niederungen der menschlichen Sexualität an. Der Körper ist in Sünde geboren, und in der katholischen Priesterschaft zum Beispiel gilt das Zölibat als notwendige Voraussetzung für jegliche spirituelle Berufung. Bei den Protestanten und im Judentum hingegen sind Ehe und Familie geheiligte Lebensziele, die dem Studium der Bibel gleichgestellt sind. Nichtsdestotrotz sind wir im Westen auf ein negatives Bild der Sexualität und des Körpers im Allgemeinen geradezu konditioniert.

Wenn wir genauer hinsehen, erkennen wir meist recht leicht, wie sehr unsere Glaubenssätze von unserer religiösen Erziehung geprägt wurden. Das ist gleichwohl nicht der einzige Faktor, der unsere Vorstellungen beeinflusst: Da sind noch die Eltern, die Freunde, die Kultur, ja sogar das Land, in dem wir zur Welt kommen. Die Vorstellungen von Sexualität, die wir in die Praxis mitbringen, werden möglicherweise durch unsere Erfahrungen mit der östlichen Spiritualität noch verstärkt. Da viele der östlichen Weisheitslehren das Zölibat in Ehren halten, denken wir vielleicht, Sex sei »nicht spirituell«, und wir als spirituell Suchende müssten unsere sexuellen Triebe transzendieren oder aufgeben. Möglicherweise haben wir irgendwo gelesen, dass Erleuchtete keine sexuellen Triebe mehr haben, und glauben nun, mangelnder Sexualtrieb sei ein Beleg für unseren spirituellen Fortschritt. Oder wir haben irgendwo zu hören bekommen, das Zölibat sei eine »höhere« Form der Praxis als das nicht zölibatäre Leben. Wenn die starken Kräfte der Sexualität uns Angst oder zumindest Respekt einflößen, ist dies eine gute Ausrede, um diese Aspekte unseres Selbst zu unterdrücken oder zu leugnen. Aber dann kehren sie natürlich früher oder später zurück, und wir stellen vielleicht fest, dass das Verlangen, sei es nun sexuell oder anders geartet, immer noch weitgehend unser Leben bestimmt.

Aber es gibt auch eine andere Variante fixer Ideen, die den Mythos wilder, tantrischer Sexriten aufnimmt und weiterspinnt. Vielleicht haben wir auch die Idee, dass wir uns dem Guru ganz hingeben müssen, falsch verstanden. Oder wir glauben, alles, was ein spiritueller Meister tue, müsse notgedrungen erleuchtet sein und uns daher zur Lehre dienen. Diese Mythen sollten wir einmal mit realistischem Blick überprüfen.

Da das Zölibat auch bei buddhistischen Mönchen und Nonnen eine große Rolle spielt, sollten wir uns vielleicht bewusst machen, welche Vorteile es mit sich bringt. Das Zölibat kann für Menschen, die ihr Leben vereinfachen wollen, sehr befreiend sein. Es kann dazu beitragen, von den machtvollen Anhaftungen der Sexualität einen Schritt zurückzutreten. Sexuelle Beziehungen fordern meist enorm viel Energie und Aufmerksamkeit. Sie können sehr kompliziert sein. Daher ist das Zölibat für viele Mönche und Nonnen eine echte Erleichterung. Die Disziplin der sexuellen Entsagung kann die Entwicklung von geistigem Frieden und innerer Stärke fördern. Dabei stellt sich das Zölibat zum einen als Übungsweg dar, es kann aber auch die Frucht spiritueller Praxis sein. In diesem Fall ist die sexuelle Entsagung nicht Ergebnis strikter Disziplin, sondern die Folge der Tatsache, dass man sich schon ganz und bei sich selbst fühlt, glücklich und zufrieden, von der Umgebung losgelöst und doch untrennbar mit ihr verbunden. Seine Heiligkeit der 16. Karmapa erklärte zum Beispiel, als man ihn nach seinem Sexleben fragte, er sei ein zölibatär lebender Mönch. Als man ihn fragte, weshalb er sich für das Zölibat entschieden habe, wo doch viele tibetische Lamas verheiratet sind oder in Beziehungen leben, antwortete er: »Ich lebe aus denselben Gründen zölibatär, aus denen Sie dies nicht tun.« Dann fügte er noch hinzu, dass die Verbundenheit und die Glückseligkeit, die viele Menschen in der Sexualität suchen, in seinem Leben bereits vorhanden seien.

Für den Laienschüler allerdings sieht der Buddhismus kein Zölibat vor. Die einzige Empfehlung, die man ihm mit auf den Weg gibt, ist, von sexuellem Fehlverhalten abzusehen und sich achtsam zu verhalten. Daher ist Sexualität für die meisten Buddhisten ein ganz natürlicher Part des Lebens. Was aber ist besser: Zölibat oder achtsamer Sex? Über diese Frage wird in den spirituellen Traditionen seit Jahrtausenden debattiert, ohne dass man je zu einem definitiven Schluss gelangt wäre. Beide Pfade eröffnen Möglichkeiten zum spirituellen Wachstum, wenn man ihnen voller Achtsamkeit folgt.

Da Praktizierende häufig Zweifel haben, was die Beziehung

zwischen Sexualität und Spiritualität betrifft, suchen sie in den Lehren und Methoden östlicher Weisheitslehrer nach Rat. Manchmal zeugen ihre Fragen von ihrer persönlichen Verwirrung, manchmal auch von der Tatsache, dass sich in diesem Fall die Botschaften zweier Kulturen überlagern. Einige dieser Menschen hatten sexuelle Beziehungen zu ihren Lehrern oder sehen gewisse Differenzen zwischen dem, was in einer Tradition als weise oder tugendhaft gilt, und dem Verhalten der Lehrer, die diese Regeln nicht immer befolgen.

In meiner Rolle als buddhistischer Lehrer wurden mir oft Fragen über die Probleme sexueller Beziehungen zwischen Lehrern und Schülern gestellt, häufig auch nur, weil die Fragenden bestimmte Geschichten darüber gehört hatten. Wie häufig also sind solche Beziehungen, und sind sie schädlich?

In den Achtzigerjahren sammelte ich diesbezüglich Informationen von Schülern und Lehrern (aus Asien und aus dem Westen), die die wichtigsten buddhistischen und anderen Strömungen östlicher Weisheitslehren repräsentierten. Diese Untersuchung sollte ein paar einfache Fragen beantworten: Leben deren Lehrer zölibatär, oder sind sie vielmehr sexuell aktiv? Wie sehen ihre sexuellen Aktivitäten aus? Und gibt es in ihrer Tradition bestimmte Richtlinien im Hinblick auf Sexualität?

Von den 54 spirituellen Lehrern, die ich befragte (6 Frauen und 48 Männer), lebten 15 zölibatär. Die anderen 39 (mich eingeschlossen) lebten in sexuellen Beziehungen. Interessanterweise hatten 35 der 39 Lehrer, die nicht im Zölibat lebten, zumindest gelegentliche Beziehungen zu einem oder mehreren Schülern bzw. Schülerinnen. Manche davon wurden offen und ehrlich ausgelebt, andere fanden heimlich statt. Von den 15 zölibatären Lehrern schätzten einige das Zölibat sehr, andere betrachteten es eher als Entsagungsritus, manche hatten damit ihre Schwierigkeiten. Von den 39 Lehrern, die nicht zölibatär lebten, waren 20 verheiratet und hatten Familie. Von diesen lebte der Großteil monogam, 7 Lehrer jedoch taten dies nicht. Von den 39 nicht zölibatären Lehrern hatten einige ein sexuell sehr aktives Leben, andere weniger. Einige waren heterosexuell, andere homosexuell. Wieder andere waren bisexuell, pflegten irgendeine Form des Fetischismus oder waren an Transgender-Sexualität interessiert. Trotz all dieser sexuellen Aktivitäten lehrten nur wenige öffentlich über Sexualität.

Welche Schlüsse kann man nun aus dieser kleinen Untersuchung ziehen? Dass erfahrene Meditationsmeister und -lehrer sexuell aktiv sind. Die Gruppe der Lehrer scheint die ganze Bandbreite der Menschheit zu repräsentieren. Die Vögel tun es, die Bienen tun es, und Meditationslehrer tun es auch. Doch wenn wir weiterforschen, merken wir schnell, dass die traditionellen Strukturen, aus denen sie kommen – Zen, Vipassana, Kloster –, wenig Rat bieten, wenn es um den weisen Umgang mit Sexualität geht. Häufig müssen sie einfach sehen, wo sie bleiben. Daher wissen sie über ihre Bedürfnisse, Wünsche und Prägungen oft genauso wenig Bescheid wie alle anderen. Wenn wir also tibetische Lamas, Zenmeister, Meditationslehrer oder Swamis treffen, sollten wir nicht von vornherein annehmen, dass sie zölibatär leben – oder bewusst mit ihrer Sexualität umgehen. Vermutlich würden wir ohnehin nur herausfinden, dass die Verwirklichung eines Meditationsmeisters nicht automatisch mit einem hohen Niveau sexueller Bewusstheit einhergeht. Wir können also davon ausgehen, dass spirituelle Lehrer ein aktives und komplexes Sexualleben haben, das sie keineswegs bewusster führen als wir das unsere. Vor diesem Hintergrund müssen wir auch den Mythos hinterfragen, dass Erleuchtung ein zölibatäres Leben voraussetzt oder dass die Sexualität von Meditationslehrern automatisch besser und weiser abläuft. Ich wünschte, es wäre so, aber das ist nicht der Fall.

Natürlich ergeben sich aus sexuellen Beziehungen zwischen Lehrern und Schülern auch gewisse Probleme. Es gibt hier durchaus bewusste, liebevolle Beziehungen ohne Abhängigkeitsverhältnis. Manchmal aber sind diese Beziehungen auch flüchtiger Natur. Sie zeugen nicht von tiefer Verbundenheit und sind letztlich harmlose sexuelle Kontakte. Mitunter ergeben sich so auch echte tantrische Beziehungen, in denen beide Partner die Kunst beherrschen, die sexuelle Vereinigung bewusst zur Meditation zu nutzen. Sehr viel häufiger aber sind sexuelle Beziehungen zwischen Lehrer und Schüler von Ausbeutung geprägt und widersprechen in einigen Fällen sogar den Richtlinien der eigenen spirituellen Tradition. Solche schwierigen Beziehungen ergaben sich in vielen buddhistischen Gemeinschaften und haben nicht selten Schaden angerichtet. Meist liegt dies am eklatanten Machtgefälle zwischen den Beteiligten. Ich habe mit mehreren Dutzend Schülern und Schülerinnen gesprochen, die sexuelle Beziehungen zu ihren Lehrern hatten. Die meisten waren Frauen. Der Großteil von ihnen berichtete, dass diese Beziehung ihre Praxis beeinträchtigt, ihr Vertrauen in die Lehren und ihr Selbstwertgefühl unterminiert habe. In vielen Fällen haben diese Beziehungen die Frauen in eine Rolle gedrängt, in der sie den Lüsten des Lehrers zu dienen hatten, was bei den Betreffenden Verwirrung und Schmerz auslöste. Männer können diese Form des Verrats meist nicht verstehen. Eine Frau wendet sich der spirituellen Praxis zu, um wahre Befreiung zu finden, und ihr Lehrer begegnet ihr mit einem derartigen Mangel an Respekt und Wertschätzung, dass ihr Leiden sich noch verstärkt. Viele dieser Frauen fühlten sich noch jahrelang wertlos.

Dazu kommt noch, dass viele dieser Beziehungen geheim gehalten werden, die anderen Mitglieder der Gemeinschaft müssen also bewusst getäuscht werden. Dies ist für die Betroffenen in den jeweiligen spirituellen Gruppen meist die größte Quelle der Enttäuschung und des Schmerzes. Geheime und unangemessene sexuelle Beziehungen zwischen Lehrern und Schülern gab es in fast allen Traditionen. Ein gutes Dutzend der größten östlich-spirituellen Gemeinschaften in Amerika wurde durch solche Dinge in ihren Grundfesten erschüttert. Warum? Weil Unwissenheit, Angst und Verwirrung dabei eine große Rolle spielen. Die entsprechenden spirituellen Traditionen und Lehrer haben es jahrzehntelang versäumt, offen mit ihrer Sexualität umzugehen. Ihre Sexualität wird unterdrückt, ignoriert, ja gefürchtet. Wie viel Yoga oder Sitzmeditation sie auch geübt haben, es hat die Sexualität nicht berührt. Die Kraft des Eros, die schiere Lebenskraft in der Sexualität kann nicht ignoriert werden. Sie muss bewusst zum Teil unserer Praxis gemacht werden. Sonst wird sie sich unbewusst ausdrücken, wird Frustration und Spaltung im Bewusstsein erzeugen, und die Ausbeutung wird weitergehen.

Wir müssen uns also damit auseinandersetzen, was über die Sexualität gelehrt wird und was zwischen Lehrer und Schüler abläuft. Die ethischen Leitlinien in dieser Hinsicht müssen unmissverständlich formuliert werden. Sexualität muss offen diskutiert werden. Nur dann wird die Ausbeutung, wird der Missbrauch der Macht abnehmen.

Dabei muss man sagen, dass das Leiden nicht nur bei den Schülern liegt. Beziehungen zwischen Lehrern und Schülern verursachen auch bei Ersteren allerlei Kummer. Manchmal wurzelt die Motivation eines Lehrers, solch eine Beziehung aufzunehmen, im Streben nach Macht, in Süchten oder in der irrigen Vorstellung, dies sei sein gutes Recht. Manchmal aber steckt dahinter auch die Sehnsucht, aus der einsamen Rolle des Lehrers auszubrechen, der keinerlei menschliche Bedürfnisse haben darf. Viele dieser Lehrer fühlen sich durch ihre Rolle isoliert, denn fast alle Menschen, mit denen sie zu tun haben, sind in der ein oder anderen Weise ihre Schüler. Wenn solche Lehrer sexuelle Beziehungen eingehen wollen, können sie sie fast nur mit Schülern leben.

Die verführerische, ungezügelte Seite der Sexualität, die im Westen so oft präsentiert wird, verwirrt zweifellos asiatische Lehrer ebenso wie westliche. Außerdem idealisieren Schüler ihre Lehrer, und es ist nicht ganz einfach für den Lehrer, sich nicht von den Erwartungen und Fantasien seiner Anhänger beeinflussen zu lassen. Wenn Schüler Macht und Erleuchtung auf eine Autoritätsperson projizieren, beeinflusst dies den Lehrer ebenso wie den Schüler. Das Problem der Idealisierung und Projektion kennen auch andere Berufsstände wie Ärzte, Priester und Psychotherapeuten. Psychologie und Feminismus haben sich mit diesem Problem konstruktiv auseinandergesetzt. Im Buddhismus aber hört man nur wenig davon. Die östlichen Traditionen schweigen dazu, die Lehrer sind verwirrt. Zum

Verständnis der Sexualität haben sie nicht viel beizutragen. Dies bleibt also uns selbst überlassen.

Die buddhistischen Gemeinschaften im Westen und vor allem in Amerika müssen mit den Erwartungen an Lehrer und Schüler in sexueller Hinsicht klarer umgehen. Der Lehrer trägt die Verantwortung dafür, dass er zum einen offen erklärt, wie er zur Sexualität steht, und zum anderen mit seiner Sexualität in einer Weise umgeht, wie sie den Leitlinien seiner Tradition entspricht. Doch auch die Schüler stehen in der Pflicht. Sie müssen die Antworten des Lehrers offen einfordern. Auf diese Weise werden wir schnell zu der Einsicht gelangen, dass viele Lehrer immer noch mit denselben Energien und Konflikten zu kämpfen haben wie wir. In den Achtzigerjahren hat sich glücklicherweise in vielen buddhistischen Gemeinschaften im Westen die Forderung nach einem bewussten Umgang mit Sexualität und der Formulierung einer gemeinsamen Ethik durchgesetzt. Die Insight Meditation Society hat beispielsweise klare ethische Regeln beschlossen und hält seit Jahrzehnten Ethikräte ab. Doch dieser realistische Umgang mit der Sexualität birgt auch neue Herausforderungen. Wir müssen idealisierte Vorstellungen oder Erwartungen loslassen. Sicher verursacht dies bei einigen Menschen ein Gefühl des Verlusts und der Trauer um unsere eingebildeten spirituellen Ideale. Doch wir gewinnen dabei mehr spirituelle Reife und echte Freiheit.

Wir müssen erkennen, dass unsere Lehrer irdische menschliche Wesen und Träger von Weisheit und Mitgefühl sind. Wer unter uns hat sich schließlich in puncto Sexualität noch nie zum Narren gemacht? Unsere Aufgabe ist es, die Wahrheit zu finden. Wir müssen unsere Anhaftungen und unsere Illusionen von Weisheit und Mitgefühl unterscheiden lernen. Wenn wir unerschütterlich aufrichtig uns selbst gegenüber sind, können wir von allen Dingen lernen. Wir können unsere Lehrer verehren und trotzdem ihre Menschlichkeit akzeptieren, wie wir dies auch bei uns selbst tun.

Weise Sexualität

Obwohl über Sexualität grundsätzlich nur wenig gelehrt wird, haben die spirituellen Traditionen des Ostens einige einfache und wichtige Ratschläge zu bieten, die uns helfen, den Umgang mit der Sexualität weise zu gestalten. Die Lehre des Buddha gibt uns verschiedene Mittel an die Hand, mit unserer Sexualität geschickt umzugehen: in den Tugendregeln, in der Lehre von der Achtsamkeit in Bezug auf den Geist und in der Belehrung von den vier überweltlichen Pfaden.

Die Tugendregeln sind Richtlinien, in deren Zentrum der Wunsch steht, keinem Wesen zu schaden. Diese vom Buddha gelehrte Basis soll uns ein Leben in Güte und Wohlergehen ermöglichen. Was die Sexualität angeht, werden Mönche und alle anderen, die das Zölibatsgelübde abgelegt haben, dazu angehalten, ihr Gelübde zu halten oder es ganz bewusst zurückzugeben und sich für ein Leben als Laienschüler zu entscheiden. Für diejenigen, die kein Zölibatsgelübde abgelegt haben, gelten die Regeln der »Haushälter«: Sexuelles Fehlverhalten zu vermeiden ist eine der traditionellen fünf Regeln für Laienbuddhisten. Dies ist vor allem in unseren sexuell so verwirrenden Zeiten eine gute Richtlinie. Es geht dabei zunächst darum, keinen Ehebruch zu begehen, sexuelle Kontakte mit Menschen zu vermeiden, die in einer anderen Partnerschaft leben, und sexuelle Kontakte nicht zu erzwingen. Darüber hinaus sollten wir sexuelle Handlungen vermeiden, die anderen Wesen Leid verursachen. Wenn wir diese Regel befolgen, bleibt uns selbst viel Leid erspart.

Der zweite Teil buddhistischer Lehren, der uns im Umgang mit der Sexualität hilfreich sein kann, ist die Achtsamkeit im Hinblick auf unsere Geisteszustände. Jede Handlung, auch sexueller Natur, kann von hilfreichen oder schädlichen Geisteszuständen begleitet sein. Wir können unsere sexuellen Handlungen aus Gier, Zwang, Aggression oder Selbstsucht begehen. Oder wir können aus Liebe, Fürsorge, Achtung und dem Wunsch nach Offenheit und Verbundenheit handeln. Es ist also nicht die sexuelle Aktivität an sich, die hilfreich oder schädlich ist. Wie sie sich auswirkt, hängt auch ab von der Absicht, aus der heraus sie vollführt wird, vom Kontext, in dem sie stattfindet, und von den Gefühlen, die sie auslöst. Sexuelle Aktivität vor dem Hintergrund von Gier, Aggression und Selbstsucht führt zu Schmerz und Abhängigkeit. Sexuelle Aktivitäten aber, die aus positiven Geisteszuständen erwachsen, führen zu mehr Harmonie und Freiheit. Mit einiger Übung lernen wir, die schädlichen Geisteszustände loszulassen und den positiven zu vertrauen.

Auch die Lehre von den vier überweltlichen Pfaden kann uns helfen, das schädliche Verhalten von ansonsten hoch verwirklichten Meditationslehrern besser zu verstehen. In der buddhistischen Tradition geht man davon aus, dass es verschiedene Stufen des Erwachens gibt, der Weg vom ersten Aufblitzen der Erleuchtung bis zur vollständigen Verwirklichung ist weit. Der große chinesische Zenmeister Hsu Yun lehrte, dass es viele Satori-Erfahrungen gebe, bevor das Erwachen vollkommen ist. Auf den ersten Stufen des Erwachens werden Zweifel beseitigt, daher wandeln sie den Geist des Betreffenden auch tatsächlich tiefgreifend um. Aber das Herz ist auf dieser Ebene noch nicht vom selbstsüchtigen Verlangen und Zurückweisen frei. Dies geschieht erst auf den höheren Stufen der überweltlichen Pfade. Das ist ein ganz wichtiger Punkt. Lehrer und Schüler können also die erste Stufe der Erleuchtung verwirklichen und dabei zutiefst authentische Erfahrungen machen. Doch auf anderer Ebene sind weiterhin starke Bedürfnisse, Ängste, ungelöste Probleme und selbstbezogene Wünsche vorhanden. Die sexuelle Verwirrung begleitet sie und uns noch jahrelang weiter, auch wenn sich der erste Geschmack des Erwachens schon eingestellt hat.

Aus diesem Grund müssen wir auf die Regeln des Nicht-Schadens und des mitfühlenden Gewahrseins unserer geistigen Impulse zurückgreifen, um uns und andere zu schützen. Haben wir erst einmal eine Sexualität entwickelt, die keinen Schaden anrichtet, dann können wir sie auf der Grundlage von Liebe und Verbundenheit weiterentwickeln und sie letztendlich sogar fürs Erwachen einsetzen. Wir können Gewahrsein in unser Verlangen und unsere intimen Beziehungen bringen. Dann wird Sexualität zum Geschenk. Denn die Sexualität führt uns in eine Welt ein, die von tiefer Konzentration, Glückseligkeit und dem natürlichen Verlust der Grenzen des Selbst geprägt ist. Sie ist eine der großen Freuden und Mysterien des menschlichen Daseins. Sie kann uns helfen, unser kleines Selbst hinter uns zu lassen und Ganzheit, Freiheit und Freude zu erfahren. Sexualität hilft uns, die Eigenschaften eines Bodhisattva zu entwickeln: Gewahrsein, Güte, Freigebigkeit, Tugend, Wahrheitsliebe und Fürsorge für alle Wesen. Die Lehre des Buddha hilft uns, die Sexualität in unseren Pfad zu integrieren. Im Westen bildet sich allmählich ein neuer Stil der Praxis heraus, der nicht auf dem zölibatären Leben im Kloster beruht, wie es im Osten so lange praktiziert wurde. Für die meisten Buddhisten im Westen muss die Praxis in ihrem Alltag als Haushälter stattfinden.

Eine bewusste Sexualität erfordert eine achtsame Verbindung zwischen Liebe und Körper. Ansonsten vollziehen wir erneut diese unselige Aufspaltung von Herz/Geist und Körper, die für so viel Leiden auf der Welt verantwortlich ist. Wenn der Geist von den körperlichen Instinkten und echten Gefühlen abgeschnitten ist, behandeln wir den Körper, als wäre er ein Objekt, und die Welt um uns herum ist uns nicht mehr heilig. Diese Aufspaltung ist der Grund für die Tötung von Menschen, die Zerstörung der Umwelt, ja der Erde selbst. Daher müssen wir die Achtung vor der Macht der Sexualität zu einem Teil unseres spirituellen Pfades machen. Sex ist nicht schlecht. Er kann schön oder schrecklich sein, je nachdem, welche Ebene der Bewusstheit wir erreicht haben. Sogar der Buddha, der als Mönch enthaltsam lebte, erkannte an, dass die Sexualität eine der großen Freuden des Haushälterdaseins ist.

Nun, wo der Dharma in den Westen kommt, stehen wir vor der Herausforderung, die Mythen, die wir erlernt haben, auf den Prüfstand zu stellen und eine spirituelle Vision der Befreiung zu schaffen, die das ganze Leben als heilig betrachtet. Lehrer und Schüler haben die Chance, das Mysterium der Sexualität offen zu erkunden, es in ihr Herz aufzunehmen und in ihre Praxis miteinzubeziehen. Der nicht ans Mönchsleben gebundene Buddhismus des Westens muss lernen, wie er Sexualität, bewusstes Gewahrsein und Liebe zusammenbringt und alle Teile unseres Selbst ins spirituelle Leben einbringt. Dies könnte eines der Geschenke sein, die das Gewahrsein dem modernen Leben macht, ein Praxisweg, der unsere Sexualität, unseren Körper und die Erde selbst als Pfad zum Erwachen behandelt.

20
Drogen und spirituelle Praxis

Drogen oder bewusstseinsverändernde Arzneimittel zu nehmen ist mittlerweile gesellschaftsfähig geworden, ob man sie nun zur Entspannung nimmt, zur Bewusstseinserweiterung oder zur Behandlung von emotionalen Störungen. Für buddhistische Praktizierende ergeben sich dadurch viele Fragen. Wie stehen wir zum Einsatz von Antidepressiva, Halluzinogenen und anderen Drogen, die Einfluss auf den Geist nehmen? Können sie sinnvolle Mittel auf dem Pfad zum Erwachen sein, oder vernebeln sie den Geist und behindern eine authentische spirituelle Praxis?

Beschäftigen wir uns zunächst einmal mit den Halluzinogenen. Als ich in den Sechzigerjahren begann, Buddhismus zu praktizieren, experimentierten viele junge Leute mit bewusstseinsverändernden Drogen wie LSD oder psilocybinhaltigen Pilzen. Damals glaubte man noch, durch Drogen veränderte Bewusstseinszustände würden direkt zum spirituellen Erwachen führen. Immer wieder haben daher Praktizierende die Frage gestellt, ob der Buddhismus die Verwendung solcher Substanzen erlaube. Um diese Frage beantworten zu können, müssen wir uns vor Augen führen, wie sie vor dem Hintergrund der Grundpfeiler des buddhistischen Pfades gesehen werden: Tugend, Geistestraining und Weisheit.

Die Regeln zum tugendhaften Lebenswandel verbieten die

Nutzung von Rauschmitteln. Bewusstseinsverändernde Drogen werden zwar in der buddhistischen Literatur nicht ausdrücklich genannt, fallen jedoch eindeutig in diese Kategorie. Praktizierende sollen, so heißt es, sich von Rauschmitteln fernhalten, weil sie den Verlust des Gewahrseins bewirken. Daher geht man im Allgemeinen davon aus, dass sich diese Tugendregel auf sämtliche Substanzen bezieht, die rauschartige Zustände bewirken.

Die fünf grundlegenden Tugendregeln für buddhistische Laien lauten: nicht töten, nicht stehlen, nicht lügen, kein sexuelles Fehlverhalten und Verbot von Rauschmitteln. Zusammengenommen halten uns diese Regeln davon ab, Schaden anzurichten, was ja das erste grundlegende Prinzip aller spirituellen Lebensführung ist. Die Tradition sagt uns, dass wir nicht meditieren können, wenn wir den Tag damit zugebracht haben zu lügen, zu töten oder zu stehlen. Eine Beziehung zur Welt, die auf dem Grundsatz des Nicht-Schadens beruht, ist wichtig, wenn wir unser Herz von den Verstrickungen in Gier, Angst, Hass und Verblendung befreien wollen. Nur auf dieser Grundlage können sich Meditation und Weisheit entfalten.

Der buddhistischen Tradition zufolge ist ethisches und mitfühlendes Verhalten also das Fundament unserer Entwicklung. Der zweite Grundpfeiler spiritueller Praxis ist das Geistestraining: Wir üben uns darin, den Geist ruhig werden zu lassen und das Herz zu öffnen. Geistestraining durch Meditation, Visualisierung und andere Übungen dient dazu, »den Affengeist zu zähmen«. Systematisch geübt können diese Methoden dazu beitragen, Angst und Verwirrung in unserem Geist zu beseitigen und unsere Identifikation mit dem begrenzten Ich zu lockern. Meditation, die Körper, Herz und Geist vereint, öffnet unseren Blick für die grenzenlosen inneren Reiche.

Durch unsere Haltung des Nicht-Schadens und das Geistestraining wird unser Bewusstsein klar und offen, sodass sich der dritte Grundpfeiler, Weisheit oder Prajña, einstellen kann. Mit ruhigem und konzentriertem Geist können wir sehen, wie unser Bewusstsein die Welt schafft, und mitten in ihr Freiheit und Mitgefühl erfahren. Die drei Grundpfeiler bilden das Fundament für jede weitere Erkundung, denn sie eröffnen der Weisheit die Möglichkeit, zu gedeihen und sich in unserem Leben zu verwurzeln.

Der Drogengebrauch in den Sechziger- und Siebzigerjahren kehrte die drei Schritte des Erwachens sozusagen um. Viele Menschen, die LSD, Pilze oder andere bewusstseinserweiternde Drogen nahmen und sich dabei häufig auch noch auf das tibetische Totenbuch mit seinen Beschreibungen der Nachtod-Visionen stützten oder auf entsprechende Zentexte, stießen die Tore der Weisheit damit weit auf. Sie erkannten, dass das begrenzte Alltagsbewusstsein nur eine Erfahrungsebene darstellt und dass es im Geist noch viele weitere Dimensionen gibt. Sie öffneten sich neuen Einsichten, erlebten, wie es in Wahrheit um Geburt und Tod bestellt ist. Und sie erfuhren die Natur des Geistes als schöpferisches Feld, statt ihn nur als logische Folge der Tatsache zu betrachten, dass sie einen Körper hatten. Sie richteten den Blick über die Illusion des Getrenntseins hinaus und erkannten die Wahrheit von der Einheit der Dinge.

Doch die Veränderungen, die diese Einsichten in ihnen bewirkten, hielten meist nicht lange an. Um ihre Visionen aufrechtzuerhalten, waren immer mehr Drogen nötig. Und nicht einmal das half. In der Folge sagten sich einige der Experimentierfreudigeren: »Nun gut, wenn ich diese hochfliegenden Bewusstseinszustände nicht mit Drogen halten kann, dann gibt's ja vielleicht einen anderen Weg.« Und sie wandten sich verschiedenen spirituellen Disziplinen zu. Sie betrieben buddhistische Meditation, Kundalini-Yoga, Bhastrika-Atmung, Raja-Yoga, Konzentrationsübungen und Mantrarezitation, um diese berückenden Geisteszustände wiederherzustellen, die ihnen die Halluzinogene beschert hatten.

Drogen hatten diesen Menschen gezeigt, wie es sich anfühlt, wenn sich Geist und Körper öffnen, dass es also möglich ist, anders zu leben. Um diese Visionen und Erlebnisse aufrechtzuerhalten, ohne sich auf die Macht der Drogen stützen zu müssen, wandten sie sich der spirituellen Praxis zu und praktizierten Yoga und Meditation.

Natürlich merkten sie bald, dass die meditative Praxis nicht stabil und verlässlich war, wenn man sie nicht in den Alltag integrierte. Und so kamen sie dahinter, dass es durchaus einen Sinn hatte, tugendhaft zu leben und ohne anderen zu schaden. Sie stellten fest, dass das innere Erwachen in tugendhaftem Verhalten und Mitgefühl seine Wurzeln hatte und von einem systematischen Geistestraining begleitet sein musste – und dies, obwohl ihre ursprünglichen Ziele ganz woanders lagen. Menschen, deren spirituelle Reise beim Drogengebrauch begonnen hatte, durchliefen quasi den umgekehrten Prozess: Sie unterfütterten ihre psychedelischen Einsichten mit tugendhaftem Verhalten und hingebungsvoller spiritueller Praxis.

Wie wir dazu auch stehen mögen: LSD spielte eine ganz entscheidende Rolle beim Sechzigerjahre-Import östlicher spiritueller Techniken in die USA. Ich jedenfalls experimentierte damals mit bewusstseinserweiternden Drogen. Ich nahm LSD und andere Halluzinogene, während ich am Dartmouth College »Östliche Religionen« studierte. Zu jener Zeit ging das recht häufig Hand in Hand. Drogen waren für viele meiner Zeitgenossen das Tor zum inneren Leben. Viele westliche Buddhismuslehrer nahmen zu Beginn ihrer spirituellen Praxis Drogen. Einige machten dabei Erfahrungen, die ihr ganzes Leben umkrempelten. Andere fühlten sich inspiriert. Einige allerdings trugen auch lebenslange Schäden davon. Das ist wie beim Lotteriespiel. Viele Menschen spielen, und nur sehr wenige gewinnen viel Geld. Und doch gibt es da stets diese Chance auf einen ganz realen Gewinn.

Als der koreanische Zenmeister Seung Sahn in den Siebzigerjahren in die USA kam und dort Amerikaner unterrichtete, fragte man ihn, ob es erlaubt sei, für die eigene spirituelle Fortentwicklung Drogen zu benutzen. Er meinte, es gebe da durchaus besondere Mittel, die, wenn man sie in der richtigen Haltung konsumiere, die Verwirklichung beschleunigen könnten. »Aber«, so meinte er, »wenn Sie die richtige Haltung haben, können Sie auch ein Bad nehmen oder spazieren gehen.«

In den Sechziger- und Siebzigerjahren waren wir so naiv zu glauben, dass uns außergewöhnliche Erfahrungen unter Drogeneinfluss dauerhaft verändern würden. Meine eigenen Erfahrungen als praktizierender Buddhist und spiritueller Lehrer haben mir gezeigt, dass die meisten Menschen keine Vorstellung davon haben, wie tief so ein Wandel gehen muss, damit er anhält. Wahre Befreiung verlangt einen recht weitgefassten Blickwinkel, der im Zen als »stabiler Geist« bezeichnet wird.

Ja, eine Erleuchtungserfahrung kann sich durchaus mal einstellen, doch sie zu leben und stabil zu halten kann Monate, Jahre, ja ein Leben dauern. Die Neigungen und Gewohnheiten, mit denen wir leben, sind in uns so tief verankert, dass nicht einmal faszinierende Visionen sie auf einen Schlag verändern können. Ein so rundum vollständiger Pfad der Befreiung, wie der Buddha und andere Traditionen ihn lehren, geht auf viele Bereiche des Lebens ein, um einen dauerhaften Wandel herbeizuführen. Im Zentrum dieser Lehren steht die Möglichkeit der Befreiung – die Befreiung des Herzens von Gier, Hass, Verblendung, die Befreiung vom Gefühl des Getrenntseins, von der Angst. Eine überwältigende Aussicht, die sich da auftut.

Um diese Stufe des Erwachens zu erreichen, müssen Sie sich mit den machtvollsten Energien in Herz und Geist auseinandersetzen, jenen, die Kriege herbeiführen, die zu Rassenhass und jeder erdenklichen Form von sektiererischem Eifer führen. Sie werden den Wurzeln der Gier begegnen, den ursprünglichsten Formen der Anhaftung. Sie werden der Macht des Hasses begegnen und feststellen, dass der Geist von Hitler und Attila in Ihrem Bewusstsein lebendig ist. Und Sie werden sich mit Ihren Illusionen auseinandersetzen müssen, die Sie in tiefste Verwirrung stürzen. Jede tiefe spirituelle Praxis – und ich rechne Erfahrungen mit bewusstseinsverändernden Drogen dazu – zwingt Sie am Ende zur Konfrontation mit dem Tod. Sie müssen Möglichkeiten finden, mit diesen Kräften zu arbeiten und sie so umzuwandeln, dass sie Sie zur Befreiung führen. Nur wenn Sie Halluzinogene richtig einsetzen, sind sie Ihnen dabei eine Hilfe.

Viele Menschen meiner Generation aber nahmen Drogen in

achtloser, falscher Weise, ohne ihre tiefgreifende Wirkung zu verstehen. Uns fehlte die spirituelle Führung, die uns gezeigt hätte, was wir mit den Halluzinogenen hätten anfangen können. Wenn wir irgendeine synthetisch hergestellte Mescalinpille einwerfen, haben wir vielleicht ein paar hübsche Visionen, doch ohne den von Gebeten begleiteten 300-Kilometer-Marsch durch die Wüste und die Monate der Reinigungszeremonien und des Tanzes, mit denen die Huichol sich auf ihre Peyotezeremonie vorbereiten, werden uns diese Visionen nicht allzu weit bringen. Erst der spirituelle Hintergrund macht die Peyotezeremonie zum Sakrament. Moderne Geistesforscher wie Stanislav Grof und Ram Dass empfehlen schon seit Jahren, in einem sicheren, geschützten Umfeld mit bewusstseinsverändernden Drogen zu arbeiten. Beide kennen die Kräfte, die dabei geweckt werden. Wie unsere Praxis auch immer aussehen mag, wir müssen die Tiefe der transformativen Erfahrung respektieren und einen heiligen Raum schaffen, in dem wir uns der ganzen Bandbreite des spirituellen Lebens öffnen können.

Denn auch bei Menschen, die ganz bewusst mit Drogen experimentieren, können Sucht und Abhängigkeit zum Problem werden. Sucht und die schädlichen Handlungen, die sie zur Folge hat, verursachen großes Leid. Aus diesem Grund verbietet ein Kommentar zu den fünf Tugendregeln, die der Buddha für Laienschüler erlassen hat, Rauschmittel ganz. In anderen Übersetzungen des Textes heißt es allerdings nur: »Nimm keine Substanzen zu dir, die dich unachtsam machen.« Wenn man Wein, Marihuana, LSD oder magische Pilze nimmt, sollte man – dieser zweiten Interpretation zufolge – so vorsichtig vorgehen, dass man in keinem Teil seines Lebens die Achtsamkeit verliert. Wer diese Regeln nicht befolgt, wird unweigerlich die Orientierung verlieren. Sie können die Reise nicht zu Ende führen, wenn Sie die Grundlagen nicht legen. Eigentlich eine ganz einfache Sache.

Die Einnahme von bewusstseinsverändernden Substanzen gehört in vielen Traditionen zum Repertoire spiritueller Techniken. Wenn Schamanen mit dem Peyotekaktus arbeiten, Sufis Wein trinken oder Hindus Soma verwenden (eine visionsauslösende Pflanze, die in den Veden beschrieben wird), so werden diese Drogen alle zur spirituellen Reinigung eingesetzt. Soma zum Beispiel darf nur nehmen, wer sich und sein Handeln »gereinigt«, also tugendhaft gelebt hat. Auch der Körper wird gereinigt – durch Yoga, Atemübungen, Fasten und andere Techniken. Damit er sich für das visionäre Bewusstsein öffnet – und später die Visionen in sein Leben integrieren kann.

In all diesen Traditionen geht die Reinigung des Körpers und seiner Handlungen (durch einen tugendhaften Lebenswandel) einher mit der Reinigung von Herz und Geist. Die emotionale Wandlung geschieht durch Übungen, in denen wir anderen vergeben, das Herz öffnen, Ängste, Zorn und jahrelang unterdrückte Erinnerungen loslassen. Welchen Weg der Praktizierende dabei auch nimmt, er wird von Wellen des Verlangens, der Angst, des Schmerzes, der Trägheit oder Frustration überrollt. Dies sind die ersten Hindernisse auf dem Weg zur Transformation. Wir müssen lernen, wie wir unsere Aufmerksamkeit weise einsetzen, damit wir uns darin nicht verlieren. Und auch wenn wir keine bewusstseinsverändernden Drogen zu nehmen beabsichtigen, müssen wir unseren Geist reinigen: Wir müssen uns mit unserem unausgesetzten inneren Dialog auseinandersetzen und den Geist stabilisieren.

Regelmäßige Praxis hilft uns, diese verschiedenen Stufen der Reinigung und Stabilisierung zu verwirklichen: Meditation, Mantrarezitation, Visualisierungen, heiliger Tanz, Gebete, Rituale und andere Mittel. Wenn Körper und Geist gereinigt sind und sich allmählich öffnen, reift in uns die Fähigkeit, in uns selbst zu ruhen und uns weniger von starken Emotionen und Gedanken fortreißen zu lassen. Diese Fähigkeit hilft uns sodann, andere Bewusstseinsebenen zu erreichen. Ist der Geist stabilisiert, entsteht daraus Klarheit. Mit ihr können wir die Gesetze des Geistes studieren.

Reinigung und Stabilisierung führen zu Gleichmut, der Fähigkeit, in die Bereiche von Licht und Ekstase einzutreten, ohne daran allzu sehr festzuhalten. Sie lernen, alles als Teil einer Show zu sehen, die an Ihnen vorüberzieht. Im selben Geiste können Sie die Höllenregionen im eigenen Innern durchwandern, ohne sich davon erschrecken zu lassen. Sie lernen, wie Sie sich, ohne anzuhaften, aller Erfahrung öffnen können. In der Meditation tauchen Sie ein in die Weite des Bewusstseins, wohin Sie vielleicht auch mithilfe von Drogen gelangt wären, aber nun können Sie dies mit Achtsamkeit und Ausgewogenheit tun und eine weise Beziehung zu Ihrer Erfahrung eingehen. Beim spirituellen Erwachen geht es nicht nur darum, sich die Reiche von Herz, Geist und Körper zu erobern. Wir müssen auch lernen, wie wir uns zwischen ihnen weise, mitfühlend und mit wahrer Freiheit bewegen.

Mein Lehrer Ajahn Chah lehrte uns, weise mit Visionen umzugehen. Er sagte immer: »Sie mögen schon kommen, aber ihr solltet sie nicht zu ernst nehmen. Glaubt nicht, dass ihr das seid – alles ist nur eine Vision, eine Hervorbringung des Geistes, eine Täuschung, die euch zu Verlangen, Anhaftung oder Angst verleiten soll. Wenn ihr diese Konstruktionen seht, lasst euch davon nicht beeindrucken. Ungewöhnliche Erfahrungen und Visionen sind für einen weisen Menschen wertvoll, für den Unweisen aber schädlich. Praktiziert einfach weiter, bis euch so etwas vollkommen unbeeindruckt lässt.«

Diese Einsicht sowie die oben erwähnten Grundpfeiler des buddhistischen Pfades sollten berücksichtigt werden, wenn bewusstseinsverändernde Drogen in den Pfad integriert werden. Legen Sie das Fundament der Tugend. Üben Sie sich in Achtsamkeit, Gleichmut und Mitgefühl. Schaffen Sie einen sicheren Raum, in dem Sie diese Stoffe zu sich nehmen wie ein Sakrament. Arbeiten Sie mit einem erfahrenen Meditierenden. Möglicherweise lernen Sie recht schnell viele Ebenen der Erfahrung kennen. Manche dieser Ebenen brauchen heilende Energie. Sie können frühere Traumen durchleben, den Schmerz wieder fühlen, der von früheren Operationen oder Unfällen noch in Ihrem Körper gespeichert ist. Möglicherweise spüren Sie die Spannungen von aufgestautem Ärger oder Verlangen, die plötzlich ins Bewusstsein steigen können und losgelassen werden wollen. Sie werden Visionen haben. Sie werden andere Bewusstseinszustände und -bereiche erleben, mit Geburt und Tod Bekanntschaft schließen. Da brauchen Sie alles an Mitgefühl und achtsamer Präsenz, was Sie in der Meditation je entwickelt haben. Der heilsame Effekt der Halluzinogene liegt darin, dass sie diese Dinge, die immer an der Schwelle zum Bewusstsein lauerten, ins Gewahrsein heben.

Mit bewusstseinsverändernden Drogen stellen sich intensive Erfahrungen mitunter zu schnell ein, sodass der Betreffende damit nicht umgehen kann. Wenn dies geschieht, kehren Sie zu jener Praxis zurück, in der Sie am besten verwurzelt sind, in der Sie sich am stärksten zu Hause fühlen. Lassen Sie sich Zeit. Sonst machen Sie sofort dicht, wenn Sie furchterregende oder anderweitig schwierige Erfahrungen machen. Die Praxis hilft Ihnen, loszulassen und durch die Probleme hindurchzugehen. Sie führt Sie in eine weitere, freiere Form des Bewusstseins.

LSD, Psilocybin, Ecstasy oder Ayahuasca können Heilung bringen. Sie öffnen uns das Tor zu visionären, mystischen Erfahrungen, in denen sich weitreichende transzendentale Einsichten erschließen. Sie geben uns Einblick in das Gefühl des Einsseins mit allem, in die Tatsache unserer Vernetztheit mit der Welt. Jede Technik, die unser Herz auf diese Weise öffnet, die uns zeigt, dass wir nicht allein sind, die uns den Zugang zu einer Welt universeller Liebe, Güte und des Mitgefühls erlaubt, ist wertvoll. Aber Sie müssen mit diesen Substanzen sehr vorsichtig umgehen. Bei einigen Menschen kann der kluge Gebrauch dieser Substanzen den Geist für die Erkenntnis öffnen, dass das Bewusstsein die Welt schafft, dass die materielle Wirklichkeit aus dem Bewusstsein entsteht und nicht umgekehrt. Für die meisten Menschen aber sind diese Drogen gefährlich, vor allem, wenn Rauschgift-Abhängigkeit in der Familie bereits aufgetreten ist.

Halluzinogene sind starke Medizin und für manche Menschen sehr verlockend, zumindest für die anfängliche Öffnung. Auch später können sie, innerhalb der Tugendregeln klug gebraucht, noch sinnvoll eingesetzt werden. Doch wenn die Vorsicht auch nur im Geringsten nachlässt, führen sie schnell zu Abhängigkeit. Außerdem gibt es zahllose andere Wege, den

Geist für andere Bewusstseinszustände zu öffnen: intensives Gebet, Körperarbeit, Atemübungen, Schamanentrommeln, Initiationsrituale, ekstatischer, reinigender Tanz, Visionssuche und intensive Meditationsretreats. Stanislav und Christina Grof und ich bieten jährlich Retreats für Holotropes Atmen an. Diese Atemübungen werden in der Gruppe gemacht und öffnen den Zugang zu den Innenwelten, ähnlich wie halluzinogene Drogen. Wir kombinieren diese Atemtechnik mit buddhistischer Meditation. Die Klienten, die sich auf ihre Innenwege begeben haben, scheinen diese Methodenkombination zu schätzen.

Heilige »Medizin« gibt es in fast allen spirituellen Traditionen. Wenn wir sie in unseren spirituellen Gemeinschaften nutzen, müssen wir uns mit diesem schwierigen und manchmal tabuisierten Thema auseinandersetzen. Auf jeden Fall sollten wir Drogen, wenn überhaupt, nur ganz bewusst einsetzen. Ich persönlich bin der Auffassung, dass alles, was zur Öffnung des Herzgeistes beiträgt, positiv ist.

Psychopharmaka

Eine andere Frage, mit denen sich buddhistische Praktizierende im Westen auseinandersetzen müssen, ist, ob psychoaktive Medikamente wie zum Beispiel Antidepressiva im Rahmen des buddhistischen Pfades erlaubt sind und als sinnvoll erachtet werden. Wie bei den bewusstseinsverändernden Drogen ist hier eine vorurteilsfreie Einstellung von Nutzen. Wir müssen untersuchen, ob diese Medikamente den Praktizierenden helfen oder ob sie ihre spirituelle Praxis unterminieren.

Viele Menschen im Westen werden mit Psychopharmaka behandelt: Sie nehmen Antidepressiva, angstlösende Medikamente, stimmungsaufhellende Medikamente, Schlafmittel und Medikamente gegen Aufmerksamkeitsstörungen. In vielen Fällen wirken sich diese Medikamente positiv auf die Betroffenen aus. Da sie relativ kostengünstig sind, werden sie vor dem Hintergrund unserer immer weniger funktionstüchtigen Gesundheitssysteme mittlerweile häufiger verordnet als beispielsweise Psychotherapien. Seelische Probleme von Menschen, die mit Trauer, Traumen, Konflikten und schwierigen Lebenssituationen umgehen müssen, werden nicht mehr langfristig und mitfühlend therapiert. Es gibt aber eine ganze Reihe von nicht medikamentösen Behandlungsmethoden, die genauso effektiv sind und auf lange Sicht den Patienten besser helfen.

Ein weiteres Problem ist, dass mittlerweile schätzungsweise 40 Millionen Kinder in den USA mit Psychopharmaka wie zum Beispiel Antidepressiva oder Mitteln gegen Aufmerksamkeitsstörungen behandelt werden. Das *Wall Street Journal* hat 2011 eine Untersuchung veröffentlicht, in deren Rahmen landesweit die Daten der Gesundheitsämter ausgewertet wurden. Man kam zu dem Schluss, dass Millionen Schulkinder verschreibungspflichtige Medikamente nehmen müssen, um ihren normalen Schulalltag zu bewältigen. Meiner Ansicht nach ist das falsch. Wir wissen, dass diese Medikamente in bestimmten Fällen nützlich und hilfreich sein können, trotzdem werden sie mit viel zu leichter Hand verschrieben.

Daher müssen wir auch im Umgang mit Psychopharmaka den mittleren Weg suchen. Auf der einen Seite erhalten viele Menschen, Kinder eingeschlossen, viel zu häufig bewusstseinsverändernde Medikamente. Das ist eine recht bequeme Methode, um den Bedarf an geringer Klassenstärke in den Schulen und an guten Therapeuten, die den Menschen helfen können, kritische Lebenssituationen zu überstehen, mit ein bisschen Kosmetik zu überdecken. Der bekannte Psychiater und Autor Dan Siegel zückt, anstatt schnell Antidepressiva oder angstlösende Medikamente zu verschreiben, seinen Rezeptblock und notiert darauf: »45 Minuten intensives Aerobic, fünfmal pro Woche, drei Monate lang.« Nach drei Monaten hat der Sport dafür gesorgt, dass Depression und Panik bei der Hälfte der Patienten deutlich nachlassen. Sie brauchen gar keine Medikamente mehr.

Auf der anderen Seite stehen die Leute, die »niemals« Psychopharmaka nehmen würden, weil dies die »reine spirituelle Praxis« stört. Die aber gar kein Problem haben, sich selbst mit Alkohol, Marihuana oder Koffein zu verarzten. Ein Praktizierender, der unter Epilepsie litt, war so stur, was das anging, dass er seine Medikamente nicht mehr nahm und während eines Retreats mehrere schlimme Anfälle bekam.

Medikamente können wie andere chemische Stoffe in der Nahrung oder im Körper entweder nützen oder schaden. Ja, natürlich werden viele Medikamente zu leichtfertig verschrieben, und manche Psychopharmaka schneiden die Betroffenen buchstäblich von ihren Gefühlen ab. Aber sie können auch für Dharmapraktizierende von großem Nutzen sein. Wenn unser Nervensystem und unsere Psyche aus biologischen, genetischen oder umweltbedingten Gründen (wie Traumen) aus dem Gleichgewicht geraten, lässt sich dieses Problem mit Achtsamkeitsübungen und Mitgefühl allein manchmal nicht bewältigen.

Jeder, der seit mehreren Jahren meditiert, weiß, dass es auch auf der inneren Reise Höhen und Tiefen gibt, dass es nötig ist, mit Geisteszuständen wie Angst, Zweifel und Schmerz achtsam umzugehen. Mitunter aber dauern Schmerz und Depression schon viel zu lange an, sind Angst und Trauer viel zu stark, um damit arbeiten zu können. Wir scheinen darin unterzugehen, und unser Gewahrsein ist nicht stark genug, um uns herauszuhelfen. In diesem Fall ist es wirklich gut, Medikamente zu nehmen, um unsere Depressionen, Angstzustände und Schlafprobleme zu lindern, sodass wir mit der Situation arbeiten können. Wenn wir uns wieder ausgeglichener und ruhiger fühlen, können wir uns eher öffnen – körperlich, emotional und geistig. Viele Schüler und auch einige Dharmalehrer, die ich kenne, haben zeitweise von Psychopharmaka profitiert, weil sie ihnen innere Stabilität gaben, die Grundlage für die Arbeit mit den Werkzeugen der Achtsamkeit und des Mitgefühls.

Den buddhistischen Tugendregeln zufolge soll der Praktizierende sich aller Substanzen enthalten, die den Geist trüben, doch bei Psychopharmaka ist häufig das Gegenteil der Fall. Wer immer schon von Langzeitdepressionen, Angst oder Schlaflosigkeit lahmgelegt wurde, berichtet, dass die verschriebenen Medikamente dazu beitrugen, diesen tödlichen Verlust der Vitalität zu überwinden, der dunklen Wolke über dem eigenen Haupt zu entkommen, das Gefühl des Ausgeliefertseins und der inneren Qual zu überwinden.

Dr. Roger Walsh ist langjähriger Dharmapraktizierender und arbeitet in der psychiatrischen Forschung. Seine vorläufigen Studien zeigen, dass Praktizierende mit starker Angst- oder Depressionssymptomatik von der Verschreibung von Psychopharmaka wie zum Beispiel Serotonin-Wiederaufnahmehemmern profitieren, da diese ihr emotionales Gleichgewicht wiederherstellen, ihnen neue Motivation geben und ihre kognitiven Fähigkeiten stärken. Die Meditierenden werden dadurch ruhiger, aufmerksamer und ansprechbarer. Ihre positiven Emotionen wie Freude, Liebe, Mitgefühl und Selbstachtung verstärken sich. Doch natürlich sind Medikamente auch hier nur ein Teil der Lösung. Um spirituelles Wachstum zu fördern, müssen sie von regelmäßiger Meditation begleitet werden, mitunter auch von Psychotherapie und intensiver Traumaarbeit.

Wie so viele Dinge sind Psychopharmaka an sich weder gut noch schlecht. Sie können umsichtig eingesetzt oder missbraucht werden. Daher sollten wir sie nicht automatisch von der Hand weisen oder gar fürchten. Wenn wir wirklich aufrichtig nach Erwachen streben, sollten wir für alles offen sein, was uns ins Gleichgewicht bringt. Ist unsere Seele aus der Balance geraten und braucht Medikamente, damit wir auf dem Weg weiter fortschreiten können, ist das eine Tatsache, die wir akzeptieren sollten. Der Pfad zur inneren Freiheit ist unser Lebensweg, auf dem wir immer wieder von Neuem lernen, mit offenem Herzen und freiem Geist in die Wirklichkeit des Augenblicks zurückzukehren. Und wir werden uns voller Weisheit für das entscheiden, was das Erwachen bei uns und anderen fördert.

21 Auch der vollkommenste Meditierende trägt an alten Wunden

Um das spirituelle Erwachen wirklich vollständig zu machen, müssen wir unsere Aufmerksamkeit auf unseren Schatten lenken, also auf jene Aspekte unser selbst und unserer Praxis, deren wir uns bislang noch nicht bewusst sind. Dies ist nötig, weil die Praxis, die wir üben, manchmal bestimmte Aspekte der Persönlichkeit hervorhebt, während sie andere unbeachtet lässt. Ich zum Beispiel lehre seit 38 Jahren buddhistische Achtsamkeitsübungen. Ich kenne daher den Wert der Meditation. Tägliche Meditation ist äußerst heilsam, intensive Meditationsretreats noch mehr. Meditation beruhigt den Geist, löst die Illusion der Getrenntheit auf und schenkt uns tiefgreifende Einsichten und Heilung.

Und doch hat auch intensive Meditationspraxis ihre Grenzen. Wenn ich nun über die Grenzen der Meditation rede, möchte ich dies in einer Weise tun, die ganz auf meinen eigenen Erfahrungen aufbaut.

Manche Menschen kommen zur Meditation, nachdem sie eine klassische Psychotherapie gemacht haben. Sie empfanden die Therapie häufig als hilfreich, doch deren Grenzen führten sie zur Meditation. Die meisten Therapieformen beschränken sich auf die Arbeit mit dem persönlichen Leben, mit familiären Problemen zum Beispiel. Sie helfen uns, ungesunde Muster in unserem Leben zu erkennen und diese loszulassen oder zu verändern. Doch diesen Formen der Therapie fehlt das spirituelle Element meist vollkommen. Es gibt dort keine Methoden, die uns helfen, uns für die Dimensionen jenseits unseres Alltagsselbst zu öffnen. Auch fehlt es an der universellen Perspektive, die uns die grenzenlose Weite der Weisheit, des Mitgefühls, der Leerheit und der Befreiung aufzeigt. Daher wenden sich Menschen, auch wenn sie erfolgreich eine Therapie absolviert haben, häufig der spirituellen Praxis zu, da diese ihren Blickwinkel erweitert.

Ich hingegen haben den umgekehrten Weg genommen. Ich habe mit Meditation angefangen und mich erst sehr viel später für Therapie interessiert. Die Schulung in den thailändischen und birmanischen Klöstern hat mir unendlich viel gebracht. Ich lernte Achtsamkeit, Mitgefühl, Tugend und Entsagung. Ich lernte loszulassen, und ich lernte die Leerheit kennen. Dann aber bemerkte ich überraschenderweise, dass zwei Dinge dabei fehlten. Zunächst einmal gab es da Probleme in meinem Leben, an die selbst die tiefste Meditation nicht rührte: Einsamkeit, Liebesbeziehungen, Arbeit, Kindheitstraumen und Angstmuster. Und das ging nicht nur mir so. Mehrere Dutzend westlicher Mönche und viele asiatische Praktizierende, die ich während meiner Zeit in Asien kennengelernt habe, fanden (mit wenigen Ausnahmen) in der Meditation keine Hilfe in zentralen Lebensfragen. Manche hatten Traumen erlitten oder Neurosen entwickelt. Einige litten unter Panikanfällen oder Depressionen. Die meisten hatten die spirituelle Praxis dazu benutzt, sich vor den Problemen in der Innen- und Außenwelt zu verstecken.

Als ich in den Westen zurückkehrte, um klinische Psychologie zu studieren, begegnete ich dort ganz ähnlichen Fällen. Viele der eifrigen Praktizierenden, die zu uns zum jährlichen Drei-Monats-Retreat kamen, konnten die einfachsten Übungen zur Konzentration und zum »ruhigen Verweilen« nicht durchführen, weil sie mit verdrängter Trauer, Angst und alten Wunden aus der Vergangenheit zu kämpfen hatten. Ich hatte Gelegenheit, wirklich erfahrene Meditierende zu beobachten, darunter viele Schüler aus der Tradition des Zen und des tibetischen Buddhismus. Sie hatten zwar ein starkes Samadhi entwickelt sowie ein solides Verständnis der Vergänglichkeit und des Nicht-Selbst. Doch sogar nach intensiven Retreats hatten diese Praktizierenden immer noch enorme Schwierigkeiten durch Anhaftung und Verdrängung. Sie litten unter Angst, hatten Probleme im Beruf oder in der Beziehung, und ihr Herz hatte sich kein bisschen geöffnet. Die Schüler stellten Fragen darüber, wie sie den Dharma leben sollten, und kehrten immer und immer wieder ins Retreat zurück, wo sie nach Hilfe und Heilung suchten. Doch die Sitzmeditation für sich, die sich hauptsächlich auf Konzentration und Losgelöstheit richtet, war für viele dieser Menschen eine spirituelle Umgehungsstraße. Sie benutzten sie, um sich vor ihrer Erfahrung zu verstecken, um den Geist von schwierigen Bereichen in Herz und Körper fernzuhalten.

Auch Meditationslehrer sind von diesem Phänomen nicht frei. Viele von uns führen ein recht fragmentiertes Leben. Sogar nach wirklich tiefgreifender Praxis und anfänglichen »Erleuchtungserfahrungen« hat die Sitzmeditation doch weite Bereiche unseres Daseins ausgeklammert und im Dunkeln gelassen. Daher machen viele amerikanische Meditationslehrer heute Psychotherapie, um diese verdrängten Themen zu bearbeiten.

Außerdem sollten wir nicht vergessen, dass der Großteil der etwa 20 großen Zentren für Zen, tibetischen Buddhismus, Hinduismus und Vipassana in Amerika regelrechte Umstürze erlebt hat, die darauf zurückgingen, dass ihre Lehrer (aus Asien und aus dem Westen) Probleme mit Macht, Sex, Aufrichtigkeit und Drogen hatten. Offensichtlich liegt hier etwas im Argen und fordert unsere Aufmerksamkeit. Was können wir daraus lernen, die wir Mitgefühl und wahre Befreiung finden wollen?

Hilfreiche Ratschläge für unsere Praxis

1. Für die meisten Menschen ist Meditation kein Allheilmittel. Bestenfalls ist sie ein wichtiger Bestandteil in einer ganzen Reihe von Methoden, die uns auf dem Pfad der Öffnung und des Erwachens voranbringen. Ich persönlich habe immer geglaubt, Meditation führe zu höheren, universellen Wahrheiten, wohingegen Psychologie, Persönlichkeit und die ganzen »kleinen Dramen des Alltags« in den Niederungen angesiedelt seien. Ich wünschte, es wäre so, doch die Erfahrung und die nicht-dualistische Natur der Wirklichkeit sagen etwas anderes. Wenn wir das Leiden beenden und Freiheit erlangen wollen, können wir diese Bereiche unseres Lebens nicht auseinanderdividieren. Das Persönliche und das Universelle sind zwei einander ergänzende Dimensionen des Lebens. Um ein freies Leben zu führen, müssen wir in beiden zur Befreiung gelangen.

2. Die verschiedenen Bereiche unseres Geistes sind für das

Gewahrsein nur halb durchlässig. Gewahrsein einer bestimmten Dimension heißt nicht unbedingt, dass dieses sich notgedrungen auf alle anderen ausdehnt, gerade wenn unsere Ängste und Verletzungen dort tiefer gehen. Aus diesem Grund gibt es herausragende Sportler, deren emotionale Intelligenz gegen null geht. Wir kennen brillante Professoren mit einem überragenden Denkvermögen, die jedoch keinerlei Körperbewusstsein haben. Dasselbe gilt auch für Lehrer und Schüler im spirituellen Kontext. Es gibt Meditierende, die zwar ein waches Gewahrsein von Körper und Geist besitzen, ihren Gefühlen jedoch geradezu blind gegenüberstehen. Und andere, die zwar den Geist gut kennen, aber keinerlei Beziehung zum Körper haben.

Achtsamkeit funktioniert nur, wenn wir unsere Aufmerksamkeit wirklich auf jeden Bereich unseres Daseins richten, auf unser Leid ebenso wie auf unser Potenzial. Das heißt nicht, dass wir uns in unsere persönlichen Geschichten verstricken sollen, wie manche fürchten. Doch wir sollten lernen, diese Dinge anzugehen, sodass wir uns tatsächlich auch von großen und schmerzlichen »Blockaden« aus der Vergangenheit befreien können. Und diese Art heilenden Gewahrseins entwickelt man am besten in einer therapeutischen Beziehung zu einem anderen Menschen.

3. Meditation und spirituelle Praxis werden häufig dazu benutzt, Gefühle zu vermeiden oder schwierigen Bereichen unseres Lebens aus dem Weg zu gehen. Es ist schwer, den eigenen Kummer anzusehen. Viele Menschen schätzen es nicht, mit den persönlichen und psychischen Wurzeln ihres Leids in Berührung zu kommen. Es ist mitunter sehr schmerzhaft, unseren

Körper, unsere Geschichte, unsere Grenzen zu erfahren. Das kann sogar noch schwieriger sein, als sich auf dem Sitzkissen dem Leid der Welt zu stellen. Wir haben Angst vor dem Persönlichen und seinen leidhaften Aspekten, weil wir nicht gelernt haben, es in unsere Praxis einzubauen und unser Herz zu öffnen.

Dabei sollten wir unser ganzes Leben anschauen und uns fragen: »Wo bin ich erwacht? Wo weiche ich aus? Benutze ich meine Praxis, um etwas zu verbergen? Wo habe ich Bewusstheit entwickelt? Und wo habe ich Ängste, stecke fest oder bin auf andere Weise unfrei?«

4. Es gibt viele Bereiche, in denen wir wachsen können (Trauer, verdrängte negative Erfahrungen, Kommunikation, Beziehungen, Sexualität, Nähe, Beruf, Kollegen, Angst, Phobien, frühkindliche Traumen und so weiter) und in denen uns die guten alten Therapieansätze des Westens schneller voranbringen als die Meditation. Diese wesentlichen Aspekte unseres Lebens können wir nicht einfach nur als »Persönlichkeitskram« abtun. Freud sagte einmal, er habe die Absicht, den Menschen arbeiten und leben zu helfen. Wenn wir nicht lieben können, wenn wir der Welt unsere Gaben nicht durch sinnvolle Arbeit zuteilwerden lassen können, wofür machen wir dann unsere spirituelle Praxis? Meditation kann uns in diesen Bereichen helfen. Doch wenn Sie sich eine Weile im Sitzen geübt haben und merken, dass Sie noch persönliche Dinge zu erledigen haben, dann suchen Sie sich einen guten Therapeuten oder einen anderen Weg, um damit fertigzuwerden.

Natürlich gibt es auch eine Menge mittelmäßiger Therapeuten und ebenso viele begrenzte Therapieansätze. Machen Sie es wie bei der Meditation: Suchen Sie sich nur das Beste aus. Neben den traditionellen Gesprächstherapien gibt es mittlerweile eine ganze Reihe neuer Ansätze auf spiritueller Grundlage wie zum Beispiel die Psychosynthese, Atemarbeit nach Wilhelm Reich, Sandspieltherapie und viele neue Methoden aus dem Bereich der Transpersonalen Psychologie. Die beste Therapie ist aufgebaut wie die »beste« Meditationspraxis. Sie setzt das Gewahrsein ein, um das Herz zu heilen. Und sie konzentriert sich dabei weniger auf die dahinterstehende Geschichte als auf die Frage, wie man Angst und Anhaftung loslässt, wie man mithilfe der Achtsamkeit Verblendung, Anhaftung und unnötiges Leid beendet. Manchmal führen auch die Methoden der Transpersonalen Psychologie zu tiefer Einsicht in die Mechanismen der Anhaftung und des Nicht-Selbst.

5. Heißt das, dass wir nun statt zu meditieren alle zum Psychotherapeuten gehen sollen? Nein, beileibe nicht. Auch Therapie ist kein Allheilmittel. Im Gegensatz zur Bewusstheit, zum Gewahrsein! Und die Bewusstheit nimmt gleichsam spiralförmig zu. Wenn Sie nach Befreiung streben, ist die wichtigste Einsicht, die ich Ihnen vermitteln kann, vermutlich die: Unsere spirituelle Praxis entwickelt sich zyklisch. Es gibt Zeiten, in denen müssen wir nach innen gehen und die Stille suchen. Und dann brauchen wir wieder das Außen, das Leben, um die Erkenntnisse, die wir in der Stille gewonnen haben, umzusetzen. Dazu benötigen wir manchmal auch tiefe (mitunter therapeutische) Beziehungen zu anderen Menschen. Auch dies sind bedeutsame Schritte in unserer Praxis. Es geht nicht darum, ob wir zuerst ein Selbst entwickeln und es dann loslassen sollen. Meist ist ohnehin beides gefordert. Jeder Abschnitt der Praxis

erfordert das Eintauchen in Stille und Samadhi, um sich hinterher wieder neuen Einblicken in alte Verletzungen und Familiengeschichten zuzuwenden, die wir loslassen können, um Raum für spirituelle Visionen zu schaffen, damit wir weitere persönliche Probleme lösen können … und so weiter. Die Arbeit mit all diesen Ebenen ist unsere spirituelle Praxis. Was wir brauchen, ist der Mut, uns der Gesamtheit dessen zu stellen, was auftaucht. Nur so können wir die Heilung finden, die wir suchen – für uns selbst und für die Erde als Ganzes.

Kurz gesagt: Wir müssen unsere Vorstellung von der Praxis auf das ganze Leben ausdehnen. Wie die Zenbilder vom Ochsenhüten führt uns der spirituelle Pfad tief in den Wald, um uns dann wieder auf den Marktplatz zurückzubringen. Immer und immer wieder. Bis wir fähig sind, Mitgefühl zu entwickeln und das Loslassen des sicheren Herzens in jeder Lebenssituation.

22
Das Loslassen des sicheren Herzens
Unsere Wunden heilen

Mein Lehrer Ajahn Chah pflegte zu sagen: »Wie die Vier edlen Wahrheiten des Buddha besagen, gibt es Leiden und die Ursache des Leidens und das Ende des Leidens. Wo immer ihr auch seid, ist genau der richtige Ort, diese Wahrheiten zu erkennen.« Manchmal kommt das Leiden daher, dass wir an unseren Wünschen haften, unserem Schmerz oder an bestimmten Geschichten. Manchmal entsteht es, weil wir die Leerheit nicht erkennen, die Flüchtigkeit des Lebens, die Tatsache, dass nichts je wahrhaft »Ich« oder »Mein« sein kann. In der Dharmapraxis geht es darum zu erkennen, wo das Leiden ist, die Anhaftung und Identifikation klar zu sehen und sie dann loszulassen, um die Freiheit des Herzens zu finden.

Häufig drehen sich buddhistische Texte um die Frage, wie man absolute Erleuchtung findet und danach in diesem freien, reinen Zustand weiterlebt. Doch nicht viele Wesen haben diesen Idealzustand verwirklicht. Sogar so große, respektierte und allseits geliebte Lehrer wie der Dalai Lama oder Maha Ghosananda, der Gandhi Kambodschas, sehen sich nicht so. Diese zeitgenössischen Meister sagen von sich vielmehr: »Ich habe noch mit diesem oder jenem zu kämpfen. Es gibt immer noch Dinge, an denen ich in meiner Praxis zu arbeiten habe.« Sie nehmen nicht für sich in Anspruch, die absolute Freiheit erlangt zu haben. Gerade zeitgenössische Meister raten uns, den Dharma in unser augenblickliches Leben zu integrieren, das schön und schwierig zugleich ist, ihn zu ehren und zu verkörpern und sich nicht nur auf die ideale oder absolute Ebene zu konzentrieren.

Ajahn Chah führte die Menschen mit leichter Hand in ihre Problemzonen, ohne ihr mangelndes Selbstwertgefühl oder ihren Selbsthass zu verstärken. Er wusste, wie er Menschen unterstützen konnte. Er sah seine Schüler an und sagte: »Ich weiß, dass du das kannst.« Er sah das, was Thomas Merton die »geheime Schönheit« nannte, ihre Buddhanatur. Diese förderte er nach Kräften. Ebendas tun gute Lehrer.

Nachdem meine fünf Jahre als Mönch in Asien viel Gutes bei mir bewirkt hatten, merkte ich, dass ich nicht mein Leben lang als Mönch im Zölibat leben wollte. Ehe, zwischenmenschliche Beziehungen und das Leben in der Welt waren mir immer noch wichtig, und so sagte ich meinem Lehrer, ich wolle in den Westen zurückkehren. Ich hatte das Gefühl, genug über Achtsamkeit und Mitgefühl gelernt zu haben. Nun wollte ich wissen, ob ich beides im Alltag anwenden konnte und nicht nur im geschützten Raum des Klosters. Ich hatte mir einst gewünscht, für den Rest meines Lebens in Asien zu bleiben. Nun fühlte ich mich erneut von meiner Kultur angezogen.

Als ich zurück nach Hause kam, merkte ich, dass die unglaubliche Abgeklärtheit, diese Glückseligkeit, dieser Friede, die ich in Klosterjahren entwickelt hatte, allmählich zu bröckeln begannen. Zu meinem Entsetzen entdeckte ich, dass viele der neurotischen Muster, die ich im Leben entwickelt hatte, einfach auf mich gewartet hatten wie alte, bequeme Klamotten.

Da war ich wieder und stritt mit meiner Freundin und machte mir Sorgen ums Geld. Also musste ich mich fragen: »Okay, wie kannst du diese Praxis leben? Wie kannst du sie in den Alltag integrieren?« Das war die Frage, um die sich alles drehte. Ich merkte schnell, dass ich einige sehr schmerzhafte Partien meines Lebens aus meiner spirituellen Praxis ausgespart hatte. All diese verdrängten Probleme stürmten nun erneut auf mich ein. Ich hatte acht bis zehn Jahre lang studiert und schon 1963 im College mit der Dharmapraxis begonnen. Ich hatte also vorzugsweise mit dem Geist gearbeitet: zuerst auf intellektuelle Weise während des Studiums, dann durch intensive Konzentrations- und Achtsamkeitsübungen im Kloster. Und nun tauchten plötzlich all diese emotionalen Probleme auf. Ich musste lernen, wie ich die Prinzipien von Gewahrsein und Mitgefühl in mein schmerzhaftes, neurotisches Leben einbringen konnte, um dieses irgendwie umzuwandeln. Ich tat dies in der Meditation und konzentrierte mich auf die Entwicklung von liebender Güte und Mitgefühl. Aber ich tat es auch mittels Psychotherapie, wobei ich körper- und atemorientierte Formen bevorzugte. Und ich tat es, indem ich lernte, in zwischenmenschlichen Beziehungen mehr Bewusstheit zu entwickeln – was für mich ein äußerst wichtiger Übungsschritt war, freilich nicht unbedingt einer, über den man in Klöstern hört.

Was ich damals als Praktizierender und Lehrer erlebte, war der Übergang vom Kampf gegen das Selbst (der asiatische Kampfmodus der Praxis, wie er zum Beispiel im Waldkloster geübt wurde) zu einem Ansatz, der mehr von Mitgefühl und dem Wunsch nach Heilung getragen war. Aber das war nicht unbedingt nur mein Problem. Gerade in den frühen Jahren begegneten wir als Lehrer, die in den USA Retreats leiteten, einer erstaunlichen Menge Selbsthass und Selbstkritik bei unseren Schülern. Wir sahen, dass die Praktizierenden das Dharmawort von der Reinigung (von störenden Gefühlen und Unwissenheit) benutzten, um sich selbst zu verurteilen und ihr Selbstwertgefühl zu unterminieren. In gewisser Weise versuchten sie zu leugnen, wer sie waren. Das aber schuf nur weitere Spannungen und weiteres Leid. Es wurde immer klarer, dass der Kriegerarchetyp für Menschen, deren tiefste Wunden von Selbsthass und Selbstkritik herrührten, keinen Nutzen brachte. Um geschicktere Mittel zu entwickeln, richteten wir den Fokus der Praxis nicht mehr auf den Kampf gegen das Selbst, sondern auf den Modus des Loslassens und Ruhens in achtsamer liebender Güte und Mitgefühl für uns selbst und andere.

Wahre Dharmapraxis ist ein revolutionärer Akt, bei dem man die Identität seines Lebens auf den Prüfstand stellt. Dafür gibt es keinen Schmusekurs. Doch die Stärke, die man dafür braucht, ist nicht unbedingt jene, die wir uns vorstellen, wenn es um den Kampf gegen die Unreinheiten des Körpers und des Geistes geht oder um innere Verunreinigungen. Und doch wird diese Sprache sowohl im Theravada als auch im tibetischen Buddhismus und im Zen gleichermaßen verwendet. Die Stärke, die dafür nötig ist, wurzelt im Mut des Herzens, offen und verletzlich zu bleiben. Dazu brauchen wir die Bereitschaft, uns auf die zehntausend Freuden ebenso einzulassen wie auf die zehntausend Kümmernisse des Lebens, uns mitfühlend den tiefsten Bereichen unseres Seins zu öffnen. Dies ist eine andere Art der Furchtlosigkeit, die ebenso viel Leidenschaft und Feuer erfordert wie der Pfad des Kriegers.

Darin liegt eine große Gefahr: Wenn der Dharma in unserer Kultur plötzlich zum Mainstream gehört, wird er vielleicht auch zu bequem. Immer mehr Praktizierende stellen sich ein. Wenn man hier die Praxis des Mitgefühls zu sehr herausstellt und die asketischen Kriegerelemente vergisst, besteht die Gefahr, dass die tiefe Hingabe, die dieser revolutionäre Wandel fordert, unterschätzt wird.

Andererseits bricht sich diese gefährliche Selbstzufriedenheit gewöhnlich an unserer Integrität, an der unerschütterlichen Liebe zur Wahrheit und der Bereitschaft, sie zu leben. Wenn Dharmalehrer das mutige Erbe des Buddha auf diese Weise weitergeben, werden sie in ihren Schülern unweigerlich diesen wahrheitsliebenden Geist wecken. Die Schüler werden erkennen, dass die Befreiung in ihnen angelegt ist, und das Eine, das erkennt, in sich erwachen lassen, ihre eigene wahre Natur.

Dabei sollten wir nicht außer Acht lassen, dass die Beziehungen zwischen Lehrer und Schüler im Westen unter anderen Bedingungen gelebt werden als in Asien. Wenn westliche Lehrer ihre Schüler auf dieselbe, grobe Weise behandelten, wie Marpa dies beispielsweise mit Milarepa tat, würden sie nur die westliche Neigung zu Selbsthass und Selbstkritik verstärken. Die Schüler würden entweder das Weite suchen oder den Lehrer vor Gericht zerren. Milarepa war ein junger Mann, der im alten Tibet die Künste der schwarzen Magie erlernte, um seine Familie zu rächen. Er tötete 36 Menschen. Sein Lehrer Marpa ließ Milarepa jahrelang schuften und machte ihn ununterbrochen auf die schlimmste Art fertig, nur um seinen Schüler von all dem schlechten Karma zu befreien. Dieser Ansatz ist im Westen kaum durchführbar. Dabei brauchen auch die westlichen Schüler dieselbe radikale Hingabe, um einen Wandel zu bewirken. Statt diese nun durch eine fordernde Lehrer-Schüler-Beziehung herzustellen, können wir sie durch authentische Formen intensiver Praxis erreichen.

Wenn Sie ein Zen-Sesshin machen, 100 000 Niederwerfungen vollführen wie im tibetischen Buddhismus oder ein dreimonatiges Schweigeretreat in der Vipassanatradition machen, brauchen Sie keinen Lehrer mehr, der Sie straft. Der Mut und die Hingabe, die so etwas fordert, rütteln die Praktizierenden gewöhnlich einigermaßen wach. Wenn Schüler, die dafür reif sind, während eines zwei- oder dreimonatigen Retreats zu mir kommen, weil sie Angst oder Kummer haben, da ihre inneren Dämonen einer nach dem anderen das Haupt erheben, dann sage ich ihnen, dass sie, um Befreiung zu finden, sich eben damit auseinandersetzen müssen. Manchmal kann man die Dämonen füttern, manchmal aber kann man sich einfach nur der vollen Wucht des Ansturms stellen. Ich sage ihnen, dass sie zwar weglaufen können, die Dämonen sie aber verfolgen und auf sie warten werden. Wenn sie so weit sind, müssen sie zu sterben bereit sein. Ich mache dann gern einen kleinen Witz: »Willst du begraben oder feuerbestattet werden, wenn du tot bist?« Es wird Sie nicht umbringen, Ihren Dämonen die Stirn zu bieten. Wenn wir uns unseren Ängsten stellen, werden wir davon nur stärker. Das bringt wahre Freiheit. Denn in Wahrheit sind alle unsere Dämonen leer, was die Meditationspraxis zeigt. Wir sehen, wie unser Geist ihnen Form verleiht. Das hilft uns loszulassen. Aber das ist alles andere als leicht.

Unsere Dämonen können vielerlei Gestalt annehmen:

Süchte, innere Unruhe, Trauer, Zorn, Angst. Wie Milarepa seine Mordtaten, so bringen auch westliche Schüler ihre Geschichte und ihre persönlichen Probleme mit in die Praxis. Wenn diese Geschichte halb verdrängt oder sehr verwirrend ist, ist es vielleicht sinnvoll, sie im therapeutischen Kontext einem anderen Menschen zu erzählen, um sie besser loslassen zu können. Gewöhnlich reicht es, sie nur anzuschneiden. Sie müssen nicht Ihre ganze Fallgeschichte durchleben. Natürlich leiden Sie ob Ihrer Vergangenheit, aber Sie müssen sie trotzdem nicht im Detail erzählen. Ein paar Szenen genügen schon. Dann kann man gemeinsam sitzen. Man hakt ein bisschen nach: »Wo im Körper ist diese Geschichte gespeichert? Welche Glaubenssätze verknüpfst du damit? Was sind deine stärksten Ängste, Erinnerungen, Bilder in diesem Zusammenhang?« All dies bearbeitet man im Bewusstsein des zugrundeliegenden Gewahrseins, das fragt: Macht diese Geschichte dich aus? Bist du das wirklich? Wir versuchen nicht, das Problem zu lösen oder in die Situation zurückzugehen und sie therapeutisch zu bearbeiten. Die innere Arbeit sieht hier anders aus: Sie erleben die Wirklichkeit der Anspannung oder Furcht hier und jetzt. Sie lassen zu, dass die Öffnung stattfindet, dass Körper und Geist dies erleben. Dann stellen Sie fest, dass dies nicht Ihre wahre Natur ist. Dies ist nicht, was Sie sind. Die Geschichte nur zu kennen löst das Problem nicht. Freiheit stellt sich erst ein, wenn Sie sich der Wurzel des Leidens zuwenden und der Identität, die Sie sich darum herum aufgebaut haben. Sie gehen mitten ins Zentrum, um die Leerheit dieser Geschichte zu erkennen. Weise Psychotherapie geht da genauso vor wie die Dharmapraxis, denn nur so kann es Befreiung geben.

Dazu möchte ich Ihnen ein Beispiel erzählen. Eine Dharmapraktizierende kam zu mir, weil ihr Mann sie kürzlich verlassen hatte. Sie war am Boden zerstört. Die beiden hatten eine vierjährige Tochter, und die Frau war stets davon ausgegangen, dass sie eine gute Ehe führten. Und jetzt war alles vorbei. Ihr Schmerz wurde noch verstärkt durch die Tatsache, dass ihr Vater die Familie verlassen hatte, als sie selbst drei Jahre alt gewesen war. Er hatte kein Wort der Erklärung zurückgelassen und war nie zurückgekehrt. Als er sie verlassen hatte, hatte sie tief in ihrem Innern ein Bild geformt: Männer seien nicht vertrauenswürdig und sie selbst wohl kaum der Liebe wert. Zunächst einmal arbeiteten wir daran, dass sie ihrem eigenen Kummer mit Mitgefühl und Verständnis begegnen lernte. Sie versuchte, nichts zu verdrängen, sondern nahm die Situation in der Meditation voll Achtsamkeit und Mitgefühl an. Sie trauerte und weinte, und es gab viele Geschichten, die sie zu erzählen hatte.

Nach diesem Abschnitt der inneren Arbeit schien es an der Zeit, an den ursprünglichen Schmerz zu rühren, den sie mit sich trug. Ich bat sie also, die Augen zu schließen. Sie visualisierte die für sie schlimmste Szene, als ihr Vater sie verließ. Sie stand ganz oben an der Treppe, ein kleines Mädchen in einem blauen Kleid. Sie sah hinunter, wo ihr Vater mit dem Koffer in der Hand stand, drauf und dran, sie für immer zu verlassen. Sie fühlte eine entsetzliche Angst, einen tiefen Schmerz. Es war schlimm für sie, das erneut zu durchleben. Ich ließ sie alle Gefühle aussprechen, die das dreijährige Mädchen empfunden hatte. Dann hielten wir sie gemeinsam im weiten Raum der Achtsamkeit, eingehüllt in tiefes Mitgefühl.

Daraufhin bat ich sie: »Nun verlagere dein Bewusstsein in den Körper deines Vaters. Sag mir, wie sich das anfühlt.« Sie sagte: »Mein Körper ist ganz verhärtet. Ich empfinde Schmerz, Leid und Wut. Aber vor allem bin ich voller Verzweiflung.« Ich fragte: »Warum gehst du?« Sie fuhr fort: »Ich bin eingesperrt. Ich sitze in einer schrecklichen Ehe fest, in der ich mein Leben Stück um Stück verliere. Wir streiten ständig. Wir verletzen einander. Ich habe das Gefühl zu sterben. Ich will mein Leben leben, aber diese Ehe ist furchtbar. Wenn ich noch einen Tag lang hierbleibe, sterbe ich. Wenn ich leben will, muss ich hier raus.« Sie spürte förmlich die Verzweiflung und die Verhärtung, die ihren Vater erfüllten.

Ich fragte sie: »Weißt du, dass deine Tochter dich vom Treppenabsatz aus beobachtet?« »Ja.« »Warum willst du deine Tochter verlassen? Warum sagst du nichts zu ihr?« »Wenn ich sie nur einen Augenblick ansehe, dann werde ich nicht gehen. Ich liebe sie viel zu sehr. Aber ich kann nicht bleiben. Ich würde hier sterben. Ich habe die falsche Frau geheiratet. Es ist wirklich schrecklich. Also sehe ich nicht auf, beiße die Zähne zusammen und gehe durch die Tür hinaus, um zu überleben.«

Einen Augenblick lang saß meine Klientin überrascht da. Ich bat sie: »Geh nun zu dem dreijährigen Mädchen zurück, das den Mann betrachtet.« Sie ging zu dem Kind zurück, das zusah, wie der Mann aus dem Haus ging. Ich fragte sie: »Nun, welche Geschichte erzählt sich das Mädchen jetzt?« Sie antwortete: »Er verlässt mich, weil er mich nicht liebt. Und wenn mein Vater mich schon nicht liebt, bin ich nicht liebenswert. Irgendetwas stimmt nicht mit mir.« Dann fragte ich sie noch mal: »Wer hat diese Geschichte erfunden?« Erstaunt antwortete sie: »Ich selbst.« »Und, stimmt sie?«, hakte ich nach und sah ihr dabei in die Augen. Nach einigem Zögern antwortete sie mir: »Nein.« »Bist das wirklich du?« In diesem Augenblick erkannte sie die Leerheit: Das ist nicht, wer ich wirklich bin.

Dann bat ich sie, sich in ihre Mutter hineinzuversetzen, die voller Angst und Zorn in der Küche stand und Karotten schnitt, während ihr Mann sie verließ. Als sie die Angst ihrer Mutter spürte und ihre Wut, konnte sie die Frau plötzlich sehr viel besser verstehen. Und wieder kehrte sie danach zu dem dreijährigen Kind zurück. Sie sagte: »Jetzt verstehe ich das Leid, das damals meine Familie beherrscht hat. Als Kind habe ich es mittragen müssen, ohne es verstehen zu können.« Ich fragte sie: »Kannst du sehen, wie du aus diesem Leid ein Selbstbild schufst, das nicht deinem wahren Selbst entspricht?« Von diesem Augenblick an fingen die Dinge an, sich für sie zu ändern. Sie hatte ihr Leben von jenem Standpunkt aus gesehen, den Ajahn Chah »das Eine, das erkennt« nannte. Ich musste ihr gar nichts über die Leerheit oder das Nicht-Selbst erzählen oder sie irgendeine buddhistische Meditation lehren. Wenn unsere Innenarbeit auf der Einsicht der Leerheit gründet, lassen wir den »Körper der Angst« hinter uns und erlangen die uns innewohnende Freiheit. Das ist ein ganz natürlicher Prozess. Wenn ich mit Menschen arbeite, ist die Basis dafür die Leerheit. Ich sage zu ihnen: »Wer bist du? Welche Möglichkeiten gibt es in deinem Leben, wirklich frei zu sein?« Wir arbeiten nicht, um die ursprüngliche Geschichte durch eine andere zu ersetzen, sondern um die Anhaftung an dieses falsche, von uns konstruierte Selbst gehen zu lassen. Das ist weder Meditation noch Therapie, sondern einfach nur das Loslassen des Leids.

Doch die innere Arbeit muss mit äußeren Veränderungen einhergehen. Dharma zu praktizieren bedeutet, dass wir unsere Wertvorstellungen verändern: weg von Erfolg, Sicherheit, Geld hin zu einer Wertschätzung der Wandlung des Herzens. In buddhistische Retreatzentren kommen Menschen mit derselben Anspannung, Sorge und Stress, wie andere Menschen sie in unserer chaotischen Konsumgesellschaft erleben. Und sie wollen wissen, wie die Dharmapraxis helfen kann. Sie lernen Achtsamkeitsmeditation zur Stressbewältigung und die Meditation des Mitgefühls, um ihr Leiden zu lindern. Aber das genügt noch nicht. Sie müssen auch ihr Leben ändern! Der Dharma lehrt uns ja nicht nur, unsere Sicht der Welt zu verändern, obwohl dies ein wichtiger Bestandteil der Praxis ist. Sie müssen auch loslassen, ihr Verhalten ändern, ihren Lebensstil. Der Buddha lebte nicht auf den Marktplätzen oder in den Palästen von Benares. Er führte ein einfaches Leben im Wald. Doch er gab auch Belehrungen für seine Schüler, die in der Stadt lebten. Er lehrte, dass wir, um unser Herz zu befreien, ethisches Verhalten und Großzügigkeit walten lassen sollten, damit unser Leben ins Gleichgewicht kommt. Ethisches Verhalten und Großzügigkeit sind der Boden, auf dem der Dharma wächst. Nach einem Tag, an dem Sie getötet und geklaut haben, können Sie nicht meditieren. Das geht einfach nicht. Unter dem Gesichtspunkt der Ausgewogenheit können Sie natürlich ein wenig Ruhe und Frieden gewinnen, wenn Sie in einem ansonsten stressgeplagten Leben Ihre Stimmung verbessern, doch im Grunde müssen Sie Ihr Leben ändern.

Freiheit heißt, die Wahrheit zu sehen und sie dann in jeden Bereich des Lebens einfließen zu lassen. Ich erinnere mich noch an eine Psychologiekonferenz in den Siebzigerjahren, auf der ich in einem Vortrag darüber sprach, wie ich meinen Klienten ethische Grundsätze vermittelte. Für die klassische Psychotherapie war dies ein ziemlich revolutionärer Ansatz. Da sich die Psychotherapie vor dem Hintergrund der repressiven viktorianischen Kultur entwickelte, hieß Heilung zunächst einmal, dass man dem Patienten zuhört, ohne ihn zu verurteilen oder zu kritisieren. Wenn jemand Ihnen erzählt, dass er eine Reihe von Affären hat, verlangt man von Ihnen als Psychotherapeut, dass Sie sich jeder Kritik enthalten. Ich aber fand das lächerlich. Wenn jemand in Ihre Praxis kommt und Ihnen erzählt, dass er eine Affäre nach der anderen hat oder seinem Arbeitgeber Geld stiehlt, dann höre ich zwar einfühlsam zu und versuche, den Schmerz zu verstehen, der dahintersteht. Doch ich erinnere diese Person auch daran, dass man in allen Kulturen – seien sie nun buddhistisch, muslimisch oder christlich – davon ausgeht, dass Stehlen, Töten oder Lügen zu Leiden führt. Ich würde dem Betreffenden nicht sagen, was er meiner Ansicht nach tun sollte, doch ich möchte, dass er die Gesetze des Lebens erkennt, damit er sich einer klugen Lebensführung befleißigen kann. Einige Therapeuten auf dieser Konferenz reagierten diesbezüglich sehr befremdet: »Sie meinen, Sie legen Ihren Klienten eine ethische Lebensführung nahe?« Ich antwortete: »Natürlich. Wir wollen den Menschen ja schließlich helfen, oder?« Die Grenzen zwischen spiritueller Wahrheit und alltäglichem Leben sind künstlich. Mich interessiert in meiner Arbeit am meisten, dass die Menschen die Möglichkeit haben, Befreiung zu finden. In den Schriften heißt das »das Loslassen des sicheren Herzens«. Es ist möglich, frei zu sein. Freiheit stellt sich nicht ein, wenn wir die Welt hinter uns lassen, sondern einzig im Hier und Jetzt, im gegenwärtigen Augenblick. Meine eigenen Lehrer haben mir dies auf wunderbare Weise nahegebracht. Sie lebten mit freiem und offenem Herzen unter den schlimmsten denkbaren Umständen in Thailand, Birma oder Kambodscha. Ihr Mitgefühl war grenzenlos.

Um ganz frei zu sein, muss unsere Dharmapraxis auch unser persönliches Leben einbeziehen und damit auch den emotionalen Mangel, der in unserer Gesellschaft die Norm ist. Sie muss die geschickten Mittel von Gewahrsein und Mitgefühl in unsere Geschichte einbringen, unsere zwischenmenschlichen Beziehungen, unsere Arbeit, unsere Sehnsucht, unsere Liebe – in Aspekte des Lebens also, die im Klosterleben in Asien nicht im Mittelpunkt standen. Und wir müssen unsere im Dharma kultivierte Aufmerksamkeit auch auf Umweltzerstörung, Rassismus und die Ungerechtigkeiten unserer materialistischen Kultur lenken. Unsere Welt mit ihren individuellen und kollektiven Problemen braucht die Medizin des Dharma heute mehr denn je. Die gute Nachricht aber ist, dass die Methoden des Buddha zur Erlangung der Befreiung uns jetzt und hier zur Verfügung stehen.

23
Erleuchtungen

Vor einigen Jahren stellte eine Frau bei einem Meditationsretreat mir als Lehrer die Frage: »Ist die Erleuchtung etwa nur ein Mythos?« Ich habe diese Frage am Abend mit den anderen Meditationslehrern besprochen. Wir tauschten Geschichten aus über die kreative Freiheit von Ajahn Chah, das gewaltige Feld liebender Güte um Dipa Ma, das freudvolle Lachen von Poonja und auch Geschichten von unseren eigenen Erfahrungen des Erwachens. Natürlich gibt es die Erleuchtung wirklich.

Doch der Begriff »Erleuchtung« wird nicht immer auf dieselbe Weise benutzt. Ist die Erleuchtung, die im Zen, im tibetischen Buddhismus oder im Theravada gemeint ist, immer die gleiche? Was ist der Unterschied zwischen einer »Erleuchtungserfahrung« und der vollständigen Erleuchtung? Woher weiß man, ob jemand erleuchtet ist?

Annäherung an die Erleuchtung

Wie ich bereits in den vorhergehenden Kapiteln erwähnt habe, war ich in Asien von Beginn meiner Praxis an gezwungen, mich mit dieser Frage sehr direkt auseinanderzusetzen. Meine Lehrer, Ajahn Chah in Thailand und Mahasi Sayadaw in Birma, zählten zu den höchstverwirklichten Meistern des Theravada-Buddhismus. Beide beschrieben sie das Ziel der Praxis als Befreiung von Gier, Hass und Verblendung, doch welches der beste Weg dorthin ist und wie sich die Erleuchtung dann anfühlt, darüber hegten sie gänzlich verschiedene Ansichten.

Und doch hatte jeder Ansatz seine faszinierenden Seiten. Bei Mahasi Sayadaw machte man lange Schweigeretreats. Man vertiefte sein Gewahrsein so lange, bis man das ganze Leben als einzige Abfolge von Werden und Vergehen sehen konnte. Dabei durchläuft der Geist die einzelnen Stadien der Lichtheit, Freude, Angst und schließlich der Auflösung von allem, was man sicher glaubte. Er wird dabei unerschütterlich, fest in Stille und Gleichmut verankert, durchlässig für jede Art von Erfahrung, Gedanken, Ängsten, Sehnsüchten, Liebe. Und die Identifizierung mit allen möglichen Dingen fällt Stück für Stück weg. Der Geist öffnet sich dem Unbedingten jenseits von Geist und Körper. Und man tritt ein in den Strom der Befreiung.

Für Ajahn Chah stand Erleuchtung nicht in Verbindung mit Meditationserfahrungen, wie tief sie auch immer sein mochten. In Ajan Chahs Augen hatten meditative Zustände keine Bedeutung an sich. Meditation war für ihn nur ein Weg, den Geist zu beruhigen, damit man praktizieren lernte, wo immer man war. Wenn sich das Gewahrsein einstellt, sehen wir, wo wir Anhaftung oder Ablehnung entwickeln, Leiden oder Verlangen, und können dann loslassen. Was bleibt, ist die Erleuchtung, immer im Hier und Jetzt, eine Abkehr von der Identifikation mit den wechselnden Umständen der Welt, ein Ruhen im Gewahrsein. Voraussetzung dafür ist ein Wandel im Fokus der Identifikation: weg von den tausenden bedingten und stets sich wandelnden Geisteszuständen hin zum reinen, unbedingten Gewahrsein. Zum Gewahrsein, das alles »erkennt«. Bei Ajahn Chahs Herangehensweise stellte sich die Befreiung von Gier, Hass und Verblendung nicht durch Retreat, Konzentration und Abschneiden ein, sondern durch diese grundsätzliche Umkehr in der Identifikation.

Wie lassen sich diese scheinbar so unterschiedlichen Sichtweisen der Erleuchtung erklären? Das buddhistische Schrifttum schafft hier keine Klarheit, denn auch in den Texten wird die Erleuchtung ganz unterschiedlich dargestellt. In manchen Texten wird das Nirwana nur durch das beschrieben, was es nicht ist, wie Mahasi Sayadaw es lehrt. Die Erleuchtung als das Ende des Leidens, indem wir die Feuer der Anhaftung zum Erlöschen bringen, alle Formen des Verlangens mit der Wurzel ausreißen. Die Befreiung vom Leiden findet durch Reinigung und Konzentration statt. Wir sehen den Kräften der Gier und des Hasses ins Auge und überwinden sie. Als der Buddha gefragt wurde: »Lehrst du die Verneinung? Ist das Nirwana das Ende der Dinge, wie wir sie kennen?«, antwortete er: »Ich lehre nur eine Form der Verneinung: das Auslöschen von Gier, das Auslöschen von Hass, das Auslöschen von Verblendung. Dies nenne ich Nirwana.«

Aber es findet sich in den Schriften auch eine andere Sicht der Erleuchtung, die von deren positiven Qualitäten ausgeht. Dabei wird das Nirwana beschrieben als höchste Glückseligkeit, als Frieden, Freiheit, Reinheit, Stille. Und als das Unbedingte, Zeitlose, Todlose. So gesehen kommt, wie bei Ajahn Chah, die Befreiung durch einen Wandel der Identifikation des Selbst zustande: Wir hören auf, an den wechselnden Umständen der Welt zu haften, und ruhen im Gewahrsein selbst, im Todlosen.

So gesehen hören wir bei der Erleuchtung einfach auf, uns mit irgendetwas zu identifizieren und dies als unser »Selbst« zu betrachten. Im Sutta Nipata wird der Buddha gefragt: »Wie erreicht man es, dass der Herr des Todes einen nicht sieht?« Und er antwortet: »Wer nichts je für ›Ich‹ oder ›Mein‹ hält, wird den Blicken des Herrn des Todes entzogen.« So lehrte uns Ajahn Chah, im Gewahrsein zu ruhen und uns nicht mit Erfahrungen zu identifizieren, die wir als »Ich« oder »Mein« einstufen.

Ähnliches lernte ich in Bombay, wo ich bei Sri Nisargadatta Maharaj studierte, einem Advaita-Meister. Er lehrte seine Schüler ebenfalls, sich nicht mit ihren Erfahrungen zu identifizieren und stattdessen im Gewahrsein zu ruhen, wo immer sie waren. Dabei ging es ihm aber nicht um die Auslöschung von Gier und Hass. Einmal fragte einer seiner Schüler Sri Nisargadatta, ob er je ungeduldig würde. Und er antwortete lächelnd: »Ich sehe, höre und schmecke wie du. Ich habe Hunger und Durst wie du. Wenn ich mein Mittagessen nicht rechtzeitig kriege, werde ich ungeduldig wie du. Ich erlebe dies in aller Klarheit, aber irgendwie bin ich nicht in dieser Erfahrung. Ich bin mir all dessen gewahr und verspüre gleichzeitig eine unendliche Distanz. Ungeduld entsteht. Hunger entsteht. Sogar wenn Krankheit und der Tod dieses Körpers entstehen, haben sie nichts damit zu tun, wer ich bin.« Dies ist Erleuchtung, dies ist der Wechsel des Fokus der Identifikation.

Wir haben es hier also mit verschiedenen Sichtweisen der Erleuchtung zu tun. Einerseits ist da die Befreiung von Gier,

Hass und Verblendung, die man durch starke Konzentration und Reinigung erlangt. Diese Sicht vertreten viele große Meister, darunter Mahasi und U Pandita Sayadaw, Ajahn Naeb und der Rinzai-Zenmeister Joshu Sasaki. Andererseits haben wir den Wandel in der Identifikation, wie er sich in den Lehren von Ajahn Chah, U Tejaniya Sayadaw, Ajahn Buddhadasa, im Dzogchen und im Soto-Zen niederschlägt. Und es gibt unendlich viele Wege zur Erleuchtung. U Ba Kihn, Ajahn Dhammadharo und Sunlun Sayadaw arbeiten mit körperlichen Empfindungen. Abhidharmalehrer wie Ajahn Sujin und die Lehrer des Gelug-Madhyamaka-Weges und des Jnana-Yoga gehen den Weg der geistigen Dekonstruktion unserer Vorstellungen. Wenn Sie den Buddhismus der »Reines Land«-Schulen praktizieren, dann suchen Sie Ihr Heil in der Rezitation, in der Hingabe, in der Anbetung »anderer Mächte«. Die Anhänger dieser Richtung verlassen sich ganz auf die »Gnade« des Buddha.

Es gibt also tatsächlich keine Erleuchtung – nur Erleuchtungen. Ist das nicht ähnlich mit Gott? Es gibt so unglaublich viele Formen des Göttlichen: Jahwe, Allah, Brahma, Jesus, Kali und so weiter. Sobald die Anhänger dieser Strömungen davon ausgehen, dass nur ihr Gott der »wahre« Gott ist, kommt es zu Konflikten. Wenn Sie glauben, es gäbe nur eine Form der Erleuchtung, beschwören Sie unweigerlich Streitigkeiten herauf. Und Sie gehen an der Wahrheit vorbei.

Wir wissen, dass der Buddha viele verschiedene Wege zur Erleuchtung lehrte. Alle sind nichts weiter als geschickte Mittel, ein Ziel zu erreichen: das Haften an einem begrenzten Selbstbild aufzugeben und in die ursprüngliche Reinheit des Bewusstseins zurückzukehren. Doch auch die Lehren zum erleuchteten Bewusstsein differieren. Wenn Sie das Bewusstsein als frei von Identifikationen erleben, frei von Gier und Hass, werden Sie es als offenes Feld des Gewahrseins erfahren, klar, transparent und frei. Das reine Bewusstsein hat zahllose Facetten wie ein Mandala oder ein Diamant. Die eine Facette zeigt das erleuchtete Herz als lichte Klarheit, in der anderen scheint es als Vollkommenheit auf oder als unbeschreiblicher Friede. Es kann als grenzenlose Liebe erfahren werden, als tiefe Stille, als unendliches Mitgefühl. Reines Bewusstsein ist all dies: Integrität, Freude, Strahlen, Seligkeit. Es ist zeitlos, stets präsent, vollkommen leer, und gleichzeitig entstehen daraus alle Dinge. Jede dieser Qualitäten kann das Bewusstsein füllen und durch Körper, Herz und Geist leuchten. Dies ist unsere direkte und unmittelbare Erfahrung, die sich in vielfacher Weise ergibt. Klammern Sie sich nicht an einer bestimmten Form oder Beschreibung fest. Ajahn Chah und Ajahn Jumnien sagten stets: »Lass das Streben, ruhe im Gewahrsein und erfahre die Freude der Freiheit im Hier und Jetzt.«

Verwirrend wird es erst, wenn einer der Lehrer einen Aspekt der Erleuchtungserfahrung herausgreift und ihn verabsolutiert, als könne die Erleuchtung sich nur so und nicht anders einstellen. Doch in den Augenblicken der Stille, der Anbetung, wenn wir das Haften an einem Ich loslassen, haben die meisten Menschen schon Momente der Befreiung erfahren. Ajahn Buddhadasa nennt dies das »alltägliche Nirwana«. Manchmal wird es als Liebe erfahren, dann wieder als tiefe Stille. Wir praktizieren, damit wir lernen, der uns innewohnenden Freiheit zu vertrauen und sie zu stabilisieren. Im offenen Raum des Gewahrseins tritt die vielgestaltige Natur der Befreiung klar hervor. Wie Licht, das einmal Welle und einmal Teilchen sein kann, wird das Bewusstsein der Erleuchtung auf vielfältige Weise erfahren.

Tore zur Erleuchtung

Welche Übungen also führen zu den Erleuchtungserfahrungen? Im Buddhismus werden dazu die Meditationen über Achtsamkeit und liebende Güte eingesetzt. Diese werden unterstützt von der Praxis der Tugend, die uns sozusagen den Rücken freihält von den negativen Reaktionen anderer, die uns selbst und ihnen nur schaden würden. Dazu kommen noch Übungen in Gelassenheit und Konzentration, bei denen wir lernen, unseren Geist zu beruhigen. Und Meditation über die Weisheit, die klar erkennt, wie die Dinge entstehen und vergehen, wie sie niemandem gehören. Diese Übungen führen zu Reinigung, Heilung und der Entstehung von tiefem Mitgefühl. Und so wandelt sich langsam der Fokus unserer Identifikation: Wir sind nicht mehr die Person, die Leid erfährt, sondern sind von alldem frei. Wir lassen unser kleines Selbst los und mit ihm all die tausend Dinge der sich wandelnden Welt. Dadurch erreichen wir den »Stromeintritt«, das erste Stadium der Erleuchtung.

Die »meistbenutzten« Tore zur Erleuchtung sind im Theravada die Tatsache der Vergänglichkeit, des Leidens und des Nicht-Selbst. Wenn wir uns durch das Tor der Vergänglichkeit öffnen, erkennen wir immer klarer, dass jede Erfahrung flüchtig ist, dass sie entsteht und vergeht, dass jeder Augenblick ganz neu ist. In einem der Klöster, in denen ich praktizierte, übten wir uns darin zu sehen, dass alles Schwingung ist. Lange Stunden tiefer Versenkung führten dazu, dass wir alle Geräusche und visuellen Eindrücke, den Atem, den Strom der Gedanken – alles, was wir als untrennbar zu unserem Selbst gehörig erlebten – als Feld ständig wechselnder Energien wahrnahmen. Die Erfahrung schien auf, um gleich wieder zu vergehen. Dann richteten wir unsere Aufmerksamkeit weg von den Schwingungen, hin auf das unbegrenzte Herz des Gewahrseins. Ich und andere, innen und außen – alles verschwand. Wir lernten die unveränderliche Stille hinter all dem Wandel kennen. Dies ist die Erleuchtung durch das Tor der Vergänglichkeit.

Manchmal ist es auch das Tor des Leids, das uns die Erleuchtung ermöglicht. Wir sitzen mitten im Feuer der menschlichen Erfahrung. Statt davor aber wegzulaufen, finden wir darin Erwachen. In der Feuerpredigt erklärt der Buddha: »Alles brennt, ihr Mönche. Und was alles brennt, ihr Mönche? Das Sehen, ihr Mönche, brennt, das Hören, das Denken, der Körper, die Gefühle. Durch was brennt es? Durch das Feuer des Begehrens, durch das Feuer des Hasses, durch das Feuer der Verblendung.« Durch das Tor des Leidens fühlen wir die Feuer des Verlangens, des Hasses, des Krieges. Wir fühlen Krieg, Rassismus und die Angst vor Alter, Krankheit und Tod. Wir öffnen uns der Unzufriedenheit, der Trauer, dem Verlust. Wir akzeptieren, dass das Leid Teil unserer Erfahrung ist, und werden frei davon. Wir entdecken, dass das Leid nicht »unser« Leid ist, sondern »das« Leid – das Leiden der Welt. Unsere Leidenschaften beruhigen sich, Mitgefühl erfüllt das Herz, und wir finden Befreiung.

Mein Freund Salam, ein palästinensischer Journalist, ging

durch das Tor des Leidens, als er in Israels Gefängnissen brutal geschlagen wurde. Diese Art des Leids ist auf beiden Seiten des Krieges gang und gäbe. Als ich Salam in San Francisco kennenlernte, wurde er wegen seiner Tätigkeit als Sterbebegleiter geehrt. »Einmal bin ich gestorben«, erzählte er mir. Er lag auf dem Boden des Gefängnisses, als er von einer der Wachen brutal zusammengeschlagen wurde. Er spuckte Blut. Er spürte förmlich, wie sein Bewusstsein den Körper verließ. Ein Gefühl von Frieden, ja von Glückseligkeit breitete sich in ihm aus, als er merkte, dass er nicht dieser Körper war. »Ich war so viel mehr: Ich war der Stiefel, die Wache, die Gitter im Fenster, die Ziege, die draußen vor der Polizeistation meckerte. Ich war alles zugleich«, sagte er. »Als ich aus dem Gefängnis kam, konnte ich mich nicht mehr für eine Seite entscheiden. Ich heiratete eine Jüdin, und meine Kinder sind jüdische Palästinenser. Das ist meine Antwort.« Salam erklärte: »Jetzt sitze ich bei Menschen, die Angst haben, weil sie sterben. Ich halte ihre Hand und versichere ihnen, dass es absolut sicher und in Ordnung ist.« Salam erwachte durch das Tor des Leidens.

Manchmal erwachen wir auch durch das Tor des Nicht-Selbst. Zu dieser Erfahrung kann es auf verschiedene Weise kommen. Bei der Sitzmeditation merken wir ständig, wie sich Gedanken, Gefühle, Empfindungen ganz von selbst einstellen, um dann wieder zu verschwinden. Wessen Gedanken sind das? Wohin gehen sie? Zurück in die Leere, dorthin also, wohin das Gestern verschwand ebenso wie unsere Kindheit, Sokrates, Dschingis Khan und die Erbauer der Pyramiden.

Wenn wir die Anhaftung loslassen, spüren wir ganz leise die Freiheit der Dinge von einer eigenen Natur.

Manchmal lösen sich alle Grenzen auf. Dann unterscheiden wir uns nicht mehr vom Pflaumenbaum, vom Gesang der Vögel, vom morgendlichen Verkehr. Das ganze Selbst wird leere Erfahrung, die im Bewusstsein aufscheint. Tiefer und tiefer wird die Erkenntnis, dass es kein Selbst gibt, kein Problem. Wir erfahren die Erleuchtung durch das Tor des Nicht-Selbst und der Leerheit.

Und es gibt viele weitere Tore: Mitgefühl, Reinheit, Hingabe, Liebe. Es gibt sogar ein »torloses Tor«. Eine Dharmalehrerin beschreibt dies so: »Ich machte monatelang ein Retreat nach dem anderen, aber nichts geschah, keine großartigen Erfahrungen, nichts Spektakuläres. Und doch hatte sich etwas verändert. Was mich verwandelte, waren die endlosen Stunden der Achtsamkeit und des Mitgefühls, in denen ich einfach nur liebevoll darauf achtete, was ich tat. Ich entdeckte, wie angespannt ich normalerweise war, wie ich an allem Möglichen festhielt. Als mir das klar wurde, begann ich loszulassen. Ich öffnete mich für die Wertschätzung von allem, was da war. Ich kam zur Ruhe. Ich hörte auf, mich zu mühen. Ich war plötzlich weniger ernst, machte mir nicht so viel Sorgen um mich selbst. Meine Freundlichkeit wuchs. Ich empfand eine tiefe Freiheit, die Frucht des Präsentseins, immer und immer wieder.« Dies war ihr torloses Tor.

Ausdruck der Erleuchtung

Durch welches Tor wir auch in die Erleuchtung eingetreten sein mögen, der erste wirkliche Geschmack der Erleuchtung, der Stromeintritt, wird gefolgt von vielen weiteren Erleuchtungserfahrungen, wenn wir die gefundene Weisheit in unserem einzigartigen Leben stabilisieren. Wie aber sieht das konkret aus? Die einzelnen Facetten der Erleuchtung können wir an unseren Lehrern sehen. Jeder von ihnen strahlt seine eigene, höchstpersönliche Note der Erleuchtung aus.

Dipa Ma, die Großmutter aus Kalkutta, war eine große Meisterin, eine kleine Person mit einem ausgezeichnet geschulten Geist. Für sie war Erleuchtung Liebe. Hingebungsvoll lehrte sie ihre Schüler Achtsamkeit und liebende Güte. Sie umarmte sie, legte ihnen die Hände auf Gesicht, Kopf und Schultern, während sie Metta ausstrahlte. Sie waren trunken vor Liebe. Wie Dipa Ma lebt auch Ammachi, eine Hindulehrerin aus Südindien, ihre Erfahrung des Erwachens als »umarmender Guru« aus. Sie geht in Trance, um dann einen Abend lang alle Menschen zu umarmen, die zu ihr kommen. Sie nimmt bei einer solchen Veranstaltung wohl 2000 Menschen auf den Schoß und umarmt sie. Dies ist Erleuchtung als Liebe.

Für Zenmeister Suzuki Roshi drückte sich Erleuchtung darin aus, dass man einfach war, wo man war. Eine Frau erzählte ihm einmal, sie fände es schwierig, ihre Zenpraxis mit ihren Pflichten als Hausfrau zu vereinbaren. »Ich habe das Gefühl, als stiege ich eine Leiter hinauf, aber immer wenn ich eine Sprosse erklommen habe, rutsche ich zwei zurück.« Suzuki Roshi meinte: »Vergiss die Leiter. Wenn du erwachst, steht ohnehin alles hier, auf dem festen Boden.« Wenn wir etwas zu erreichen versuchten, verpassten wir die Gegenwart des Hier und Jetzt. »Wenn du erkennst, dass alles sich ständig ändert, und du dich damit wohlfühlst, dann bist du im Nirwana angekommen.« Als man ihm noch eine Frage stellte, erklärte Suzuki Roshi die Erleuchtung so: »Streng genommen gibt es keine erleuchteten Wesen, sondern nur erleuchtete Aktivität.« Wenn Sie glauben, erleuchtet zu sein, sind Sie es nicht. Das Ziel ist, nicht mehr jemand Besonderer sein zu wollen und jeden Augenblick aus dem Geist des Anfängers heraus zu erleben.

Mahasi Sayadaw, der birmanische Meister, sah die Erleuchtung als Leerheit. Als er mehrfach nach Amerika kam, merkten wir, dass er bei seinen Besuchen kaum je lachte und auch nie irgendwelche Bewertungen abgab. Er strahlte einen tiefen Gleichmut aus. Die Ereignisse, die Gespräche, alles schien irgendwie um ihn herum zu passieren, während er still blieb. Er war wie der Raum – vollkommen transparent, niemand da. Dies ist Erleuchtung als Leerheit.

Für Ajahn Jumnien hingegen, einen Meister der thailändischen Waldtradition, ist Erleuchtung nicht leer, sondern voll. Er trägt hunderte geweihter Medaillons an der Robe und nutzt zahllose geschickte Mittel, um zu lehren – geführte Meditation, heilige Gesänge, Mantras, Chakra- und Energieübungen, Kräutermedizin, Tiergeschichten, schamanische Rituale. Sein Dharma ist sozusagen nonstop, voller Leben, voller Freude. Ihn umgibt ein Gefühl der Fülle, und das Glück scheint nur so aus ihm herauszusprudeln wie aus einer Quelle. Er drückt Erleuchtung als Fülle aus.

Thich Nhat Hanh steht für die Erleuchtung als Achtsamkeit. Als er ins Spirit Rock Center kam, um zu lehren, saßen 2000 Menschen meditierend am Hügel und aßen dort achtsam ihre Äpfel, um sich auf seine Belehrung vorzubereiten. Eine Glocke erklingt, und er geht langsam, voll bewusst den Weg hinauf – so voller Achtsamkeit, dass ein Aufseufzen durch die

Menge geht: »Aah!« Das Bewusstsein von 2000 Menschen wird allein dadurch umgewandelt, dass sie sehen, wie dieser Mann geht, das ganze Universum in jedem Schritt. In diesem Moment finden wir Erwachen. Erleuchtung als Achtsamkeit.

Der Dalai Lama ist Erleuchtung als mitfühlender Segen. Einmal bat er am Ende seines Aufenthalts in einem Hotel in San Francisco zum Abschied die Hotelleitung, doch die Angestellten zu ihm zu schicken. Alle wohlgemerkt, vom Küchenjungen bis zur Reinemachefrau und zum Zimmermädchen. Die große Auffahrt füllte sich mit all jenen Menschen, die dafür sorgten, dass das Hotel lief, Tag für Tag. Und der Dalai Lama ging zu jedem von ihnen hin, sah dem Betreffenden in die Augen und sagte: »Danke schön.« Dabei beeilte er sich nicht etwa, sondern sorgte dafür, dass er mit jedem in Kontakt kam. Für den Dalai Lama ist Erleuchtung mitfühlender Segen.

Ajahn Chah hingegen war der Meister des weisen Lachens. Ob er mit Generälen, Ministern, Bauern oder Köchen zusammen war, stets sagte er: »Wenn ich sehe, wie sehr die Menschen leiden, blicke ich ihnen mitfühlend in die Augen und frage: ›Leidest du? Ach, wie viel Anhaftung du haben musst. Warum lässt du sie nicht los?‹« Seine Belehrungen waren tiefgründig und trafen immer den Nagel auf den Kopf. Er sagte: »Wenn du ein bisschen loslässt, wirst du ein bisschen glücklich. Wenn du viel loslässt, wirst du sehr glücklich. Wenn du ganz loslässt, wirst du vollkommen glücklich.« Er erkannte in jedem Augenblick seines Lebens das Leiden, seine Ursache und die mögliche Befreiung davon. Er war der lebende Ausdruck der Erleuchtung als Weisheit.

Wenn Sie nun diese Geschichten lesen, fragen Sie sich vielleicht: »Und was hat all das mit mir zu tun? Ich möchte auch erleuchtet werden. Wie komme ich zu diesen Erfahrungen? Was soll ich tun?« Das Juwel der Erleuchtung lädt uns ein, sie durch vielerlei geschickte Mittel zu verwirklichen. Mahasi Sayadaw sagte immer: »Wenn du Leerheit finden willst, sieh dir jeden einzelnen Augenblick an, bis das, was du für die Welt hältst, verschwindet. Dann hast du die Befreiung verwirklicht.« Ajahn Chah hingegen meinte: »Lass einfach los und werde zum Gewahrsein, werde zum Einen, das erkennt.« Dipa Ma würde sagen: »Liebe alles.« Thich Nhat Hanh gäbe uns wohl folgenden Rat: »Ruhe im Gewahrsein, in diesem Moment, in der ewigen Gegenwart.« Und Ajahn Jumnien: »Sei glücklich, auch wenn du keinen Grund dazu hast.« Suzuki Roshi: »Sei, wo du bist. Statt auf den Bus zu warten, mach dir klar, dass du ihn bereits genommen hast.«

Ist Erleuchtung also ein Mythos? Nein. Sie ist nicht weit weg. Erleuchtung ist die Freiheit im Hier und Jetzt, die sich einstellt, wann immer Sie sich ihr öffnen können. Wie die einzelnen Kapitel dieses Buches Ihnen zeigen sollten, ist Erleuchtung in jedem Bereich des Lebens erfahrbar. Als Lehrer hatte ich das unglaubliche Glück, den Segen der Erleuchtung in vielen Meditierenden erwachen zu sehen. Menschen, die die Dharmapraxis aufnahmen und durch diese in all ihrer Vielfalt verwandelt wurden. Von anfänglicher Spannung, von den Kämpfen des Lebens, von Zweifeln und Leid sah ich, wie ihre Körper locker ließen, ihre Gesichter weich wurden, ihre vom Dharma geprägte Sicht der Dinge immer offener. Ich sah, wie ihre Herzen aufblühten. Vom Nirwana des Alltags hin zu einer tiefen

Reinheit des Geistes. Sie hatten den Geschmack der Erleuchtung selbst auf der Zunge.

Der Buddha meinte einst: »Wenn es nicht möglich wäre, das Herz aus Verstrickungen zu befreien, würde ich dies nicht lehren. Nur weil es möglich ist, das Herz zu befreien, entstanden die Lehren des Dharma der Befreiung, die mit offenen Händen gegeben werden – zum Wohle aller Wesen.«

Nichts weniger sollte Ihr Ziel sein.

TEIL V

Praxisübungen

24

Den einen Sitz einnehmen

Grundlegende Meditationspraxis

Bevor Sie mit dieser Praxis beginnen, sollten Sie auf jeden Fall Kapitel 2 lesen: »Die Kunst des Erwachens: Der Weg der Meditation«. Sobald Sie bereit sind, setzen Sie sich bequem in einen Stuhl oder auf Ihr Meditationskissen. Ihre Haltung sollte stabil sein, mit aufrechtem Rücken, sodass Sie sich gut mit Ihrem Herzen verbinden können. Sitzen Sie wie der Buddha in der Nacht, in der er Erleuchtung fand – mit großer Würde, voll zentriert. Spüren Sie Ihre Fähigkeit, alles anzunehmen, was da auf Sie zukommen mag. Schließen Sie die Augen und richten Sie Ihre Aufmerksamkeit auf den Atem. Lassen Sie den Atem frei durch den Körper fließen. Mit jedem Atemzug kehren Ruhe und Frieden ein. Atmen Sie und fühlen Sie diese Fähigkeit, Körper, Herz und Geist zu öffnen.

Öffnen Sie Ihre Sinne, Ihre Gefühle, Ihre Gedanken. Machen Sie sich bewusst, was sich in Ihrem Körper verschlossen anfühlt, was Ihr Herz begrenzt und Ihren Geist. Atmen Sie, lassen Sie Raum einkehren. Lassen Sie zu, dass dieser Raum sich öffnet, sodass alles darin Platz hat. Öffnen Sie die Fenster Ihrer Sinne. Nehmen Sie zur Kenntnis, welche Gefühle, Bilder, Geräusche und Geschichten in diesem Raum auftauchen. Nehmen Sie alles, was da kommen mag, mit freundlichem Interesse wahr.

Spüren Sie, wie fest Sie in der Erde verankert sind. Als hätten Sie den einen Sitz in der Mitte des Lebens eingenommen und sich dem Gewahrsein seines Tanzes geöffnet. Vergegenwärtigen Sie sich, welche Vorteile Ihnen Ausgeglichenheit und Frieden im Leben bringen. Spüren Sie, dass Sie unerschütterlich in der Mitte stehen, während sich die Jahreszeiten des Lebens wandeln. Richten Sie dann Ihre Aufmerksamkeit auf das Gewahrsein selbst und verweilen Sie darin. Sie sind das Eine, das erkennt. Entspannen Sie sich in dieses Wissen hinein. Erkennen Sie mit dem Blick der Weisheit, wie alles, was entsteht, auch wieder vergeht. Denken Sie darüber nach, wie Freude und Schmerz, angenehme und unangenehme Ereignisse, Menschen, Länder, ja sogar Zivilisationen werden und vergehen. Nehmen Sie den einen Sitz des Buddha ein und ruhen Sie mit dem Herzen des Gleichmuts und des Mitgefühls im Mittelpunkt von allem.

Sitzen Sie voller Würde und Achtsamkeit so lange, wie Sie mögen. Wenn Ihnen danach ist, öffnen Sie die Augen – immer noch unerschütterlich und zentriert. Stehen Sie auf und tun Sie ein paar Schritte. Gehen Sie mit derselben Würde und Präsenz, mit der Sie den einen Sitz eingenommen haben. Üben Sie sich abwechselnd in der Sitz- und Gehmeditation. Spüren Sie, dass Sie ebendas können: offen sein, lebendig und präsent mit allem, was auf der Erde entsteht.

25
Vergebungsmeditation

Lesen Sie Kapitel 7, »Die Kunst der Vergebung«, bevor Sie diese Übung machen. Sitzen Sie so bequem wie möglich. Schließen Sie die Augen. Lassen Sie Ihren Atem ganz natürlich fließen. Körper und Geist entspannen sich. Atmen Sie sanft in Ihre Herzgegend. Fühlen Sie die Barrieren, die Sie errichtet haben, die Emotionen, die Sie noch mit sich herumschleppen, weil Sie nicht vergeben haben – weder sich selbst noch anderen. Spüren Sie, wie weh es tut, wenn das Herz verschlossen ist. Dann atmen Sie sachte ein und aus, während Sie um Vergebung bitten, bereit, diese auch zu geben. Rezitieren Sie die folgenden Worte. Lassen Sie die damit verbundenen Bilder und Gefühle aufsteigen, während Sie sie wiederholen.

Vergebung von anderen erbitten

Sprechen Sie folgendes Bekenntnis: »*In vielfacher Weise habe ich andere verletzt, ihnen geschadet, sie verraten oder sie verlassen, ihnen wissentlich oder unwissentlich Leid zugefügt, aus meinem eigenen Schmerz, meiner Angst, meiner Wut und meiner Verwirrung heraus.*« Führen Sie sich vor Augen, wie Sie andere verletzt haben. Erkennen und spüren Sie den Schmerz, den Sie verursacht haben, weil Sie selbst mit Angst und Verwirrung geschlagen waren. Spüren Sie Ihren eigenen Schmerz, Ihr Bedauern. Fühlen Sie, dass Sie diese Bürde nun endlich loslassen und um Vergebung bitten können. Lassen Sie jede dieser Erinnerungen, die Ihr Herz belasten, zu einem klaren Bild heranreifen. Dann sagen Sie zu jedem Menschen, der in Ihrem Geist aufscheint: »*Ich bitte um deine Vergebung. Ich bitte um deine Vergebung.*«

Vergebung für sich selbst

Sprechen Sie folgendes Bekenntnis: »*In vielfacher Weise habe ich mich selbst verraten, mir selbst geschadet, mich selbst verlassen, durch Gedanken, Worte und Taten, wissentlich und unwissentlich.*« Spüren Sie Ihren kostbaren Menschenkörper, Ihr höchst wertvolles Leben. Führen Sie sich vor Augen, wie Sie sich selbst verletzt haben. Stellen Sie sich die entsprechenden Szenen vor. Erinnern Sie sich möglichst genau. Spüren Sie den Schmerz, den Sie seitdem mit sich herumtragen. Fühlen Sie, dass es jetzt an der Zeit ist, diese Bürde abzuwerfen. Vergeben Sie sich selbst für jede dieser Situationen, eine um die andere. Sagen Sie zu sich selbst: »*Für die vielfache Art und Weise, in der ich mir selbst durch Tun oder Nicht-Tun, aus Angst, Schmerz und Verwirrung, geschadet habe, vergebe ich mir nun vollkommen und von Herzen. Ich vergebe mir selbst. Ich vergebe mir selbst.*«

Vergebung für all jene, die Ihnen geschadet oder Sie verletzt haben

Sprechen Sie folgende Worte: »*In vielfacher Weise wurde ich von anderen verletzt, missbraucht und verlassen, durch Gedanken, Worte oder Taten, wissentlich oder unwissentlich.*« Führen Sie sich all diese Situationen vor Augen. Spüren Sie den Schmerz, den Sie seitdem mit sich herumtragen. Machen Sie sich klar, dass Sie diesen Schmerz jetzt loslassen können, indem Sie vergeben, sobald Ihr Herz dazu bereit ist. Sagen Sie zu sich selbst: »*Ich erinnere mich an die vielfachen Weisen, in denen andere mich verletzt oder mir geschadet haben, ob nun aus Angst, Schmerz, Verwirrung oder Ärger. Ich habe diesen Schmerz schon viel zu lange in meinem Herzen getragen. In dem Maße, in dem ich selbst dazu bereit bin, schenke ich euch Vergebung. All jenen, die mir geschadet haben, schenke ich meine Vergebung. Ich vergebe euch.*«

Praktizieren Sie diese drei Formen des Vergebens, bis Sie Erleichterung im Herzen spüren. Sitzt der Schmerz sehr tief, kann es sein, dass sich jetzt noch keine Erleichterung einstellt, dass Ihnen nur die Bürde, der Ärger und die Qual stärker bewusst werden. Gehen Sie damit sanft um. Vergeben Sie sich, wenn Sie noch nicht bereit zum Vergeben sind. Vergebung lässt sich nicht erzwingen oder künstlich herstellen. Fahren Sie einfach mit der Praxis fort und lassen Sie die Worte und Bilder auf ihre Weise wirken. Machen Sie die Vergebungsmeditation zu einem regelmäßigen Bestandteil Ihrer Praxis. Lassen Sie die Vergangenheit los und öffnen Sie Ihr Herz voll liebender Güte jedem Augenblick neu.

26
Meditation über liebende Güte (Metta)

Ich bin größer, als ich dachte.
Ich wusste nicht, dass so viel Güte
in mir ist.

Walt Whitman

Die Praxis der liebenden Güte sollte zu Anfang etwa 15 oder 20 Minuten lang ausgeführt werden. Suchen Sie sich einen ruhigen Ort und setzen Sie sich bequem hin. Entspannen Sie sich. Der Körper wird ganz locker. Das Herz wird weich.

Beginnen Sie mit sich selbst. Atmen Sie sanft und rezitieren Sie still die folgenden traditionellen Gebete für Ihr eigenes Wohlergehen. Sie fangen mit sich selbst an, weil es schier unmöglich ist, andere zu lieben, wenn man sich selbst nicht liebt.

Möge ich von liebender Güte erfüllt sein.
Möge ich von äußeren und inneren Gefahren frei sein.
Möge ich mich in Körper und Geist wohlfühlen.
Möge ich zufrieden und glücklich sein.

Während Sie dieses Wunschgebet sprechen, konzentrieren Sie sich auf ein Bild von sich selbst. Halten Sie sich im Herzen der liebenden Güte. Vielleicht fällt Ihnen die Übung leichter, wenn

Sie sich vorstellen, Sie seien ein Kind, das innig geliebt wird. Sie können die Worte und Bilder jederzeit so verändern, dass sie zu Ihnen passen. Wiederholen Sie diese Sätze immer und immer wieder, bis das zugehörige Gefühl Körper und Geist ganz umfasst.

Manchmal kann sich diese Meditation mechanisch anfühlen. Vielleicht haben Sie ja ein merkwürdiges Gefühl dabei. Mitunter rührt sie auch an Gefühle, die mit liebender Güte zunächst nichts zu tun haben, an Ärger und Zorn beispielsweise. Sollte dies geschehen, müssen Sie besonders nett zu sich selbst sein. Lassen Sie alles, was kommen will, einfach zu und nehmen Sie es im Geist der Offenheit und Güte an.

Wenn Sie das Gefühl haben, liebende Güte für sich selbst sei fest in Ihnen verankert, können Sie die Meditation auf andere Wesen ausdehnen. Wenden Sie sich einem Wohltäter zu, einem Menschen, der Sie wirklich geliebt und viel Gutes für Sie getan hat. Stellen Sie sich diesen Menschen vor und rezitieren Sie sorgfältig folgende Sätze:

Mögest du von liebender Güte erfüllt sein.
Mögest du von äußeren und inneren Gefahren frei sein.
Mögest du dich in Körper und Geist wohlfühlen.
Mögest du zufrieden und glücklich sein.

Ob Bild oder Gefühle klar sind oder nicht, ist nicht von Bedeutung. Machen Sie einfach weiter: Setzen Sie die Samen liebevoller Wünsche und wiederholen Sie Ihre Gebete, was auch immer geschehen mag. Manche Menschen haben solche Schwierigkeiten damit, sich selbst gegenüber liebende Güte zu empfinden, dass sie die Praxis mit dem Wohltäter beginnen. Das ist auch eine Möglichkeit. Wichtig ist, dass Sie mit dem anfangen, was Ihr Herz am besten öffnet.

Wenn Sie liebende Güte für Ihren Wohltäter empfinden, können Sie Schritt für Schritt andere Menschen in Ihre Meditation mit aufnehmen. Stellen Sie sich zunächst alle Leute vor, die Sie mögen. Rezitieren Sie die oben aufgeführten Sätze und erwecken Sie für jeden dieser Menschen das Gefühl liebender Güte.

Danach können Sie sich auf andere Menschen konzentrieren. Fangen Sie mit entfernteren Freunden an, dann dehnen Sie die Praxis aus auf Nachbarn, Verwandte, Menschen auf der ganzen Welt, Tiere, alle Wesen, die ganze Erde.

Am Ende gehen Sie zu den schwierigen Menschen über und zu Ihren Feinden. Wünschen Sie auch ihnen, dass sie von liebender Güte und Frieden erfüllt sein mögen. Bis wir an diesem Punkt ankommen, ist ein wenig Zeit und Übung nötig. Doch wenn sich Ihr Herz zu Beginn auch nur für Freunde und geliebte Menschen öffnet, werden Sie am Ende doch feststellen, dass Sie es nicht mehr verschließen möchten.

Die Praxis zur liebenden Güte können Sie überall durchführen, im Verkehrsstau, im Bus, im Flugzeug. Wenn Sie diese Praxis im Stillen unter anderen Menschen durchführen, werden Sie sich auf wunderbare Weise mit ihnen verbunden fühlen – das ist die Kraft der liebenden Güte. Sie beruhigt Ihren Geist und sorgt dafür, dass die Verbindung zu Ihrem Herzen nicht abreißt.

Möge der Segen der Praxis Ihre innere Weisheit erwecken und Ihr Mitgefühl inspirieren. Möge die Welt durch den Segen Ihres Herzens Frieden finden.

Quellenangaben

TEIL I: Werden, wer wir sind

»Die befreiende Praxis der Achtsamkeit« erschien erstmals im Juli 2007 in der *Shambhala Sun* unter dem Titel »Doing the Buddha's Practice«.

»Die Kunst des Erwachens« erschien erstmals in *Breath Sweeps Mind*, herausgegeben von Jean Smith. Der Rechteinhaber wurde zu kontaktieren versucht, leider vergeblich.

»Ein Geist wie der Himmel so weit« erschien ursprünglich im Mai 2003 in der *Shambhala Sun*.

»Unser Potenzial verwirklichen« erschien ursprünglich in *Das weise Herz. Die universellen Prinzipien buddhistischer Psychologie.* Arkana 2008.

»Kinder lernen, was sie leben« abgedruckt mit freundlicher Genehmigung von *Inquiring Mind*, Bd. 8, Nr. 2, vom Frühjahr 1992. www.inquiringmind.com

Das Gedicht »Kinder lernen, was sie leben« stammt aus dem Buch *Children Learn What They Live* von Dorothy Law Nolte und Rachel Harris (1998). Copyright 1972 bei Dorothy Law Nolte. Abgedruckt mit freundlicher Genehmigung von Workman Publishing Co., Inc., New York. Alle Rechte vorbehalten.

»Die Kunst der Vergebung« erschien erstmals in *Meditationen, die unser Herz öffnen.* Arkana 2011.

TEIL II: Den spirituellen Weg gehen

»Spirituelle Initiation«, aus *Crossroads: The Quest for Contemporary Rites of Passage* von Louise Madhi, Nancy Geyer Christopher und Michael Meade, Copyright 1996, neu abgedruckt mit freundlicher Genehmigung von Open Court Publishing Company, einem Unternehmen der Carus Publishing Company, Chicago.

»Gefahren, Versprechungen und spirituelle Notfälle« erschien als »Obstacles and Vicissitudes in Spiritual Practice« erstmals in *Spiritual Emergency* von Stanislav Grof und Christina Grof, und wurde leicht verändert. Abgedruckt mit freundlicher Genehmigung von Bantam Books, einem Unternehmen der Random House, Inc.

»Die nahen Feinde des Erwachens« erschien erstmals in der *ReVision*-Ausgabe vom Herbst 1993.

»Der Weg des Bodhisattva« erschien ursprünglich in *Das weise Herz. Die universellen Prinzipien buddhistischer Psychologie.* Arkana 2008.

»Samadhi« ist ein Exzerpt aus *The Experience of Samadhi* von Richard Shankman, Boston 2008. Abgedruckt mit freundlicher Genehmigung von Shambhala Publications. www.shambhala.com

»Spirituelle Reife« erschien erstmals in *Frag den Buddha – und geh den Weg des Herzens. Fernöstliche Lehren für den westlichen Alltag.* Kösel 2009. Dieses Kapitel wurde für diese Ausgabe überarbeitet und neu übersetzt.

TEIL III: Die Lehren moderner Meister

»Die natürliche Freiheit des Herzens« erschien erstmals in *Voices of Insight*, herausgegeben von Sharon Salzberg, Boston 1999. Abgedruckt mit freundlicher Genehmigung von Shambhala Publications.

»Das Banner des Dharma halten« ist ein Exzerpt aus *Recalling Chögyam Trungpa*, herausgegeben von Fabrice Midal, Boston 2005. Abgedruckt mit freundlicher Genehmigung von Shambhala Publications.

Das Gedicht in »Spirituelle Reife« stammt aus *The Tassajara Recipe Book* von Edward Espe Brown, San Francisco 1985. Abgedruckt mit freundlicher Genehmigung von Shambhala Publications.

TEIL IV: Der Dharma im Westen

»Westlicher Buddhismus« erschien erstmals in *The Complete Guide to Buddhist America* von Don Morreale, Boston 1998, und wurde überarbeitet. Abgedruckt mit freundlicher Genehmigung von Shambhala Publications.

»Ein fantastisches Experiment nimmt Gestalt an« erschien erstmals in *Buddhadharma: The Practitioners Quarterly* vom Juni 2007.

»Das Sexleben der Gurus« erschien ursprünglich in *Yoga Journal* vom Juli/August 1985.

»Drogen und spirituelle Praxis« erschien erstmals in *Zig Zag Zen* von Alan Hunt Badiner, Houston 2002, und wurde überarbeitet. Abgedruckt mit freundlicher Genehmigung von Lowenstein Associates.

»Das Loslassen des sicheren Herzens« war ein Interview mit Jack Kornfield, das 2000 in *Tricycle: The Buddhist Review* erschien und überarbeitet wurde.

»Erleuchtungen« erschien erstmals in *Inquiring Mind* vom Herbst 2010.